启真馆 出品

荒野图景与美国文明

孟宪平 著

浙江大学出版社
ZHEJIANG UNIVERSITY PRESS

图书在版编目（CIP）数据

荒野图景与美国文明/孟宪平著. —杭州：浙江
大学出版社，2013.12
ISBN 978-7-308-12604-5

Ⅰ.①荒… Ⅱ.①孟… Ⅲ.①文化－研究－美国
Ⅳ.①G171－2

中国版本图书馆CIP数据核字（2013）第282294号

荒野图景与美国文明

孟宪平 著

责任编辑	叶 敏
文字编辑	曹雪萍
营销编辑	李嘉慧
装帧设计	王小阳
出版发行	浙江大学出版社
	（杭州天目山路148号 邮政编码310007）
	（网址：http://www.zjupress.com）
制 作	北京百川东汇文化传播有限公司
印 刷	北京天宇万达印刷有限公司
开 本	635mm×965mm 1/16
印 张	30
字 数	403千
版 印 次	2013年12月第1版 2013年12月第1次印刷
书 号	ISBN 978-7-308-12604-5
定 价	62.00元

图 1.6 鲁本斯《有暴风雨、腓利门、波西斯的风景》(约 1630)，
146 cm × 208.5 cm，奥地利艺术史博物馆

图 1.19 乔凡内・贝里尼《花园中的痛苦》(约 1459–1465)，
木板蛋彩画，81 cm × 127 cm，伦敦国家美术馆

图 2.1 乔治·库克《从海军船坞看华盛顿景色》(1833),
45.7 cm × 63.5 cm,现藏于白宫

图 2.3 马丁·海德《暴风雨来临》(1859)
71.1 cm × 111.8 cm,欧文·沃尔夫基金会

图 2.9 | 托马斯·科尔《从北安普顿霍利约克山看到的风景 – 暴风雨
过后 –U 形河》（1836），
130.8 cm × 193 cm，大都会博物馆

图 2.10 | 阿尔伯特·比尔斯泰特《塞拉内华达山脉之间》（1868），
183 cm × 305 cm，史密森美国艺术博物馆

图 2.12 科尔《卡特斯基尔瀑布》(1826),
64.2 cm × 90.8 cm, 康涅狄格哈特福德沃兹沃斯美术馆

图 3.4 科尔《帝国的历程之五, 荒无状态》(1836),
100 cm × 160 cm, 纽约历史协会

图 3.9 科尔《风景》(1825)，
60 cm × 80 cm，明尼阿波利斯艺术学会

图 3.10 科尔《意大利景色》(1833)，
41 cm × 61 cm，纽约历史协会

图 3.11 | 科尔《逐出乐园》（1828），
100.96 cm × 138.43 cm，波士顿美术馆

图 3.15 | 科尔《人生的旅途之二，青年时代》（1842），
133 cm × 198 cm，美国尤提卡曼森 - 威廉姆斯普罗克特研究所艺术馆

图 3.26 | 科尔《哈德逊河阳光明媚的早晨》(1827),
130.8 cm × 193 cm,波士顿美术博物馆

图 3.30 | 科尔《杰纳西景色》(1847),
129.5 cm × 100 cm,罗德岛设计学院美术馆

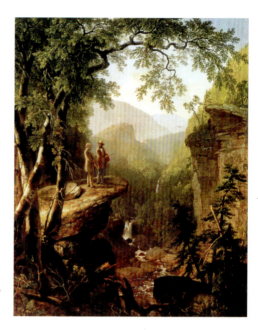

图 4.1 | 杜兰德《密友》(1849)，
116.8 cm × 91.4 cm，
华盛顿国家美术馆

图 4.6 | 杜兰德《榉树》(1845)，
153.4 cm × 122.2 cm，
法国卡尔松美术馆

图 4.15 库库克《橡树下有农民在休息的风景》（1843），
66 cm × 83.5 cm，私人收藏

图 4.16 杜兰德《卡兹基尔》（1859），
158.1 cm × 128.3 cm，巴尔的摩沃尔特斯美术馆

图 5.3 | 比尔斯泰特《落基山脉暴风雨》(1866),
210.8 cm × 361.3 cm,纽约布鲁克林博物馆

图 5.4 | 莱恩《布里斯的岩石,东点》(1864),
25.4 cm × 38.1 cm,华盛顿国家美术馆

图 5.9 | 科尔对崇高风景的兴趣:《怀特山峡谷》(1839),
101.6 cm × 156 cm, 华盛顿国家美术馆

图 5.14 | 莱恩《格罗斯特外港的岩石和西岸》(1857),
62.2 cm × 99.4 cm, 约翰·威默丁私人收藏

图 5.29 | 安德文·丘奇《西岩山，纽黑文》（1849），
66.2 cm×101.6 cm，康涅狄格新英格兰美国艺术博物馆

图 5.32 | 安德文·丘奇《安第斯腹地》（1859），
168 cm×330 cm，纽约大都会艺术博物馆

图 5.34 | 丘奇《科多帕西》（1862），
121.9 cm × 215.9 cm，底特律艺术协会

图 5.37 | 比尔斯泰特《落基山脉，兰德峰》（1863），
186.7 cm × 306.7 cm，纽约大都会艺术博物馆

图 5.39 | 比尔斯泰特《约塞美蒂隆丘》(1867),
294.6 cm × 502.9 cm, 佛蒙特圣约翰斯伯里图书馆

图 5.40 | 莫兰《科罗拉多大峡谷》(1873),
214.3 cm × 367.6 cm, 华盛顿史密森美国艺术博物馆

图 5.46 | 海德《森英海滩，麻省曼彻斯特》（1862），
       | 63.5 cm × 127 cm，马德里蒂森博内密斯扎美术馆

图 6.7 | 米莱斯《清冷十月》（1870），
      | 55.5 cm × 73.5 cm，劳埃德·韦伯勋爵收藏

图 6.8 惠斯勒《夜曲: 蓝色和银色—切尔西》(1871),
50.2 cm × 60.8 cm, 泰特美术馆

图 6.11 因尼斯《和平与富饶》(1865),
197.2 cm × 285.4 cm, 纽约大都会艺术博物馆

自序

美国当代学者罗德里克·纳什（Roderick Nash）说过这样一句话："美国文化生于荒野。"美国总统西奥多·罗斯福曾断言："荒野塑造了美国的国家性格。"众所周知，美国是当代最发达的资本主义国家，是工业文明的象征，要断言这样一个国家"生于荒野"，甚至荒野是其"国家性格"，确实是会让人惊讶和不解的。但这确乎是事实。美国是这样一个矛盾和奇怪的国家：现代文明和荒野自然并行不悖。美国国土有世界上最为辽阔的原始自然保护区；美国建立了世界上最早的野生公园；世界最繁华的大都市纽约，在市中心却建有辽阔的接近原生态的中央公园；在荒野中冒险求生、以现代科技对抗荒野异类是美国文学和电影的不变主题。更值得一提的是美国的历史。美国历史很短，在不到四百年的时间里，欧洲殖民者在充满了原始蛮荒的北美大陆上开疆扩土，成就了一个现代化的世界超级大国……现代是美国的一面，蛮荒是美国的另一面。可以说，不了解荒野、不了解荒野在美国文化中的价值和地位，就不可能认识一个真实的美国。

美国文化一直是我国社会和学术界关注的热点，我国学者从事美国研究已经有很长的时间了。然而，我们所关注的是一个作为政治大国、工业大国、军事大国的美国，我们关注的主要是美国对我们国家的利害关系。当然这无可厚非，但这远远不够。我们需要认识一个真实的发展的美国，需要了解美国的过去，需要了解美国文化中的充满矛盾和纠结的深层意义。

这本著作就是一次试图从荒野概念理解美国的尝试。荒野对美国学者并不陌生，美国有很多专门从事荒野研究的专家。不过，美国学者所关注的往往是大自然中的荒野景观，这些研究和自然保护、景观文化、生态环境等领域密切相关。本著作另辟蹊径，它关注的是另外一个以美国荒野为表现对象的人造风景：艺术家笔下的风景图像。美国的绘画艺术总体上并不显赫，在世界艺术史上难以占据重要位置。不过，美国历史上曾经出现过一个阶段的风景画的辉煌，那个时候美国风景画曾多次运到欧洲展览，那些作品曾经深深地打动了英国和法国的鉴赏家，认为这些风景是真正的具有美国特征的民族风景。美国人对风景画的热爱和对大自然的热爱是一致的。有意思的是，美国风景画的形成和发展，和美国国家发展的命运息息相关。美国画家在风景画中描绘美国人的荒野建国、西部扩张，描绘南北战争、荒野旅游。美国画家在风景中表达了太多的思想和情感：荒野求生的坚信、文明挺进的豪迈、超验主义的冥想、国家主义的激情。在内战阴云密布之际，画家描绘令人惊悚的血色黄昏；在战后重建的希望中，画家描绘金色普照的莽原……为了表现这种富有文化含义的荒野，美国画家还创造了各种各样的图像形式，有的是充满幻想的宗教般的荒野，有的是近在眼前的野地岩石和溪水，有的是宏大的高山、无边的大海和湖泊，有的则是被城市文明剪灭的布满树桩的田野……无疑，从美国艺术家描绘的风景图像中，我们会发现那种和美国文化息息相关的鲜活、生动的荒野意象。

然而，有一个问题是，难道欧洲没有荒野吗？难道美国不崇尚文明吗？我们应该如何理解作为一个欧洲后裔创造的国家，在迅速文明化的过程中，选择了荒野而不是文明作为自己民族认同的象征？

实际上，关于欧洲文明和美国文明的关系、欧洲荒野和美国荒野的关系，其复杂程度比我们仅从概念上所要了解的多得多。无论美国还是欧洲，都存在荒野和文明的对抗，这是人类繁衍发展史中难以回避的主题。对文明的向往是一致的。美国曾经以继承古希腊罗马文化为理想，意大利一度是美国画家朝圣的目的地。然而，18 世纪之后的欧洲毕竟承载了上千年文明的浸润，美国和荒野的关系要比当时的欧洲人更真实。从原始荒芜之地，到成为工业化和城市化国家，美国人的荒野态度在随着文明的发展而变化。早期的殖民地荒野生存的神秘和恐惧，西部探险扩张的艰辛和亲近，直到 19 世纪后期荒野消隳之际对荒野的怜惜和保护，美国文明的发展史实际上就是荒野态度的变迁史。在这本著作中，笔者希望通过对荒野在欧洲的历史渊源和在美国的典型体现、从欧洲和美国两种文明剪不断理还乱的关系、从荒野风景和文化风景之间的对立和交织以及通过对美国风景画形态和发展过程的细致剖析，探究这种变化的荒野态度，从而揭示荒野何以构成美国民族性格这样一个谜团。

另外，需要对研究的范围作一说明：本书讨论的主要是19世纪的美国文化和风景图像。为什么不扩展到20世纪？作为民族性格，难道荒野在美国现当代文化中不存在吗？笔者承认，这也是本书一个基本观点：荒野性格、荒野趣味在20世纪以来的美国文化中依然存在。比如美国文学和电影，最流行的主题就是人类文明和荒野及异族（其含义已经扩展到外星和太空）之间的对抗、征服、和解、和谐，其旨趣很明显来源于美国传统的荒野观念。不过我们也应该看到，20世纪毕竟发生了根本变化，其主流是工业、商业、城市、信息，是一种全面的文明化的时期。在这种文明中，荒野只能是一种情结、一种趣味和怀想。这种情结，不可能在现当代文化中得到解释，唯一的途径，就是回到美国的历史和文化传统，回到那个荒野生存如此真切的时代。

本著作的基础是笔者在北京大学所做的博士论文，论文的撰写得到了丁宁教授的指导，在美国亨廷顿图书馆搜求研究资料期间得到了W. M. 凯克基金会研究部主任罗伯特·C. 里奇（Robert C. Ritchie）的热情支持，博士论文的改编和著作出版得到了北京启真馆叶敏女士的多方建议和帮助，在此一并表示感谢。

孟宪平

序一

　　风景画在西洋艺术史里成为独立画科的历史并不久远，它总是在陪衬其他画科——如历史故事画——时作为背景来凸显画意情境，因此，风景画的地位并不是很高。但18世纪法国风景画因为必须配合诸多画科和不同题材，制作风景画被当作一门需要统合很多事物的学问，地位也不至太低。田园的、理想的和英雄式的风景在17世纪已经成型，而且成为欧洲文化艺术传统的一部分。风景画科地位的起伏到浪漫主义时期以后有了一种稳定和提升，使风景画成为单一的画科。围绕其与人之间、与文化之间的议题而展开的关于风景画的讨论，在此条件下蔚然蓬勃地发展起来，在英国有威廉·吉尔平（William Gilpin）论风景如画的概念以及埃德蒙·伯克（Edmund Burke）关于美和崇高的哲学性讨论所影响的风景美学。

　　孟宪平博士的这本书，探讨受到欧洲文化传统影响下的风景观以及风景画在美国特殊的文化成长出来的审美观念——"荒野"。他探究多重的风景审美观念，比如田园、理想、英雄式、古典、浪漫主义之类，并建构起风景画美学以人为中心的审美观，可称之为"理想风景"，如古典风景、理想风景、田园风景，和另一种以非人的大自然为中心的审美观，可以"荒野风景"涵盖之的类别。

　　孟宪平博士指出，19世纪欧美绘画发生很多变化之际，大自然本身愈加成为人关注的对象，荒野风景屡屡出现，对荒野大自然的审美态度愈加高涨。这种现象，在美国风景画中表现得尤为突出；美国风景画的主流有一个共同的特点，就是对荒野大自然的兴趣和描绘。这显然和美国社会和国家的自然体验有关。

　　孟博士细腻地解释荒野的四种含义，采用了不同说法描述荒野概念：蛮荒、荒原、旷野、原野等。虽然它们都作为荒野（wilderness）一词的翻译，但表达了四种微妙不同的含义：原始和野性、严酷和神秘、宏大和崇高、真实和亲密，等等。在这种架构下，孟博士建构一个清晰的章节架构，文字立论精闳、晰理严谨。

孟宪平博士的这本著作补充了学界对于美国文化的创造性理解，并且指出欧洲风景人文传统影响之外的美国风景画，在荒野的审美观下达到的特殊成就，其著作对艺术史和对文化艺术研究作出了重要贡献。

杨永源

台湾师范大学美术系暨研究所教授、博士生导师

伦敦大学艺术史系博士

序二

　　孟宪平在其著作中，探讨了美国艺术史中的一个专题——美国艺术图像和美国荒野文化的关系。除了实地考察、观摩，作者还收集了大量的一手资料，并在既有的研究基础上，对其中风景画的"美国性"提出了独到的见解，是一本有价值的学术著作。

　　美国文化的美国性，或者说文化认同，是当代美国学界普遍关注的问题。文化具有民族性，这在亚欧民族国家是很自然的，但对美国文化来说就显得比较特殊。这是因为，美国是移民国家，又是一个历史并不悠久的国家。开放性、世界性、国际性是美国现代文化的一个基本特点。不过，美国文化具有两重性，在国家新建和重建中，美国社会需要用一种统一的文化增强国家的凝聚力，希望借用某种文化符号强化美国作为一个国家和民族的民族认同感。显然，孟宪平所讨论的荒野观念和图像，就是一个很恰当的介入点。

　　美国艺术研究在国内起步较晚，孟宪平的这本著作在此领域作了较大推进。更可贵的是，他的研究并没有局限于美国艺术本身，而是把"荒野"置身于西方艺术史发展的历史中，探讨了诸如田园风景、古典主义、浪漫主义等美学和绘画观念之间的关系，有较为宽广的学术视野。作者在著作中提出了近景、远景等概念，结合了他自己的风景画实践经验和风景图像的形式研究，对风景画作了很好的概括，有较强的原创性和启发性。

丁宁

北京大学教授、博士生导师

北京大学艺术学院副院长

目录

导　　言

中国人对美国文化了解有多少？美国特拉基金会项目主任特里·劳兹（Terry Lautz）不久前撰文称，和美国的"中国研究"相比，中国的"美国研究"有严重的"赤字"。[①]虽然其"赤字说"不能让人满意，但也不能不承认，我们对美国的了解尚没有进入到更深刻的精神层面。本书意图就在于此，希望通过一个特殊视角走进美国文化，通过艺术图像和历史的回顾，发现与美国现代文明并行不悖的另外一种美国渊源、美国性格、美国气质、美国象征物，那就是荒野。

荒野可从多个层面理解。客观上它指的是和文明相对的大自然，主观上则是人类的一种自然体验和审美观念，艺术家则把这种主、客观兼而有之的荒野意象作为对象加以表现。中国在对美国的了解中，往往意识不到荒野在美国文化中的特殊价

---

① Terry Lautz, "China's Deficit in American Studies", *The Chronicle of High Education*, 12, 2010.

值。从殖民地时代的恐怖蛮荒，到 19 世纪西部扩张中走进、征服、利用大自然，然后随着原野消殒，人的自然情感从恐怖变成赞美，荒野形成了美国社会重要的自然体验。这种体验融入民族性格和文化，影响到艺术家观察和描绘大自然的方式。由此可以发现，荒野是一个连接美国的自然景观、荒野的艺术表现以及自然体验和文化观念的最好线索。

　　这本著作讲述美国的荒野文化，其着眼点就是美国的风景画。虽然这种研究免不了要采用艺术史的视角和方法，但我们更加关注的是从风景画图像中体现出来的文化含义，希望借此获得对美国文化的深层认识。我国学术界对美国风景画关注不多，不过在美国学界，它作为专题加以讨论实际上已经延续一个世纪了。①总的来看，美国风景画因其和欧洲艺术的姻亲和变异双重关系受到关注。一方面，美国风景画的独特性被强调，比如它的巨大空间、其概念性和实体性造型、对细节和科学性的重视、内在的国家主义观念，等等；②另一方面，它还作为风景图像的范本出现在普泛化主题思考中，如人与自然的关系、风景和权力、风景的文化含义，

---

① 在西方艺术通史著作中，19 世纪艺术的中心是欧洲，美国艺术常被忽略或简要提及。不过在美国艺术史界，19 世纪风景画是美国研究学者探究的重点之一。以美国文化传统和历史为研究对象的学者被称为"Americanist"（"美国研究学者"或"美研学者"）。

② "大空间"讨论见约翰·麦考伯雷：《美国绘画的传统》（John McCoubrey, *American Tradition in Painting*, University of Pennsylvania Press, 1963）；造型"实体性"和"概念性"讨论见芭芭拉·诺瓦克：《19 世纪美国绘画：写实主义、理想主义和美国体验》（Barbra Novak, *American Painting of the Nineteenth Century, Realism, Idealism, and the American Experience*, Oxford University Press, 2007）；关于"细节"的讨论见詹妮弗·拉布博士论文：《弗里德里克·丘奇和细节文化》（Jennifer Caroline Raab, *Frederic Church and the Culture of Detail*, Yale University, 2009）；艾伦·瓦拉赫曾撰文：《关于哈德逊河画派全景模式的进一步思考》（Alan Wallach, "Some Further Thoughts on the Panoramic Mode in Hudson River School Painting", *Within the Landscape: Essays on Nineteenth-Century American Art and Culture*. The Dennsylvania State Universiy Press, 2004）；国家主义研究如安吉拉·米勒的《帝国之眼：风景表现和美国文化政治》（Angela Miller, *Empire of the Eye: Landscape Representation and American Cultural Politics 1825-75*, Cornell University Press, 1993）。

等等。① 在这些研究中，"荒野"是一个和美国风景的独特性与普泛性都相关的主题。荒野是美国风景画的特征，也是美国文化的重要因素，美国风景画在荒野表现中还传达了超越民族界限的生存观念和文明态度。因此，以荒野为切入点不仅是理解美国风景的关键，还有助于获得对美国文化的深层理解。

一

从风景画视角讨论荒野文化是一项有待探究的领域。美国风景画和美洲原始自然有关，也和美国社会的自然体验有关，这种观念是被普遍认可的。19世纪文学家和艺术家，如詹姆斯·库柏（James F. Cooper）、布莱恩特（William C. Bryant）、托马斯·科尔（Thomas Cole）等，对本国自然的荒野性及其艺术表现有很强的自觉性。20世纪艺术史家芭芭拉·诺瓦克（Barbara Novak）、詹姆斯·弗莱克斯纳（James Thomas Flexner）等就把美国风景画的民族性根植于艺术家的题材和生存环境——荒野。② 即使不以荒野为题，研究者也不会忽略美国风景画所传递出来的荒蛮和野性特质。浪漫主义、如画、崇高是经常被借用的术语，欧洲传统风景样式和趣味和本国风景的讨论纠结在一起，而在强调本民族艺术特质的时候常常会导致荒野性的分析。

可是，荒野含义的复杂性使得这种研究受到制约。和"田园"概念有所不同，荒野常被当成地理概念在生态学上使用，被理解成"自

---

① "普泛性主题"指的是各民族的风景画艺术都关注和表达的普适性价值观和意义。比如马克·罗斯基尔的《风景的语言》、W. J. T. 米切尔的《风景和权力》等著作都是对各种风景艺术进行普泛意义阐释的著作，同时也采用了美国风景画作为范本。（参见: Mark Roskill, *The Language of Landscape*, The Pennsylvania State University Press, 1997; W. J. T. Mitchell, *Landscape and Power*, The University of Chicago Press, 2003.）

② 詹姆斯·弗莱克斯纳（1908–2003），纽约人，艺术史家、传记作家，以《华盛顿传》（*Washington: the Indispensable man*, Back Bay Books, 1994.）知名。芭芭拉·诺瓦克（1928— ），艺术史家、美国19世纪艺术史研究专家，现任伯纳德大学和哥伦比亚大学的阿尔特舒尔荣誉退休教授。

然景观"，用审美观念和风景意象解释此概念的做法尚不普遍，这是它在艺术史讨论中受到限制的一个原因。美国风景画阐释通常会采用民族认同、欧洲影响、政治、宗教、美学等视角，在荒野方面发掘确实不多。另一个原因，荒野被理解为义化和审美观念时，其含义是不断变化的，因而是难以定义的。这种状况使得用这一概念作为讨论风景画的视角显得困难重重。由于上述原因，美国风景画的荒野特征虽然常常被提及却没有得到全面、深入和具体的研究。

不过，这些制约随着近些年的学术发展正在得到逐步解决。早在 1967 年纳什就拓展了荒野含义，把它理解成一种"心理状态"、一种与田园对应的文化观念以及一种审美范畴，他曾概要且发人深省地讨论了美国风景画的荒野特征；[1]1987 年学者大卫·威廉姆斯（David R. Williams）专题研究了作为美国清教文化的"荒野传统"，提出了"心灵荒野"的观念；[2]2003 年加拿大学者约翰逊·波尔多（Jonathan Bordo）撰文讨论荒野范畴，提出把"野蛮的生活方式"以及"现代人眼中的古代"作为荒野的应有之义；[3]等等。这些讨论试图从文化角度和主体观念层面审视荒野，显然有助于我们在艺术史角度理解荒野的图像呈现。

和其他视角相比，风景画的"荒野特征"有多方面的阐释空间。首先，它有助于展开风景画和自然对象的相关性研究。风景画的表现对象是自然景观，尤其在自然主义艺术盛行的时代，风景画家把理解自然看成是艺术创作的重要组成部分，因而"荒野"提供了一种从特定自然对象理解艺术的途径。美国风景画家表现荒野主题的时候显然受到了他们面对的自然环境的影响。我们可以看到，哈德逊河画派的发展和衰落其实正好对应了美国社会向西部和荒野深处扩张的过程，同时伴随着荒野的文明化和逐渐消退。通过风景画理解这样一种过程，"荒野"必然会发挥积极作用。

---

[1]　Roderick Nash, *Wilderness and the American Mind*, Yale University Press, 1967.

[2]　David R. Williams, *Wilderness Lost: the Religion Origins of the American Mind*, Selinsgrove: Susquehanna University Press, 1987.

[3]　W. J. T. Mitchell, *Landscape and Power*, p. 294.

　　再者，荒野也是一种审美观念和趣味的研究。风景画阐释的一个方面是把它看成受制于某种审美观念的产物。正如古典主义艺术崇尚景色的优美与和谐，浪漫主义艺术尊崇原始、神秘和崇高，"荒野美学"同样也赋予风景画一种审美特质。荒野含义早期很少有审美性，而是以恐怖和神秘的基调渗透在殖民地政治和宗教中。只是到了19世纪，它的审美品质开始从宗教和社会学剥离出来，其审美价值才被发现。随着城市文明的膨胀，许多富商巨贾纷纷到如画的荒野置地旅游，自然保护运动也甚嚣尘上，对荒野的鉴赏蔚然成风。但是，荒野是否可以作为一种美学或者美国特有的审美范畴？20世纪零星出现了荒野美学（Wilderness Aesthetics）的提法，但对该概念的审美分析依然是尝试性的、片段的。① 实际上荒野的审美性有着宽广的探讨空间。它不仅具有美国审美和艺术的独特性，而且有深刻的欧洲美学和艺术的根源，而这正是本书要讨论的。通过理解风景画的形象和意境，可以窥探艺术家内心深处的审美情感，荒野则为理解这种意象和情感提供了有效的手段。

　　另外，荒野还意味着特定的形式特征，这有助于把风景艺术研究和形式分析结合起来。荒野无论指自然美还是艺术美，都具有其特殊的视觉表现形式。过去学者讨论荒野大多集中到客观的自然对象上，比如国家公园，美国西部山区风景，新英格兰的山区和湖泊，等等。实际上，美国风景画并非仅仅描绘"美国自然风光"的风景画，而是具有美国趣味和形式特征的风景画。托马斯·科尔（Thomas Cole）

---

① 笔者认为，这种状况不是因为概念本身缺乏审美分析的可能，而是学科藩篱（如生态学、景观学、艺术史、美学的分野）限制了研究者的审美视野。跨学科视野是当代艺术史研究的重要特征。荒野不可能只限定在生态学或景观学，它完全可以从美术史和艺术美学的角度加以审视。其实，无论风景画家还是风景画研究者都不乏采用荒野讨论风景画，只不过这尚未形成普遍的观念而已。某些学者甚至采用了荒野美学（wilderness easthetics）概念。比如阿里森·比耶雷在对国家公园的讨论中提到"荒野美学"（见《风景之用——如画美学和国家公园体系》（Alison Byerly, "The Uses of Landscape: The Picturesque Aesthetics and the National Park System", *The Eco-criticism Reader: Landmarks in Literary Ecology*, ed. Cheryll Glotfelty & Harold Fromm. Athens, Georgia & London, The University of Georgia Press, 1986, pp. 52–68）；再如1997年弗兰克·伯根发表了《荒野美学》一文，讲述了19世纪美国西部探险队的活动对荒野审美趣味的影响（Frank Bergon, "Wilderness Aesthetics", *American Literary History*, Vol. 9, No. 1, Spring, 1997, pp. 128-161）。

作品中的很多风景来自想象中的欧洲和宗教的历史；弗里德里克·丘奇（Frederick Church）则不遗余力地描绘南美、中东、北极等异域风光，但其作品依然是典型的美国式的。实际上，这种美国性的根源正是在于其独特的艺术形式。那么应该如何描述和概括这种形式？19世纪已经有学者尝试从形式角度理解美国风景画，如透光风格、全景模式，等等，为后人奠定了重要的理论基础。[①]本著作要做的是，在吸收前人学术成果的基础上，通过新的视角将这项研究推向一个新的阶段。与以前学者有所不同，笔者试图从形式和审美层面深入探讨"荒野"概念，对它的历史渊源和艺术传统进行系统梳理，并以此形成讨论美国风景艺术的观念线索。风景画家在表现荒野体验时要解决的一个关键问题就是图像呈现，而荒野再现没有一成不变的模式，这意味着艺术家必须对荒野的形式感和画面营建作出个体性选择。因此，荒野视角有助于我们直接触及艺术创作的关键问题，发现荒野风景画的形式要素和组织规律，从而对风景艺术达到深入理解。当然，荒野和古典美学概念不同，它实际上是在历史实践中形成的自然和审美观念，因而它的复杂性恰好有助于复杂的"艺术品的不可理解性的理解"。[②]

一

美国学界致力于本民族艺术和文化阐释，荒野风景是其中的关注重点之一，一个世纪以来出现了很多大至宏观介绍，小到个案研究的研究论文或著作。这些成果形成了独具特色的学术传统，对理解美国

---

① 如19世纪50年代约翰·鲍尔用"对光的诗意性的使用和感知"定义了透光风格；70年代芭芭拉·诺瓦克借用"崇高"概念解释哈德逊河画派的构图；80年代约翰·威默丁对透光风格作了形式分析；透光风格最初由约翰·鲍尔在文章《美国透光风格：美国19世纪绘画现实主义运动被忽视的方面》提出该术语。（参见：John I. H. Baur, "American Luminism: A Neglected Aspect of the Realist Movement in Nineteenth-Century American Painting", *Perspectives USA*, autumn, 1954,pp 90-98; Barbara Novak, *American Painting in the Nineteenth Century: Realism, Idealism, and the American Experience*. New York: Harper& Row, 1979; John Wilmerding, ed. *American Light, the Luminism Movement 1850-1875*, National Gallery of Art, Washington. Princeton University Press.1980, 1989.）

② 西奥多·阿多诺著，王柯平译，《美学理论》，四川人民出版社，1998年第一版，第314页。

风景艺术和确立本研究在该传统中的位置是十分重要的。除了艺术史领域，还有必要考察荒野文化的写作和研究。这些文本涉及自然哲学、民族文化、荒野文学等不同领域，虽然并不直接针对风景画，但相互之间有密切关系。美国作家和学者关注荒野，为此引发美国风景画阐释的兴趣，赋予了美国风景画丰富的文化含义和价值。

1. 19 世纪：传记研究及时代语境

19 世纪是美国民族艺术的形成期，也是美国艺术史学术的开创期。[①]1834 年，威廉·顿拉普（William Dunlap）撰写的《美国艺术与设计崛起和进步的历史》，开创了美国艺术史写作先河，被美国学界称为"美国的瓦萨里"。[②]该著作文笔是传记式的，并且由于时代所限对风景画家涉及不多。但作者作为同代人访问了风景画家科尔，记述了画家对自然的热爱、对意大利和克劳德传统的迷恋以及对英国和法国当代艺术的质疑，这对理解科尔的思想发展是很重要的。1867 年亨利·塔克曼（Henry Theodore Tuckerman）的《艺术家之书》成书于美国风景画繁荣之际，首次对风景画家给予了高度重视。[③]他详尽叙述艺术家生平，广泛收录艺术家言论和受到的评论，是后来研究者的重要参考。当时关于风景艺术的讨论还散见于文学、期刊、书信以及演讲中。这些文献在第二次世界大战之后美国博物馆主导的"文献式研究"潮流中得到了整理，其原件和微缩文献存放于底特律美国艺术档案馆、纽约市公共图书馆、华盛顿史密森美国艺术档案馆等机构。[④]

---

① 本文献综述涉及的材料主要来自笔者 2011 年 7 月至 9 月在美国加利福尼亚州亨廷顿图书馆和美术馆从事专题研究期间搜求到的原版著作、博士论文、19 世纪原始期刊、画册，等等。在华盛顿和纽约访问期间，笔者也从美国国家档案馆和大都会博物馆的图书馆获得了某些文献。

② William Dunlap, *A History of the Rise and Progress of the Arts of Design in the United States*, 2 vols. George P. Scott and Co., Printers, 1834.

③ 亨利·塔克曼（1813–1871），作家、诗人、批评家，19 世纪中期纽约文学艺术界重要人物之一。（Henry T. Tuckerman, *Book of the Artists, American Artist life*, New York: G. P. Putnam & Son, 66; Broadway, 1867.）

④ 1954 年，底特律艺术学会主席（E.P. Richardson）和收藏家弗莱希曼（Lawrence A. Fleischman）发起建立美国艺术档案馆馆，系统收藏历史上美国艺术图像、文献、遗物等档案资料。1970 年，该档案馆被迁往并入华盛顿史密森学会。同时，所有收藏均通过微缩胶卷进行复制，分发在纽约、底特律、波士顿、旧金山、洛杉矶等地，向观众和专业研究者提供便捷的观看和使用服务。

除了塔克曼这本书，19世纪专门研究风景画的著作并不多见。原因之一是，当时特别是内战之后人们对本国风景画抱有怀疑。比如1880年本雅明（S. G. W. Benjamin）在其《美国艺术：批评和历史性概述》中，尽管承认美国风景画繁荣米源于"真实的艺术感觉和对大自然的真实热情"，但他批评这种艺术的"肤浅"、"过分追求细节"、"缺乏想象力"，指出美国"焦躁不安的生活方式"是导致产生不了杰作的原因。[①] 另一个原因则是对美国荒野的犹疑。19世纪美国人对本国荒野兴趣有很大的起伏。世纪中期最为积极，但在世纪早期和后期（内战后）却比较消沉。当塔克曼开启艺术史写作的时候，美国荒野的价值已经被怀疑了。

值得注意的是，19世纪末出现了对荒野价值的反思，其代表是历史学家弗里德里克·特纳（Frederick Jackson Turner）的文章《美国历史中边疆的意义》。[②] 他总结了一个世纪来荒野消退和价值被怀疑的现实，但呼吁在文明社会勿忘荒野价值，因为荒野（边疆指的是美国文明挺近荒野之地）正是构造美国性格的地方。这种观点是对内战后荒野怀疑的反驳，因而引起强烈反响。把荒野和美国性格联系起来是对美国荒野的高度肯定，显然有助于重新认识美国风景画的价值。美国学界从20世纪开始研究民族风景画，不能不说和这种信念有关。

纵观19世纪，荒野的积极评价主要体现于艺术家和作家。有两本文集对此进行了系统整理。其一是格雷汉姆·克拉克（Graham Clarke）编纂的《美国风景：文献汇编》，收录了美国文学、哲学、神学以及期刊文章中对美国景色的描绘，其中不乏对"荒野"景观的欣赏和赞美。[③] 像爱默生（Ralphw. Emerson）的《自然》，梭罗的

---

① 作者并非专业艺术史家，而是在欧洲广泛游历的官员和作家，不过他的论述反映了当时美国社会对本国艺术并不罕见的怀疑态度。（参见: S. G. W. Benjamin, *Art in America: A Critical and Historical Sketch*, New York, Harper & Brothers, Publishers, 1880.）

② 弗里德里克·特纳（1861-1932），威斯康辛人，以其边疆理论著称，于1983年芝加哥世界博览会期间发表于美国历史协会。（参见: Frederick Jackson Turner, "The Significance of the Frontier in American History", *The American Landscape: Literary Source and Documents*, Vol. 1, p. 543, Helm Information Ltd., 1993.）

③ Graham Clarke. Ed., *The American Landscape: Sources and Documents*, Routledge, 1993.

（Henry D. Thoreau）的《在康科德和梅里马克河的一周》，惠特曼
（Walt Whitman）的《崎岖土地之歌》，布莱恩特（William Bryant）
的《大平原》，欧文（Washinyton Irving）的《卡特斯基尔山脉》，库
柏（James F. Cooper）的《美国和欧洲风景之比较》，穆尔（John
Mair）的《加利福尼亚山脉》等都充溢着对美国荒野的赞美之情。其
中科尔《关于美国景色的文章》对美国荒野性格的分析为美国风景画
确定了基调。另一部文集是新近出版的萨拉·伯恩斯（Sarah Burns）
和约翰·达维斯（John Davis）合编的《1900 年之前美国艺术：文献
历史》。[①]该书部分章节收录了 19 世纪评论家讨论当时风景画的文本，
并利用现代研究成果对文本分类整理，十分有参考价值。当然，上述
材料有的是文学作品，并非专业性研究文献，但这些材料对理解美国
风景画实际上有着十分重要的价值。

2. 20 世纪前期：浪漫主义阐释

万达·考恩（Wanda M. Corn）曾撰文概括 20 世纪前期美国艺术
史学术状况，指出困扰这门学科的三个问题：其一，对美国艺术品质
的不自信和怀疑；其二，强调美国艺术的民族性；其三，受博物馆研
究方法的影响，主要是文献性编纂。[②]她的看法也适合当时美国风景画
研究状况。学界对美国艺术不自信由来已久，它集中体现在学者倾向于
用欧洲艺术传统和审美观念理解美国风景画。随着经济发展，美国出
现了兴建艺术博物馆和投资艺术收藏的热情，本国艺术也逐渐进入收
藏家的视野，20 世纪 30 至 40 年代就出现了以 19 世纪风景画为主题
的展览和图录。可是对这些作品进行讨论时，研究者使用的术语依然
来自欧洲，最典型的就是"浪漫主义"。

---

① 伯恩斯和达维斯整理编纂了 19 世纪美国艺术评论文献资料（Sarah Burns and John Davis,
American Art to 1900: A Documentary History, University of California Press, 2009）。其他具有此
种综述性和文献性的著作如，大卫·迪凌格尔的《好评如潮：美国艺术及其批评家》，该书是一
本展览图录，但其中的文章详述了美国国家设计学院的展览和评论历史。（David B. Dearinger,
Rave Reviews: American Art and Its Critics, 1826-1925, National Academy of Design, 2000.）
② Wanda M. Corn, "Coming of Age: Historical Scholarship in American Art", *The Art Bulletin*,
Vol. 70, No. 2, Jun., 1988, pp. 188-207.（万达·考恩，加州斯坦福大学艺术史教授，研究现代艺
术和视觉文化。）

1943 年纽约现代艺术博物馆举办的《美国的浪漫主义绘画》① 展览就是一例。在前言中，詹姆斯·索比（James T. Soby）认为"浪漫主义是美国绘画从 18 世纪晚期到今天持续存在的精神"，他把整个美国绘画传统都归于浪漫主义。作者也注意到了风景画和美国自然的关系，但认为"不是自然赋予美国艺术特质，而是画家用艺术神圣化了自然"，因此风景画中的"荒野气息"是艺术家从浪漫主义传统继承来的趣味。1944 年理查德森（Edgar P. Richardson）在《美国浪漫主义绘画》小册子也使用了浪漫主义一词。他有意甄别了欧美不同的风景画形式，却指出美国艺术的缺陷是"孤独感和缺乏专业训练，无传统依托，从而水平参差有别"，因此美国风景大致是水平参差的欧洲模仿品。② 1945 年芝加哥艺术学会策展人弗里德里克·斯威特（Frederic Sweet）策划了展览:《哈德逊河画派和美国早期风景传统》。③ 他分析了美国风景画与文学家如威廉·布莱恩特、华盛顿·欧文、詹姆斯·库柏等人的关系，把哈德逊河画派看作浪漫主义文学传统的体现。特别值得一提的是沃尔夫冈·伯恩 1948 年的著作《美国风景画，一种解释》。④ 作为受沃尔夫林教诲的移民艺术史家，伯恩对绘画形式异常敏感。他分析了全景画模式对美国风景画家的影响，梳理了美国民族风景画的发展脉络。然而，他使用的主要概念依然是浪漫主义，并采用"后浪漫主义"（Post-romanticism）这样一个自造词概括美国艺术发展的新倾向。

浪漫主义阐释一方面是艺术史家试图通过欧洲传统理解本国艺术的无奈之举，是对本国艺术特征认识不深的体现；另一方面，它也用浪漫主义美学特有概念如"想象"、"崇高"等，在一定程度上揭示了

---

① James T. Soby and Dorothy C. Miller, *Romantic Paintings in America,* The Museum of Modern Art, New York, 1943.

② Edgar Preston Richardson, *American Romantic Painting*, New York: E. Weyhe, 1944.

③ Frederic A. Sweet, *The Hudson River School and the Early American Landscape Tradition*, Whitney Museum of American Art, 1945.

④ 沃尔夫冈·伯恩（1893—1949），生于德国布雷斯劳，研究拜占庭和俄罗斯艺术、19 至 20 世纪绘画。1928 年曾在慕尼黑大学师从沃尔夫林，1937 年因战乱移民美国。曾在纽约、新奥尔良等地任艺术史教授。（参见: Wolfgang Born, *American Landscape Painting: An Interpretation*, New Heaven & Yale University Press, 1945. ）

美国风景画的荒野特征。在欧洲美学中，具有崇高审美特征的荒野自然本来就是浪漫主义的应有之义。如伯恩所说："浪漫主义诗人和画家在历史和自然中寻求神秘、恐惧和陌生之物，美洲给予了人迹罕至的水域，巨大的、常常形状奇特的山脉以及殖民地人与印第安人战争这种活着的历史。"① 在这种叙述中，浪漫主义和荒野、历史、自然是相互混杂在一起的。但是，浪漫主义蛮荒意象的"想象"和新大陆自然荒野的"真实"毕竟有所不同，所以浪漫主义阐释并不如当时学者所期待的能够"彰显美国自然和艺术的独特性"。美国学界需要更加专业的艺术史家，利用更有效的分析工具解决这一问题。②

3. 20世纪后期：美国自然及其文化含义

第二次世界大战后美国风景画研究发生了重大变化，出现了一批重要著作，同时荒野研究也产生了一系列研究成果。这些研究从不同领域提出了理解美国风景画的核心问题：美国自然和其艺术表现的关系。这种状况是考恩所说的制约美国学术的掣肘获得缓解从而释放出能量的结果。文化不自信消除了。20世纪50年代抽象表现主义艺术的发展使得美国取代欧洲成为现代艺术的中心。这种气氛下，艺术史家试图重新审视传统，寻求传统与当代美国艺术的内在关系。1963年麦考伯雷（John McCoubrey）简短却影响深远的《美国绘画传统》就是这一努力的体现。③ 抛弃了浪漫主义思路，他分析了美国人的自然体验：美洲荒野和美国人生存环境的巨大空间，美国绘画则是这种空间感的绝好体现，他甚至在抽象表现主义绘画中发现了这种在美国艺术普遍的空间特征。

美国的大学介入到美国艺术研究，开始培养出科班出身的艺术史家，原来由博物馆主导的文献研究得以改观。一个典型例子是哈佛大学。该校自20世纪50年代就开设了由著名教授如佩里·米勒、萨缪

---

① Wolfgang Born, *American Landscape Painting: An Interpretation*, p. 30.

② 关于美国自然和艺术的独特性：美国风景画家试图表现美国自然和艺术的独特性，美国19世纪学者和20世纪艺术史家也十分重视分析和界定这种独特性。本研究无意区分欧美风景画，但会引用和讨论到这种关于"美国自然和艺术独特性"的观念。

③ John W. McCoubrey, *American Tradition in Painting*, New Edition, University of Pennsylvania Press, 1963.

尔·莫里森（Samuel Morison）、奥斯卡·韩德林（Oscar Handlin）等
执教的美国文化史课程，这促进了对本国文化和艺术传统的兴趣。特
别是，哈佛福格博物馆罗兰教授（Benjamin Roland）吸引学生从事
美国艺术研究，培养出一批绘制了美国艺术史学术地图的"美研学
者"。[①]当然，美国艺术的"美国性"依然是一个研究主题，但现在态
度不再怀疑和保守了，而是充满了对本民族艺术的溢美之词。1962
年詹姆斯·弗莱克斯纳用"民族绘画"概括19世纪的美国绘画，描
述了美国风景画的辉煌状态，字里行间充满了民族自豪感。[②]

在上述语境中，美国风景画研究出现了卓越的成果。最早引起注
意的是1954年发表于刊物《美国视角》的一篇文章《美国透光风格：
在19世纪美国绘画写实主义运动中一个被忽视的方面》，作者是毕业
于耶鲁大学、在惠特尼博物馆供职的约翰·鲍尔。[③]他首次使用透光风格
（Luminism）一词描述了美国风景画从世纪中叶海德（Martin Heade）、
莱恩（Fitz Henry Lane）的"描述性写实主义"到后期霍默的"视觉写
实主义"。虽然对透光风格的分析尚有含混之处，但他用写实主义取代
浪漫主义，把世纪中叶和早期的美国风景画区分开来，并独创地采用

---

① 万达·考恩等人用"Modernist"一词指专门研究第二次世界大战之后美国艺术的艺术
史家；相对的，用"Americanist"一词指那些专门研究第二次世界大战以前美国传统艺术的
艺术史家，意即"美国艺术史研究专家"，本文简称之为"美研学者"。像当代知名学者，如
理查德·麦克兰森（Richard McLanathan）、朱尔斯·普朗（Jules Prown）、尼古拉·希考夫斯
基（Nicolai Cikovsky）、威廉·格兹（William Gerdts）、芭芭拉·诺瓦克、威廉·霍默（William
Homer）、威默丁·西奥多·斯特宾斯（Theodore Stebbins），都是这批学者中的佼佼者，他们的
著述奠定了当代美国艺术史学术的基础。（这些人的代表作如下：Richard McLanathan, *Romantic
America : the Middle Decades of the 19th Century*；Jules D. Prown, *American Painting: From
the Colonial Period to the Present*；Nicola Cikovsky, *George Inness*；William Gerdts, *American
Impressionism*; John Wilmerding, *American Light: The Luminist Movement, 1850-1875*; Theodore
Stebbins, *The Life and Works of Martin Johnson Heade.*）
② 比如文中作者这样说："那是我国历史上绘画最为普及的时代，人们的兴趣不是进口欧洲
老大师的作品，而是美国当代艺术家的作品"，最好的美国艺术家"从来没有出国"或者"从
未被欧洲艺术影响"，他们是"实践性的专家"，用自己的方式有效地表达"社会体验和观念"。
（James Flexner, *That Wilder Images: the Painting of American Native School from Thomas Cole to
Winslow Homer*, p. xi.）
③ "透光风格"是笔者对英文"Luminism"的翻译。透光风格在我国学界受关注不多，艺
术史著作中稍有提及，但是翻译既不统一也不准确。笔者撰文对此有所讨论，参见"透光风
格：对一种美国风景画风格的学术史考察"，载《美术》，2011年第2期。

新的概念描述美国风景画风格，这些处理方法给人耳目一新的感觉。

20世纪70年代受鲍尔影响最深也最重要的著作恐怕要算诺瓦克的《19世纪美国绘画：写实主义理想主义和美国体验》了。该著作可以说是对前人研究的一种综合。她区分了美国风景画中的两种传统：理想主义和写实主义。在她看来，科尔的作品体现了两种传统的斗争，这在杜兰德的作品中得到了解决。诺瓦克采用了一种沃尔夫林式的讨论方式，其形式分析有让人眼前一亮的感觉。不过遗憾的是，这种形式的有效性受到学者质疑：她并未深入分析形式的根源，忽视了"美国体验"在形成这种美国风格中的作用。考虑到这种阐释的不足，1980年她撰写了《自然与文化：美国风景和绘画1825—1875》。[①]作者全面探讨了美国风景画形成的自然因素：自然的岩石、云、植被、国家公园、自然神学、西部探险以及美国历史中人与自然的对抗和和解，这些显然不是生活世界的文明景观，而是远离文明的荒野和原始自然。按照文中逻辑，通过"荒野性"可以获得她提出的"风景画形式的精神意蕴"。这里她走向了另一个方向：科学。拉斯金曾提出风景画的最高原则：真理。《现代画家》有很多对大自然天空、云朵、山脉、水域、植被等真理描绘的叙述，从中可以看出诺瓦克理论的原型。如她所理解："自然的真理，如在艺术中所展示的，可以通过揭示其科学性进一步证明其有效性，因为科学性显示了上帝的意图，有助于阅读其自然文本。"[②]可是，科学讨论压制了对大自然荒野感受和意蕴的发现，作为艺术家手段的科学被艺术史家当成了艺术目的加以研究，风

---

① 诺瓦克的著作启发了一些年轻学者。比如两篇博士论文：1987年瓦格纳的《美国风景画中的地质学观念》和1991年贝德尔的《自然解剖学：地理学和美国风景画1825—1875》就展开讨论了诺瓦克提出的风景画"地质学"的观念。1988年克里的《弗里德里克·安德文·丘奇和民族风景》和1993年米勒的《眼中帝国：风景表现和美国文化政治》以及同年斯蒂芬·丹尼尔斯的《观念领域：风景意象和民族认同》则发展了作者的美国自然作为"国家主义公园"的观念。（参见：Virginia Wagner, *The Idea of Geology in American Landscape Painting, 1825-1875*, Ph. D. dissertation, 1987, University of Delaware; Franklin Kelly, *Frederic Edwin Church and the National Landscape*, Washington D. C. Smithsonian Institute Press, 1988; Angela Miller, *The Empire of the Eye: Landscape Representation and American Cultural Politics 1825-75*, Cornell University Press, 1993; Stephen Daniels, *Fields of Vision: Landscape Imagery and National Identity in England and the United States*, Princeton University Press, 1993.）

② Barbara Novak, *Nature and Culture*, p. 41.

景画的形式和审美在这种"视觉文化"研究中隐而不见了。

对风景画形式的审美关注同时存在。有的学者用崇高和全景画模式对 19 世纪中期风景画做专题研究。[①] 最具代表性的是 1980 年国家美术馆举办、威默丁（John Wilmerding）编纂的展览和文集《美国之光：透光主义运动》。[②] 这是对鲍尔透光风格概念的进一步发展，也是对两年前诺瓦克观念的一种回应。透光风格受到了普遍关注，它的形式和含义得到了全面反思。学界认识到，透光风格是美国风景画过渡时期的一种表现，从关注形象向关注光色转变，体现了从客观崇高风格向内在表现风格的转型。透光风格的形式是写实主义的，但其色彩却是表现性的，光色对造型的溶解生动体现了这个时代艺术价值观念的迁移。这些新鲜的观念对理解 19 世纪中期风景画帮助是很大的。不过，"荒野"概念依然混杂在崇高、全景、写实等观念的描述中，透光风格理论没有解释光和色彩感觉来源何处，也没有解释内战后画家的自然感受产生了怎样的变化。

4. 20 世纪 60 年代："荒野—风景"研究的复现

19 世纪荒野观念、风景艺术、自然保护运动三者之间密切相关。比尔斯泰特、莫兰宣传西部大自然的美丽和神圣，他们的作品被自然保护者和政府作为理由和象征。超验主义者梭罗和自然保护者穆尔崇奉蛮荒的理由不只是文化的，还是审美的。遗憾的是，内战后随着荒野逐渐消逝，荒野感觉在风景画中淡化了；同时，自然保护者兴趣局限在保护区内，艺术与荒野看上去有渐行渐远之势。

20 世纪 60 年代形势发生了变化，自然保护运动、荒野研究、风景画研究再次联姻，结出了丰硕果实。1964 年美国通过了《荒野法案》，这既安慰了自然保护的热情，又刺激了艺术史界的"荒野神经"，19 世纪风景画与美国荒野的血脉牵连又浮现在学者脑际。弗莱

---

① 比如安德鲁·威尔顿和蒂姆·巴林杰的《美国崇高：美国风景画 1820—1880》。关于全景模式，艾伦·瓦拉赫曾撰文分析美国风景画家在表现美国荒野景色中做出的画面形式选择。（Andrew Wilton, Tim Barringer, *American Sublime: Landscape Painting in the United States 1820-1880*，Princeton University Press, 2002.）

② John Wilmerding, *American Light: the Luminist Movement, 1850-1875, Paintings, Drawings, Photographs*, New York: Harper, for the National Gallery of Art, 1980.

克斯纳《荒野意象》用荒野自然表明了美国风景的主题和灵感来源，用野性做"民族绘画"注脚给当代人以深刻印象。①1969年《克利夫兰美术馆公报》发表了塔尔伯特（William S. Talbot）的《美国的荒野视像》，第一次以荒野为题叙述了美国风景画的主题和风格。文章指出，19世纪画家描绘荒野不只是摹写外观，还关注自然法则，其中包括"生命的轮回、人在世界中的角色、宇宙的秩序以及自然的力量"，把诺瓦克的"科学性真实"与美洲"荒野特质"联系起来。②不过由于篇幅所限，文章只对科尔、丘奇、克罗普西、莫兰等画家作品作了简要描述，并没有分析其中荒野观念和表现形式的发展脉络。再者，这篇文章似乎没有引起华盛顿和纽约学界的关注。

自然保护运动对荒野研究的促进有助于开拓风景画研究的视野。实际上，20世纪后期美国风景画研究很多成果都是在跨学科方法的支持下产生的。在美国文化研究中，历史学、生态学、艺术史、社会学领域和方法互相渗透和影响，风景画常常被拿来作为这种跨学科思考的范例。比如1964年哈佛大学佩里·米勒就在这种气氛下撰写了《出使到荒野》，以荒野为语境叙述了清教思想发展的历史，给人深刻的印象。③三年后，年轻学者罗德里克·纳什的《荒野和美国精神》进一步拓展跨学科视角，以荒野为中心对美国文化和艺术史作了系统的梳理。④

---

① 弗莱克斯纳原文标题采用了"that wilder image"，"wilder"为"wild"比较级形式，直译为"那种更为荒凉、野性的形象"，作者意图把美国风景画和欧洲风景比较而言。这里意译为"荒野意象"。（James Thomas Flexner, *That Wilder Image: The Painting of America's Native School, from Thomas Cole to Winslow Homer*, Bonanza Book, New York, 1962.）

② 当时塔尔伯特只是克利夫兰美术馆的助理研究员。这种地域和身份可能是造成他的研究成果没有引起东部学术界注意的原因。如该作者于1973年的文章《风景和光》（"Landscape and Light", *The Bulletin of the Cleveland Museum of Art*, 1973），对透光风格作了细致分析和讨论。但在几年后华盛顿国家美术馆组织的透光风格专题讨论会却没有看到他的身影，威默尔编纂的《美国之光》一书也未收录他的文章。（William S. Talbot, "American Visions of Wilderness", *The Bulletin of the Cleveland Museum of Art*, Vol. 56, No. 4（Apr., 1969），pp. 151-166.）

③ 佩里·米勒（1905-1963），思想史家，哈佛教授，美国研究领域的创立者，以清教思想研究著名。（参见: Perry Miller, *Errand into Wilderness*, New York: Harpers & Row, 1964.）

④ 罗德里克·纳什（1939—），加州圣巴巴拉大学"环境历史学"教授。纳什博士论文出版后受到了广泛好评，第一版连续印刷了7次，并在1973年修订为第二版，1982年第三版。洛杉矶时报把它列为25年内美国出版的最有影响的百篇名作之一。（Roderick Nash, *Wilderness and the American Mind*, Yale University Press, 1967, 1973, 1982.）

作为历史学博士论文，纳什本来可以限于研究环境学意义上荒野保护历史。然而在导师柯蒂教授建议下，他意识到"荒野是一种心理状态"，他决定写一部关于"荒野观念的历史"。①荒野保护运动需要理论支持，《荒野法案》只是提供了一个简要定义，《荒野和美国精神》一书价值显而易见。②它从两方面改变了人们对荒野的看法：其一，荒野是与宗教、哲学、艺术血肉相连的文化；其二，荒野的价值和含义是变化的、历史生成的。在对美国艺术的简短讨论中，纳什敏感地意识到美国风景画中蕴含的深刻的荒野观念。在《帝国的历程》中，"科尔要告诫他的国民如何欣赏和继承他们的荒野遗产"；在丘奇的艺术中"荒野获得了辉煌的描绘"；至于比尔斯泰特，"虽然夸大的样式受到批评，但却真诚地在荒野风景中传达其强烈的喜悦"；等等。这些判断为风景画的荒野研究开辟了前景，有助于启发在画面形式和题材中发现内在的精神特质。③

5. 其他

美国学界重视个案研究，19 世纪很多美国艺术家，如科尔、杜兰德、丘奇、比尔斯泰特、莫兰等，都曾作为回顾展览和专题研究的主题。④有的研究者不仅详细叙述了艺术家的生平和艺术道路，还探究其艺术思想，将其放在 19 世纪西方艺术史和艺术思想发展脉络中加以理解，这些都很有启发意义。1977 年拉瓦尔（David Lawall）

---

① 默尔·科蒂（Merle·Curti, 1897—1997），美国社会思想史家，威斯康辛大学教授。

② 20 世纪 60 年代是美国荒野保护运动高亢的时代。比如由穆尔开创的塞拉俱乐部，从 1960 年到 1971 年其会员从 1.5 万人激增到 10 万人。

③ Roderick Nash, *Wilderness and the American Mind*, pp. 82-83.

④ 科尔展览和研究如威廉·特鲁透纳和艾伦·瓦拉赫策划和编纂的《托马斯·科尔：风景进入历史》；杜兰德研究如大卫·拉瓦尔的《埃舍尔·布朗·杜兰德：他的艺术和理论以及他的时代》；丘奇研究如大卫·亨廷顿的《弗里德里克·埃德温·丘奇 1826—1900：关于新世界亚当神话的画家》；莫兰研究如 T·威尔金斯的《托马斯·莫兰：画山的艺术家》；因尼斯研究如尼古拉·西考夫斯基的《乔治·因尼斯的生活和艺术》；等等。（William H. Truettner, *Thomas Cole: Landscape into History*, Yale University Press, 1994; David B. Lawall, *Asher Brown Durand: His Art and Theory in Relation to His Times*, New York: Garland Press, 1977; David Huntington, *Frederic Edwin Church 1826-1900: Painter of Adamic New World Myth*, Yale University, ph·D., 1960; T. Wilkins, *Thomas Moran: Artist of Mountains*. London: Univorsiy Microfilms International, 1985.）

的《杜兰德》博士论文就是一例。这部长达七百多页的论文不仅细致考证了画家生平，还分若干个主题讨论了浪漫主义、美国社会艺术趣味和市场、自然研究潮流、风景和情感、自然和宗教等课题。作者对杜兰德"密林深处"风景的分析尤其令人印象深刻，通过联系哥特式教堂体验和传统的崇高和如画模式，作者赋予它深刻的哲学和美学含义。

一般的艺术史研究也有对荒野话题的关注。理解荒野也要在欧洲主流的田园和理想风景的参照下进行。再者，风景概念不是先验存在的，风景含义也像"荒野"一样发生种种变化，风景的定义、价值、形式和阐释都在影响着学者对风景艺术的解读。不过，一般风景画史和理论涉及的研究成果极为浩繁，笔者只能在目前掌握的材料范围内、结合自身的研究课题讨论一些有代表性的著作。

专题和有深度的风景艺术研究到了19世纪才出现，其中对风景画实践影响较深的恐怕要数拉斯金的《现代画家》了。① 该著作既是风景画繁荣的体现，又是这种艺术的推动者，何况拉斯金本人就是评论家兼画家。透纳（J. M. W. Turner）风景画的荒野特征是他获得拉斯金支持的一个理由，不过拉斯金采用了浪漫主义词汇如"崇高"，也采用了科学术语如"真理"，来描述透纳和当时其他风景画家主题和风格变化。拉斯金没有用"荒野"一词，但他的著作为美国"荒野"美学和艺术提供了坚实的基础，其行文和写作思路也被美国作家和史家采用。拉斯金对风景画的推崇也有助于风景画历史著作的出现。比如1885年约西亚·吉尔伯特（Josiah Gilbert）的《克劳德和萨尔维特之前的风景艺术》就全面叙述了从古希腊罗马开始遍布于文学、壁画、手稿、油画中的各种风景意象；1912年艾玛·沙尔特（Emma Gurney Salter）的《意大利艺术中的自然》叙述了从乔托到丁托列托意大利绘画中作为背景的风景；② 1931年劳伦斯·宾杨

① 约翰·拉斯金（1819–1900），维多利亚时代英国著名思想家、艺术批评家、水彩画家，牛津大学首届斯莱德教授，1843年因《现代画家》闻名。（参见: John Ruskin, *Modern Painters*, 5 vols, New York: John Wiley & Son, 1868.）

② Emma Gurney Salter, *Nature in Italian Art: A Study of Landscape Backgrounds from Giotto to Tintoretto*, Adam & Charles Black: London, 1912.

（Laurence Binyon）发表了他在东京帝国大学关于风景画的讲座《英国艺术和诗歌中的风景》。[①]

20世纪，随着对英、法、德以及早期意大利和荷兰风景传统的关注，不同国别、时期、主题的风景画历史专著大量出现。学者们不仅详细考察艺术家和作品，还试图从本质上理解其发展的内在逻辑。这种研究，最有影响的恐怕要数1949年肯尼斯·克拉克（Kenneth M. Clark）的讲稿《风景进入艺术》了。[②] 结合历史语境描述和文学意象分析，他用象征、真实、幻觉、理想等概念概括欧洲历史中的风景表现，把风景看成不同的观看方式和心灵视像。他把幻觉风景看作从中世纪到18世纪浪漫主义持续存在的一种自然体验和艺术形式，对此作了总体描述，堪称传统风景画"荒野意象"简明而准确的导论。遗憾的是，美国风景画没有在作者讨论范围之内。1997年马克·罗斯基尔（Mark Roskill）的《风景的语言》也值得注意。[③] 作者使用了后现代方法和视角，比如语言学、修辞学、殖民主义理论、女权主义理论等，用新的概念和观念重新组织了历史。他对19世纪风景画的阐释很有独特之处，采用了明喻、暗喻、提喻等修辞格，他提出了一种类比性地理解风景画含义的方法。他用提喻阐释荒野大景，解读了科尔和丘奇在内不同类型的崇高风景。[④]

21世纪以来关于风景和风景画的讨论依然很多，权力话语、视觉文化、图像理论等各种新的思想观念均被用于风景图像阐释。比如2003年米切尔编纂的论文集《风景与权力》就是当代学者利用现代观念解读传统图像的结果。2005年研讨会论文集《风景之内：19世纪美国艺术和文化论文集》则从旅游、自然保护、工艺品装饰画等视

---

①   Laurence Binyon, *Landscape in English Art and Poetry*, London Cobden-Sanderson, 1931.

②   肯尼斯·克拉克（1903—1983），英国艺术史家，曾师从伯纳德·贝伦森，以文艺复兴研究知名。曾任伦敦国家美术馆馆长，牛津大学斯莱德教授等。（Kenneth Clark, *Landscape into Art*, Beacon Press, Boston, 1949, 1961.）

③   马克·罗斯基尔（Mark Roskill, 1933—2000），艺术史学家，批评家，马萨诸塞州大学教授。

④   罗斯基尔对19世纪风景画的解释采用喻说理论（tropologies），每一种都和特定的哲学世界观有关。如自然主义—转喻—孔德实证主义和丹纳；音乐性—暗喻—叔本华；自然关系—讽刺—施莱格尔和黑格尔和马克思；大景—提喻—尼采和爱默生等，作者试图在文学、哲学和风景画图像之间建立某种对应和对称的关系。这种概括具有某些启发性，但忽视了风景画本身表现手法的特殊性和复杂性，因而给人某种牵强附会的感觉。

角讨论了 19 世纪美国风景画的种种含义。① 这些新发展说明风景画受到越来越多的重视，也体现了风景画研究的新动向和广阔空间。笔者试图在研究中密切关注这些新的理论动向，通过吸收新的观念和方法使本研究具有学术的时代特色。

三

概念阐释和图像结合是本研究采用的基本研究方法。利用荒野概念讨论美国风景画实际上是一种对图像作观念阐释的研究，这必然涉及图像和概念结合的问题。这种研究既有价值又有挑战性。其价值在于，一则它能避免纯粹的历史叙事，二则它还可免于单纯的抽象概念的演绎。前者是以往宏观叙事和个案研究一般采用的手法，研究成果基本上是对历史文献和图像资料的整理和堆砌，缺乏学理分析和思想洞见。后者则用哲学和美学概念人为地肢解和简化复杂的历史现象，对艺术史研究危害更甚。为此笔者试图将二者结合起来，试图从历史本身的逻辑出发概括和利用相关的概念。不过，图像和概念的结合如果处理不当也会出现粗糙、简单化的危险。从现有的美术史研究成果来看，用某种概念概括丰富的艺术作品很容易失之偏颇，"透光风格"在美国风景画学界引起的争论和反响就是一个证据。不过，本研究使用的"荒野"概念并不是纯粹的美学范畴，它首先来自对大自然现象的描述，然后才上升到人们的自然体验和观念层面，并逐渐审美化、形成概念。根据本文的定义，荒野应该从三个方面加以理解：一，客观大自然本身（自然现象）；二，人们内心的荒野体验（内心体验）；三，风景画中的荒野表现形式（艺术形式）。本研究主题实际上涉及"客观荒野自然、内心荒野体验、风景画荒野表现形式三者之间的对应关系"。在艺术史范围内，本研究当然应该以第三种——"艺术形式"为中心，但是离开了它的自然和观念基础，艺术形式就难以

---

① Philip Earenfight; Nancy Siegel, ed. *Within the Landscape: Essays on Nineteenth-Century American Art and Culture*, 2004.

得到深刻理解。荒野多层含义虽然具有多义性和不确定性，实际上有助于对风景画作细致和深入的对应性分析，而使得这种分析准确可靠的方法则是把"荒野"放置到美国风景画和美国人自然体验形成、发展、演变的动态历史中加以理解。

联系欧洲传统来理解荒野和风景画也是笔者试图在论文中贯穿的思路。实际上，不考虑欧洲传统影响，把美国艺术作为孤立现象进行研究是有问题的。荒野不是美国的特有之物，荒野风景也不是美国的独特艺术；它在欧洲文化、文学和艺术中早就存在，特别是浪漫主义艺术兴起之际，荒野风景画在欧洲各国都有某些生动的表现。新英格兰是英国殖民者建立起来的，那里的文化也是从英国进口的，即使在18到19世纪走向独立发展的进程中，这种关系也在延续和保持。除了英国，荷兰对纽约艺术传统的影响，法国和德国对19世纪中期美国新艺术形式的影响，意大利对美国理想风景观念和模式的影响，都是极为重要的因素。在本书中，笔者无意在欧洲和美国之间作出划分或界定，而是希望在欧洲传统和影响中理解美国风景画，试图把美国风景画看成是欧洲荒野传统发展的自然结果。为此，本研究首先要对"荒野"的概念和历史根源作专门讨论，然后再转移到美国荒野观念的演变和美国风景画的具体表现形式。

讨论风景画必然离不开画面的形式分析。形式分析是联结"荒野观念"和"风景画"的桥梁。美国风景画的独特性首先体现在表现形式上，艺术史家在很大程度上也是把这种形式作为讨论的基点。风景画有着类似的表现题材：山脉、林木、海洋、草地和平原，可是在具体风景画家和流派中，它们的造型、组织和画面整体效果却是十分不同的。由于地域、文化和环境的特殊性，这些不同点在美国风景画中显得更加明显。美国学者曾采用各种术语和概念描述美国风景画的形式特征。[①] 笔者借鉴了这种思路，但是没有完全沿用这些概念和分析语汇，而是在此基础上归纳了一系列新的语汇，以便能够有效诠释"荒野"风景画的表现形式。

---

① 比如线条和造型的精确和细腻，透光风格中均匀、强烈且又单纯的光芒，宏大的空间感，这些形式特征都十分显著。显然这些特征为形式分析提供了便利。

仅仅依靠形式分析显然是不够的。19世纪以来的艺术史有详尽的历史情节和丰富的文学、思想、艺术文献，它们是理解艺术现象的重要资源。为此笔者试图把形式分析和历史语境结合起来。不过，这种结合在本研究中会通过"个案"为线索，围绕某些具体艺术家的艺术生涯、实践、观念、赞助和交友等加以解决。采用这种思路目的是为了避免空泛的历史语境描述。艺术创作首先是个体行为。特别是19世纪的美国，艺术市场和中产阶级趣味得到了突出的发展，这种情况下任何社会政治、经济、宗教、思想的因素必然要通过艺术家个体的思想和行为体现出来。本研究涉及的几位艺术家，比如托马斯·科尔、弗里德里克·丘奇、阿舍·杜兰德等，他们本身的写作、阅读、生活圈就是当时纽约社会生活的生动体现。所以在这一部分中，笔者希望尽量从具体和小处着眼，从他们的代表作品画面形式分析、意义阐释和创作过程出发，逐渐扩展到画家的艺术圈和当时社会语境整体面貌。

四

本书始于风景图像的观摩：阅读画册图录、到欧洲和美国的博物馆作实地考察。从作品中笔者感受到艺术家对荒野自然的真实表现和画面中渗透的荒野气息，这促使我进一步理解其审美和文化内涵。笔者认识到，荒野是一个能从整体上理解美国文化和艺术发展的线索。这个概念在美国学界一直受到关注，不过与风景图像结合方面做的还不充分。围绕荒野观念的坐标，美国风景艺术在主题选择、画面营建、图像模式的借用和转变等很多问题都变得容易理解；美国学者曾经讨论的话题，如画和崇高、民族性、细节写实性等，在新的主题下得以梳理；美国画家在田园和荒野之间的犹疑也得到了合理解释。

本书分为六章，大体可划分为两个部分：前面两章主要讨论荒野观念和历史渊源；后面四章讨论风景画的具体表现形式。下面对各章主题和基本思路做一概要介绍。

要想研究美国文化中的荒野，就必须首先解决两个问题：荒野的含义是什么？什么样的图像算是荒野？这两个问题从美国风景艺术本身是无法回答的。荒野不是一个在美国诞生的概念，也不是只有美国才有荒野和描绘荒野的风景画。实际上，荒野有着深刻的欧洲根源，它的基本含义在历史上已经确立，在欧洲艺术的发展中它已经形成了独特的表现方式，而美国文化和艺术在基本层面上沿用了这些传统。这一章的目的就是要从概念历史渊源和对欧洲风景画历史的梳理中揭示荒野的含义、荒野图像的原则、荒野风景的具体表现。

第一章从四个层面上确立了荒野的含义："原始蛮荒"的野性、自由和动荡；"基督教荒原"的严酷、神秘和膜拜；"无限旷野"的崇高、超越和永恒；"现实原野"的亲近、真实和有机性。[①] 显然，四种含义不是并列和同时发生的，而是不同历史和文化语境的产物。原始蛮荒和基督教荒野意义有别、相互渗透，在荒野的词源学考察中得到梳理。无限旷野在浪漫主义美学中得到发现，体现出荒野形式上的本质特征。现实原野是近代特别是 19 世纪人们在更加切近地走进、观察、理解荒野的过程中产生的新趣味和意义。值得注意的是，上述四种含义奠定了整篇论文和研究的基本线索。本章还分析了欧洲历史上荒野图像的各种表现形式。一方面，论文强调了荒野图像必须在和理想田园风景的比较中得以分析；另一方面，荒野图像没有确定不变的形式，而是从中世纪到 19 世纪出现了各种不同的风格和样式。上述原则和表现形式的分析对后面美国风景画的荒野图像研究也是十分重要的。

第二章依然讨论荒野含义及其表现形式，但对象从欧洲转移到了美国。同时本章也是对美国荒野风景画发生的条件、历史背景、荒野观念、荒野图像的表现形式等各种话题的一个整体叙述。它要回答这样的问题：欧洲的四种荒野含义在美国是否依然存在？有没有发生新的变化？荒野在美国风景画中的表现方式有哪些？它们表现了怎样的荒野观念和含义？

---

① 为了能够更精确地区分荒野的四种含义，本文在不同语境下采用了不同说法描述荒野概念：蛮荒、荒原、旷野、原野。在这里它们都作为"wilderness"一词的翻译，但表达了四种微妙不同的含义：原始和野性、严酷和神秘、宏大和崇高、真实和亲密。

　　研究表明，荒野的四种含义在美国不仅没有消失，而且还得到了继承和发展，这种情况是由美国自然环境和社会发展的特点造成的。荒野是殖民扩张面对的重要对象，美国社会有着深刻的荒野体验和审美观念，这进一步融入美国的宗教、艺术、民族文化和性格。其结果是，欧洲传统的荒野含义被继承下来，在新的条件下还被赋予新的含义。就艺术表现来说，美国的荒野图像更加强烈，也更加典型了。由于欧洲历史漫长，且古典艺术影响深远，荒野图像或者边缘化，或者个性化，存在着多种多样的表现形式。在美国这种情况就不太一样了。虽然传统风格也被模仿，但荒野在19世纪美国风景画出现了一些鲜明的表现形式，论文把它们概括为四种：浪漫主义想象、荒野近景、荒野远景和光色倾向。

　　后四章是对上述四种表现形式的分析。历史上曾有学者试图用某一种图像模式概括美国风景艺术的特征，笔者认为这种尝试是不会成功的。其原因就在于美国风景的多样性和变动性。本研究不是要给出一种单一的风景图像，而是要呈现一种动态的多样的美国风景，而四种图像类型正是对这种复杂性的概括。它们都从不同角度体现了荒野含义：宗教的神秘、客观的实在性、空间的宏大、精神的野性和自由。

　　需要说明的是，四种类型并不具有严格的时间和空间次序，也并非美国风景画家之间风格的划分。大体上看，浪漫主义风景早一些，荒野近景和远景集中于世纪中期，光色倾向则在内战之后。但实际情况远比这复杂。比如，早期学者曾经把美国风景画整体上都称为浪漫主义的；再者，荒野想象也包括近景、远景等各种模式；还有，艺术家的艺术追求也是难以分类的，每个画家都受到各种影响，都有复杂的变化的艺术趣味。① 那么，这种划分的必要性和价值何在？要强调的是，笔者无意为艺术家和历史时期简单地粘贴标签。本书采用不同的画面形式，原因只有一个：揭示"荒野"的文化含义及其在艺术中

────────────

① 本研究用"近景"和"远景"概括美国风景画的两种图像模式。需要说明的是，近景并不意味着画面只描绘近景，而是指"艺术家的关注重点和画面的表现重点是近景"；相应的，近景表现的是"现实原野"的有机、有限、实体等含义。"远景"也应类似地加以理解。对近景和远景的界定参见本书第四章和第五章。

的图像呈现方式。荒野不同的含义需要不同的艺术表现，而荒野含义的变动性和复杂性需要概括和归纳。

第三章讨论浪漫主义的荒野图像。这种荒野包含了严酷、神秘、崇高和膜拜兼而有之的复杂内涵，在欧洲有深刻的历史渊源，而在美国的清教传统中得到了继承。华盛顿·奥尔斯顿、托马斯·科尔等是这种风景的描绘者，科尔的寓言体风景画则是这种美国式荒野想象的杰出代表。同时，这部分研究还注意到了科尔艺术实践的多样性和复杂性。比如他热衷荒野，但也不乏描绘意大利的田园；他在描绘想象风景的同时，也画了一些新鲜的写生作品，这些作品启发了美国自然主义风景画倾向的发生；他在大景方面的尝试，也为世纪中叶全景模式引入风景画表现开了头。不过，这种复杂性并不能掩盖科尔艺术的主导倾向，那就是追求和探索宗教想象式的荒野趣味和表现方式。了解这种复杂性是有价值的，因为这是对艺术真实存在状态的描述，笔者试图在这种复杂性中而不是简单化地描述和分析美国浪漫主义荒野图像的存在状态。

第四章讨论一种以近景图像传达的"现实原野"的荒野观念，它内在包含的是荒野的亲近感和真实性，传达了荒野有机、有限、实体、衰败等微妙的含义。显然，这些内涵已经发生了深刻的变异，已经背离了荒野固有的无限、永恒、外在、神秘的特征。现实原野观念和自然科学的发展有关，也和殖民扩张过程中对荒野不断征服、理解、利用有关。近景是这种亲近自然态度的一种生动体现，它意味着近观和细致入微的描摹，具有科学的精确性。对美国风景画家来说，走进荒野描绘近景不仅仅是为了写生和草稿，而是其本身就具有了独立的审美价值。

杜兰德的观念和艺术是这种荒野图像的代表。虽然杜兰德兴趣多样，但他最重要的贡献显然就是这种潜心研究自然的态度，和他创造的"自然研究"式的风景图像。拉斯金关于风景真理标准的论述对美国产生了深刻影响，并在美国艺术家的实践中得到了贯彻和实施。杜兰德长期担任国家设计院院长之职，他的九封"关于风景画的信"是指导美国年轻画家实践的纲领性文件。所以杜兰德的自然研究不只是一种态度和写生草稿，而是逐渐被接受为一种风景画形式，而这种形式是对美国荒野景物的最直接的再现。

第五章讨论荒野远景图像，这种图像典型地表达了美国的民族主义和独特的哲学观念。远景传达的是一种"无限旷野"的荒野观念，它集中体现了荒野在整体形式上宏大和无限的感觉。和近景的近观正好相反，远景是在远观的条件下实现的，而远观意味着从整体上把握大自然的印象，这必然会多少含有理想化的意味。[①]无限旷野的含义最直接的是崇高感及其引发的神学上的神圣感和永恒感，同时在主体积极参与的情况下还会产生个体的超验、冥思的境界。这两种含义在远景图像中兼而有之，其代表可以推哈德逊河主流画派的"崇高大景"，和以波士顿画家为代表的描绘沼泽和湖泊的"透光小景"。这两种类型有着不同的表现对象、审美趣味、艺术家和画面表现特征，不过就表现远景和大空间来说二者则是一致的。

这种图像在美国艺术史界一直很受重视，其涉及的画家如丘奇、落基山画派、透光风格等得到了很多关注和研究。本论文处理方式与此不同。在本研究中，远景只是荒野含义的一种表现方式。其形式上的无限和宏大性，是"无限旷野"含义的生动体现。实际上，其审美体验上的崇高感以及图像的全景式在欧洲传统中都有其根源。更重要的是，远景在美国社会和文化语境中与美国人的荒野体验结合起来，十分有效地传达了艺术家对无垠的新大陆视觉和心理的感受。同时，这种图像还融入了美国的民族主义、超验哲学，加上细致入微的前景刻画，从而给人一种新鲜的美国气息。

第六章主要讨论内战之后荒野图像出现的新含义和表现倾向。光色倾向是 19 世纪后期欧美艺术的一个特点。这种形式特征在欧洲意味着对古典和学院传统的反叛；类似的，在美国则意味着对美国前期细腻写实风格的背离。就本研究主题来说，光色倾向和荒野表现的主

---

① 本研究试图从图像视角解决"荒野风景"和"传统理想风景"关系。传统理想风景是"近景—中景—远景"前后层次和"左右侧景—中间空间"的左右结构组织起来的秩序结构，其目的是建立人物活动的舞台，中景得到了突出描绘，前景是平坦、宜人的人物活动的场地。荒野风景则是要打破这种结构。"近景"模式抛弃了理想风景画的中景特别是远景，"远景"模式则抛弃了理想风景画的中景特别是近景，它们都是在形式上背离了传统风景模式，从而创造出了新的风景图像。另外，浪漫主义风景画基本上和理想风景的格局是类似的，只不过中景更加突出，画面气氛阴郁动荡，前景不再适合人活动，人物被转移到中景荒野中。

观化趋势有关。研究表明，对光和色彩的强调在 19 世纪后期体现了
对绘画内在表现性的追求。对美国风景画家来说，这意味着荒野不再
强调客观的真实描绘，而是转向对荒野性格（如野性、崇高、自由、
无限等等）的主观表现。本书将在一些艺术家个性风格的描述中阐释
这种主观化的荒野图像。

　　表面上看，本章有些话题好像超出了荒野风景画的范围。比如，
内战后随着工业化和城市化荒野逐渐走向"消隐"，风景画开始流行
"田园"或"文明风景"。画家则开始采用欧洲巴比松派、印象派、慕
尼黑派等手法，强调光色、放弃精细写实，景物本身不再重要，重要
的是表达内在感受和情感。这显然意味着荒野风景的衰退，世纪中叶
的荒野风景的辉煌已经一去不复返了。不过，荒野——作为美国人性
格中持续存在的因素——在短短几十年中不会戛然而止；相反，笔者
认为这种荒野情感和体验即使在"荒野消隐"的历史背景中依然会表
现出来。因此这一章试图在世纪末的光色倾向和主观表现中发现那种
持续存在的荒野因素。考虑到 19 世纪后期美国艺术的复杂局面，研
究中关注了几个当时有代表性的艺术家，如晚期的哈德逊河画派的吉
福德、色调主义的代表印尼斯、特立独行的风俗画家霍默，等等。
尽管他们的艺术观念和表现形式各异，但他们的艺术中确实蕴含着
美国人持续存在的荒野感觉。这使笔者意识到，即使在现代主义艺
术萌芽的时代，荒野作为一种内心体验也会在美国新的艺术形式中
表现出来。

　　总的来看，本书贯穿了从概念到图像、从欧洲到美国、从传统到
现代、从观念到艺术等一些内在的思想发展线索。这些线索既是时间
的和空间的，也是思想逻辑的。荒野趣味及其风景画呈现方式的发展
显然是要在历史的时间维度中展开；但作为艺术表现的对象，荒野自
然和人们与自然的对话和体验则要在空间中得到拓展；而荒野风景图
像的不同类型及其关系更多的是一种逻辑上的关系。

第一章
荒野：
概念和文化渊源

> 远非地球上人类社会之外的领域，荒野
> 实际上是人造之物，是在人类历史特定时候
> 和特定文化中创造出来的。它不是天然的圣
> 所，依然保留着未被人类文明触及和威胁的
> 自然残存之物；相反，它正是那种文明的产物。
> ——威廉·克罗农 ①

本书主旨是研究美国文化中的荒野观念
和图像，这种研究需要首先对荒野概念进行
界定：什么样的图像算是荒野？和荒野相对的
是什么？荒野的含义是什么？这些含义又有怎
样的宗教、美学、艺术的根据和历史渊源？

笔者认为，仅仅着眼美国艺术本身是不
能解决这些问题的。荒野不是一个在美国诞
生的概念，也不是只有美国才有荒野和描绘
荒野的风景图像。实际上，荒野有着深刻的

---

① William Cronon, "The Trouble with Wilderness: or,
Getting Back to the Wrong Nature", *Environmental History*, Vol. 1,
No. 1（Jan., 1996）, p. 7.

欧洲根源，其基本含义在历史上已经确立，在欧洲美学、宗教、艺术的发展中已经有很多表现，而美国文化和艺术在基本层面上沿用了这些传统。因此，这一章试图在欧洲文化传统中发现荒野的基本含义和已经存在的艺术表现形式。

一、词源和观念

顾名思义，"荒野"的字面意思是"荒凉的原野"，是我们生活之外的原始大自然。自然荒野是人类生存不得不面对并发生关系的对象。对自然荒野的兴趣不专属于风景画家，实际上整个社会在文明创造过程中都与其发生身体和精神上的联系。不过，这种客观含义对于本研究来说是不够的，除了客观自然，本节还探讨作为观念的荒野——荒野体验、荒野文化、荒野审美。① 本文认为，虽然荒野有其现实来源，但它更重要的是一种主体的荒野观念。因此，梳理荒野概念和其观念渊源是讨论荒野图像的重要条件。

本节对荒野概念的考察将从下列层面进行。首先从词源学角度探究荒野概念的地理和文化来源；荒野与文明、田园的关系则是要考量概念本身意义的相对性和确定性；荒野态度是要判断荒野审美趣味发生的历史转变过程；而浪漫主义和自然主义则是要阐明促进 19 世纪荒野观念发生深刻变迁的两种美学观念。

---

① 本文使用的荒野观念、荒野美学等概念有特定的含义，对此作如下界定。荒野观念是荒野体验累积和概念化的结果，它也许是宗教性的，也许是科学性的，当然也可以是审美性的。集体的荒野观念形成荒野的文化观念。作为社会精英，艺术家的个体观念往往是文化观念的集中体现，因而理解荒野的文化含义对于理解艺术就十分重要。审美观念是关注的重点，但它往往受到其他因素影响，有时候各种观念融为一体，难分彼此。荒野绘画美学或者说荒野艺术观念，是荒野审美体验的图像呈现原则。当然，把风景画完全归于审美未免太武断了，不过一般来说，荒野成为艺术表现的对象意味着荒野审美趣味的发生，尽管常常掺杂着宗教的、科学的意味。因此，荒野观念的审美化（或者说向审美性转移）可以理解为荒野风景画出现和流行的一个原因。

1. 词源：北欧和宗教荒野

本书"荒野"相应的西方英文词汇是"wilderness"。该词的中文翻译并不确定，中文"荒野"和西方"wilderness"在含义上并不存在完全对应的关系。除了荒野之外，"wilderness"有时候还被翻译成蛮荒、荒原、旷野、原野等，它们之间含义也有微妙的区别。[①]由于荒野一词使用较广，为保证讨论的一贯性，本文暂时采用这种译法。比译名更重要的是对词义的辨析和界定，笔者希望在后面的讨论中明确"wilderness"的含义，并在适当的情况下用蛮荒、荒原等词弥补荒野语义的不足。

从词的构造来看，"wilderness"是由两个关键的词根"wild"和"der"加上一个名词后缀"-ness"构成的。为了理解"wild"的确切含义，罗德里克·纳什推测该词根和北欧早期日耳曼和挪威语言中的"will"有关，其含义有"任性"和"难以驾驭"的意思。[②]该词的形容词化"willed"演变为"wild"，由于这种关系，这个词则意味着"迷失"、"任性"、"错乱"、"困惑"等多种含义。现代英语中有"bewilder"一词，意为"使……处于困惑、迷茫之中"，也是"wild"词根具有上述含义的证明。再看"der"。它原为"deor"的变形，而"deor"在古英语中乃是"deer"，古语中泛指各种动物。这样，"wildeor"用以指没有被人控制的野兽。早期使用该词的例子是8世纪讲述北欧丹麦和瑞典传奇故事的古英语史诗《贝奥武夫》，文中"wildeor"用于指那些居住在阴郁森林、山谷、悬崖的野蛮和幻想中的野兽。由此，"wilderness"乃是指野兽出没之地。另外一个可以鉴别的来源是德国。该词在德语中的同根词是"wildnis"，表示

---

① 　和荒野相比，蛮荒是一个更具有文化意味的词语。因而当在文学角度理解"wilderness"时候，常翻译为蛮荒。如"南方与蛮荒——以中村地平的'台湾小说集'为中心"（*South and Wilderness: A Case Study of Nakamura Jihei's*, 载《台湾文学学报》，2006 年 6 月第 8 期）。在浪漫主义语境下，"wilderness"也有荒原的含义，类似于英文的"wasteland"，即艾略特"荒原"英文的对应词。也有的学者尝试用中文词条"原野"替换了"荒野"。就"原"与"荒"比较来说，原野比荒野的词义更准确，因为"原"体现了概念词源中原始自然的含义。不过该翻译尚未被学界认同和使用。实际上"荒野"、"荒原"、"野地"等概念在不同场合均有使用。

② 　Roderick Nash, *Wilderness and American Mind*, p. 1.

"荒凉的地区或自然状态下的土地"。① 除了上面的来源，"wild"还可能来自古英语的"weald"或"woeld"，原来的含义是"森林"，这个含义也和来自日耳曼民族的北欧语言有关。② 综上所述，"wilderness"是一个和野兽、森林、迷失有关的来自北欧文化的古老概念，它可以概括为野兽出没、森林密布的荒野之地。

相比之下，这个在北欧有着确切来源和含义的词语在南欧语言中却难觅踪影。比如，在法语中就找不到它的同根词，只能大致地翻译为 *"lieu desert"*（即荒芜之地），或者 *"solitude inculte"*（孤独、未开垦之地）。意大利语中类似含义的词是 *"scene di disordine e confusione"*，其含义是迷乱或困惑之景。西班牙语则使用 *"immensidad"* 或 *"falta de cultura"*，即文明和农业的缺失。这些词语或短语和"wilderness"的词源都没有关系。③ 这种现象是发人深思的。荒野概念的渊源来自北欧而非南欧，和古代文明发展有密切关系：当古代以希腊和罗马为中心的地中海地区沐浴在金色的文明曙光中，北欧人依然以一种原始的生存状态栖息在幽暗的丛林和莽原中。

不过，这种词源上的清晰含义在中世纪随着基督教传播发生了改变。目前的"wilderness"一词最早是在拉丁文《圣经》翻译成英文过程中被使用的。14 世纪约翰·威克里夫（John Wycliffe）及其同仁在英文版《圣经》中采用"wilderness"一词翻译了拉丁语中的 *"desertum"*，用于表示近东地区的旧约和新约许多故事发生之地，其中暗含的意思是"无人居住的、干旱的不毛之地"。1526 年威廉·廷代尔（William Tyndale）翻译了圣经的希腊和希伯来版本，同样采用了这种翻译。④ 随着基督教经典在欧洲的传播，"wilderness"的新含

---

① 参见格哈德·瓦里希《德语词典》（Gerhard Wahrig, *Deutsches Worterbuch*, Mosaik Verlag,1966, p. 4187）。

② Roderick Nash, *Wilderness and American Mind*, p. 2.

③ Roderick Nash, "The Value of Wilderness", *Environmental Review: ER*, Vol. 1, No. 3（1976）, p.14.

④ 约翰·威克里夫（1328—1384），英国经院哲学家和神学家，新教运动的先驱，罗马公教的持不同政见者。1832 将拉丁文《圣经》翻译为英文。威廉·廷代尔（William Tyndale, 1494—1536），英国新教运动的领导者、翻译家和学者，第一个将《圣经》从最初的希伯来和希腊语言翻译为英语，并使用印刷术，使得英文《圣经》广为传播，削弱了教廷的权威和垄断地位。

义逐渐被接受，"不毛的荒原"被附加到甚至改变了原来的"原始的森林荒野"。比如 1755 年塞缪尔·约翰逊（Samuel Johnson）在《英语词典》中将它解释为"荒漠；孤寂和野蛮之地"，这种解释在 18 至 19 世纪的欧洲和美国都被奉为标准，很明显它实际上进一步淡化和含混了该词的原始含义。

　　"荒野"概念的北方来源及其意义改变显示了它和三种地域文化（地中海文化、基督教文化、北欧哥特文化）之间的关系。[①]古希腊和罗马是欧洲文明发源地，城市和农业文明对他们来说更加重要和真实，以人为中心构造的地中海文明甚至忽略了荒野的存在。与之相对，遍布沙漠的近东地带是基督教文化的发源地。对基督徒来说，荒野是天堂的对立物，二者关系代表了现实和理想之间的反差，荒野体验因而伴随着现实磨难和理想憧憬之间的心灵碰撞。虽然这种含义在基督教发展中被逐渐认可，但它其实背离了荒野的北欧原始意义，并使得该词的含义变得复杂。词源考察证明荒野和北欧、森林、野兽、原始的密切联系，而这正是浪漫主义崇尚的哥特文化的基本特征。密布原始森林的荒野曾经是这种文化的发生地，这种真实存在和体验随着基督教传入隐没为一种暗流。这种暗流在历史中时隐时现，在后代的浪漫主义艺术中时时凸现出来。

　　综上所述，在词源追溯中我们可以概括出"北欧蛮荒"和"宗教荒原"两种不同的荒野意象。前者所表达的荒野是一种森林密布、野兽出没的原始蛮荒之地，它给人的心理感受是动荡、野性、自由和力量。后者表达的荒野则是一种孤寂、神秘、荒凉、阴郁的荒原，它给人的心理感受则是一种恐怖和膜拜兼而有之的宗教情感。两种荒野意象对于理解美国的荒野文化和风景艺术是十分重要的。殖民地时代的清教传统对待荒野采用了基督教的观念，视之为与理想迦南和上帝之国的对立之物，认为把荒野文明化是上帝赋予的一项责任。但是 19 世纪美国学者和荒野保护者则把美洲和原始哥特式荒野联系起来。比如，梭罗就曾作过一个比喻，罗马的高度文明来自荒野，毁灭于荒野：它的起源是象征原始野蛮的母狼，毁灭者则是来自森林和大草原

---

①　如无特殊说明，本书从这里开始将用"荒野"代替"wilderness"。

的北方野蛮的原始文明。由此可见，美国荒野文化的内在含义和欧洲传统两种荒野概念都有关系，并在两种概念的矛盾交错中呈现自身。

2. 概念图谱：荒野—田园—文明

现代荒野定义考虑到了它的多义性。比如 1984 年《牛津当代英语词典》赋予荒野三种含义：一，荒漠；二，尚未被耕种的土地；三，让人迷惑的状态。[①] 可以发现，"荒漠"和"迷惑"依然继承了词源学中的含义。值得注意的是第二种，把荒野理解为"尚未被耕种或开发的土地"，这一观念是从现代生态学和环境保护的角度来说的。[②] 对此概念的官方界定是 1964 年美国政府颁布的《荒野法案》。美国荒野协会执行秘书霍华德·萨尼色（Howard Zahniser）撰写了该法案，在文中他这样定义了荒野：

> 荒野，不同于被人类及其造物控制的景观，指的是那些地球及其生态没有被人类影响的区域，对它来说，人只是访问者却不留痕迹。[③]

这一界定成为学界对荒野的权威解释。从这个角度来说，"荒野"概念向我们传达了一种实在的空间和物质存在，是与文明世界（人类及其造物控制的景观）相对的自然领域（未被人类影响的区域）。荒野法案是为建立自然保护区提供法律依据，美国的国家公园就是根据这一法律建立起来的。不过"人只是访问者却不留痕迹"使这种对立的真实性变得模糊，并引起对荒野和文明关系的争议。国家公园中的荒野看上去确实是客观存在的。但是人真的可以在其中不留痕迹吗？荒野与文明之间真的可以如同政府设立的保护区界碑，有一个明

---

① F. G. and H. W. Fowler, first ed.; R.E. Allen, seventh ed., *The Pocket Oxford Dictionary of Current English*, Oxford University Press, 1984, p. 864.

② 荒野的生态学定义与汉语荒野含义比较接近。汉语"荒"乃未耕种的荒芜之地，"野"则是与城邑相对的郊外，因而"荒野"基本上可以说是"尚未被文明明显改变的自然环境"，和 wilderness 基本一致，二者都是根据人类活动影响范围对客观的地理环境的划分。

③ "Wilderness Act, Definition of Wilderness", Public Law 88-577 (16 U.S. C. 1131-1136) 88th Congress, Second Session, September 3, 1964.

确的分界线吗？阿里森·比耶雷指出，这一概念一开始就暴露出自相矛盾之处。国家公园实际上是"一种根据我们心目中的荒野的模样的神话化了的形象，从而为更多的观光客大体模拟出荒野体验。人类活动的迹象被小心地抹去，但人本身并没有被排除在外"。[①] 通过一系列生动的例子，作者证明在国家公园中并没有超出人类控制的外在荒野。一句话，不受人类涉足的荒野是不存在的。

荒野和文明之间的关系并不局限在国家公园内。随着荒野在各种交叉学科中更多地给予关注，学者们越加认识到"荒野"概念作为文化构造的含义。虽然大自然中的荒野是客观的，但它却需要人的文化观念去认识。在指导学生理解荒野文化属性的时候，卡里克特（J. Callicott）指出："荒野不是山脉、河流那种用来指称大自然容貌的名称，它其实是一个大自然得以感知的透镜。简而言之，荒野是一个社会构造的观念。"当然要指出的是，这里讨论的荒野已经不是客观荒野，而是一种主观的文化概念了。以同样的方式，威廉·克罗农1996 年也撰文指出：

远非地球上人类社会之外的领域，荒野实际上是人造之物，是在人类历史中特定时候和特定文化中创造出来的。它不是天然的圣所，依然保留着未被人类文明触及和威胁的自然残存之物。相反，它正是那种文明的产物。[②]

这种讨论从根本上打破了荒野和文明之间的界限，扭转了二者之间的关系。在他看来，不是文明出于和遭遇荒野，而是荒野本身就是文明臆造之物。这种看似极端的观点是 20 世纪末环境哲学对现

---

① 作者举了一些例子证明荒野概念的虚假性。比如黄石公园为了保护驼鹿射杀了大批狼群，这导致驼鹿数量急剧增加，公园不堪重负，于是在 20 世纪 60 年代又采用了射杀驼鹿的政策。"放任森林大火自生自灭"的政策来自 "公园生态系统要完成再生和更新的自然循环"的荒野观念，这导致 1988 年约 40% 的公园土地被烈火吞噬，这引起了美国公众的愤怒和里根政府的严厉批评，环境论者和管理机构不得不修订原先的思想和策略。（参见: Byerly, Alison, "The Uses of Landscape: The Picturesque Aesthetic and the National Park System", pp. 52–68. 该文中文翻译见《风景的用处——如画美学与国家公园体系》载《文化研究》, 2004 年第 4 期。）

② William Cronon, "The Trouble with Wilderness: or, Getting Back to the Wrong Nature", p. 7.

代社会人与自然关系反思的结果。在现代语境下，人类文明逐渐理解、触及、把握了地球上的广阔地区，现在面临的问题不是人为自己在大自然中建立一个安全庇护所，而是要为存留不多的荒野寻求庇护，那种传统观念中的"未被打扰"的荒野概念看上去确实匪夷所思。

这些对荒野概念的质疑与本论文要讨论的荒野观念和风景画既有区别又有联系。

区别在于，我们要讨论的是在历史语境中的而非当前的荒野观念和艺术。19世纪早期美国风景画发生的时候，美国人身边的美洲荒野依然是很真实的。新英格兰和纽约文明最初只是集中在少数沿海河流和海湾建立起来的城市，除此之外则是漫无边际的大海、崇山和密林。那个时候还没有自然保护区，也没有对荒野真实性的质疑。为了解释荒野的根源，我们还要讨论欧洲历史上的荒野。在漫长的欧洲历史中，荒野的客观存在则更是真实。当早期人类文明刚刚萌芽的时候，人类力量如此弱小，原始自然的森林、野兽、天灾、瘟疫时时威胁着人的生存，荒野不仅是真实的，而且是强大的、无处不在的。这种感觉在中世纪民族迁徙的时代显得尤其真实。不难理解，中世纪概念"wildeor"在北欧发生就是这种自然体验的表现。

联系在于，尽管历史上的荒野比现在更真实，我们依然会发现讨论历史上的荒野观念和艺术表现同样无法脱离"文明"这一参照系。

在传统文化和艺术中，荒野与文明常常如影随形。我们知道古代文明之外有无限的荒野，但古人并不脱离文明思考荒野。基督教的荒漠是在伊甸园和迦南的映衬下显示其残酷和荒凉的。希腊神话最为蛮荒和神秘的奥林匹斯山脉却与宙斯的神圣和智慧联系在一起。古代社会的荒野生存体验不能不说比现代社会更真实，但古人描绘文明的热情似乎一点不亚于荒野。15世纪古典文化复兴以来，文明及其建立的秩序在文化和艺术中无处不在，荒野只能在文明的映衬中加以审视。这是为什么？笔者认为，在对待文明和荒野关系上，现代人和古人并无不同。尽管现代文明使地球上的荒野大大缩减，古人和今人在下面一点上却是一致的：人们总是在他们所能把握的范围内理解荒野。这种范围指的是观看、涉足、触及、到达的自然领域。古代文明虽然有限，但古人却没有能力到达和理解文明之外的无边世界。现代文明虽然高度发展，但我们知道地球之外的"荒野"同样是无边无际的。由于这一点，自古以来荒野观念就不得不在文明的框架下加以理解和表现。文明靠荒野获得意义，荒野本身也是被文明审视的结果。

实际上，这里要讨论的很多荒野风景都免不了文明的痕迹。古代绘画中风景很少脱离人单独存在。历史上第一批讴歌大自然的荷兰风景画中，艺术家似乎是在描绘介于城市和荒野之间的乡村风景，即使最荒凉的景色也会时常会穿插有一两个人影、丛林中的教堂和农舍、巨浪中的船帆或者原野尽头的风车。美国风景画也是这样。虽然美国出现了一批敢于描绘纯粹大自然的艺术家和作品，但很多作品都多多少少带有人和文明的痕迹。既然这样，那么在讨论自然文化和风景艺术的时候怎么定义荒野呢？在什么意义上才能说我们讨论的作品是一幅荒野风景呢？

解决此问题的有效办法是接受荒野的这种不确定性。我们并不需要关于荒野的绝对定义，而是要建立一种在与文明的对照中进行理解的相对尺度。这里不妨参考纳什的一个建议，即把风景理解成荒野到文明之间的"图谱"：

文明　　　　　　田园　　　　　　荒野

在此图谱中，荒野和文明成为向两边延展的范围的两极：荒野是完全无人存在和影响的自然，文明则是完全被人建立起来的城市生活方式，处于二者之间的则是农业文明或田园景观。当然这两个极端是很少真实存在的，大多数情况则是二者以不同比例结合形成的自然景观，田园在图谱中就具有格外重要的意义。如纳什所说：

此图谱关注的不是意义的绝对性而是相对性。在荒野和文明之间找到一个分水岭就不重要了。然而，此图谱允许区分荒野和这样一些相关的景色：农村、室外、边疆、田园。根据这种理解，"自然"也许就可以看成与"荒野"同义，甚至某个城市公园也可作此理解。它还

允许把那些靠近荒野一极的很多情况都一般性地理解为荒野。^①

这种理解对讨论荒野风景画是大有裨益的。这有助于我们在研究中认同风景画各种各样的表现形式，同时又可以根据包含的文明或荒野因素多寡确定它们的性质，并由此理解艺术家的创作意图。根据上述原则，我们应该从两方面理解荒野。

一方面，风景的荒野性是复杂的、相对的。这种复杂性首先在于绘画表现对象的复杂性。虽然艺术可以想象，但自古以来的风景画家描绘的首先是他们面对的、有能力涉足的生存环境，而这种环境体现了人类发展过程中文明不断滋生蔓延，逐渐侵入和改变荒野的过程。在此过程中，森林被砍伐，土地被耕作，农田和草场代替了荒野，然后又树立起建筑、村落和城镇。正因如此，当艺术家试图描绘城市生活之外的大自然时，会发现很少有纯粹的原始荒野，大多数情况是原野、农村、城镇混杂的景观。由于这种原因，艺术家会在作品中描绘各种各样的景色，艺术创作常常会体现出变化不定的趣味。比如美国风景画家，虽然主要以荒野作为绘画主题，但是他们也并不避讳描绘田园，甚至有时候田园对他们还有着特殊吸引力。总之，风景画的表现主题和内涵是复杂的、相对的。而"荒野风景画"，作为风景画的一种审美趣味和表现类型，就不再具有绝对的标准，讨论荒野风景要以田园或者文化风景作为参照。

另一方面，环境图谱依然认同用"荒野"概念理解风景的必要性和可能性。文明对荒野的改造不仅是社会发展的必然，而且是包含了宗教、美学、科学的各种自然观念的基础，因此用"文明—荒野"关系理解自然和风景是一种无法避免的思维方式。风景画在表达自然体验的时候，同样也承载了对文明和荒野之间不同价值观的态度。"田园"就是这样一种耳熟能详的风景理想，它体现了古典文化中十分重要的一种自然观念。与之对照的"荒野"，虽然其艺术表现尚未得到全面分析，同样具备这种文化承载和阐释的功能。因此问题不是风景类型划分是否必要，而是如何确定这种相对标准。荒野不是一个抽象

---

① Roderick Nash, *Wilderness and the American Mind*, pp. 6-7.

的概念，而是由森林、野兽、激流、崇山等各种具体的大自然中要素、绘画中特定的画面尺幅、前后层次、空间透视等形式要素等构成的整体。实际上，无论欧洲传统理想风景，还是 19 世纪欧美的荒野风景，其主导性的主题和趣味都是由特定的母题选择、绘画语言和形式要素组织而成的。因此在后面的讨论中本书会尝试利用各种要素的分解和组合，具体阐释艺术家构建的风景画图式。

3. 荒野态度

理解荒野概念时还有必要区分对待荒野的两种态度：贬抑和赞美。虽然人们具体的荒野态度有时候会犹疑不定，但这种总体上的区分还是存在的。我们会发现，一方面，荒野态度经历了从贬抑到赞美的过程；另一方面，人们的荒野观念也经历了一个从客观自然到逐渐观念化、审美化的转变。这两个方面显然是密切相关的。客观荒野往往意味着对人的生存的威胁，它必然成为憎恨和征服的对象；在文明发展进程中，人与荒野的联系逐渐减少，当文明本身呈现出矛盾和冲突，灾难和痛苦会使人们对文明失去信心，这个时候荒野往往就会成为人们追忆和赞美的对象。

词源学考察显示了荒野在欧洲历史上的两种渊源，无论哥特式蛮荒还是基督教荒原，它们所包含的荒野态度起初都是消极的。这种态度在地中海文明中就更加明显，对田园和城市文明的歌颂使荒野在其文化记忆中几乎无立锥之地。[①] 这显然和古代人建立在生存基础上的价值标准有关：

> 原始时代人的价值观建立于生存基础上。他们欣赏有助于其福祉之物，恐惧无法控制和理解之物。最好的树木能结果和庇护，好的土地要平坦、肥沃、便于灌溉。在人们所期待的生存条件中，生活是容易、安全的，因为自然是为了人的利益组织起来的。[②]

---

① 此处仅限于从概念上讨论不同文化背景下社会对待荒野的两种基本态度。关于历史上文学和宗教在对荒野的描述中表现出来的态度，将在本章第三节具体讨论。

② Roderick Nash, *Wilderness and the American Mind*, p. 8.

各个民族都有天堂和伊甸园神话，它们可以说是这种价值标准的最好注释。希腊罗马文化中的田园生活是这种神话的现实版本。古典田园利用了阿卡迪亚、西西里、意大利北方平原的某些意象，但对富饶、优美、音乐、人—神—自然和谐相处的描写显然是理想式的、超现实的。这些理想的对立面正是荒野，对荒野的诅咒和恐惧可以说是与前述理想相伴相生的情感。在《物性论》中，卢克莱修把地球被如此多的充满野兽的森林覆盖看成是一种缺陷，"在其崇山峻岭和浓密森林之中充满了无休止的恐惧"，同时他相信"我们有能力回避那些危险的地带"。盎格鲁—撒克逊传统对蛮荒的体验更加真实，很多北方神话都发生于阴郁、黑暗的森林之中。像《贝奥武夫》就充满了对丛林、暗夜、洪水、怪兽、妖魔的描写。不过，这种描绘的目的是要导向一个明媚的、和平的、富饶的文明王国，而荒野则是其消除和斗争的对象。

犹太—基督教传统的荒野概念同样来自真实的自然体验。该词"wilderness"在《旧约》中出现了245次，并有数百次使用沙漠（desert）和荒地（waste）等和荒野类似的术语。现代学者称摩西率领以色列人出埃及重返迦南的过程为"荒野漫游"，他们在将近四十多年的时间在西奈半岛的荒野中饱受煎熬。[①]圣经提及的漫游主要场所如西奈山、巴兰高原，都是沙砾遍地和干燥少雨的荒漠地带（图1.1）。其实，《旧约》所记述的大多数故事发生地（近东）都是类似的地区，为了寻找和争夺有水草的生息之地人们不畏艰险和战争。在这种环境下，人们对荒野的憎恨可想而知，以至于古希伯来人称之为"被诅咒的土地"。《旧约》中当上帝试图惩罚罪人的时候，这种荒野就是最有利的武器："我将引你经过那大而可怕的旷野（wilderness）。那里有火蛇、蝎子、干旱无水之地"；"我要使大山小冈变为荒场，使其上的花草都枯干，我要使江河变为洲岛，使水池都干涸。"[②]荒野的

---

① 根据希伯来《圣经》，上帝引导以色列人穿越荒野去往迦南，然而由于人们没有信心和反对，甚至希望重回埃及，上帝对他们施以惩罚，使之在荒野中停留40年。在《圣经》中提到的荒野主要由两个：巴兰（Paran）和寻（Zin）。而巴兰则是荒野漫游的主要场所。

② 《旧约：申8:15》；《旧约：以42:15》。"wilderness"在中文《圣经》中有"旷野"、"荒野"等不同译文。本文引用来自版本《圣经：新标准修订版》，联合圣经公会1997·中国基督教两会2002。

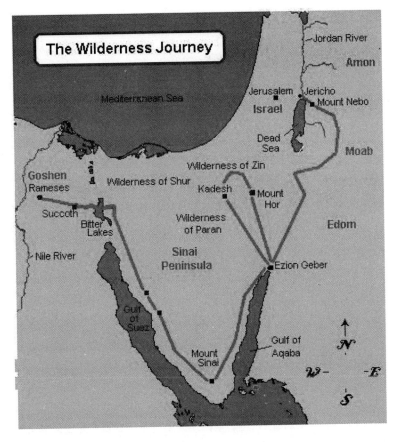

图 1.1 |《古犹太人的荒野漫游：西奈半岛》

这种消极价值在欧洲历史中一直存在。直到 19 世纪中后期，整个社会对荒野的态度才出现明显改变。在传统社会里，除了生活在城市里的社会精英和知识分子，很少有人为了寻求愉悦而在荒野中旅行或公开地赞美荒野。正如克罗农所说：

> 早在 18 世纪，英语中荒野的通常含义指的是那些与今天远远不同的形容词。荒野意味着荒芜（deserted）、野蛮（savage）、荒凉（desolate）、贫瘠（barren），简而言之，废弃（waste）是该词的同义词。其含义绝不是积极的，它最可能的情感是困惑（bewilderment）或

恐惧（terror）。[1]

对待荒野的另外一种态度则是赞美。

赞美的态度发生于文明和荒野关系转变的过程中，它来自城市里"拿笔写作的优雅绅士，而非手持斧头的拓荒者"。[2]赞美荒野某种意义上可以说是文明对原始自然的一种并不真实的回忆。文明是早期人类向往的，但是文明也会充满邪恶、压迫、困惑。当人们对文明社会的价值产生怀疑，自然而然会把目光投向那些已不再有威胁的、被文明边缘化的荒原野景，或者在想象和记忆中缅怀原始蛮荒的古老价值。

最早沉思荒野价值的可以推至中世纪修道院里的僧侣和修士。在当时荒野密布的欧洲环境下，修道者并非对荒野有审美热情，他们的意图首先是对封建城邦黑暗现实的回避：战争、杀戮、迫害和堕落。文明的堕落迫使基督徒在另外的世界中寻求希望。他们发现，荒野的孤寂有助于引向冥思、精神内省和道德提升，最终到达和上帝的沟通。当然，荒野是孤独和无助的，因而对中世纪的基督徒来说，只有从远离社会堕落的意义上荒野才是有意义的。这种把荒野和道德、上帝联系起来的做法一直到文艺复兴早期依然如此。比如 14 世纪意大利人文主义者彼得拉克（Francesco Petrarch，1304—1374）就对大自然充满了研究和欣赏的兴趣。他因作为第一个为欣赏自然美景登上冯杜山（Mont Ventoux）的人而著称。然而，在山顶上被阿尔比斯、罗纳河、马赛湾等美景震撼的时候，他却情不自禁地取出圣·奥古斯丁的《忏悔录》：

我合上书，为自己依然迷恋尘世之物而懊悔。很久以前甚至连异教哲学家都知道除了灵魂一切皆空，而精神的伟大超越万物。此时此地，我已经从山上看了许多，我把自己内省之眼转向自身，自此我一言不发直到我们回到山脚。[3]

---

[1]　William Cronon, "The Trouble with Wilderness, or, Getting Back to the Wrong Nature", p. 8.

[2]　Roderick Nash, *Wilderness and the American Mind*, p. 44.

[3]　Kenneth Clark, *Landscape into Art*, p. 7.

总的来说，荒野在文艺复兴时期很少有正面的价值。人文主义以人和文明为赞美和表现的对象，文明之外的大自然是很少受到歌颂的。有趣的是，这个时候是风景画出现的时候，除了意大利人开始为人物增加自然风景作背景，尼德兰和德意志地区也开始出现以风景为主题的绘画。北方对风景的兴趣在荷兰17世纪独立后获得了高度的发展，体现着北方人对大自然独特的感受和热情。不过其中包含的荒野态度需要给予具体分析。北方风景画的自然态度是变化的，有时候还是暧昧的。比如，早期画家描绘全景式的想象荒野，表现宗教中的地狱或者战争的杀戮，这里荒野显然不是歌颂的对象，而是中世纪黑暗世界和痛苦生活的象征物。到了17世纪，荷兰人开始用绘画歌颂自己的土地与海洋，不过那种自然景色的荒蛮特征却大大减少了，他们喜欢的是生活中优美的农村、海港、船坞，其中不乏对意大利田野牧歌的臆想和借用。荷兰人改造了自然，他们也热衷描绘宜人的自然，因而这种自然之爱和荒野之爱不可同日而语。

贬抑荒野的态度到了18世纪才得到根本改变。这个时期出现了对古典价值的不信任和对原始自然、原始文明的兴趣和赞美。卢梭的"回归自然"要旨是从大自然中寻求价值。"高贵的野蛮人"再一次在浪漫主义气氛中提出来，远离古典文明的苏格兰、北美土著人的原始生活受到赞美，显然那里的蛮荒景观是这种生活的重要载体。[①] 对荒野的发现和兴趣就是在这种背景中发生的。早在1693年，英国作家丹尼斯（John Dennis, 1657—1734）跨越了阿尔卑斯山，与彼得拉克不同，他发表了一篇与宗教完全无关的评论："这一旅行的体验是一种完全的视觉愉悦，如同悦耳的音乐；但同时混杂着惊骇，有时候甚至绝望。"[②] 无独有偶，夏夫兹博里同样也翻越了阿尔卑斯山并发表了

---

① "高贵的野蛮人"（noble savage）观念出现于18世纪浪漫主义文学。最早现于17世纪约翰·德莱顿（John Dryden）的戏剧里，18世纪在狄更斯（Charles Dickens）和夏夫兹博里（Shaftesbury）的文学中流行开来。

② Marjorie Hope Nicolson, "Sublime in External Nature", *Dictionary of the History of Ideas*, New York, 1974.

那种"无限空间感引发的敬畏之情"的评论。①

英国人对荒野的兴趣显然不仅仅限于阿尔卑斯山。17世纪是英国开始海外殖民的时代，1620年弗朗西斯·培根就提出"要在对世界的开发和贸易扩展中增长学问"。②1684年托马斯·伯内特（Thomas Burnet）带着一种崇敬的心情撰写了《关于地球的神圣理论》，他也同样努力摆脱传统的宗教神学的桎梏，用科学的眼界描绘大自然的神奇和规律。他以惊异的热情赞美大自然荒野的无限之美："在这个世界上再也没有比大海和崇山更让我感到愉悦的了。在那些事物中有一种令人敬畏的、庄严的东西，它以一种极大的感情和思想激发着我的心灵。"③另外一位翻越阿尔卑斯山的作家是贺拉斯·沃波尔（Horace Walpole）。他对荒原和崇山发表的一段言论被称为英国人自然趣味发生根本改变的象征，这段话是他在1739年和诗人托马斯·格雷（Thomas Gray）一道穿越阿尔卑斯山之后写下的："悬崖、崇山、波涛、野狼、轰鸣、萨尔维特·洛萨——我们大自然的胜景和殿堂的温弱！在这里我们是这辉煌而荒凉的大自然的唯一主人！。"④

英国人这种对人迹罕至的荒野自然萌发的兴趣正在引发一种新的美学。自古希腊柏拉图以来，欧洲的古典美学崇尚"美"的艺术，风景也同样崇尚由人和为人创设的优雅、宜人之景，荒野确实没有纳入审美范畴中。在柏拉图的理论中，与美相对的只有"丑"的概念。圣·奥古斯丁认为，美是上帝仁慈和德行创造的结果，作为范畴并无相对之物；而丑却是无形式的，因而是不存在的。⑤随着朗吉努斯崇高观念再度被发现并介绍到英国，那里的美学家开始热情洋溢地用

---

① 夏夫兹博里比丹尼斯早两年翻越了阿尔卑斯山，但直到1709年才在《道德家》杂志发表评论。除此之外，1699年约瑟夫·埃迪森（Joseph Addison）在《壮游》（*Grand Tour*）也发文《对意大利等某些地区景色的评论》，提出阿尔卑斯山惊骇之美的性质：在可视物象中存在的巨大、非同寻常和优美。

② P. M. Harman, *The Culture of Nature in Britain*, 1680-1860, Yale University Press, New Haven and London, 2009, p. 56.

③ Philip Shaw, *The Sublime*, Routledge 1st ed., 2006, p. 29.

④ 参见: Horace Walpole, "Correspondence", Vol. 13, p. 181, quoted from P. M. Harman, *The Culture of Nature in Britain*, p. 112.

⑤ 参见: the entry "Ugliness", *Jerome Stolnitz, Encyclopedia of Philosophy*, MacMillan, 1973.

"崇高"赞美自然之美了。[①] 第一个用崇高概念对伯内特描绘的审美体验作出哲学阐释的是埃德蒙·伯克。他推崇崇高及其相关的宏大、无限、力量、恐惧等心理感受，并分析了它们转变为审美体验的可能和条件。[②] 从他的描述中不难看出崇高与荒野的内在联系。与此同时，德国的康德也作出反应，1790 年他在《判断力批判》中简要提及了那些令人感到自身渺小的自然大景：

> 险峻高悬的、仿佛威胁着人的山崖，天边高高汇聚携带着闪电雷鸣的云层，火山及其毁灭一切的暴力，飓风连同它所抛下的废墟，无边无际的被激怒的海洋，一条奔腾的河流或者一个高高的瀑布，诸如此类，都使我们与之对抗的能力在和他们的强力比较时成了毫无意义的渺小。[③]

空间和力度的巨大乃至无限，正是被古典美学忽视的大自然的荒野特性。浪漫主义美学正由之衍生出来，它用崇高概括那种宏大感给人产生的心理感受。特别值得注意的是，在这种美学的影响下荒野观念也在产生新的含义，那就是和崇高一致的"空间无限"和"力量巨大"。艺术史家常常使用崇高概念讨论美国荒野的审美价值，这不是没有道理的。由此可见，荒野的"宏大"含义是在古典美学向浪漫主义美学滑动的过程中发生的，它实际上把荒野的视觉形式特征作为一种性质揭示了出来。

4. 浪漫主义—自然主义

浪漫主义和自然主义是两种对荒野影响甚大的美学和艺术观念。前者是想象的，后者是现实的；前者迷恋传统，后者则忠诚于自然；前者基于文学和宗教联想，后者基于科学真实。那么，它们暗含的荒

① 朗吉努斯写于 1 世纪的《论崇高》是讨论语言修辞的著作。16 世纪再次被发现，1674 年法国翻译家布瓦洛（Nicolas Boileau-Despréaux）翻译为法语，1680 年由帕尔特尼（John Pultney）翻译为英语。不过，直到 1739 年威廉·史密斯（William Smith）的翻译本出现后才使得崇高观念开始流行。
② Edmund Burke, *A Philosophical Inquiry Into The Origin Of Our Ideas Of The Sublime And Beautiful With Several Other Additions*, New York, P.F. Collier & Son Company, 1909.
③ 康德著，邓晓艺译，《判断力批判》，人民出版社，2001 年第一版，第 100 页。

野观念若何？又如何影响到荒野风景的表现？

"荒野大景"在古典美学中是一道难题。^①既然它不能被理性的想象力理解和表现，那么就需要新的解决方案。其一，是跨越理性的界限，重新启用神学的想象力；其二，是放弃想象力，把大景置入理性的视野之下。前者是浪漫主义，后者则是自然主义。首先来看浪漫主义。对浪漫主义者来说，宗教想象力是一个可以借助的资源，如菲利普·肖所说："对 18 世纪浪漫主义者来说，基督教想象高于异教的信念提供了对抗古典主义崇高令人心神不宁的含义的缓冲器。"^②夏多布里昂对基督教的审美性作了概括，"基督教最富于诗意，最富有人性，最有利于自由、艺术和文学"，尤其崇尚基督教艺术的"神秘"之美。^③和传统艺术不同的是，浪漫主义的宗教想象不是靠描绘天国和宗教故事，而是靠个人面对自然的冥思和梦想中获得的神秘体验，如布莱克所说：

> 想象的世界是永恒的世界，它是神的胸怀，我们身体死去之后将会走进这个世界。想象的世界是无穷的和永恒的，而生命的世界或植物的世界却是有限的和暂时的。万物的永恒现实存在于永恒世界之中，我们可以从自然的植物界反映中看到这一点。"^④

由于强调想象和体验，艺术需要一种更恰当的宗教沉思的媒介，而其最好的载体就是荒野自然。浪漫主义和荒野之间具有精神上的契合性，这并非偶然。随着启蒙运动和科学兴起，生活世界之外的大自

---

① 在康德看来，崇高判断似乎超出了审美判断的能力，因为他所设定的审美判断依赖的想象力不能把握崇高的"巨大"和"强力"，因而不得不依靠道德律，甚至依靠上帝的存在为此寻找理由。看上去，康德的阐释几乎是四百多年前彼得拉克审美经验的哲学演绎。因此古典美学难以为荒野表现提供根本的解决方案。不过，浪漫主义风景画表现了荒野的"崇高性"。而自然主义同样也表现了荒野，但是改变了荒野的崇高含义。

② Philip Shaw, *The Sublime*, p. 33.

③ 马新国主编，《西方文论史》，高等教育出版社，1994 年第一版，第 274-275 页。

④ 休·昂纳、约翰·弗莱明著，毛君炎等译，《世界美术史》，国际文化出版公司，1989 年，第 492 页。

然成为 18 世纪哲学、科学、神学关注的对象。①荒野为浪漫主义者提供了灵感源泉，自然景致与人物之间的关系是艺术家宗教沉思的载体，对他们来说，只有与自然合一才能更好地获得宗教经验。而那种罕见的自然奇观则更有助于达到人与自然的交流：

对浪漫主义者来说写实本身不是目的，而是看透物质世界帷幕之后现象的手段，他们的自然主义永远在崇高的边缘颤抖。自然是灵感的源泉：风暴与灾祸深深吸引着浪漫主义者。把他们与以往一切处理自然的浪漫方式分开的，就是他们参与了自然现象。②

德国是宗教神秘浪漫主义的策源地。18 世纪末，德意志地区开始出现对历史遗迹和废墟的感怀。哥特式的建筑和艺术开始复兴，那种和中世纪北欧森林、神话、荒野有关的意象开始融入到新的浪漫主义感觉中。比如，歌德就把巍峨的教堂穹顶和雄浑静谧的北欧森林联系起来。兰布雷希特同样把日耳曼精神联系于北欧特有的森林神话意象："作为一般的规则，日耳曼民族的神灵在任何意义上都被视为非个人的，它们处在森林般神秘和朦胧里。"③这种感觉在德国拿撒勒派艺术中表现出来，中世纪和基督教是他们艺术的灵感来源。而荣格和弗里德里希则是荒野风景和宗教冥想融为一体的代表。

与借助宗教冥思不同，英国的"如画"观念是另一种处理荒野大景的方式。它采用了折中做法，不是发展对纯粹崇高的表现，而是降

① 关于欧洲各国 18 世纪后期自然和风景兴趣上升的原因，佩特拉·曲（Petra ten-Doesschate Chu）如此分析：1770 年之后，不断兴起的对自然的意识，推动着风景画兴趣重新发生。通常被看作浪漫主义时代精神的一个组成部分，这种对自然的新的热情实际上却有各种不同的起源和特征。在法国，作家兼哲学家卢梭（Jean-Jacques Rousseau）提倡"回归自然"，以逃避文明的做作矫饰。德国"狂飙突进"运动作家如歌德和席勒将人类情感与自然的"心境"（一种后来被称为情感谬误的现象）相提并论。20 年以后，德国浪漫主义作家和艺术家如瓦肯罗罗德尔（Wackenroder）、科泽加滕（Kosegarten）、弗里德里希（Friedrich）和荣格（Runge）把自然看作神性的显现。而英国的自然主义运动却跟区域旅游有关，并带有独特的民族主义内涵。（参见：Petra ten-Doesschate Chu, *Nineteenth-Century European Art*, Prentice Hall Inc., 2006, p. 181.）
② 萨拉·柯奈尔著，欧阳英、樊小明译，《西方美术风格演变史》，中国美术学院出版社，2008 年第一版，第 285 页。
③ 威廉·沃林格尔，张坚译，《哥特形式论》，中国美术学院出版社，2003 年，第 79 页。

低它的强度，打碎它的整体性，然后把它镶嵌到古典主义"优美"的框架中。1782年吉尔平在文章《怀尔河上的观看》中首次使用了如画一词，它最初的目的是采用传统绘画原则和模式欣赏荒野自然。它很容易让人想起当时流行的"克劳德镜"，这种镜片以17世纪克劳德·洛兰（Claule Lorraine）的风景画为模板，借助它，风景就产生了"那位大师特有的柔和、醇厚色彩"的"如画"感觉。[①]

不过，吉尔平使用该词是有所指的：他针对的既有当时"万能"布朗在"理性控制和人为操纵"原则下设计的光滑平整的园林风格，又有以意大利田园为原型的农村"优美"风景画。[②]在1792年的《三篇文章》中，吉尔平试图通过"如画"为英国园林和风景画增加一种新的"粗糙"和"崎岖"的自然因素："粗糙形成了优美和如画之间最根本的不同点，正是由于这一点才使得物象在风景画中令人愉悦"，这样，吉尔平就表达了对"荒野之景"的喜爱。1794年，普莱斯在《关于如画的文章》中继续了这种讨论，认为"如画概念是对抗对自然暴虐改造的有利堡垒"。他呼吁保护原始林地：

> 盘根错节的橡树、山毛榉、荆棘以及奇异的树根……保留那些被忽视的道路和洞穴，长满了野玫瑰、忍冬花的隐秘之处……那种到处都是常年经历风吹日晒、成熟和枯萎的野生动植物的风景……[③]

不难看出，吉尔平和普莱特的如画风景都是来自荒野自然，但是这种自然离"崇高"却渐行渐远了。它们固然新奇，但并不宏大和威胁；"如画"在于"自然物象和唤起想象的形式的粗糙、变化与和谐，如画结构把各个部分组织进一个整体，那些部分只能在粗糙的事物

---

① 克劳德镜（Claude Glass），又称为黑镜片，是一种表面染了深色的小凸面镜，流行于18世纪末到19世纪初，被艺术家、旅行者、风景和风景画的鉴赏者使用，特别是被如画艺术家作为风景写生的取景框。1778年托马斯·韦斯特（Thomas West）曾在《湖区导览》（A Guide to the Lakes）中介绍此用法。但这种透过有色镜片和传统模式观看自然的方式也同时受到质疑和讽刺。

② 兰斯洛特·布朗（Lancelot Brown, 1716－1783），又被称为"万能布朗"（Capability Brown），英国18世纪最为知名的园林设计师和建筑师。

③ P. M. Harman, *The Culture of Nature in Britain, 1680-1860*, Yale University Press, 2009, p. 123.

中获得"。[①] 无疑，这种整体上的和谐只能来自主体的感受和传统的启示，而那种局部的粗糙则是对大自然细枝末节的摘取。虽然在美学上"如画"调和了优美和崇高，但在风景画中却没有确定的形式。它首先是对理想风景传统的肯定，但其试图容纳荒野自然的做法显然具有浪漫主义特征。如画概念广泛使用在荒野自然的欣赏，它在英国和美国的旅游手册中流行一时。而在绘画领域，如画风景可以指各种描绘了宜人美景、在传统和自然取得平衡的风景画，这是我们讨论美国荒野风景时需要首先分析的一种局面。

下面来看自然主义的荒野观念。

自然主义态度可以说是在特定历史条件下科学和审美混杂交融的产物。比如，18 世纪在英国开始流行的"如画旅游"就既是一种审美之旅，又是一种科学之旅：

风景是由其覆盖的岩石地质结构构造的。英国山区的寻访美景之旅伴随着对构成那些风景的地质学结构的兴趣和对地质层位岩石和矿藏标本的兴趣……山脉变成崇尚惊异的崇高美学发展中的欣赏对象，18 世纪崇高风景和如画旅游的流行促进了对山景地质结构及其构造的形成过程的兴趣。[②]

这种兴趣很快就在艺术家的观念和作品中显示出来。长期在湖区生活的华兹华斯对大自然原始和崇高之美感同身受，他决定用最直接的方式描绘这种风景。有感于"如画"观念导致的自然审美的误区，1810 年他在《湖区手册》中说："我的意图是要建立一种地形学的描绘方式使之有用或便于理解。"[③] 他用清晰的语言描绘大自然中的山石、河流、湖泊、森林，甚至那种特定的云雾和光影，创造了一种"全景的、地形学式的自然主义"图画。奠定了自然主义艺术原则并对英国和美国风景画产生重要影响的是拉斯金。他于 1843 年撰写

---

① P. M. Harman, *The Culture of Nature in Britain, 1680-1860*, p. 122.

② 同上，pp. 130-131.

③ John R. Nabholtz "Wordsworth's Guide to the Lakes and the Picturesque Tradition", *Modern Philology*, Vol. 61, No. 4（May, 1964）, pp. 228–297.

了《现代画家》，该著作把绘画最高原则定义为追求"自然的真理"，而"对自然世界细节的精确观察和复制是艺术品中自然真理实现的基础"。他在第一册的第二版前言中指出：

> 一幅忽视了地质学和植物学的准确性的风景画对自然是谬误的……为了能达到细节的具体和真实，艺术家要像科学家那样仔细地观察和分类，每一种石头、土地、云层都必须被画家以地质学和气象学的精确性加以理解。[①]

作家用大量篇幅分析了真理在天空、云朵、山脉、水域、植被中的表现。他不仅分析了视觉性的色彩、形状和空间，还从科学角度讨论了其化学成分、物理构造、类型和变化的内在原因。从拉斯金绘制的《片麻岩写生》（图1.2）可以看到，岩石结构、质地、纹理、形状、色彩都得到的具体而真实的描绘，以至达到了地质学的精确性。

自然主义作为一种艺术方法显然不局限于科学的真实。拉斯金相信艺术一定有更高的真实或者更高的目的，他曾经用各种不同概念来说明这种更高性：一种"和谐的整体"，"精神的力量"，"视像的统一体"（a unifying vision）或者"景色的科学"（Science of Aspects）。可以看出，拉斯金的观念在变化，而这既是其理论的困难也是其魅力。肯尼斯·克拉克的概括有助于我们从根本上理解拉斯金的"更高真实"和自然主义观念：

> 艺术不是趣味，而是和人的整体有关，涉及感受、思想、道德、知识、记忆，等等。美学化的人是一个错误的、非人性的概念，如同经济的人这种称谓一样；最伟大的艺术和艺术家要传达本质真理（vital truth），这不是视觉的事实，而是宗教和生活态度；美的形式存在于有机体中，它在生产的法则中完善地实现自身，最终展现出一种功能得以恰当实现的外观……[②]

---

① John Ruskin, "Preface to the second Edition", *Modern Painters*, Vo. I.

② Kenneth Clark, "A Note on Ruskin's Writings on Art and Architecture", *Ruskin Today*, New York, Holt, Rinehart and Winston, 1964.

图 1.2 ｜ 拉斯金《片麻岩写生》（1853），钢笔，棕色墨水，
47.7 cm × 32.7 cm

　　由此可见，拉斯金的自然主义是要把艺术、人、自然都当成一种
有机整体来看待。大自然是每个人生存的现实，是艺术和生命的立身
之本，它当然是重要的，因而需要以一种科学的态度加以研究。不
过，这种研究的目的不是为自然本身，而是传达自然和人作为有机体
的整体性和活性。其实这种整体性的观念早在 1790 年就提出来了。

那时候如画旅游正方兴未艾，阿里森在《关于趣味的特性和原则》中认识到：画家具有创造画面的整体结构和唤起崇高和优美感受的能力，正是这种"依靠想象力的构造获得表现的整体性"才是绘画的秘密所在。[①]这种观念被拉斯金继承并得到了发展。

值得注意的是，荒野观念在自然主义美学下发生了重要变化。在亲密观察和接触的条件下，荒野不再是难以把握的无限空间和神秘领域，而是一种可以从整体上观察和理解的整体，它和人一样是有限的、有机的，有着内在的生命和力量。早在17世纪荷兰就有亲密自然的艺术，不过19世纪的自然主义在自然科学推动下获得了鲜明的时代特征。[②]科学对荒野的介入解开了大自然的神秘面纱，艺术家可以用平静的口吻和地质学、植物学的术语叙述和描绘自然景观。科学是文明的利器，是对荒野的原始情感和宗教冥思的稀释剂。科学对荒野的兴趣在于：那种未被文明涉足的景象是自然状态和历史的真实呈现者。自然主义艺术同样对荒野怀有兴趣，它来自于对新奇的自然原初景象的生命力的探寻。利用拉斯金所说的"感情误置"（pathetic fallacy），自然主义通过对荒野的表现获得对自身和人类生命状态的表达。[③]

二、荒野的古典文化语境：理想风景

荒野研究中一个不能不讨论的话题就是理想风景。从前面分析可以看出，荒野概念从中世纪就出现了，可是它在古典美学和艺术理论

---

① 阿里森著作初版于1789年，到1825年之前该著作已经六次印刷，被广泛阅读，对当时的风景画产生很大影响。他提出的"风景画的优越性"，"用整体印象统摄素材"、"唤起崇高和优美的情感"等观念被当时的风景画家接受（Archibald Alison：*Essays on the Nature and Principles of Taste*, Dublin, 1789, p. 88.）。
② 自然主义可以从哲学、美学、艺术等方面理解。艺术中的自然主义指"在真实自然环境中描绘逼真物象的表现手法"。写实在欧洲艺术古已有之，但19世纪的自然主义是在现实主义的促动下发生的，同时受到当时自然史、地质学、植物学等科学发展的影响。
③ 拉斯金在《现代画家》第三册中使用了该词，表示"把人的情感归因于无生命的物体和客观的自然力"。

中从来没有作为独立范畴讨论和使用。固然，美学史范畴诸如崇高和如画，艺术运动如浪漫主义和自然主义，等等，与荒野确实有千丝万缕的联系，不过在这些范畴和运动中"荒野"本身始终没有得到认真对待，没有上升到审美范畴的地位。[①] 这是为什么？在笔者看来，其中一个重要原因是：荒野不符合欧洲古典艺术的审美标准。

文艺复兴以来，欧洲主导的艺术观念和艺术形式是古典艺术，这种艺术有着特定的甚至狭隘的审美标准。在这种标准下，别说荒野风景，任何忽视人物和叙事、脱离历史和宗教主题的风景画都是没有地位的。不过，在古典艺术影响下风景画出现分化和变异，17 世纪产生了一种在古典绘画原则基础上建立起来的理想风景，阿尼巴尔·卡拉奇、尼古拉·普桑以及克劳德·洛兰是这种风景的典型体现者，而英雄式风景和田园风景则是他们风景画中两种主要的趣味和形式。由于这种艺术在古典艺术背景中发生，在某些方面体现了古典艺术原则和规范，因此很快成为受欢迎的、对 18 至 19 世纪风景画以及现代主义绘画产生深刻影响的风景画典范。相比之下，荒野则天生具有与古典原则和规范相悖和难以适应的性质。这意味着荒野与理想风景在性质、趣味、表现形式等方面很可能不相同乃至对立，从而荒野不得不游离于主流艺术和艺术理论的表现和沉思之外。

可是问题并不这么简单。要注意的是，17 世纪风景画创作和批评并不局限于宫廷和学院，古典趣味也并不具有驾驭一切的能力。富含荒野特质的尼德兰和德国风景画是不可小觑的风景传统，它们是推动风景画发展塑造风景审美趣味的极为重要的力量。进一步说，正如前面概念讨论的，荒野和田园并没有泾渭分明的分水岭，因此很有可能在理想的田园风景中就具有荒野因素，处于同一个"风景"概念的屋檐下意味着它们之间会相互影响和制约，因此讨论荒野必须要以理想风景为参照点。由于这些原因，我们需要对理想风景作一个比较清晰的梳理。这里要考虑的是：凭什么说欧洲传统风景观念主要说的是理想风景？田园观念的来源何处，又是如何

---

① 荒野的审美和文化价值，甚至"荒野美学"和"荒野文化"这类提法的出现是在 19 世纪以后的美国。荒野紧紧联系着美国人的自然体验和社会发展的历程，然后被作为民族文化的象征并得到艺术的表现。这种"美国荒野的独特性"观念潜存着一种和欧洲文化传统比较的态度。

成为理想风景的典型形式？在田园和理想风景中到底有没有荒野的
因素？最后，理想风景和荒野风景是如何拉开了距离？

1. 理想风景

理想风景，或者说古典风景，实际上本身就是一个矛盾的概
念。[①]虽然可以说"理想风景是遵循了古典主义原则的风景画"，但
实际上古典艺术中从来没有理想的风景，只有理想的人和建筑。古
典主义的来源是古希腊和罗马的艺术和思想。无论波里克莱托斯
（Polykleitos）关于人体比例的《规范》[②]，杜雷（Duris）对宙克西斯
（Zeuxis）汇聚众美于一体创造理想女性的传说，还是菲迪亚斯关于
"人体最完美"，所以"我们把人体赋予神灵"的断言，抑或把人的比
例和审美价值用于建筑柱式的说法，[③]我们从中读出的只有一个信息：
古典艺术是以人为中心构造的。

中世纪的民族迁徙和文化融合提供了丰富的自然体验，为风景进
入艺术奠定了基础，文艺复兴时代风景画的兴起正是这种逐渐积累的
自然体验的结果。不过，文艺复兴所倡导的人文主义和对古典理想的
复兴，同样是以人为中心的，这使得风景画在刚刚兴起的时候就不得
不遭遇身份尴尬。对意大利画家而言，在教堂壁画和祭坛画上描绘风
景的目的是为了使得人物和故事显得更加真实。透视是为了更真实地
重构古罗马建筑，而不是为了理解自然景色。甚至对风景颇有好感的
列奥纳多，他研究空间、色调、大自然构造规律的目的也是为了"把
人物形象在一定的气氛中表现出来"。[④]更何况他的理论在佛罗伦萨并

---

① 理想风景和古典风景含义稍有不同。前者强调风景的完美和非现实性，后者强调和古典
艺术传统（希腊罗马）的关系。不过，在具体讨论中二者针对的对象是一致的。艺术史学者一
般把二者等同使用。如拉格洛夫"理想风景一般被看成是古典风景的同义词"，见《理想风景》
第 20 页（Margaretha Rossholm Lagerlof, *Ideal Lanscape: Annibale Carracci, Nicolas Poussin and
Claude Lorrain*, 1990）；芭芭拉·诺瓦克也把二词等同使用，见《自然和文化》第 197 页（*Nature
and Culture*, p. 197）。
② 波里克莱托斯（Polykleitos），公元前 5 世纪，古希腊雕塑家艺术理论家，作品有《执矛者》
等，著有《规范》等文章。杜雷（Duris of Samos）生于公元前 350 年左右，古希腊历史学家。
③ 建筑依据人的尺度和需要建造。古典建筑更明显，如把人体用于柱式设计，三种柱式遵
循了人的比例。
④ 里奥耐罗·文杜里，迟轲译，《西方艺术批评史》，江苏教育出版社，2005 年，第 55 页。

不流行，那里流行的是米开朗基罗的思想。米开朗基罗对弗兰德斯风
景画的讥讽可以说体现了意大利人对风景画的一般态度：

> 弗兰德斯绘画只是想骗骗人的眼睛。这种画由树木、小桥、河流
> 以及装饰物、旧房子和草地组成。弗兰德斯画家们称之为风景画，有
> 时候加上一两个小人作为点缀。有的人喜欢这种玩意，但这种东西既
> 没有思想性也没有艺术性，既不对称也不均衡，既没有智慧也没有经
> 过精心的构思。总而言之，它们既非坚实有力又非生气蓬勃。[①]

这种情况下，风景画要想得到人文主义者认可并在古典艺术中获
得地位实在难上加难。不过这种尴尬地位并没有影响风景画发展。一
方面，意大利人对风景背景的兴趣愈加强烈，那种本来为了为神话和
宗教故事创设情境的风景逐渐显现出独特的审美性。另一方面，文艺
复兴时代风景画在北欧得到了特别发展，出现了风格各异的独立风景
画。这种积累带来的繁荣局面在 17 世纪初罗马艺术界生动地体现出
来。由于荷兰和德国的战乱，大批北欧艺术家来到意大利，罗马再
次成为艺术中心。[②]1630 年之前，罗马有着各种各样的风景画：想象
或真实的罗马城市风景（vedute）、带有废墟的日常生活景色、有着
神话和宗教主题的风景、宏大历史画中的自然背景，等等。来自各
个国家的艺术家形成各自独立的社团，收藏者也从教廷和贵族扩张
到社会各阶层，新收藏者有的则专门收藏如德国埃尔斯海默（Adam
Elsheimer）的小风景画。这种情况下，不但学院派艺术家难以做到
不受风景画影响，就连古典艺术理论家也无法漠视风景画存在了。

不过，"理想风景"要获得认同仍然面对严峻考验。虽然这个时
期各种艺术皆大繁荣，但在刚刚兴起的学院中古典原则依然藐视风景
的地位。1580 年阿尼巴尔（Annibale）的博洛尼亚学院提出了折中主

---

① 里奥耐罗·文杜里，《西方艺术批评史》，第 57 页。
② 比如神圣罗马帝国的三十年战争（1618-1648）；荷兰独立战争或称八十年战争（1568-1648）。
后者是十七个省对抗西班牙菲利普二世的革命战争。

义原则，但他倡导的是对古典大师人物技巧的学习。①1648 年和 1665
年在巴黎和罗马成立的法兰西学院则为艺术的高下建立了等级。费利
拜恩（Aandre Felibien）在《有关古今最优秀画家的对话》中，阐述
了勒·布朗（Charles Le Brum）的学院派艺术纲领。②他划分了绘画的
等级：既然人体是上帝创造的最完美的杰作，那么画人物的画家就是
最优秀的；其次是画活的而非"死的"事物的画家；再其次是风景画
家；最后是画花和水果的画家。虽然他的有些叙述刻板和混杂，但也
确实反映了当时在法国和意大利流行的古典派思想。

正是在这种看似奇刻的教条中，理想风景在古典主义者笔下诞生
了。卡拉奇和普桑率先把古典标准和法则扩展到并改造风景画。而克
劳德则在继承古典趣味的基础上，在风景画中引入了古典时代的田园
主题，建立了充满理想色彩的田园风景图像，"他画上的风景形象印
在欧洲人的心目中难以磨灭。他创造的是地地道道的古典风景"。③理
想风景获得了成功，不仅在当时广受欢迎，并且对 18—19 世纪的风
景画，甚至现代绘画都产生了深刻的影响。④这种影响，即使在我们
讨论美国风景画的时候也无法忽视。比如 18 至 19 世纪美国风景画
开始形成的时候，很多年轻艺术家到欧洲游学，除了体验欧洲自然环
境，更重要的是学习普桑和克劳德等人开创的理想风景传统。诺瓦克
用"理想的或者说古典传统"称呼克劳德所开创的传统模式，她认为
克劳德的重要性在于：

---

① 卡拉奇学院（academia dei Carracci, Accademia degli Incamminati），折中主义（eclectic
ideal），如拉斐尔的女性优雅线条，米开朗基罗的男性力量，提香的强烈色彩和克雷吉奥的优
雅色彩。
② 勒·布朗（1619—1690），法兰西学院创立者和院长，普桑学派倡导者，路易十四首席
画师，为学院创立了刻板的艺术教义。费力拜恩（1619—1695）是法国路易十四时代的艺术编
年史作家和宫廷历史学家。
③ 休·昂纳、约翰·弗莱明著，毛君炎译，《世界美术史》，国际文化出版公司，1988 年，第
445 页。
④ 比如克劳德，30 岁时就已颇具知名度，作品深受上流社会喜爱。其赞助人有三任教皇，
西班牙菲利普四世，许多枢机卿、贵族、外交官、军官、医生等，法国、安特卫普、阿姆斯特
丹等也多有委托之作。克劳德的影响持续几个世纪。直到 19 世纪，画家康斯太勃尔感叹道：
"迄今洛兰仍被认为是最完美的风景画家，我想他当之无愧！"透纳则把克劳德看成是自己艺
术要超越的目标。参见本书第三章。

他用一种"伟大艺术家的感觉和判断力"把风景画提升到历史画水平，超越了雷诺兹批评的"简单模拟"，因此考虑到雷诺兹对美国的重要影响，那么克劳德对美国风景画来说显然是一个重要传统了……通过这种模式，美国人实现了与意大利的联系，获得了一种只有作为参观者才能体验到的"博物馆文化"。因而即使这种欧洲风景画的古典传统在欧洲已经被改变，克劳德在美国依然保持着重要的影响力。[①]

那么，什么是理想风景？它是怎样一种风景"模式"？

就笔者掌握的材料，除了 17 世纪意大利朱里奥·曼奇尼（Giulio Mancini）和 18 世纪初期法国德·皮勒（Roger de Piles）偶尔采用过"完美风景"（Perfect Landscape）的说法，尚没有发现当时有人提出"理想风景"或"古典风景"的说法。[②]实际上这一术语是 20 世纪艺术史家提出的。1912 年约瑟夫·格拉姆（Joseph Gramm）以"理想风景"为名探究了这种风景画的历史。[③]在他看来，理想风景的意图是通过人为有意地构建画面以表现人类感情、伟大行为和高尚道德，自然只是人活动的参与者。情绪、道德、构图是格拉姆分析理想风景的关键词，他尤其强调了构图的重要性，把它类比为音乐节奏和韵律，认为它表现了洗净琐碎细节和偶然事件的风景本质。1923 年库尔特·葛斯汀伯格（Kurt Gerstenberg）在《理想风景：在罗马的开创和成熟》中进一步从概念和历史上分析了这种风景画，认为它是拉丁文化和德国思想（或者说阿尔卑斯山南北两种生命观和空间感）作用、融合的结果，其目的则是阐释古罗马世界的风景本质。[④]1949 年肯尼斯·克拉克把理想风景看成是象征、事实、幻想等诸风景模式之一种。他把理想风景看成是风景获得独立之前服膺于古典理想的产物：

---

① Barbara Novak, *Nature and Culture*, p. 197.

② 罗杰·德·皮勒（Roger de Piles, 1635—1709），法国画家、版画家、艺术批评家和外交家。

③ Joseph Gramm, *Die Ideale Landschaft, Ihre Entstehung und Entwicklung*, Herdersche Verlagshandlung in Freiburg im Breisgau, 1912.

④ Kurt Gerstenberg, *Die Ideale Landschaftmalerei, Ihre Begrundung und Vollendung in Rome*, M. Neimeyer, 1923.

在能够把自身作为目的之前，风景画不得不适合那些文艺复兴三百年来被每一个艺术家和作家都遵从的理想概念……无论内容还是构图，风景画都必须唤起那种更高的能够说明某种诸如宗教的、历史的或者诗性主题的绘画。[①]

肯尼斯对理想风景与古典的理想概念之间关系的界定是十分清晰和准确的。通过文学中的阿卡迪亚意象及其文化背景的分析，他把田园风景看成是理想风景的典型形式。这种观念是他的一个基本思想，并形成了后来风景画研究的基点。

1944年安东尼·布伦特（Anthony Blunt）讨论了普桑的英雄式理想风景。他发现普桑在1650年左右的风景集中表现人类悲剧或道德主题，用清晰的造型和平行的层次构建了几乎封闭的空间，认为人在理想风景中不再驾驭景色，而是处于某种沉思和超然的状态。[②]无独有偶，克劳德得到了同样甚至更多的关注。1961年马塞尔·罗斯利斯伯格（Marcel Rochlisberger）指出，克劳德和普桑可以用同一个词汇"理想风景"或其同义词"古典风景"定义。不过，他用这个术语针对的主要是克劳德17世纪40年代的宗教和神话主题，这种风景具有平衡、和谐的构图、罗马平原的宽广视野。同时，他用"英雄式"概括克劳德50至60年代的风格，这种风格则是通过保罗·布里尔从德国传入的。[③]德国学者似乎都认同北欧对促成理想风景的作用。1975年，罗斯利斯伯格在另一册图录中定义了把古典风景：它是艺术家对待古代理想世界的态度，试图重构维吉尔和奥维德描绘的古代世界梦想；其图像基于罗马要素，并以理性组织起来，同时表达了某种诗性特征。[④]1983年，巴黎、华盛顿、慕尼黑都组织了克劳德艺术

---

① Kenneth Clark, *Landscape into Art*, p. 54.

② Margaretha Rossholm Lagerlof, *Ideal Landscape: Annibale Carracci, Nicolas Poussin and Claude Lorrain*, p. 19.

③ 德国画家保罗·布里尔（Paul Bril）到达意大利后，首先将这种德国风格传授给阿尼巴尔及其学生多尼米奇诺（Domenichino），然后再影响到到达克劳德。（参见: Marcel Rothlisberger, *Claude Lorrain: the Paintings*, catalogue raisonne, Yale University Press, 1961.）

④ Margaretha Rossholm Lagerlof, *Ideal Landscape, Annibale Carracci, Nicolas Poussin and Claude Lorrain*, p. 20.

的展览并编纂了图录，可以看出理想风景越加受到学界重视，随着对这种风景画研究的深化，理想风景也成为一个被学界熟知和意义逐渐确定的概念。①

通过上述学术梳理，理想风景的含义及其发展脉络基本清楚了。这里可以对它的特征和性质作一下概括。

理想风景首先是一种理想化的风景。理想化意味着它不是对现实自然和社会的模仿，而是对理想的特别是逝去的古希腊和罗马黄金岁月的重构。显然这不是大自然的理想，而是人和社会的理想；其目的不在于风景本身，风景只是服务于构造人和社会理想的工具。正因如此，理想风景并不独立，而是以人为中心、服务于人的表现。当然，和文艺复兴以来的历史画和宗教画相比，自然景色在理想风景画面中大大扩展了，特别是在洛兰的作品中，人物比例和位置在画面中处于十分次要的地位。即使如此，理想风景也是为了描绘适宜于人居住的场所，这恰恰是和荒野风景画最根本的不同之点。确实，16 至 17 世纪的风景画总是具有文明的痕迹，除非描绘有人的痕迹，否则风景就不被认为有价值。没有人或建筑的自然只能存在于素描和草稿中，它们只是为完成性作品提供原材料。文明痕迹在理想风景画中尤其显得重要，风景画反映了人与环境的各种关系：旅行、战争、休息、工作、逃亡。由于这种关系的复杂性才造成了理想风景画的分类。比如英雄式和田园式就是根据表现内容的不同划分的，它们大体上可以看成是对城镇和农村两种生活的描绘：在城墙内，我们看到有权势者、政治家、律师和商人；城外则是农业、旅行、休憩的领域。正是这种区分对当时人们的价值判断造成了影响。

另外，理想风景还具有古典艺术所要求的理性和秩序。理想风景是构造的，这种画面具有几乎程式化的稳定结构和秩序。秩序可以说体现了古典艺术的美学本质。据柏拉图的意见，美本身并非来自有生命的动物或对它们的再现，而是来自各种几何形体，也就是美在于纯粹形式自身。这种由形式所决定的本性之美超越了感观的愉悦。依据

---

① 1983 年，H. 拉塞尔（H. Diane Russell）组织了克劳德在巴黎和华盛顿的展览，同年慕尼黑举行了克劳德及其德国、英国、美国的跟从者的展览。

这种思路，亚里士多德坚信美的数学根源。到了 15 世纪，学者开始把这种抽象的形式理念和绘画结合起来。阿尔伯蒂（Leone Alberti）认为，画家具有一种普洛丁学派所说的理念，他们能把这种理念用画笔表现出来。不过这种理念已经不再是超自然的了，而是基于普适性的数学知识。[①]这种古典艺术观念对理想风景画有某种内在的影响。普桑就被称为具有哲学家气质的画家，他的作品具有数学般的精确形式和严谨秩序，这不仅体现于他的历史和宗教画，还体现在他各种主题的风景画中。正因为这一点他才成为新古典主义艺术和理想风景的双重楷模。

2. 形式和类型

通过分析理想风景，我们已理解它在文艺复兴以来艺术传统中的地位及其影响，能够隐约感觉到它和荒野有很多不同，也有某些若有若无的联系。理想风景是以人为中心的，为表现人的存在和活动服务的，这和荒野风景弃绝人的存在、以自然本身为表现主题显然不同。可是另一方面，理想风景毕竟也是风景，人既然存在于自然中，这种自然就难免有荒野的成分。再者，到目前为止尚未讨论荒野风景画的表现形式：那种以荒野本身为对象的风景画应该是什么样子？毕竟，要想表现荒野的原始野性、无限空间、神圣和宏大，在绘画中有着超乎寻常的难度。考虑到荒野风景画与古典艺术的联系，后者谨严的秩序也许会成为前者的参照点和背离之点。因此需要对理想风景的形式和类型做进一步讨论，希望从中发现它与荒野的区别和联系。

首先来看理想风景的形式特征。理想风景与荒野的区别并不仅限于描写的对象，还在于风景画的形式。艺术史家把克劳德风景画中发现的构图的规律称之为"模式"并不是没有原因的。肯尼斯·克拉克曾这样概括克劳德风景画构图的规律：

正如拉辛遵守统一性采用了富有节律的亚历山大诗行，克劳德也

---

① 阿尔伯蒂（1404—1472），意大利建筑家、音乐家、画家、人文主义者，有《论绘画》等著作。

几乎总是遵守一种潜在的构图图式。它们包括：在一边（很少两边对称）的暗色侧景（coulisse），其阴影延伸至第一个前景层面；中景层有一个中央特写（feature），常常是一组树；最后是两个层面前后交替，后面的层面是他因此而著称的光亮的远景，且往往得之于自然写生；引导眼睛从一个层面到另一个层面是必要的，克劳德采用桥、河流、涉水的牲畜等等达到这一点；色调感觉也很重要，使之获得统一感和退后感；层次面有剪影的效果（silhouette）；虽然高度形式化，但并不模式化。[①]

克劳德模式是理想风景画所包含的画面秩序感的集中体现。这种风景最普遍和基本的特征是这样一种图像空间：后退的层次创造了一种深度的印象；前景、中景和后景被看成是一系列层次，它们和画面平行，并相互通过优雅的对角线联系起来。画面的左右部分同样也是构造性的，左右对称或者对比，留出中间部分用于表现人的活动。我们可以通过克劳德的作品理解这种模式。《有舞蹈者的风景》（图 1.3）是克劳德风格成熟期的作品。画面中可以看到左右平衡但不完全对称的侧景（画家有时候用建筑物代替树木，同样也起到侧景的作用）。前景是平地，为人物活动创设了条件。中景是一滩河水，绵延向远方延伸。而远景则是笼罩在强烈阳光下的山峦，与天空的白色融为一体。三个层次的推进使画面产生强烈的空间感。克劳德的很多作品都具有这种特点：在前后层次和左右结构中有序地布置树木、平地、河水、山峦等等风景要素。

值得注意的是，这种结构并不是克劳德的独创，而是 17 世纪理想风景画逐渐形成之后所具有的一些共同特征。早在 17 世纪初期（约 1619—1621 年，当时克劳德才二十岁，艺术风格尚未形成），朱里奥·曼奇尼（Giulio Mancini）就概括了当时他称之为完美风景的几种因素。[②]比如，背景在一种结构化的、次第退后的层面中逐渐退往远景（il lontano），这种画法在列奥纳多和拉斐尔时代就已经形成了。

---

① Kenneth Clark, *Landscape into Art*, p. 64.
② 朱里奥·曼奇尼（1558—1630），意大利锡耶纳人，医生、艺术收藏家和作家，教皇乌力班八世的私人医生，写作中涉及同代艺术家卡拉瓦乔和卡拉奇。

前景、中景、后景三个层次在他的论述中得到清晰界定。卡拉奇的作品也明确地表现了这种层次原则，我们可以在他创作于 1603 年前后的《有桥的罗马风景》（图 1.4）中看到这一点。近景的侧景树和平地、中景的建筑物、远景山脉依次展开，具有清晰的层次感和深邃的空间感。实际上，16 世纪后期尼德兰和意大利的风格主义画家已经习惯于在前景设置人物活动，中景设置建筑，远景则推入大海或者山川，并浸透在亮光中。这足以看出，克劳德风景的结构是对文艺复兴以来风景传统的总结，是理想风景的集中体现。

可是，这种结构的目的和意义是什么？玛格丽特·拉格洛夫给出了值得注意的解释。他把这种理想风景阐释为人生活和活动的"舞台"：

演员在图画的前面，占据了由树和建筑物构成的空间。人的活动正好处于光线明媚的中景上，常常有一些建筑物吸引人的注意。远景则是宁静的、模糊的、充满了气氛的。在此远景之上是平面的布景，与前景人物的造型和动态形成对比。[1]

"舞台"之说为理解理想风景提供了很有价值的思路。在罗马的理想风景产生过程中，除了受到来自荷兰和德国风景传统之外，另一个值得注意的则是意大利古已有之的古典传统。在此传统中，我们可以发现有一种积极因素推动古希腊的孤立和静止的人物造型向环境和风景中扩张，这种因素来自亚里士多德的诗学理论。在《诗学》中，亚里士多德拓展了柏拉图的模仿理论，虽然他没有提及自然，但他认为"人、人的行为、人的遭遇就是诗所模仿的对象"，也就是说艺术模仿的是"在行动中的人，是人的行为、人的性格、人的遭遇、人的感情，即人的生活"。[2]艺术描写人的生活意味着要把人放置到环境中，这种艺术观念不仅总结和促进了戏剧的发展，还促进了艺术中造型和叙事的结合、人物与环境的结合，而自然描绘就是在这种背景中发生的。在《诗学》中，亚里士多德还概括了悲剧、喜剧、酒神颂等

① Margaretha Rossholm Lagerlof, *Ideal Landscape: Annibale Carracci, Nicolas Poussin and Claude Lorrain*, Yale University Press, 1990, p. 95.

② 马新国等著，《西方文论史》，高等教育出版社，1994 年第一版，第 41 页。

图 1.3 | 克劳德·洛兰《有舞蹈者的风景》（1648），布上油画，148.6 cm × 198.1 cm，意大利罗马多利亚潘菲利美术馆

图 1.4 | 阿尼巴尔·卡拉奇《有桥的罗马风景，局部》（1580–1590），80 cm × 56.2 cm，柏林国家博物馆

文艺类型，这为 17 世纪理想风景画的表现类型埋下了伏笔。比如后人耳熟能详的"英雄式"理想风景画，其实就是对悲剧的一种图像转译。在卡拉奇和普桑的历史和宗教主题风景画中可以看到，处于前景中的人物动作、组合、面部表情往往符合悲剧的人物造型原则，而背景中的建筑和风景则与人物和事件的性质、气氛相协调。

和"舞台"说直接相关的古典传统是从属于建筑理论的装饰风景画。我们知道，罗马时代就有用于装饰私人别墅的风景画。当然，和绘制在教堂和宫殿的宗教和历史画相比，这种风景画的地位是很低的。维特鲁威在《建筑十书》中在讨论建筑走廊壁画的时候，继续使用戏剧的概念划分壁画或景色画的类型，并设定了每一种类型的风景格式。[①] 比如"悲剧"是那种庄严的风景背景，描绘教堂和宫殿，装饰有古典的立柱和雕塑；"喜剧"则是那种描绘日常城市建筑和生活场景的景色；另外一种是情色剧（satyric），则主要指那种描绘农村和自然场景的绘画。在维特鲁威看来，庙宇和宫殿与悲剧有关，这代表了最高的美学价值。因此在理想风景画中艺术家更多地描绘这种建筑，而不是描绘那种意味着喜剧的普通住所。最低的价值被放到与情爱相关的潘神、林中仙女及其生活的田园自然环境中。

维特鲁威用戏剧概念划分风景类型对文艺复兴艺术思想产生了深

① Vitruvius, *The Ten Books on Architecture, V; VII*, Dover Publications, 1960.

刻影响。利昂·阿尔贝蒂（Leon Battista Alberti）就曾利用维特鲁威的三种类型为风景装饰画提供建议，认为以自然和农村景色为背景表现娱乐的风景画与公共和宫殿建筑不相符，只能用于装饰乡间的私人别墅。[①]我们可以看到，在达·芬奇、提香、米开朗基罗等大师的作品中，神圣题材总是和宗庙建筑背景有不解之缘，用于表达具有悲剧色彩的崇高感和神圣感。和威尼斯画家不同，佛罗伦萨和罗马的艺术家对纯粹的大自然景色，无论是乡村还是荒野，在描绘的时候都倍加谨慎，以保证主题和景色内在含义的一致性。进一步说，把戏剧和风景联系起来意味着二者结构上的可类比性。由于"人物"—"建筑"—"自然"不同性质的景象在舞台设计中常常同时出现，这逐渐演变出古典风景画的画面层次的观念。这种由不同景象构成的画面层次在理想风景中十分常见，卡拉奇《有桥的罗马风景》就是一例（图1.4）。1580年克里斯托弗罗·索尔特（Cristoforo Sorte）在回答赞助人问题时解释了作品的层次问题，认为其构图中的三个平面是要获得舞台般的结构性。[②]17世纪理想风景画家们是否受到戏剧演出和舞台设计的启发是难以确定的，对此笔者尚无直接佐证。不过，我们可以在理想风景画中感觉到一种观看剧场演出般的结构，这却是十分明显的。正如拉格洛夫所说："风景画首先进入了剧场结构，就好像图画正在通过'用三层平面表现自然'的方式来重构剧场的结构化场景。通过采用这样一种方式，风景画迈出了表现深度的第一步。艺术家并没有觉得违背表现主题，其身份更像舞台设计师或者组织者。"[③]

虽然在文艺复兴时代的意大利艺术中开始出现类型、层次、画面结构的概念，但是理想风景并未形成。这些概念要么应用于流行的宗教和历史画，风景只是人物的背景或画面的边角；或者应用于私人建筑的装饰画，根本不能登上大雅之堂。17世纪才是理想风景的形成时期，正是在这个时候自然景色才在绘画中占据位置。所以我们要讨

---

① 利昂·巴蒂斯塔·阿尔贝蒂（1404—1472），意大利作家、艺术家、建筑师、诗人、哲学家、文艺复兴博学者，以研究透视和建筑设计著称。

② 克里斯托弗罗·索尔特（Cristoforo Sorte, 1506—1594），意大利维罗纳人，画家、制图师，工程师和理论家，乔凡尼·安托内罗的儿子。

③ Margaretha Rossholm Lagerlof, *Ideal Landscape*, p. 34.

论理想风景画的类型应该从这个时候开始的画家开始。

对理想风景较早的正式讨论出自 18 世纪初期法国宫廷外的自由学者德·皮勒。他用"完美风景"讨论 17 世纪出现的这些理想风景。在 1708 年《绘画的原则》一书中，皮勒提出了两种风景画："在所有的风景画类型中，我把自己的兴趣限定于两种：英雄式的和田园式的（农村题材的）；因为所有的其他类型都是这两种的混合。"关于英雄式的风景画他指出：

> 英雄式风景画是这样一种构图，它从艺术和自然中获取任何伟大的非同寻常之物。其景象令人惊奇。它描绘这样的建筑：宗庙、金字塔、古代墓地遗迹、神圣祭坛和别墅。大自然不是日常所见，而是我们认为它应当是的样子。这种风格是令人愉悦的幻觉，在天才艺术家笔下具有一种动人的魅力。比如普桑，就完全地表明了这一点。[1]

1648 年普桑《有福基翁遗孀捡拾骨灰的风景》（图 1.5）就是这样一幅作品。此时的画家试图通过古典主义风格重现古典罗马世界，虽然是一个悲剧事件，但画面中央象征古典文明的神殿建筑和高耸的山巅沐浴在蓝天和阳光之下，画家对古典文明的追忆和赞美溢于言表。现代学者认为，这幅画还表现了一种"文明风景"，一种被人类文明控制并赋予外形的土地，正如画面中自然的结构被古罗马的宗庙和纪念碑创造了出来一样。[2] 由于这种原因，普桑作品中的风景就不再是单纯的自然物，而是古典社会中人类文明的象征。画面中井然有序的对建筑物及其周边山巅、树木、道路的清晰描绘，体现了文明对生活和自然世界驾驭和改造的力量。

皮勒对英雄式风景的定义是十分清晰的，从中不仅看出这种风景的古典和理想色彩，还能看出它的题材和意义与荒野自然之间形成的

---

[1]　Alan Wintermute, ed., *Claude to Corot: The Development of Landscape Painting in France*, University of Washington Press, 1991, p. 15.

[2]　Julius S. Held, and Donald Posner, *17th and 18th Century Art: Baroque Painting*, Harry N Abrams, 1972, p. 158.

强烈对比：英雄式风景构造的是伟大的人类文明世界，因此荒野在其中难觅踪影。不过有意思的是，皮勒对第二种风景——田园的叙述就完全不同了。他对田园的定义不仅和我们现在的理解很有不同，还混杂着纠缠不清的荒野观念，因此很有必要作细致讨论。他这样定义田园或农村风景：

> 农村风景是对乡下平原的描绘，这种描绘宁可是放任的随想曲也不是对耕种土地的真实写照。我们可以看到单纯的自然，没有装饰和人为的痕迹，它以其优雅装点自身。正因如此，风景地点有各种各样的可能性。有时候会十分开阔，有牧人和兽群在风景中徜徉；有时候则会十分荒凉，孤独的人在这里隐居，野兽也会在这里出没。①

在皮勒看来，田园并不总是宁静而优雅的，它还可能是荒凉和孤独的，虽然不至于是人迹罕至的原始蛮荒，但这里可以是野兽的居所和孤独者隐居之地。1676 年皮勒曾经在普桑古典主义风格盛行的法国为鲁本斯（Peter Paul Rubens）辩护，这里的荒野显然指的是鲁本斯创作的充满动荡和野性气息的农村风景。②在《有暴风雨、腓利门、波西斯的风景》（图 1.6）中，充斥画面的是暴风雨过后暴涨的激流，阳光刺破了天空翻滚的乌云，四处倾倒的树木、陡峭的岩壁和怪石，共同构成了充满动荡和力量的自然荒野。③

尽管画面中描绘的也许不过是乡村或郊外的河流和树林，但这种风景和我们所了解的田园确实相去甚远。可以看出，皮勒试图把鲁本斯式的荒野纳入到他所定义的"完美风景"之中，其原因倒不是真的认为这种荒野大景符合"田园风景"的定义，而是认为它应该属于"完美风景"之列。他认识到荒野风景的价值，一种与古典原则有悖的审美价值。用农村风景定义鲁本斯的艺术显得有点勉为其难，不过皮勒的定义说明，在他的时代荒野风景已经引起人们的关注，可是却

---

① Roger de Piles, *Cours de Peinture par Principes*, 引自 Alan Wintermute, ed., *Claude to Corot*, p. 15.

② 里奥奈洛·文杜里著，迟柯译，《西方艺术批评史》，江苏教育出版社，2005 年，第 83 页。

③ 该作品描绘的故事为：众神伪装来到地上，只有腓利门和波西斯给他们食物，作为回报众神以洪水和暴风雨惩罚其他人，只有他二人得以免除。

图 1.5　尼古拉·普桑，《有福基翁遗孀捡拾骨灰的风景》(1648)，116.5 cm × 178.5 cm 利物浦沃克美术馆

图 1.6　鲁本斯，《有暴风雨、腓利门、波西斯的风景》(约 1630)，146 cm × 208.5 cm，奥地利艺术史博物馆（见彩图）

没有一个令人满意的概念去界定它。

3. 田园传统

　　皮勒的英雄式风景可以说是一种"文明风景"。它是用古典原则改造了的"历史和宗教风景"，或者说是文艺复兴以人为中心的历史和宗教画的变体：人变小了，环境变大了，气氛更真实了，但那种文明社会的庄严和神圣却依然不变。田园风景却不一样，它描绘的是城市文明之外的世界。一方面，田园风景处于文明和荒野之间，和荒野有着更多的联系，因此是我们讨论荒野的更重要的出发点。另一方面，田园风景传达的是人与自然和谐相处的意境，同样符合理想风景作为人活动舞台的原则，所以田园风景中的自然与荒野风景中的自然就有了一个显著的意义和形式上的区别。因此，理解田园与荒野的联系和区别，对于理解荒野概念和美国风景画都是必要的。

　　田园常常以所谓的阿卡迪亚农村为背景，描绘牧人及其生活，大卫·海尔普林（David M.Halperin）把这种生活分为三类：放牧、吟唱（音乐）、情爱。① 虽然田园可以看作人的环境，但自然在田园中保持了自身的魅力和神性。林中仙女、森林之神，与人分享自然的丰

①　David M. Halperin, *Before Pastoral: Theocritus and the Ancient Tradition of Bucolic Poetry*, New Haven, 1983, pp. 70-71.

饶。田园不是被人改变了的自然，而是自然本身的温润和丰富适合了人生存的理想。田园是理想的，这是因为它并非描写真实的农民生活："在意大利和希腊会看到很多牧羊人景象。但现实牧羊者能否成为田园审美意象却是个问题。"①这种神性和理想化可以说是田园能够被古典艺术接纳的主要原因。列奥·马克斯（Leo Marx）指出，田园主义是贯穿在西方文化传统中一种持续的自然文化态度。这种态度显然也影响到了美国。在美国画家接受欧洲风景画传统的时候，给他们印象最深的恐怕就是克劳德描绘的田园风景了。很多美国画家都曾在艺术发展的不同时期描绘过这一主题。托马斯·科尔1836年画的《帝国的历程》系列作品第二幅就是《田园状态》（参见图3.2）。和克劳德相比，科尔的草地显然多了一些起伏，欧洲池塘在这里变成了大海，远处的山脉也尖耸突兀，颇有一种原始荒野的感觉，但是在画面中洋溢着的柔和、抒情、静谧的气息却是田园式的。

田园对于美国风景画家的吸引力来自它所包含的理想乐园的意象。这种意象古已有之，其最早原型恐怕是"伊甸园"或"天堂"的观念。原始社会的价值观根植于生存，人们喜欢的是福祉，恐惧的是神秘和无法控制的事物。因而，荒野是恐惧的对象，而天堂是他们的生存理想。对天堂的描绘不同民族有不同的版本，但一个共同的特点是，天堂是和荒野绝缘的。比如基督教的伊甸园就是这样一个场所：

上主天主在伊甸东部种植了一个乐园，就将他形成的人安置在里面。上主天主使地面生出各种好看好吃的果树，生命树和知善恶树在乐园中央。有一条河由伊甸流出灌溉乐园……上主天主将人安置在伊甸的乐园内，叫他耕种，看守乐园。②

《旧约》伊甸园是古代社会自然观念的缩影，它的富饶、耕作、

① John Dixon Hunt, ed., *The Pastoral Landscape*, National Gallery of Art, Washington, Distributed by the University Press of New England, Hanover and London, 1992, p. 21.
② 《旧约：创世纪》。虽然学术界对该文本产生的时代没有统一的看法，但其中包含的观念反映了早期社会（公元前10世纪左右）理想自然的态度。

安全是以对荒野的控制为条件的，是在无边的荒野世界中专门开辟出来的，可以说这种观念是古典田园意象的原型。在古希腊—罗马文化中，荒野同样是一个遥远陌生的领域，最受关注的是人和人密切相关的生活环境。在古希腊和罗马神话中，大自然是按照人的形象加以理解和表现的①。这种神话使得艺术家可以免于描绘风景，可以通过表现人物表达自然态度。值得注意的是，这种自然神所象征的自然风景正好和神秘、宏大、原始的蛮荒有关。

　　不过，随着社会发展人们对自然的理解力和把握力增强了：城市当然是自然的对立物，是文明的集中体现，但与此同时，农业和农村生活也得到了发展，在这种生活中人们开始体验到一种人与自然和谐相处的风景观念：田园（pastoral）。②最早在诗歌中描绘田园生活的是荷马同时代人西奥克里特斯（Theocritus），他的抒情（Idylls）短诗在公元前3世纪流行一时，开创了田园诗的先河。而对田园风景最好的描绘则是维吉尔的《牧歌》（*Eclogues*）。田园诗以古希腊阿卡迪亚（Arcadia）的自然风光为原型，常常以牧人对话的形式描绘优美宜人的大自然；音乐、潘神、牧人、女神是其中常见的母题；草地、山泉、橄榄、葡萄是人与神共同生活的背景。田园诗的风景是完全自然的，不是危险的蛮荒而是宜人的、丰饶美丽的栖息地。这显然是一种主观化的理想描绘。潘诺夫斯基曾借用1935年洛夫乔伊（A.O.Lovejoy）"温柔的尚古主义"（Soft Primitivism）来概括这种田园风景传统。他指出，在古希腊人的眼中阿卡迪亚并不富饶，居民以茫然无知和生活

① 希腊神话中具有人形人性的自然神有天神—乌拉诺斯，地神—瑞亚，山神和雷神—宙斯，海神—波塞冬，牧神—潘，等等；罗马神话也吸收了这种拟人化的自然观念，比如雷神—朱庇特，月神—狄安娜，太阳神—赫利俄斯，海神—尼普顿。罗马神话还吸收了埃及、波斯、小亚细亚、叙利亚等地的神灵。

② 注意词义区别："pastoral"含义是"牧歌的"，意思是"美丽之地"，描绘牧民的生活方式，文学牧歌描绘牧童在理想化的风景中对话歌唱；"Idyll"，或"Idyl"，来自希腊语 *eidylion*，意思是"小画"，即短诗，描绘农村生活，起源于西奥克里特斯的短田园诗（Idylls）。"Eclogue"，牧歌，来自古法语、拉丁文 *ecloga*、中古英语 "eclog"，是罗马化的希腊语，最初指短篇、短句、选集，由于维吉尔的田园诗被称作 "eclogues"，因而把 "eclogue" 理解为牧歌（pastoral）成为一种惯例。"bucolic" 来自希腊语，是牧童的意思，因而 "bucolic" 与 "pastoral"、"eclogue" 是可以通用的。"georgic"，农业诗，来自希腊语 *georgein*，含义是"干农活"，把农业描绘成辛苦的劳作。*Georgics* 是维吉尔的第二部重要诗集。

低下而著称，可是从维吉尔时代开始，牧歌逐渐把原始的田园生活理想化了。[①] 我们不太清楚田园在当时绘画中的状态，在幸存的庞贝壁画中能看到的主要是对人、建筑、室内场景的表现。比较早的一件和田园主题有关的图像是约 5 世纪的《岁马的维吉尔，牧人和牲畜》（图 1.7），可以说是对维吉尔牧歌的图解。左右是吹奏和倾听两个牧人，温顺的动物、柔弱的花草围绕人物装饰着画面。

尽管如此，牧歌在当时只是一种边缘的文学意象，其主导的主题是人：英雄史诗和神话人物，田园风景无论在文学中还是在绘画中都没有成主流和传统。在漫长的中世纪，田园意象的丰饶和愉悦与新的基督教发生抵触，也与东方和北欧的文化相悖，因而逐渐淡出人们的视野。不过也正是在这个时候，荒野概念在宗教和北欧文化的发展中诞生了。可以想见，田园在文艺复兴时代复兴时，荒野必然为新的田园意象增添某种因素。

从 14 世纪开始，田园理想开始在意大利复兴了。田园首先出现在意大利的拉丁文写作中，然后通过意大利方言迅速扩展到西班牙、法国和英国。[②]1504 年威尼斯作家桑拿扎罗（Sannazzaro）的浪漫小说《阿卡迪亚》掀起了撰写以田园为背景的浪漫小说的热潮。[③] 田园主题同样影响到音乐。古代的田园诗本来就充满了音乐因素，维吉尔牧歌实际上是吟咏的素材。[④]17 世纪田园音乐在意、法、英、西、德开始流行，一直持续到 18 世纪至 19 世纪。连贝多芬也写作过田园交

[①] 潘诺夫斯基著，傅志强译，《视觉艺术的含义》，辽宁人民出版社，1987 年，第 342 页。

[②] 英国最早的田园诗是 1515 年巴克莱（Alexander Barclay）的《牧歌集》（*Eclogues*）；划时代的作品则是 1579 年斯宾塞（Alexander Barclay Spenser）的《牧羊人日历》（*The Shepheardes Calender*）；受其影响的两位诗人是德雷顿（Michael Drayton, *Idea: The Shepherd's Garland*）和布朗（William Browne , *Britannia's Pastorals*）。最著名的田园挽歌体（elegy）是弥尔顿（John Milton）的《利希达斯》（*Lycidas*），以纪念爱德华·金（Edward King）之死和攻击教会。形式上的田园体消亡于 18 世纪。最后一件作品是蒲柏（Alexander Pope）的《田园》（*Pastorals*）。以后的此类作品因其做作和不真实受批评。但田园依然存在，不是以一种类型而是一种情绪。

[③] 比如西班牙蒙特马约尔（Montemayor）1559 年的《戴安娜》（*Diana*），英国西德尼爵士（Philip Sidney）1590 年的《阿卡迪亚》，法国于尔菲（Honoré d'Urfé）1607 年至 1627 年的浪漫小说《阿丝特蕾》（*L'Astrée*），等等。

[④] 牧歌对歌剧的发展影响深远。田园诗在最初的复调音乐和独唱情歌中十分流行，清唱剧和合唱剧也是在田园诗的影响下出现的。

图 1.7 | 中世纪画师《罗马的维吉尔，牧人和牲畜》（约 5 世纪），
22 cm×22.5 cm，羊皮纸，梵蒂冈图书馆

响乐，避免了一贯的动荡，表现了抒情韵律。文艺复兴以来"田园"
趣味发展是十分明显的。在这个背景下，我们才能理解为什么田园在
17 世纪理想风景画中成为和英雄式风景并驾齐驱的重要类型，甚至
逐渐取代后者成为后人理解和吟咏理想风景的主要对象。

4. 田园与荒野的图像联系和分野

研究理想风景的目的是为了更准确地理解荒野风景。如前所述，
理想风景包含英雄式和田园两种类型，前者更多地描绘文明社会的人
物和环境，因而与荒野相去甚远；后者则处于文明和荒野之间，与荒
野常常有交错不清的情况。田园与荒野的混杂局面固然反映了历史上
风景表现的真实情况，但对准确理解荒野风景来说却是不利的，为此
有必要对二者的联系和区别作进一步分析。

首先来看二者的联系。

荒野风景始终是以田园作为对立物和参照物的。前面讨论荒野概念时已知，田园可以理解为处于荒野与文明之间的风景类型，这意味着有些田园可能很接近荒野。实际上，这种"接近"在历史上的风景画中屡见不鲜。17世纪荷兰风景画就是很好的例子。[①]荷兰风景画具有很强的写实性，很多荷兰风景画家倾向于描绘荷兰的自然风光。和意大利相比，荷兰景观有着更多的荒野气质：森林密布、河流纵横，有很多人迹罕至的原始景色。不过，荷兰和荒凉、宏大的美洲大陆毕竟不一样，这里只不过是欧洲大陆一小块沿海低地，很少有"人类不能涉足之地"。雷斯达尔（Jacob Ruysdael）就是一例。他的风景画在荷兰画家中应该算是十分具有荒野特点的，《本特海姆城堡》（图1.8）乍一看上去就像新鲜浓郁的原始森林。可是，画面中心的山岗上耸立着一座城堡，仿佛在告知傲岸人力对自然的统治；房屋和风车在山坡树林中若隐若现；更有近处砍伐倒地的粗大树干暗示着大自然已经荒凉不再。显然这种风景并非荒野，而是处于文明和荒野之间的状态。可是，如果用田园概括雷斯达尔的风景也并不准确，这是因为作为理想风景的克劳德田园在很多方面遵循古典绘画的原则，并且带有古典田园文学意象的神秘面纱；雷斯达尔作品却没有那种神圣性和理想色彩，主要是对现实农村自然的真实描绘，风景已经不再是人物的布景或舞台，人物常常隐没于大自然中，这些因素常常使荷兰风景充满荒野自然的清新气息。总之，荷兰风景画说明了风景画在田园和荒野之间没有泾渭分明的分水岭。

意大利也存在类似情况。克劳德的田园风景是在17世纪出现的，在这之前意大利风景图像同样受所描绘景色的制约。文艺复兴时期意大利没有独立的风景画，但绘画中的风景母题常常来自对各个地区景色特征的观察和把握。这些城市之外的景色，或者是村落草场，或者是森林原野，在田园和荒野之间没有明确的分界线。在研究意大利艺

[①] 虽然荷兰风景画整体上以写实性为主，但是在某些特殊情况下或者在画家艺术发展的某些时期，也会表现出浪漫主义的趣味，或者表现特殊的宗教气息。这时候会常常出现十分典型的荒野风景画。伦勃朗、雷斯达尔、凡·德·维尔德（Adriaen van de Velde）、霍贝玛等都曾描绘具有浪漫主义气质的荒野风景画。

术家的风景画风格不同时，萨尔特（Emma G. Salter）发现起决定性作用的不是师承，也不是赞助者，而是一种地方认同感影响到的对地方地形因素的重视：

　　无论个人喜好如何，他总是喜欢描绘他自己的城市而非其他。他并非没见过其他城市……这实际上是当时一种深刻的地方爱国主义：一个人不是一个单纯的托斯卡纳人，意大利的一个小地方；最重要的是，他首先是一个佛罗伦萨人、比萨人，或者锡耶纳人。由此我们明白了其风景画的一个决定性因素。[①]

　　和荷兰人不同，意大利人关心的是风景文化认同的价值而不是文明和荒野的分野。在这种情况下，画家会常常采用地标性的人造建筑物表示出风景所在的地域特征，这进一步减弱了意大利风景画中荒野与文明的界限。

　　田园"文学含义"的不确定性也使得它与荒野的划分显得不必要和困难。古典的田园诗歌只是提供了一种自然风景意象，其中牧人、潘神、草地、树林和谐相处；文艺复兴以来的田园文学则把它拓展为具有浪漫和理想色彩的抒情散文，它在意匠上只是那种无拘无束的自然畅想。这种含义上的田园风景可以说就像"随想曲"一样是无形式的。田园进入风景画之后也出现了同样的问题。这种绘画没有可以借用的图像模式，因此文艺复兴以来的很多风景画家可以任意发挥，把自己的观察、体验、想象甚至戏谑都加入到风景中并称之为田园。这种情况造成田园意义的复杂化，不仅使田园与荒野划分变得困难，甚至由于改变了图像意义的方向而使得这种划分失去了必要性：

　　洛夫乔伊（Lovejoy）曾提出浪漫主义的多义性，各种不同含义之间互相抵触。田园也是如此。田园理论一般会把牧人、阿卡迪亚风景以及其他环境作为田园的条件。实际上，牧人和风景的关系在不同的文化和时代是变化的。17-18世纪与西奥克里特斯截然不同，威

---

① Emma Gurney Salter, *Nature in Italian Art*, Adam & Charles Black: Soho Square, London, 1912, p. 10.

图 1.8 ｜ 雅各布・雷斯达尔《本特海姆城堡》（约 1653），布面油画，
　　　110 cm × 114 cm，都柏林爱尔兰国家美术馆

尼斯绘画中的牧羊人和威尼斯情歌中的也不同。安乐之地（locus amoenus）作为田园场地也许更有连贯性，可是一旦从威尼托到低地国家，田园的语汇也改变了。①

比较一下乔尔乔内（Giorgione）《田园合奏》（图 1.9）和马奈（Manet）《草地上的午餐》就可以看出这种田园意象的随意性和含义的变动性。小树林、音乐、优雅的男性和裸体女性，这些母题都符合田园意象的要求，仿佛是要呈现维吉尔诗歌的意境。然而乔尔乔内的"谈话景"——风度翩翩的男士在裸女的伴随下，在夏日空气中坐卧、歌唱、调情，是当时骑士文学流行和威尼斯享乐气氛的混合体。②而在马奈笔下，田园只不过是某种构图上的启发，对画家有兴趣的丝毫不是古典意境，而是一种直率和自由的艺术表达。有趣的是，这种田园的语境误置在观者引发了强烈的反应，这反而赋予了作品更多含义。

既然田园与荒野之间有种种联系，那么二者划分是否有必要？其

① John Dixon Hunt, ed., *The Pastoral Landscape*, pp. 13-14.

② Josiah Gilbert, *Landscape in Art before Claude & Salvator*. London, John Murray, Albemarle Street, 1885, p. 332.

划分的依据又是什么呢？

笔者认为，在田园和荒野之间进行区分是十分必要的。首先，这有观念上的要求。我们知道，这两种具有不同审美、宗教、哲学内涵的风景观念在欧洲历史上早就存在了，这必然要求在艺术上给予不同的图像性表达。其次，两种图像的区别也是一种现实存在。文艺复兴时期就已经在威尼斯和尼德兰分别出现了接近田园和荒野的不同图像模式，而 17 世纪两种风景图像的对比就更加鲜明。^①到了 19 世纪，"田园"和"荒野"的不同在风景画表现中愈加受到重视，这种倾向和浪漫主义风景画的兴起有关。浪漫主义背离古典法则，它在风景画中的体现是：艺术家试图用荒野对抗完美却不真实的理想风景。

需要说明的是，历史上学者对荒野提及不多，是因为尚未意识到它的重要性，而不意味着荒野风景不存在。直到 18 世纪初，皮勒对荷兰风景画充耳不闻，原因就是那种风景专注于自然描绘，缺乏想象力和理想化。这种态度在 19 世纪发生了变化：那种向历史画学舌的英雄式风景失去了地位，以大自然本身为主题和对象的风景画成为了主角。这意味着，如何看待荒野自然和人居自然之间的关系成为不得不面对的首要问题。"如画性"就是这样一种价值观，它改变了传统田园，为其注入了来自荒野的新鲜和崇高趣味。需要特别指出的是，19世纪荒野在美国不仅成为一种重要的风景画图像，而且成为了一种专门对待的审美观念，这更加要求在荒野和传统的田园之间做出划分。

这样，划分田园和荒野需要考虑两种要素：其一，二者表现形式的联系和含混性；其二，二者观念和审美倾向的不同性。为此，一个比较稳妥的办法是划分两种"艺术倾向"：田园风景倾向性和荒野风景倾向性。"倾向性"指的是，当艺术家追求这种审美趣味的时候，他会有意无意地在这种观念、形式、母题和结构中作出选择，因为这种选择更有助于他获得那种审美趣味的表达。显然，倾向性选择不是"必然性"的，而是"可能性"的。对本文来说，划分两种倾向并不是要概括两种风景画创作原则，而是希望在风景观念和风景图像之间

---

① 16-17 世纪的荒野风景最典型的是格列柯、鲁本斯、伦勃朗、萨尔维特、雷斯达尔等人的浪漫主义风景画，当时荷兰风景画虽然兼具田园和荒野特征，但和意大利理想风景相比，更具有荒野特征。

图1.9 | 乔尔乔内/提香《田园合奏》（约1510–1511），
118cm × 138cm，巴黎卢浮宫

建立一种大体的联系，这种联系会有助于我们进一步对风景作品进行
更加具体的分析。

根据上述原则，下面将"田园风景倾向性"和"荒野风景倾向
性"区分列表如下：

	田园风景倾向性	荒野风景倾向性
	人的世界	大自然的世界
观念	和谐	人服从于荒野
	有限空间	无限空间
	小树林	森林
	草地、牧场	沼泽、树丛
母题	牧人、女神	野人或无人
	牲畜	野兽
	平缓山丘	嶙峋山峦
	平静池塘	动荡海洋、深广水泊

	田园风景倾向性	荒野风景倾向性
结构	前景、中景、后景层次井然	混杂或常有变调
	左右侧景	无，或减弱
	地平线隐没	地平线强调
	人物占空间大，多在前景	人和野兽占空间小，多隐在中景
	前景宜居，引观者进入	前景不宜居，阻隔观者
	均衡	对比
	平视	近观、鸟瞰、或全景
气氛	柔和	动荡或强烈
	阳光明媚	阴郁或
	亮色调	重色调

　　该表对两种倾向从观念、母题、结构、气氛等方面作出了大体划分。笔者既考虑到了"田园"和"荒野"两种观念的内在要求，也考虑到了自己在博物馆和画册观看风景图像时获得的总体感受。下面对表中的关键词再作进一步说明。

　　从观念上看，虽然保持了某种"自然的状态"，田园风景画毕竟还是以人为核心的风景，它符合理想风景的"舞台"原则，人与自然处于一种以人的理想和生存价值观为标准的和谐状态。但荒野则与此不同。荒野以客观的无人涉足的大自然为核心，在这里大自然具有独立存在的价值。动荡、荒凉、孤寂都是荒野自身价值的体现，因而它们成为荒野风景画的主题。

　　在田园风景中，小树林以及围绕它安置的房舍、平缓的山丘、溪涧等等在田园中有特别的风情："小树林象征了自然中的神圣空间，它包括了一棵或几棵树木，地面上的几块岩石或洞穴，泉水或洞穴潺潺而流……常常有一处林中空地，小树林周围还会有房舍环绕，人物则站在空地附近或里边。"① 小树林的外围是草地和牧场，这种水平的开阔

---

① John Dixon Hunt, *The Pastoral Landscape*, National Gallery of Art, Washington, Distributed by the University Press of New England, Hanover and London, 1992, p. 21.

结构和棵棵独立的树木形成了形式对比，产生了田园风景的清晰结构。荒野的典型意象则是森林和崇山。浓密幽暗的森林深处是野兽和野蛮人出没之地，它没有适合人停留的林地，只有无法涉足的沼泽、巨石、荆棘。森林对山川的外观也产生影响，为之增添了神秘和神圣色彩。比如科尔曾这样描述美国风景中的森林："美国山脉都覆盖有浓密的森林……这种绚丽的外衣使山川无与伦比。正如一位诗人所说，森林为山脉增添了神圣性，而欧洲风景中的石楠紫和荆豆黄不过是和原始彩虹相形见绌的虚弱霓彩。"①科尔对森林大山的描绘是原始荒蛮给人的真切感受。虽然这种神圣和辉煌是人体验到的，但它有赖于客观自然，而无需人的想象。正因如此，田园风景中常会有悠闲的牧人、牲畜、女神的形象，而荒野则了无人迹，出没的野人或野兽正是野性和蛮荒的象征。

田园风景具有清晰的结构：前景—中景—后景、左右侧景和中部空间。这种结构和引导观者进入画面的水平视角有关。观者似乎感觉到，自己像画中人一样站在近景平地上或走入林中空地中观看风景。荒野风景则不同。它在视角上背弃人的正常视角，观者不仅难以在画面中寻找到容身之地，而且会发现很难找到一个可以理解的观看角度："密林深处"让人失去了平素的方向感和透视感；在"全景"中，人仿佛被悬置在半空或世界之外。画面的前后空间划分不见了，要么连为一体，要么突然中断。左右侧景也失去了构造画面的意义，或者干脆被取消。田园的空间是有限的，人可以把握的；而荒野空间是无限的，超越了人的把握，这是造成结构上分野的原因。田园和荒野的气氛也有所不同。在整体上，两种风景给人十分不同的感觉，这种整体感觉统一了画面，因而它是区分两种风景的重要标准。一颗枯树，一个岩石，不足以使之成为荒野。一块平地，一滩溪水，也不足以名之为田园。画面的整体感受也许是最重要的。田园往往是柔和的、宜人的、明媚的；而荒野则往往阴郁、浓重、动荡。

田园和荒野的区分是相对的，它们并非水火不容，而是可以同时出现在同一个画面中。在区分田园和英雄式风景画时，皮勒指出二者

---

① Graham Clarke, *American Landscape*, II, p. 341.

既可以融为一体，又可以同时并置在同一幅画中；即使单独使用，二者也可以相互获得某种启发。[1] 比如，英雄式可以加入田园的一些富有魅力的色彩；而田园，为了防止平庸，也可以加入一些非同寻常之景。这种混合在田园和荒野中同样存在。实际上，理想风景画前景、中景、后景的区别就常常被画家安置不同类型的风景：如果前景是田园的，远景则常常是荒野的。荒野在很多情况下都可以被作为风景画的远景，由于距离推远了，荒野的危险性被消除了，因而可以成为优雅风景的审美对象。需要特别指出的是，由于田园和荒野有不同的表现形式、感觉和意义，它们的差异就常常称为艺术家利用的手段：二者的巧妙组织会产生奇妙的心理感受和丰富的审美意蕴。我们可以拿《暴风雨》（图 1.10）做例子。这幅画的结构无疑是田园式的。左右有作为侧景的树木和建筑，前面有人休息和站立的草地和土丘。意大利艺术史家塞提斯（Salvatore Settis）甚至把远处的城市理解为伊甸园的象征，两位人物则是亚当和夏娃。[2] 然而画家却为这幅理想的田园景色设置了荒野的背景：城市建立在荒漠之上（塞提斯称之为 "desert city"），天空中的暴风雨和雷电为画面覆盖了阴郁和神秘的气息。也许正是这种田园和荒野气氛的强烈反差才使得该作品仿佛充满了隐含的秘密，引发了研究者无限的阐释热情。

三、欧洲传统文化中的荒野和图像

通过前面的讨论我们已经了解了荒野风景的一般原则和图像特点，不过，还有一个问题需要解决：欧洲艺术史中荒野图像的具体呈现方式是怎样的？了解欧洲的荒野图像对于研究美国风景画的荒野图像有重要的参照意义，这一节将对此作基本的梳理。同时，考虑在艺术范畴内风景画形象和文学意象的密切联系，本节也将对文学中的荒野意象作简要的回溯。

---

[1] Margaretha Rossholm Lagerlof, *Ideal Lanscape*, p. 16.
[2] Nils Büttner, *Landscape Painting: A History*. New York: Abbeville Press Publishers, 2006, pp. 74–77.

1. 文学中的传统荒野意象

田园风景掩盖了一个事实：人们对自然的真实体验及其艺术表现在最普遍的情况下很少是理想化的。古代社会生产力和生活条件都十分低下的时候，人类活动范围十分狭小，人的有限居所被荒凉的大自然所包围，大自然意味着不可揣测的对生命的威胁，充满了怪兽和妖魔、风雨和闪电、无尽的黑暗和恐怖，这些和田园之美可以说毫无关系。对于这种自然的态度，早期的人们没有能力以一种自然主义的态度描绘和欣赏，只能依靠诗人的想象去描绘它们与人类的关系。

大概与田园诗人西奥克里特斯同时代的荷马在《奥德赛》中就描绘了这样一种蛮荒的景象。《奥德赛》第五卷讲述了奥德修斯在大海上遭遇波塞冬设计的暴风和狂澜，他饱受折磨，漂流到一片大陆和森林：

> 巨大的浪涛冲向坚硬的陆地发出吓人的咆哮，浪花把一切掩埋，那里既没有可泊船的港湾，有没有避难地，陡峻的岩岸到处是礁石和绝壁。①

好不容易爬上岸边，就进入了蛮荒的树林，蜷缩在枯枝败叶之间，孤身独自在荒郊旷野。荷马描绘的是一种与田园的宁静、抒情、闲适对立的自然感受，充满了恐怖、惊惧、动荡和威胁：一边是静的，一边是动的；一边是宜人的，一边是危险的。维吉尔的《埃涅阿斯纪》同样也描绘了特洛伊英雄在海上遭遇朱诺引起的狂风巨浪，流落他乡（迦太基）的故事。②可以理解，在古希腊罗马艺术家的观念中，人迹罕至的蛮荒自然是和不可预测的、威胁人生命的狂暴力量相关的，他们把这种力量和威胁来源归之于神灵。有趣的是，这种神灵不是神秘

---

① 荷马《奥德赛》第 102-103 页。另见对蛮荒审美的态度，第五卷 55-75 行，第 87 页。赫尔墨斯来到皮埃利亚的海岛，叙说着大海咆哮的惊涛骇浪，海岛上的巨大洞穴："炉灶燃着熊熊火焰，劈开的雪松和侧柏燃烧时发出的声响弥漫全岛……洞穴周围林木繁茂，生长苗壮，有赤杨、白杨和散发香气的柏树，各种羽翼宽大的禽鸟在林间栖息做巢，有枭、鹞鹰和舌头细长的乌鸦，还有喜好在海上觅食的海鸥，空旷的洞穴岩壁上纵横蜿蜒着茂盛的葡萄架，结满累累硕果。四条水泉并排喷泄清澈的流水，彼此相隔不远，然后分开奔流，旁边是柔软的草地，堇菜野芹正在繁茂。"
② 《埃涅阿斯纪》（Aeneid）创作于公元前 29 至公元前 19 年，延续了《奥德赛》的故事，讲述了特洛伊的英雄埃涅阿斯（Aeneas）流落到意大利成为罗马祖先的故事。

图 1.10 乔尔乔内《暴风雨》（约 1508），83 cm × 73 cm，
威尼斯学院美术馆

可怖的北欧式妖魔，而是和人同形同性的神。男性神是雄壮的、英勇
的，但有时又是粗鲁或者好色的。女性神是优雅的、美丽的，但有时
又是妒忌和冷漠的。无论如何，蛮荒自然的观念在古希腊罗马时代并
不缺乏，只不过它们的狂暴力量被给予拟人（神）化的理解，于是少
了很多恐怖和神秘。

中世纪是欧洲人体验荒野的最佳时代。古希腊罗马文明衰退了，
兴起了一系列野蛮民族和无休止的征战和杀戮。[①] 当然，任何文明都
是从野蛮开始，然后定居建立农业和城市文明。不过，对于北欧民族
来说，他们崛起的时候要面对发达的地中海文明，这使其性格更显出

---

① 首先中亚匈奴部落西进黑海，然后日耳曼西哥特部落南下地中海；5 世纪日耳曼朱特人、
盎格鲁人、萨克逊人入侵不列颠，同时法兰克人入侵高卢；6 世纪伦巴第人进入意大利；7 至 10
世纪挪威维京人横扫欧洲。1000 年后，十字军东征和饥荒和黑死病，再次使文明陷入低谷。

野蛮特征，长期的侵略、冒险、迁移和文化融合使得他们对蛮荒自然有更真实的体验。最早描述这种体验的文本也许可推出现于 8 至 11 世纪的英国文学《贝奥武夫》。[1]作品曾描绘哥伦德尔的小湖：

> 他们生活在令人生疑的土地，狼一样的形状，风吹的海角，可怕的沼泽，那儿在雾气覆盖的海角下，地下的洪水，来自山的力量，向下流淌。这儿并不遥远，仅数里之遥，被霜覆盖的茅舍。夜夜都可见奇观，洪水中的火焰。[2]

这种讲述英雄在蛮荒环境中对抗险恶的自然和恶魔的文学在中世纪北方是很流行的。比如德国地区日耳曼人的《希尔德布兰特之歌》，冰岛的《埃达》和《萨迦》，都是对早期北方民族生活的叙述和描写，都有类似的关于恐怖而神秘的荒野描绘。

基督教本来并不关注自然，但中世纪的自然感觉显然也渗透到了基督教中。在描绘圣经故事的时候，基督教文学和艺术越来越注意把人物放到荒野之中。基督教对待荒野的态度一开始显然是贬抑的，正如前面所说，当上帝试图惩罚恶人时，荒野是一个重要的工具。然而随着基督教的发展，宗教故事与荒野联系的加强，这种含义逐渐转变了：荒野成为接受圣灵启示和圣徒得道的场地，从而被赋予神圣含义。我们可以在文艺复兴时代很多宗教绘画中看到这种作为背景的荒野风景。需要特别指出的是，对这种关系的理解在美国清教和艺术家那儿也是十分类似的。当科尔试图用宗教的神圣性诠释美国大自然的价值的时候，他说：

> 古代先知到荒僻之地等候天启；伊利亚在西奈山见证了灵风、地震和火焰，并倾听这静谧之微语——这声音也是来自崇山之间！圣约翰是在荒漠中布道；荒野正是谈论上帝的地方！即使叙利亚和埃及的孤独隐士，虽然他们忽视了现实世界是人的社会价值得以实现之地，

---

[1] 贝奥武夫（Beowulf），叙述了耶阿特人（Geats）的英雄贝奥武夫经历的艰险的冒险和斗争杀死男妖哥伦德尔（Grendel）、其母亲以及恶龙，回到瑞典建立国家的故事。

[2] Kenneth Clark, *Landscape into Art*, p. 37.

也明白无路可走的荒僻之地乃是宗教沉思的恰切之所。①

　　这种观念为人、荒野、上帝的关系提供了条件。中世纪时代，在宗教看来大自然不过是上帝的造物，没有美更没有神圣性可言。12世纪的圣·安塞姆（Anselm）就认为，实物的有害程度是和他能引起感觉愉悦的多少有关的。②因为这种原因，基督教对自然不信任，中世纪的基督教艺术宁可采用象征也不对自然作正面描绘。不过，教廷的世俗化在暗中侵蚀这种原则；而宗教改革，也许暗中受到了古老的原始荒野神话的启发，开始把基督教和北欧的自然体验结合在一起。当天主教廷的权威被质疑，信徒希望更直接地认识上帝，荒蛮自然成为理解上帝的途径。美国的清教继承了这种新教观念，而19世纪的超验主义则把这种自然体验推到了更高的程度。

　　文艺复兴和人文主义是对古典艺术和人的价值的肯定。但是，在中世纪自然体验的语境下，它再也不能忽视荒野的存在了。但丁把《神曲》的故事安置在无边无际的荒野之中。诗篇开始就描绘幽暗的森林、山丘、猛兽，在女神指引下，诗人见证了地狱的艰险、亡灵、阴森、恐惧，充满了中世纪特有的原始蛮荒意象。薄伽丘也对荒野和田园的对立深有体验。他的故事《十日谈》中主人公就住在安全、宜人的花园里，围墙外面就是死亡、瘟疫、混乱、绝望的人间荒野。莎士比亚作品同样充满了哥特式的蛮荒意象，比如《暴风雨》就把故事放置到黑暗、风暴中的大海和荒岛上，故事充满了动荡、神秘、死亡、恐怖，可以说是哥特小说的原型。

　　直到17世纪，文学荒野意象依然和宗教地狱或者中世纪黑暗社会有联系。弥尔顿《失乐园》就是很好的例子。虽然作者在17世纪文化语境中重构上帝和撒旦之间的关系，但是对地狱深渊的描写可以说是对《圣经》原型的形象化："悲风弥漫，浩渺无垠，四面八方围着他的是可怕的地牢，像一个洪炉的烈火四射，但那火焰却不发光，只是灰蒙蒙的一片"；或者"你没看见那一片荒凉的原野吗？寂寞、

① Thomas Cole, "Essay on American Scenery", from Graham Clarke ed., *The American Landscape, Literary Sources and Documents*, Vol. 2, Helm Information Ltd. 1993, p. 338.

② Kenneth Clark, *Landscape into Art*, p. 2.

荒芜、绝无人迹、不见亮光，只有这米一些铅色的幽焰，闪着青灰色的、可怕的幽光"。① 这种描绘让人想起勃鲁盖尔（Pieter Bruegel）的《死亡的胜利》（图 1.17），或者如格律内瓦尔德（Matthias Grunewald）恐怖灵异的幻想世界。弥尔顿（Joh Milton）的荒野更多的是清教徒对宗教想象世界的沉湎，而不是浪漫主义者自由个性的想象重构。总之，在文艺复兴和启蒙运动的时代，人的理性与宗教神秘之间的交织和矛盾是文学表现的主题，荒野在这里要么被回避，要么被贬抑，因而它常常作为阴暗背景出现在文学描绘中。对真实荒野的兴趣和更多的文学叙述，恐怕要等到 18 世纪浪漫主义运动开始的时候。

浪漫主义文学与自然的描绘有着不解之缘。它的早期来源，中世纪后期的浪漫骑士小说，就常常免不了对荒野的描绘。为了渲染骑士的英雄气概和冒险精神，作者会把人物放置到充满灵异、巨龙、森林的环境中。18 世纪以来的浪漫主义文学继承了这一传统，但改变了对待荒野的态度。拜伦（George Gordon Byron）就是一个很好的例子。在《恰尔德·哈洛尔德游记》中，拜伦充满激情地赞美欧洲的荒野自然，这里有阿尔卑斯的高山峻岭：

> 以缓缓的步履探访那阴暗的森林，那里居住着不受人管辖的野兽，人迹不至，难以通行；攀登那无人知晓、无路可循的山岭，那上面有无人饲养的野兽；徘徊在悬崖和瀑布旁，独自一人；这并不孤独，而是跟妩媚的自然相会，她把丰富宝藏摊开在你眼前，让你细细玩味。②

这里也有那狂暴而壮丽的大海：

> 我欢迎你，欢迎你，吼叫的波浪！我身下汹涌的海潮就像识主的骏马；快把我送走，不论送往什么地方，虽然那紧张的桅杆要像芦苇般摇晃，虽然破裂的帆篷会在大风中乱飘，然而我还是不得不流浪去

---

① 弥尔顿著，朱维之译，《失乐园》，上海译文出版社，1984 年，第 6、11 页。

② 拜伦（George Gordon Byron，1788—1824），《恰尔德·哈洛尔德游记》（*Childe Harold's Pilgrimage*, 1818），第二章第 25 节。该作品曾影响到美国风景画家托马斯·科尔，参见本书第三章第 1 节第 1 小节《帝国的历程》的注释。

他乡，因为我像从岩石上掉下的一棵草，将在海洋上漂泊，不管风暴多凶，浪头多么高。①

高山和大海在拜伦笔下不再恐怖，反而变成歌咏赞美的对象，甚至宛若自己的家园。这种对荒野热情洋溢的描绘和赞美在浪漫主义诗人笔下屡见不鲜。

不过，浪漫主义赞美荒野并不排斥对田园意象的情感。在 19 世纪英国诗人眼中，田园含义似乎发生了某种微妙变化。那种浸满了理想主义光环和古典秩序的克劳德田园已经不那么被欣赏了，正如拉斯金批评的缺乏真实性和不自然的人为性。可是，田园本性中对优美大自然的赞颂和人与自然的和谐相处却依然充满了美丽。正是由于这个原因，当英国湖畔派诗人到英格兰北部的荒野湖区逡巡吟咏的时候，就很难说清他们心里揣摩的是田园还是荒野。虽然他们眼前是人烟稀少的山脉和湖泊，但其诗却被称为"田园诗"，原因就是他们对荒野理想化的美化和赞颂不自觉地融合了两种原本不同的观念。

2. 19 世纪前荒野风景及类型分析

通过前面的讨论我们对荒野风景在艺术史中的处境已经有所了解。一方面，它的发生和发展可谓源远流长；另一方面，它的图像表现却零零散散，不成系统。这种情形直到 18 世纪后期浪漫主义和 19 世纪自然主义艺术兴起才得以改变。因此，这一节试图对 19 世纪之前传统中的荒野风景作一整体的分析，来看一下荒野作为一种古已有之的自然体验在绘画中是如何得以呈现的。

虽然理想的田园风景在欧洲风景画历史中有很大影响，有趣的是，造型艺术对荒蛮风景的表现似乎要比田园早得多。目前发现的最早描绘荒野的绘画应该是 20 世纪末发现的约公元前 1500 年的《舰队壁画》（图 1.11）。②罗斯基尔曾模仿该壁画同时代迈锡尼文化的"B类线形文字"这样来描述画中形象："有五个桨手和两个舵手的船在港

---

① 拜伦，《恰尔德·哈洛尔德游记》，第三章第 2 节。

② 该壁画是 1967 年到 1979 年由马利那托斯（Spyridon Marinatos）主持在爱琴海锡拉岛（Thera）阿克罗蒂尼（Akrotini）古遗址发掘中出土的。

口里，还有六条船在海豚飞越的海面上……一头狮子在追逐羚羊……城中的男女站在房顶上……。"①画面描绘了很多荒野片段和意象：大海、狮子、羚羊、海豚以及连绵起伏的山脉和树木。不过画面同时也描绘了人类生机勃勃的生活状态。两个世界并行不悖、互不干扰，二者用一条黑色的线条隔开来。这种描述方式以及它对人与荒野关系的处理是很耐人寻味的。

另一件描绘荒野的风景画是现存于罗马埃斯奎琳山约公元前50年的壁画（图1.12），描绘了奥德赛在无边的大海上遭遇食人巨人的情景。无边的大海，高耸的巨石和悬崖，神秘的洞穴，盘旋的怪树，等都是对蛮荒自然的生动写照。不过我们注意到，虽然画面中人物尺度不大，但人物与背景之间的关系已经开始有舞台戏剧的效果了，荒野海峡仿佛是衬托人物英雄事迹的布景，这一风景也许可以看作是17世纪萨尔维特英雄式风景画的早期版本。

这种受古典艺术影响的风景在中世纪随着罗马文化一同衰退了。它的痕迹零星存留在如《牧人和牲畜》（图1.7）、《乌特勒支诗集》插图（Utrecht Psalter）等残存图画中。不过，中世纪是欧洲人在迁徙和文化融合中获得了更多真实荒野体验的时代，这种体验必然需要某种表达。正是这种条件下，中世纪晚期在尼德兰和法国流行的挂毯图画中出现了一种"万花齐放"（millefleur）的风景模式。最典型的如《贵妇人和独角兽》（图1.13），画面同样由人和背景构成，不过背景没有三维空间感，而是密密麻麻的树木枝叶、花草和鸟兽。②这很可能受到了来自东方艺术比如波斯装饰画的影响，但这种背景倒是很真实地传达了当时人们的自然体验：黑暗无边的几乎难以辨别方向的荒野。《狩猎者进入森林》（图1.14）沿用了这种模式。狩猎意味着人和自然之间有了交流，衣饰华丽的贵族青年显示出节日般的娱乐气氛，不过，深入浓密森林依然含

① B类线形文字（Linear B）出现于公元前1500年左右的迈锡尼文明。根据马克·罗斯基尔的理解，这种文字是非叙事性的，是对事物的线性罗列，和当时的绘画有同样的思维方式。（Mark Roskill, *The Language of Landscape*, The Pennsylvania State University, 1997, p. 12.）

② 《贵妇人和独角兽》是现代人给的名字，该系列挂毯制作于弗兰德斯，蓝本出自15世纪后期巴黎。作品共六幅，根据现代解释，前五幅表现味觉、听觉、视觉、嗅觉、触觉；第六幅涵义是"我的唯一愿望"。画面中间贵妇人左边为独角兽，右边是狮子。作品涵义不明，大概表现理解和爱，偶有理解为圣母者。

图 1.11 （希腊）锡拉岛阿克罗蒂尼（Akrotini, Thera）《舰队壁画》（约公元前 1500），雅典国家考古博物馆

图 1.12 （意）《奥德赛风景奥德赛遭遇食人巨人》，（约公元前 50），罗马埃斯奎琳山壁画

有某种冒险的意味。

这种表现荒野的北方方式对南方画家也有影响。15 世纪画家匹萨诺（Pisano）的《圣·尤斯塔斯异象》（图 1.15），描绘了罗马将军尤斯塔斯到荒野中猎鹿，在鹿角之间看见耶稣而皈依基督教的故事。画面空间是梦魇一般的黑暗，各种形象散布其间，充满了哥特式的神秘气息。虽然描绘的是圣徒故事，但人物的传奇经历和北欧哥特人的自然体验十分吻合。① 匹萨诺的自然感觉也许是在威尼斯和那不勒斯工作时形成的，那时候他有机会接触来自北方的艺术。不过可以肯定的是，正是北欧早期风景画从内容、气氛和结构上生动表达了中世纪的蛮荒体验。

"百花齐放"及"浓密森林"模式在文艺复兴时代依然存在。南方如波提切利（Botticelli）的《春》（约 1476—1478），画家把希腊女神描绘在浓密的森林和花海中。不过这里没有荒凉和神秘气息，画家是想在树木和花草中体现富裕和唯美的趣味。可见，在科学和人文主义影响下意大利人的自然体验正在发生积极改变，而这已经是彼得拉克发表登冯杜山感叹一百年之后了。北方人的自然体验却十分不同，那种融合了基督教荒野和北欧神话蛮荒的综合自然感觉依然

① 在皈依基督教之前，尤斯塔斯是一位罗马将军（Placidus），效忠图拉真。在罗马附近蒂沃利（Tivoli）狩猎时，他在一头牡鹿两只鹿角之间看到了耶稣形象。他马上皈依了基督教，并使家人接受洗礼。并把自己的名字改为尤斯塔斯（Eustace），含义是忠诚。在这之后，他遇到了一系列的事件来检验他的忠诚。匹萨内罗（Pisanello）（约 1395—1455），又被称为"安东尼奥·皮萨诺"（Antonio di Puccio Pisano），瓦萨里则称之"维多雷·皮萨诺"（Vittore Pisano）。

图 1.13 | 法国《贵妇人和独角兽—挂毯系列画之一》（1484–1500），巴黎中世纪博物馆

图 1.14 | 北尼德兰《狩猎者进入森林—狩猎独角兽系列壁挂》（1495–1505），368 cm×315 cm，纽约大都会艺术博物馆

十分强烈。代表性的例子如阿尔特多夫（Albrecht Altdorfer）。他的《圣·乔治在森林中》（图 1.16）描绘了传说中的圣·乔治屠龙的故事。除了人物被描绘成中世纪的骑士的样子，整个画面完全被密林覆盖，暗示出北欧荒蛮风景的两种特征：其一，森林是中世纪蛮荒的重要代表；其二，画面的非结构性和非层次性。当画面被同一种性质的形象充斥的时候，画面其实形成了单层的结构，这种效果和感觉和北方画家的全景式图像是一样的。[①]

出现于文艺复兴时期的北方全景式绘画可以说是从中世纪的平涂和百花齐放式背景向三维空间过渡的一种形式。我们可以在老勃鲁盖尔的《死亡的胜利》（图 1.17）中看到这种效果。全景画视角注定是想象的，但从效果上看，实际上是通过大面积平涂为嘈杂纷乱的形象和情节设置了背景。画面中是荒凉的平原、沟壑和远处的海洋，在死

① 偶有学者用全景画（panorama）指称这种绘画，本文不采用这种说法。这是因为，全景画一词是 18 至 19 世纪出现的，有特定的指称对象。文艺复兴尼德兰的类似图像最好用"全景式图像"或"全景式绘画"较为准确，不宜用"全景画"涵盖。

图 1.15　匹萨诺《圣·尤斯塔斯异像》（约 1440），木板蛋彩画，55 cm×65 cm，伦敦国家美术馆

图 1.16　阿尔布里奇·阿尔特多夫《圣·乔治在森林中》（1510），椴木羊皮纸油画，22.5 cm×28.2 cm，慕尼黑美术馆

神的蹂躏下仿佛化为了焦土的战场。这种意象是欧洲中世纪战争和瘟疫的生动写照。

　　在努力从平面向纵深的转换中，勃鲁盖尔还表现了文艺复兴时代另外一种十分重要的荒野图像："基督教荒原"。我们知道，词源学分析表明北欧原始蛮荒和基督教荒原是两种不同的、又相互制约和融合的荒野意象，中世纪末和文艺复兴初期可以说是这两种荒野图像并存的时代。这个时候画家的作品主题取决于赞助和社会趣味，基督教依然是十分重要的表现主题，圣经中的很多故事比如逃亡埃及、耶稣遇难、使徒行传等往往发生在旷野之中，这为艺术家描绘基督教荒野提供了方便。和"百花齐放"或"浓密森林"不同，基督教荒原往往被描绘成孤独冷僻的荒野、寸草不生的怪石巉岩，用以体现基督教发生地"近东沙漠"的特征。

　　13 世纪末画家杜乔（Duccio）《"威严"》祭坛画背面："不要动我"》（图 1.18），[①]就把圣经故事放到了荒原之中。背景涂金的画法是拜占庭式的，但是人物背景中的悬崖峭壁尖耸锋利，如同犬牙交

————————

① 《约翰福音: 20:17》讲到，耶稣对她（玛利亚）说："不要摸我，因我还没有升上去见我们的父。你往我弟兄那里去，告诉他们说：我要升上去见我的父，也是你们的父；见我的神，也是你们的神。"

图 1.17 | 老彼得·博鲁盖尔《死亡的胜利》
（约 1562），117 cm × 162 cm，
马德里普拉多美术馆

图 1.18 | 杜乔·迪·博尼塞尼亚《"威严"
祭坛画背面："不要动我"》
（约 1308–1311），木板蛋彩画和
贴金，锡耶纳大教堂戴尔歌剧博物馆

错，在强烈形状和明暗的对比中具有惊心动魄的力量。15 世纪威尼
斯画家乔凡尼·贝里尼（Giovanni Bellini）和安德里亚·曼坦尼亚
（Andrea Mantegna）作品中依然能看到这种特征。《花园中的痛苦》
（图 1.19 和图 1.20）描绘基督在客西马尼受难前的夜晚向上帝祈祷的
情景。① 虽然这个地方名为花园，但贝里尼把它描绘成了沙漠一般寸
草不生的荒野，奇形怪状的山石充满了凄凉、孤寂的气氛；曼坦尼亚
更加强化了山石的表现，利用了意大利特有的透视和造型技巧把旷野
和丘陵描绘成坚硬、怪异、突兀、险恶的怪石的世界，加上孤零零的
枯树和乌鸦，是文艺复兴意大利画家理解蛮荒的典型方式。值得注意
的是，弗兰德斯画家帕提尼尔（Joachim Patinir）也善于表现荒野中的
岩石，如《圣杰罗姆和多岩石的风景》（图 1.21），不过这里的岩石如
同哥特式建筑的尖塔高耸入云，形象不是坚硬的而仿佛是在盘旋、纠
结、运动的。② 加上弗兰德斯画家对光线的特殊感觉，画面笼罩着一种
神秘、阴郁的气氛。

　　文艺复兴的荒野图像有没有现实依据？答案是肯定的。虽然这

---

① 《花园中的痛苦》指的是发生于最后的晚餐和耶稣被捕之间的事件。在接受他的牺牲之
前，在客西马尼花园中（Garden of Gethsemane）他和上帝之间的祈祷和交谈，象征了一种内心
极度痛苦的心理状态。

② 阿西姆·帕提尼尔（Joachim Patinir, 也称作 de Patiner, 1480—1524），弗兰德斯独立风景画
的开创者，多描绘比利时瓦隆尼亚（Wallonia）景色。丢勒称之为"优秀风景画家"。

图 1.19　乔凡尼·贝里尼《花园中的痛苦》（约 1459–1465），木板蛋彩画，81 cm×127 cm，伦敦国家美术馆（见彩图）

图 1.20　安德里亚·曼坦尼亚《花园中的痛苦》（1455），木板蛋彩画，63 cm×80 cm，圣·奇诺（San Zeno）祭坛画右首，伦敦国家美术馆

个时候画家更多依靠想象描绘荒野图景，但是他们观察和生活的自然环境是这种图像的直接来源。如中部意大利画家就喜欢画"光秃秃的、烧焦的丘陵和山冈，点缀着低矮的、顶部乱蓬蓬的树，这正是阿雷佐（Arezzo）和锡耶纳（Siena）附近农村的特征"，而伦巴第（Lombardy）和费拉拉（Ferrara）平原的景色则笼罩着"干热的、阴郁的气氛"。[①] 当然，当画家在描绘圣经的荒野景象事，必然会加重那种干枯和荒凉的感觉。不仅如此，自然的真实性要求在某些时候还会得到特别的强调。文艺复兴的价值之一在于科学精神，当时最伟大的艺术家都十分重视对自然对象的观察，列奥纳多和丢勒对自然的观察和研究就是很好的例子。《蒙娜丽莎》的优美背景不仅衬托出女主人的完美，还是对画家家乡"田园"景色的描绘。丢勒以充满想象的宗教绘画著名，但他的一些风景画也有着十分精确的写实精神，同时还体现了独特的荒野趣味。比如《阿考景色》（图 1.22）就是 1495 年从威尼斯回来画的阿尔卑斯山路的初春景色。橄榄树林、葡萄园、城堡具有地形学的精确性，漫长的寒冬为大地铺上的肃杀和荒凉气氛依然触目可见。写实性削弱了宗教的神秘感，仿佛暗示着北方写实风景画在下一个世纪的兴起。

　　17 世纪是理想风景画创立的时期，也是荷兰风景画的黄金时代，

---

①　Josiah Gilbert, *Landscape in Art before Claude & Salvator*, p. 10.

图 1.21 │ 约阿希姆·帕提尼尔《圣杰罗姆和
多岩石的风景，局部》(约 1515–1524)，
橡树木板油画，36.2 cm × 34.3 cm，
伦敦国家美术馆

图 1.22 │ 丢勒《阿考景色》,（1495），
纸上水彩和水粉，
22 cm × 22 cm，巴黎卢浮宫

荒野风景发展处于十分特殊的境遇之中。这种可以从两个方面来理
解。第一，由于种种原因，荒野在这个时期未受到重视，因此荒野风
景并未作为专门的类型得到发展。主要的制约因素来自南方的古典原
则和图式，其影响力甚至在北欧都能够感觉得到。宗教改革和新教兴
起减弱了人们对基督教的神秘感受，勃鲁盖尔和帕提尼尔的基督教荒
原已不再流行。这促使荷兰画家将目光转向生活和大自然，造成荷兰
风景画总体上的写实性和平易性。如前面所讨论的，我们很难在雷斯
达尔、霍贝玛笔下的风景中判断是田园还是荒野。17 世纪的艺术理
想还没有教会人们欣赏荒野内在之美，画家眼前看到的是荷兰特有的
农村和原野混杂的景观，心里怀揣的是地中海画家完美的构图和田园
风景的优雅情调。

　　第二，尽管荷兰风景画地位不高，它却为 19 世纪风景画特别是
荒野风景画提供了完美的典范。为什么这么说呢？荷兰风景画虽然在
当时不被重视，但它从观念和形式上超越了意大利的理想风景，大自
然不再是人物的背景而是艺术表现的主题和对象。风景画在荷兰获得
独立，这对风景画发展来说是极为重要的。在对大自然的观察和表现
中，荷兰画家创造了高度的表现技巧，这也是被 19 世纪画家效仿的典
范。我们可以从霍贝玛《沼泽森林》(图 1.23) 看到这种杰出的自然表

图 1.23 | 霍贝玛《沼泽树林》(约 1660)，
69 cm × 90 cm，
马德里泰森博内密斯扎博物馆

图 1.24 | 伦勃朗《风景》(约 1640)，布面油画，
51.3 cm × 71.5 cm，赫尔佐格安东
(Herzog-Anton, Brunschweig) 博物馆

现。树木、河流、云朵的描绘栩栩如生，大自然的生命力和鲜活气氛
呼之欲出。这种形式和精神和古典艺术十分不同，恰恰是荒野风景的
内在品质。所以，荷兰风景虽然常常被后人理解为"田园美景"，但是
此田园非理想田园，而是涌动着原始荒野气质的乡村大自然。

第三，同样是 17 世纪，在一些超越时代的富有想象力的艺术家
笔下，我们还能看到某些对荒野的旗帜鲜明的、个性化的描绘和颂
扬。依照现在的眼光，这些常常不被当时看重的风景可以说是典型
的荒野风景画。它们在当时的欧洲各国都有表现：弗兰德斯的鲁本
斯、荷兰的伦勃朗（Rembrandt）和雷斯达尔、西班牙的格列柯（El
Greco）、意大利的萨尔维特（Salvator Rosa），等等。他们的表现手
法各不相同。鲁本斯（图 1.6）的荒野具有巴洛克式的华丽和动荡；
伦勃朗的《风景》（图 1.24）则体现出他特有的明暗交错和凝滞笔
触；格列柯的《托莱多风景》（图 1.25）中的浓郁原野则在色彩淋漓
中怪异地变形；而萨尔维特的荒野（图 1.26）则借用了理想风景的
画面结构和技巧，创造了一种为后人标榜的"英雄式荒野"。

后人对他们的浪漫主义气质多有评述。比如法国的戈蒂埃 [1]
（ Théophile Gautier ）曾评论格列柯，认为他在表现奇异和极端方面
是"天才的"、"被误解的"、"疯狂的"，是浪漫主义的先驱和英雄。① 再
如鲁本斯，学者认为："在这之前从来没有人描绘过如此野蛮、混乱、

---

① 戈蒂埃是 19 世纪初法国作家和评论家，早在 1840 年他就见过格列柯的作品 。(参见 John
Russell, "Art Review: Seeing the Art of El Greco as Never Before", *New York Times*, July 18, 1982.)

图 1.25 | 格列柯《托莱多风景》
（约 1596 - 1600），
画布油彩，
47.75 cm × 42.75 cm，
纽约大都会艺术博物馆

图 1.26 | 萨尔维特·洛萨《施洗者约翰在荒野》
（约 1640），布面油画，
176cm × 262cm，馆藏地不详

无法控制的自然。雷斯达尔试图获取这种感觉，但最终缩减为瀑布和残树的温顺描绘。它对自然荒野的完美表现对浪漫主义艺术乃是文学和音乐都影响至深。"① 对比一下前面提到的鲁本斯的《有暴风雨、腓力门、波西斯的风景》（见图 1.6）和雷斯达尔的《本特海姆城堡》（图 1.8）就能看出这一点。鲁本斯风景也许不如雷斯达尔崇高和幽深，但是前者暴风雨般的浪漫主义想象力控制了大自然，而后者似乎是要用柔美的笔调让那些荷兰荒野土地变得楚楚动人。

相比之下，萨尔维特更被后人看作浪漫主义旗帜鲜明的典范。正如学者的评价：洛萨不仅具有鲁本斯那种的躁动不安，还是对荒野大自然充满激情的热爱者，同时又是一个和古典主义正面交锋的斗士。② 一方面，他不止一次到荒凉偏僻的山村野地隐居和旅行，在绘画中正面描绘荒野奇观；另一方面，他挑战古典传统，放言"让米开朗基罗来看看到底谁更技高一筹"。洛萨似乎是要利用风景画传达米开朗基罗天性的力量感和崇高感。不过，崇高在他身上不再是一种修辞或风

① 见英文文章《鲁本斯：有腓力门和波西斯的风景》，该文章发表于 20 世纪早期，现被收录在专业网站 "Old and Sold: Antiques Auction" 之中，文章具体来源待考。

② Josiah Gilbert, *Landscape in Art before Claude & Salvator*, p. 430.

格，而是和人本性中的原始力量结合起来，产生出"野蛮且崇高"的荒野意象。《施洗者约翰在荒野》（图 1.26）中人物被置于画面一角，占据画面中心、作为描绘的主体的是由古老的树木、犬牙交错的怪石和悬崖。天空的云层卷动，树木随着空气而盘旋，山峦仿佛有一股内在的野性在翻滚。普莱斯（Uvedale Price）很恰切地概括了他的这种特征：

在其山石和山脉之景中有一种崇高，在野蛮和荒凉之中有一种打动人的东西。他的风景在整体上与克劳德形成了完美的对比……每一种东西的目的似乎都在使人惊慌、激发人的想象……它们是死亡的墓穴，野兽的追踪……[1]

"野蛮的壮丽"（savage grandeur）是后人对洛萨的一致评价，他被浪漫主义者视为自然崇高的最早表现者。[2] 显然，洛萨的艺术不是写实的，他表达的不是真实荒野而是本能力量驾驭的原始蛮荒。正是基于这一点他才遭到拉斯金的猛烈批评："他的风景画特征不是对崇高的真正之爱，而是来自动物的焦躁不安和凶猛，他被一种不能完全来自自身的想象力所控制……事实上，他把扭曲误解为能力，把野蛮误解为崇高；就做人来说，他把行乞误解为神圣的权利，把阴谋误解为英雄主义。"[3]

后人对洛萨的赞美和批评都来自于这种破坏了古典法则的狂暴想象力。对鲁本斯、格列柯、雷斯达尔的比较和评价也基于这种原因。由此可见，在 17 世纪古典主义依然强大的语境中，这种浪漫主义的神秘、动荡、力量和想象给人的感觉是十分怪异的。浪漫主义不是17 世纪的主调，它在一个世纪后才对艺术发挥重要策动力。但是在

---

[1] Richard W. Wallace, "The Genius of Salvator Rosa", *The Art Bulletin*, Vol. 47, No. 4（Dec., 1965）, pp. 471-480.

[2] 如理查德·瓦拉赫的评价："他躁动不安的天才从不满足于风景的装饰性；他喜欢的不是和平优美的景色，而是野蛮的壮丽（savage grandeur）"；"他的艺术被 18 到 19 世纪浪漫主义者迷恋，他们崇尚野蛮的壮丽、恐惧和崇高感。"（Josiah Gilbert, *Landscape in Art before Claude & Salvator*, p. 437.）

[3] John Ruskin, *Modern Painters*, Vol. I, p. 81.

这些艺术家笔下，浪漫主义超越时代地发生了。对此我们所能做的解释是：浪漫主义和荒野体验一样，是欧洲艺术中持续存在的一种艺术精神，当古典主义潮流统治了艺术趣味的时候，它们只能在某些个体中桀骜不驯地表现出来，并且在抵抗压制中展现的更为强烈。当然正是由于和社会审美趣味的背反关系，这种荒野风景在当时不仅很难被社会公众叫好，甚至还常常被贬低。荒野风景的价值只有到18—19世纪浪漫主义时代才会得到认真的考虑和确立。

3. 欧洲19世纪荒野风景

如前所述，浪漫主义和自然主义创造了新的荒野观念。现在需要讨论，既然荒野被美学和艺术接纳并重视，那么它在绘画中的表现是什么？这个问题对本研究至关重要，这是因为它们是美国风景画的同时代艺术，相互之间有着密切的对应和影响关系。

浪漫主义是一个复杂的概念，这里使用它是因为它把强烈情感"恐惧"、"战栗"、"惊悚"等纳入审美范畴的时候，把崇高和如画体验与荒野体验联系在了一起。同样，自然主义也把文明未涉足的大自然作为观察描绘对象的倾向，虽然其态度是客观的、平静的、不动声色的。19世纪荒野风景画一方面借用了自然主义的精细写实，另一方面表现浪漫主义的想象和激情，把"荒野"的风景表现推向了新的高度。

有趣的是，与17世纪类似，对荒野景色的趣味在北方再次发生了。荷兰已经辉煌不再，但是它的遗产被英国、德国、丹麦等国家继承。[①] 在工业革命和海外殖民的带动下，英国率先成为浪漫主义的重镇，各种各样的自然景观成为英国画家的表现对象：被工业文明改变的乡村风景、崇高和优美兼而有之的湖区景色、海外殖民地异国情调的原始景观。在很多情况下，英国的风景画家和美学家试图在田园和荒野之间作出妥协："如画"概念就是这种妥协的产物；庚斯博罗（Thomas Gainsboraugh）则是意大利田园的坚定崇拜者，他"除了意大利没

---

① 荷兰在17世纪最为强盛，是最大的殖民国家，但18世纪开始衰退。荷兰殖民体系瓦解，1795年法军入侵，1806年拿破仑之弟任荷兰国王，1810年并入法国。1814年脱离法国，翌年成立荷兰王国。19世纪荷兰势力较弱，艺术传统随之转移他国。

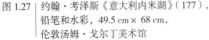

图 1.27 约翰·考泽斯《意大利内米湖》（177），铅笔和水彩，49.5 cm × 68 cm，伦敦汤姆·戈尔丁美术馆

图 1.28 康斯泰布尔《有云雨的海景研究》（1827），22.2 cm × 31.1 cm，纸上油彩，伦敦皇家艺术学院

有任何值得画的风景"的言论代表了传统派的价值观。康斯太布尔（John Constable）的风景画则具有 17 世纪荷兰风景的含混性，他的信条是"可以在任何角落发现可以描绘的主题"，其结果则是将日常的乡村田园和大自然之鲜活融为一体。古典传统根深蒂固，甚至连以狂野著称的透纳也曾经把克劳德作为效法的对象。

　　不过，英国毕竟不是古典艺术盛行的意大利和法国，作为荷兰风景传统的继承者和北方荒野价值的开创者，这里的风景画在美学和实践上更加深刻地涉及了荒野主题。比如约翰·科泽斯（John Robert Cozens）就被誉为"欧洲第一个以真正的同情描绘孤寂山区的艺术家"，他深入到阿尔卑斯和意大利的山林和湖区描绘宏大的肃穆和神秘的宁静。[1]在《意大利内米湖》（图 1.27）中，他用一种冷静的笔调描绘了人迹罕至的湖泊、山脉、丛林和绝壁，湖沿岸的弧形轮廓和墙形陡壁准确抓住了景色的地形特征。康斯泰布尔在其开创性的油画写生稿中，也常常以狂放的笔触描绘大自然的荒野性格。《有云雨的海景研究》（图 1.28）就是一例，寥寥数笔将大海的辽阔和天空云雾的动荡表达得淋漓尽致，这种"动荡"和"辽阔"已经触及到了 19 世纪自然主义荒野风景的灵魂，无怪乎他的风景实践对法国和美国风景画都产生了如此重要的影响。

---

① Laurence Binyon, *Landscape in English Art and Poetry*, London Cobden-Sanderson, 1931, p. 82.

图 1.29 | 透纳《狂风中的荷兰船只》（1801），163 cm×221 cm，英国国家美术馆

图 1.30 | 约翰·马丁《天诛之日》（约 1853），197 cm×303 cm，英国泰特美术馆

　　如果说康斯泰布尔继承了雷斯达尔的衣钵，那么透纳则继承了范·德·维尔德（Willem van de Velde the Younger）的荷兰海景传统。透纳终身以描绘大海的动荡为己任，他早期的《狂风中的荷兰船只》（图 1.29）就已经体现出大自然的力量和狂暴。① 真实性是英国风景的特点，不过除了这种"写真"，偶尔也有对想象的基督教荒原的描绘，最典型的例子是约翰·马丁（John Martin）。从他的《天诛之日》（图 1.30）可以看到久违的勃鲁盖尔和阿尔特多夫的梦幻世界，只不过马丁利用了更强烈的逼真造型和色彩，创造出更具视觉震撼力的宗教世界。尽管显得有点不合时代，但他的艺术获得了成功并对美国的浪漫主义荒野风景影响至深。②

　　除了英国，继承了荷兰传统并发展了荒野风景画的北方国家还有丹麦和德国。虽然不得不卷入欧洲征战，与法国联盟的丹麦在 19 世纪初进入了艺术的黄金时代，17 世纪荷兰风景画的繁荣似乎在这里重现。丹麦风景画同样具有写实和理想化兼而有之的方式，其强烈光线和色彩对比富有北方的大自然气息，尤其喜欢描绘本国独特的沿海风光。路易斯·古里特（Louis Gurlitt）的《莫恩岛岩礁》（Mons Klint）（图 1.31）就具有这种特点，画面描绘了大海边耸立的嶙峋奇

---

① 该作品被认为是对 1672 年范·德·维尔德作品《大海风暴中的船只》（*Ships on a Stormy Sea*）的模仿。

② 约翰·马丁的艺术直接影响到了托马斯·科尔，详情参见本书第三章。

图 1.31 │路易斯·古里特《莫恩岛岩礁》
（1842），尺寸和馆藏地不详

图 1.32 │安德烈·阿肯巴赫
《荒野激流》（时间不详），
177.5cm × 93.5cm，
私人收藏

异的礁石岩壁，其特写镜头般的细腻描绘使得景色显得特别真实，色彩冷暖对比要比荷兰风景有更强的纵深感和现代感。

19 世纪的德国同样继承了荷兰的衣钵，其浪漫主义的荒野风景是在德国民族主义复兴和法国革命刺激下产生的。拿破仑结束了四分五裂的神圣罗马帝国，却激起了民族主义热情，普鲁士政府开始在与荷兰交界的杜塞尔多夫设置皇家艺术学院，19 世纪 30 至 40 年代这里形成了一个颇具影响力的风景画派。[①] 杜塞尔多夫（Dusseldorf）风景画派同样继承了荷兰高度的写实性和理想性融为一体的样式，利用学院发展起来的写实技巧对细节精雕细琢。更重要的是，画面中常常包含宗教性的母题和阴郁、浓重的神秘气氛。被誉为"德国浪漫主义风景画奠基者"的安德烈·阿肯巴赫（Andreas Achenbach）的《荒野激流》（图 1.32）就是这种荒野风景的典范。阿肯巴赫的表现题材广泛，他曾到荷兰、莱茵河、阿尔卑斯山、意大利等地形多变的欧洲各地旅行，但他更喜欢的却是荒无人迹、远离文明的崇山、峡谷、激流、海洋。画面既有岩石和树木的凝重，又有激流水雾和密布乌云的动荡，确实是 19 世纪欧洲荒野风景的完美代表。

① 杜塞尔多夫，位于莱茵河畔，是德国北莱茵—威斯特法伦州首府。杜塞尔多夫画派指一群于 1830 年至 1840 年间在杜塞尔多夫学院的画家。其代表画家包括院长威尔海姆·沙多（Wilhelm von Schadow）、历史画家卡尔·莱辛（Karl Friedrich Lessing）、风景画家约翰·施尔默（Johann Wilhelm Schirmer）、安德烈·阿肯巴赫、汉斯·古德（Hans Fredrik Gude）、奥斯瓦德·阿肯巴赫（Oswald Achenbach）以及风俗画家阿道夫·施劳特（Adolf Schrödter），等等。

值得一提的是，杜塞尔多夫画派作品曾经在纽约展出，其写实技巧和荒野表现得到了美国画家的强烈认同，并引起一批美国画家奔赴德国求学。[①]通过这种关系，美国转而继承了荷兰风景画传统，同时与德国浪漫主义风景画建立了联系。

艺术史中常常提及的德国浪漫主义风景画家不是德国西部的杜塞尔多夫艺术家，而是在东部生活和创作的弗里德里希（Casper David Friedich）。他可以说是一个罕见的却又十分典型的描绘荒野景色的风景画家。诺瓦克把他看成是"唯一在感觉上最为接近美国人的欧洲风景画家"，原因来自他的艺术：宁静的海景、孤独的树木、神秘的雾霭、寓言式的景色以及冰山，都和美国画家极为相似。[②]这种相似性不仅来自对荒凉景色的清晰描绘，更重要的来自其中透露出的神圣的、无限的神秘感觉：

> 无限！这是画的内容，精神性的气氛；在墓碑和树干之间包裹寒冬的沉睡，在雪地中沸腾着哥特式哼唱。这里是死亡之国，一个宗教仪式正在开始，零星黑影穿越寒冷，聚集朝向无限作最后的礼拜……[③]

我们可以从《雪中修道院墓地》（图1.33）感受到这种神秘的气氛。墓地是德国人生活中的重要内容。除了修道院，德国城市市区往往就有大片公墓。那不仅是缅怀先人之地，也是一个让人沉思生命、生存、生死的绝佳场所。弗里德里希把宗教的神秘感融入到对自然荒野的崇拜中。如果说美国风景的神秘感和崇高感来自大自然本身，那么弗里德里希的风景是因为作为神圣的象征而具有了神性。不过，在东部德累斯顿孤独生活的弗里德里希和美国画家之间并没有来往，他

---

① 到杜塞尔多夫求学的美国画家有宾厄姆（George Caleb Bingham）、伊斯曼·约翰逊（Eastman Johnson）、惠特来支（Worthington Whittredge）、理查德·伍德维尔（Richard Caton Woodville）、哈塞尔廷（William Stanley Haseltine）、詹姆斯·哈特（James McDougal Hart）、威廉·亨特（William Morris Hunt）以及移民画家列奥兹（Emanuel Leutze）和比尔斯泰特（Albert Bierstadt），等等。关于美国画家和杜塞尔多夫画派的关系参见本书第四、五章相关内容。

② Barbara Novak, *Nature and Culture: American Landscape and Painting*, p. 219.

③ Hermann Beenken, "Caspar David Friedrich", *The Burlington Magazine for Connoisseurs*, Vol. 72, No. 421（Apr., 1938）, p. 170.

图 1.33 │ 弗里德里希《雪中修道院墓地》
（约 1817–1819），121 cm × 170 cm，
1945 年毁坏，原在柏林国家美术馆

图 1.34 │ 库尔贝《侏罗山溪流》(1872)，
布面油画，59.1 cm × 2.4 cm，
檀香山艺术学院

与美国风景画的相似性显然不能以影响类推，实际上其中更多的是一种潜在的、宗教气息的契合。

古典主义盛行的法国很少有描绘荒野的兴趣，甚至纯粹风景画的出现也比欧洲其他国家要晚。让人深感奇怪的是，身在意大利的风景画家普桑（Nicolas Pussion）和洛兰都是法国人，可是他们留给法国人的遗产不是风景而是古典规范和理想图式。可以看到，这种形式主义的风景因素在洛可可画家如华托和弗拉贡纳尔的笔下越加不真实了，甚至变成了渲染气氛的一种装饰。这种条件下荒野很难成为艺术表现的对象。这种形势直到在 19 世纪才开始发生变化。大革命引发的思想动荡对旧的艺术秩序也提出了要求。正如库尔贝（Gustave Courbet）的信条："不属于学校，不属于教会，不属于机构，不属于学院，唯有属于自由。"[1]这种观念对法国浪漫主义、现实主义以及印象主义恰恰都是适用的。考虑到和美国风景画的关系，这里我们主要讨论库尔贝和巴比松画派的风景画。[2]从某种意义上说，针对着沙龙和学院"历史画至上"的标准，风景画在法国起到了革命武器的作用，因而风景画的荒野性——自由奔放的原

① Gustave Courbet, *Letters of Gustave Courbet*, University of Chicago Press, 1992.
② 本书在第六章讨论光色倾向的时候也会涉及印象派问题，不过相比来说，印象主义对美国的影响主要是在 1880 年之后，这个时候美国哈德逊河画派已经趋近尾声了。

始动力则是这种革命力量强度的表现。以此为标准，库尔贝则是描绘荒野风景的最好人选。他在 1846 年至 1847 年到荷兰旅行的时候曾经看到过伦勃朗、鲁本斯的作品，17 世纪荷兰风景的写实精神让也让他感同身受，这都坚定了他描绘自然的信念。《侏罗山溪流》（图1.34）是他画的法国与意大利之间的阿尔卑斯山景色，这种丝毫不加修饰的荒山野岭在法国艺术中是十分罕见的。库尔贝粗犷的笔触和色彩为他的风景增添了不加雕琢的粗糙和原始的感觉。

　　可惜的是，真正推崇这种荒野性的法国画家并不多。在英国艺术刺激下，从 1824 年开始巴比松画派兴起了，这进一步引发了印象主义运动，风景画在法国仿佛忽然成为最具革命性的艺术。[1]但除了库尔贝这一特例，法国画家对荒野并无特别的兴趣，他们描绘的常常是介于城市和荒野之间的农村景色。美国作家库柏曾在 1827 年到巴比松森林，惊喜地发现"这里的野蛮和荒凉超过了他在美国看到的所有类型的荒野"，这种断言未免有些夸张了。[2]这里并不是无人能及的原始荒野。早在 10 世纪当地已有人居住，只不过这里的森林从路易十四时代开始得到保护，田野也很谨慎地开发，使这个地区保持着一种原始自然的感觉，有学者称之"驯化的荒野"（domesticated wilderness）[3]。这种景色和美国的原始荒野显然是不同的。更重要的是，巴比松画家对农村风景的倾慕是因为可以"脱离传统重负和工业社会生活"，在自然描绘中可以自由表达生活感受和自然体验。在《孟特芳丹的回忆》中柯罗抒情诗般的河岸和小树林景色可以说是巴比松审美追求最好的象征。相比之下，卢梭更加具有悲壮的力量感。他的《阿普里蒙的橡树》（图 1.35）描绘的是牲畜和农民在闲步的乡村景色，但橡树繁茂的枝叶和粗壮的树干发掘出大自然内在的生命力，一望无际的辽阔平原和荒野的宏大性格也十分接近。

---

① 1824 年，康斯泰布尔作品在沙龙展出，引发了一些画家对真实自然和乡村风景的兴趣，他们来到枫丹白露附近的巴比松开始观察和描绘真实的自然景色，形成了巴比松画派，从而掀开了法国艺术的新篇章。

② Peter Bermingham, *American Art in the Barbizon Mood,* Washington DC, 1975, p. 11.

③ 同上，p. 9.

图 1.35 ｜卢梭《阿普里蒙的橡树》(1852)，63.5 cm × 99.5 cm，巴黎奥赛博物馆

　　巴比松画派对内战之后的美国风景画产生了深刻的影响，其结果是一种诗性色调主义的兴起。当然我们不能说这和荒野风景毫无关系；也许可以这么说，巴比松的诗性风景为荒野表现指出了一个新的方向，那就是从对荒野自然的真实摹写朝向一种对荒野感受的主观表达。

第二章
美国荒野：
自然体验和艺术表现

> 尽管美国景色缺乏那种赋予欧洲文化价值
> 的历史，但是它具有不被欧洲人所知的独特
> 的、更值得称颂的品质……其中最为典型的、
> 最让人印象深刻的美国风景特征也许就是它的
> 荒野性格。
>
> ——托马斯·科尔[1]

前面概括了荒野在欧洲历史中形成的含义和各种表现形式，这一章将进一步思考：荒野的这些含义在美国是否还存在？如果存在，有没有发生新的变化？荒野在美国风景画中的表现方式如何、传达了怎样的观念和含义？

要想回答这些问题，就必须考虑美国社会的特点和美国风景画发生的特殊条件。从1620年"五月花"号到达普利茅斯建立殖民

---

[1] Thomas Cole, "Essay on American Scenery", in Graham Clarke, *The American Landscape: Literary Sources and Documents*, II, Helm Information Ltd. 1993, p. 340.

地算起，美国历史不足 400 年。美国社会是在广袤的原始荒野中发展起来的，这一点和中世纪的欧洲社会有相似之处。但是，美国与欧洲传统也有很多不同之处。短暂的历史、快速巨变的社会、清教文化和商业社会的奇妙结合等，这些条件使得美国人的荒野体验和它的艺术表现都有自己的特点。为此，本章将从上述条件出发讨论美国社会的荒野体验和观念、19 世纪美国风景艺术的表现形式，希望对美国文化中的荒野含义和图像呈现方式作一整体上的概括。

一、美国荒野观念的生成和发展

把荒野看成是美国风景艺术的重要特征，是因为它在美国文化中有重要和特殊的意义。荒野是美国大自然的特点，它真实反映了美国社会存在和发展的条件。在殖民和扩张过程中，美国社会逐渐产生了一种深刻的荒野体验，这种体验融入美国的文化和性格，形成了代表民族认同性的荒野观念。艺术是文化的体现。美国风景艺术是发生于美国社会自然体验极为真切时代的再现性艺术，它首先是对社会生活经验和生存环境的表达，而不是一种个性化的展示。显然，美国风景艺术之所以具有一种荒野因素，这种文化层面上的自然体验和荒野观念是重要的条件和推动力，因而从荒野观念出发就把握住了理解美国风景内在含义的关键。

1. 荒野在美国文化中的含义和地位

荒野在美国文化中的重要性有着多种表现。讨论概念的时候已经说明，荒野应该从自然、观念和艺术等多种层面理解；那么，我们可以从这些层面看一下荒野在美国文化中的含义和地位。

其一，在美国文化中，荒野的含义和重要性首先可以在地理意义上得以理解。

对早期美国社会来说，面对荒野生活是一种现实，荒野是对生存环境的一种客观描述。美国人首先从客观自然的角度理解荒野和它对自身社会的重要性。比如，《荒野法案》中荒野定义就是在这个意义上设定的——荒野是被人访问却不留其痕迹的"地球上的特定区域"。美国与荒野有着不解之缘：它是世界上第一个在"原始大自然"立国的国家，是第一个建立国家自然保护区的国家，当然也是第一个制定荒野保护法案的国家。1833 年乔治·库克（George Cooke）[①]创作了一幅关于首都风景的作品：《从海军船坞看华盛顿景色》（图 2.1）。[②]让人惊讶的是，尽管此时已经建国半个世纪，这座首都却依然十分荒凉。除了几座白色建筑，整个风景就像一个偏远乡村和荒凉原野的交错地带。近景颇具象征性：荒凉的坟茔、泥泞的道路、野草丛生、荆棘遍地，可以说是"美国文明诞生于荒野"的生动写照。

这种作为生存环境的美洲荒野同样被学者和艺术家关注。在 19 世纪初期美国文学和艺术中，艺术家逐渐把小说故事情节和绘画中的人物设置在具有荒野特征的大自然之中。美国自然的荒野性，其视觉特征、含义和重要性越来越被强调。1872 年在为《如画美国》撰写前言的时候，美国著名诗人和编辑布莱恩特写道：[③]

必须承认，我们国家充满了对艺术家来说全新的景色，千姿百态，或者具有宏大之美，或者具有无法分类的形状和轮廓的奇妙组合。可是在欧洲，几乎每一个知名景点都被艺术家访问和描绘过，在阳光和乌云下观察过，从各种不同角度研究过……我们共和国版图之下的大陆布满了原始森林——古老树木的巨大枝干在晚辈的遮蔽下崩塌，也布满了艺术家从来没有涉足的崇山、深谷、悬崖、海岸；瀑布在幽谷深处发出从未被听到的潺潺之声；成千上万的迷人角落都在等待第一

---

① 乔治·库克（1793–1849）美国南方知名画家。生于马里兰州，年轻时代曾到欧洲游学，临摹了很多文艺复兴作品，善画肖像、风景。曾临摹法国画家席里柯（Théodore Géricault）《梅杜萨之筏》，在美国展出后深受好评。

② 华盛顿市于 1791 年命名并开始着手建立，原址为灌木丛生的野地。美国首都自 1800 年首度从费城迁到华盛顿。1814 年英军攻占并烧毁大部分公共建筑，华盛顿再次变成荒野废墟。直到内战之前，华盛顿只是有几千人居住的小城。

③ 威廉·卡伦·布莱恩特（1794–1878），美国著名的浪漫主义诗人、记者，长期任《纽约晚报》编辑。布莱恩特的诗歌深切赞美美国大自然，对美国荒野审美趣味有重要影响。他在纽约艺术界十分活跃，和科尔、杜兰德等风景画家关系密切。《如画美国》（Picturesque America）是 19 世纪流行的一种图文并茂的旅行画册，专门叙述美国景色，同时有画家专门为文字创作的或者从油画翻刻的风景版画。"如画"一词借用了英国的风景美学概念。

图 2.1 | 乔治·库克《从海军船坞看华盛顿景色》（1833），45.7 cm × 63.5 cm，
现藏于白宫（见彩图）

个到来者用画笔描绘。①

　　布莱恩特用优美的笔调描绘了美洲荒野，把这看成是美国艺术取之不尽用之不竭的源泉。这种观念代表了当时艺术界的一种普遍观念，那就是美国艺术家应该描绘本国自然，美国的荒野应该成为民族艺术的滋生地，美国要想创造伟大的艺术只有基于这种生存环境才能够实现。

　　其二，把荒野理解为"心理状态"和"民族性格"是其在美国文化中的另外一种含义，也是其重要地位的进一步证明。

　　把荒野和心理状态、美国性格乃至民族认同联系起来，是美国思想界很久以来的一种倾向。"心理状态"（State of Mind）是人长期在生存环境影响下形成的一种心态、情感和体验；心理状态逐渐积累了形成一个社会或民族的性格，从而扮演了构成民族认同性（identity）

---

① Bryant, *Picturesque America, or the Land We Live in*, new and revised edition, New York, D. Appleton & CO., Publishers, 1872, 1894, p. 3.

的重要因素。荒野对美国的重要性在于，它不只是物理的现实，还是一种精神的存在："心理状态"。和文明不同，荒野是一种异己的存在，美洲拓荒者是从文明社会来到这种宏大、原始、神秘、严酷的环境，它对人的心理影响显而易见。早在 1741 年美国宗教大觉醒时代，清教领袖乔纳森·爱德华兹（Jonathan Edwards）就把荒野看成是一种"心理状态"，他坚信"在新英格兰人获得救赎之前，其尊严必须要压制在地狱般的荒野心境中"。[①] 在他看来，美国人要想获得宗教救赎就必须具有这样一种心理状态，因此荒野生存就是一种途径和代价。19 世纪文学家和艺术家更加自觉地意识到荒野对美国社会心理的深刻影响，纳什对此概括说，"本质上来说，荒野是一种心理状态。它是那种远离文化、远离人类及其技术改变和控制了的环境的一种感觉"。[②] 远离文明是一种无助、孤独和自由兼而有之的感觉，显然是对荒野体验的普遍性描述。

荒野生存的心理状态是美国民族文化的基础，它长期积累的结果就是美国人独特的感情、行为、思想的方式，简而言之就是"民族性格"或者"民族认同"。第一次正式提出荒野和美国性格、民族认同关系的是 19 世纪末历史学家弗里德里克·特纳。[③]1893 年，他在博士论文中提出了"边疆理论"，指出美国精神是在美国西部扩展过程中产生的，西部（而非东部）乃是美国性格的诞生之地；强烈的民族认同性发生于荒野和文明的交界之地。在特纳看来，真正的美国人正是在面对荒野生存的过程中产生的，这个民族以其勇气和智慧驯服荒野，同时荒野翻过来赋予其力量和个性；拓荒者一代又一代西进荒野，就一步一步地抛弃欧洲的生活方式和思想观念，最后形成了美国人的

---

① David R. Williams, *Wilderness Lost: the Religion Origins of the American Mind.* Selinsgrover: Susquehanna University Press, p. 11.

② Roderick Nash, "The Value of Wilderness", *Environmental Review*: ER, Vol. 1, No. 3, 1976, p.14.

③ 弗里德里希·杰克逊·特纳（Frederick Jackson Turner, 1861–1932），美国知名历史学家。1893 年芝加哥世界博览会期间，他在美国历史学会宣读了他的《边疆在美国历史中的意义》。其边疆理论对美国 20 世纪学术产生了深刻影响。（Frederick Jackson Turner, "The Significance of the Frontier in American History", *The American Landscape: Literary Source and Documents*, Vol. 1, Helm Information Ltd., 1993.）

性格：不拘礼节、强力、粗犷、民主以及首创精神。

这种荒野和民族认同的密切关系在 20 世纪得到了美国学界的广泛认同。纳什对此概括说："美国性格或者认同与荒野之间的联系是在三个世纪的拓荒过程中产生的。独立和个人主义是两样最重要的遗产；民主社会政治理论和机会平等的概念则是另外的两种拓荒品格。而对于现实成就的追求也是形成美国性格的重要因素。"①拓荒就是殖民者面对荒野的生存方式，是美国社会独特的发展方式。正是在荒野开疆扩土的过程中，美国人磨炼和重塑了自身的精神品格。当然，作为来自不同民族和国家的一代代移民构成的新国家，美国社会要想获得一种认同感确实需要面对不同种族、信仰、阶层、文化带来的挑战。不过，这些差异性更加体现出荒野对于构筑精神统一体的重要意义。

这种观念也影响到学者对美国艺术史的重新认识，不少学者开始发现美国风景画中的荒野因素及其包含的民族认同的内涵。安吉拉·米勒曾对此作了专题研究，她在美国风景画的解读中发现了其中蕴含的民族（国家）主义（nationalism）。她认为："19 世纪的艺术家、批评家、收藏家以及作家共同构建了一种制度化的审美原则，通过特定的批评话语和艺术的正统风格，在风景中表现了一种新兴的民族（国家）主义。"我们可以从丘奇作品《天空中我们的旗帜》（图2.2）了解这种民族主义象征性，画面中被晚霞染红的云彩、蓝色天空以及作为侧景的树干共同组合成了美国国旗的效果。考虑到作品创作于内战开始之际，就可以理解那种鼓舞北方人维护国家统一的热情和信念如何影响到了画家的构思，荒野自然和特定时代的国家主义十分奇特地结合在了一起。

其三，在美国文化中，荒野含义及其重要性还可以从宗教性加以理解。

美国早期的新英格兰殖民者本身就是清教徒。在欧洲，各式各样的教堂和修道院是宗教人士和信徒崇奉上帝的场所。可是在新大陆，拓荒者没有历史遗留下来的宗教建筑，没有可以供牧师布道和信徒集会的场地，他们所能依赖的就是无边无尽的森林和原野。正是在这种

① Roderick Nash, The Value of Wilderness, *Environmental Review*, Vol. 1, No. 3, 1976, p.14.

图 2.2　丘奇《天空中我们的旗帜》（1861），
19.5 cm × 28.6 cm，奥莱纳国家
历史遗址（见彩图）

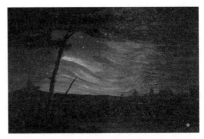

图 2.3　马丁·海德《暴风雨来临》（1859），
71.1 cm × 111.8 cm，欧文·沃尔夫
基金会（见彩图）

条件下具有泛神论色彩的自然崇拜融入到美国的清教传统中。在很多
情况下，宗教人士是把荒野的森林和山岭作为宗教活动场所的。正如
现代学者认可的，对很多美国人来说，"荒野的意义之一就在于作为
宗教活动环境的价值。在大自然中如同在教堂里，人们试图发现生活
的含义和安宁。人们感觉到和万物之间的完整性与和谐。荒野像纽带
一样把人们带入一个曾经被文明碎片化了的统一体。人在与自然界的
联系中显示出一种超越个体性的文化体系，其结果就是和平"。[①]

　　当然，由于美国荒野和美国清教精神的特殊性，荒野宗教性在这
里也有不同的含义。美国荒野与宗教的密切联系在历史上受到了很
多人的关注和思考。对清教徒来说，早期荒野体验的艰苦和严酷显
然超越了宗教场所的含义，这种体验激发了他们心中潜藏的《旧约》
中的"荒野"和"迦南"意象。自然和上帝的关系需要在新的条件
下获得新的阐释，而拯救和自由是清教神学阐释的基本出发点。大
卫·威廉姆斯（David R. Williams）这样解释了荒野体验与清教神学
思想的关系：

　　　　美国文化一开始自由就被标榜，因为它意味着拯救之途，而到达
　　自由的途径则是被称为神之敬畏的恐惧体验。从暴政社会到达精神
　　解放需要一种精神纯化的过程，这要穿越恐惧而混沌的自我意识中

---

① Roderick Nash, "The Value of Wilderness", *Environmental Review*, Vol. 1, No. 3, 1976, p. 16.

的荒野。①

　　这种宗教意义和清教徒在英国遭受的压制和迫害有关，新大陆的生活条件虽然严酷和艰险，但不失为一条获得精神自由的途径。这种含义随着社会发展也有所变化。在 19 世纪，那种严酷感逐渐消失了，代之而起的是富有哲学意味的超验主义和后期偶尔流行的史威登堡神学。②新的自然神学观念以一种富有东方意味的"天人感应"原则为荒野增添了新的神秘色彩，人可以以一种独特的感知方式融入自然、隐遁自身、实现个体与超验世界的交流。这种意味在风景画中也常有表现。比如波士顿流行的透光风格被一些艺术史家看成是这种神学和哲学观念的体现者。海德在《暴风雨来临》（图 2.3）就是一例。和德国弗里德里希的风景类似，这件作品描绘了一个与背对观众，和自然对视的人物。虽然暴风雨要来临，但整个风景渗透着极为宁静的气息，观众和画中人似乎都和自然融为一体，情不自禁地体验到某种超凡脱俗的境界。

　　其四，也是更重要的，荒野重要性还体现于它在美国文化中获得了美学意义。

　　通过回溯欧洲的观念和艺术传统可以发现，虽然荒野趣味及其表现形式在文学和艺术中确实存在，但它并未发展成为特定的审美范畴。在美学中，荒野主要是在讨论"田园"、"崇高"等概念的时候作为某种意义并不明确的参照点被间或谈及。实际上，"荒野美学"这种提法是在美国出现的。荒野的审美化是在美国独特的自然体验并由之形成的民族心理、性格、宗教和哲学的基础上产生的。

　　审美态度首先来自对荒野价值的认可。在 19 世纪西部扩张中，荒野所具有的经济、政治、社会、宗教价值不断凸显出来，为这种审美性提供了条件。弗兰克·伯根（Frank Bergon）曾以"荒野美学"为题讨论了 1804 年路易斯（Meriwether Lewis）和克拉克（William Clark）西部勘探，认为他们的活动促进了美国自然史写作中荒野审

① David R. Williams, *Wilderness Lost: the Religion Origins of the American Mind*, p. 11.
② 伊曼纽·史威登堡（Emanuel Swedenborg, 1688—1772），又译作斯威登堡、斯韦登伯格，瑞典科学家、神秘主义者、哲学家和神学家。其神学思想对 19 世纪英国和美国影响深远。

美趣味的发生："勘探者最有价值的贡献是锡盒装的鹿皮和红摩洛哥皮捆扎的笔记和刊物。为了满足当时的审美期待，这些文本以奇怪的和片段的样式在科学和艺术之间摇摆，提供了一种新的西部自然史。"①如果说他讨论的还是荒野美学发生的外部条件，那么阿里森·比耶雷（Alison Byerly）则直接用"荒野美学"一词作为和英国"如画美学"相对应的美国自然审美观念。②随着这种美学观念逐渐深入人心，近些年来美国大学还有把这种美学学科化的倾向。2007年，蒙大拿密苏里大学开设了课程《从荒野美学到伦理学》。课程意图是，通过阅读梭罗、爱默生、穆尔、罗尔斯顿、卡里克特等一系列作家的经典文本，"探讨北美的荒野观念、理想及其面对的评价……这将是一门探讨荒野美学及其对伦理学影响的极为有意义的课程"。③由此可见，荒野在美国学术中不只是作为一个有确定意义的审美范畴，而且还逐渐被学科化了。

以一种审美视角观察和理解自然并不只是自然文学和艺术的专属，在美国它已经融入到艺术之外的多种领域。比如2001年在讨论自然改造问题的时候，斯瓦特（Jacques Swart）提出了三种自然评价视角：生态学视角、伦理学视角和审美视角。关于审美视角，他说：

> 风景画和现代室外消遣都基于对自然的审美评价。在自然改造项目中，这一问题常常表现为是否我们应该创造一种富有魅力的自然景观……美学中一个重要的区分是客观主义和主观主义或者说是文化的美学，这种区分是审美判断的主要来源。④

自然评价的美学维度从一个侧面折射了荒野观念的美学维度。固然，和欧洲的田园风景相比，荒野美学常常掺杂着宗教、科学，或者哲学的含义，特别是生态学和自然保护者喜欢用审美为特定的理论提

---

① Frank Bergon, "Wilderness Aesthetics", *American Literary History*, Vol. 9, No. 1, Spring, 1997, pp. 128-161.
② Alison Byerly, *The Uses of Landscape: The Picturesque Aesthetic and the National Park System*, pp. 52–68.
③ 该课程导师是戴恩·斯科特（Dane Scott），伦理学研究中心教授。
④ Jacques A. A. Swart, Henry J. van de Windt, Jozef Keulartz, "Valuation of Nature in Conservation and Restoration", *Restoration Ecology*, Vol. 9, No. 2, JUNE 2001, pp. 230-238.

供理由。不过，这种综合性恰恰体现了荒野美学的特点，也使得它拥有丰富的文化维度。正是在这个意义上，我们才可以理解荒野在美国风景画中具有的特殊意义，也可以理解以荒野理解美国风景画的必要性和重要性。

2. 贬抑：清教和殖民者的荒野态度

和欧洲历史上两种荒野态度一样，美国社会的荒野态度也是双重的：一种是把荒野看成是充满了野蛮和诱惑的、威胁着殖民者安全的危险之地，另一种是为殖民者带来希望和繁荣的花园。在浓郁的宗教气氛中，新英格兰清教作家赋予美洲荒野宗教的联想，它既可以理解为"诅咒之地"，又可理解为"应许之地"。这两种观念体现了美国人对待荒野的两种态度，而在其转变中——从恐惧、憎恨到认同和欣赏，暗示了荒野审美趣味的萌芽。值得注意的是，我们在美国风景画中也会看到荒野态度的游离，虽然大多数时候是发自内心的赞美，但有时也能感觉到巨大空间中的孤独和无助。因而，了解美国社会的荒野态度及其转变，对于理解美国风景画是很有必要的。

对于早期来到美洲的欧洲移民来说，新大陆意味着什么？按照惯常理解，美洲应该是一个物产和资源丰富、充满机会和希望的新大陆，因此早期欧洲移民常被教科书描写成富有探险精神的英雄，他们漂洋过海到达美洲以开疆扩土。在英国殖民者到达美洲之前，欧洲人的想象中"发现新大陆"确乎代表着"知识、科学、军事力量、商业富裕"时代的到来，英国第一批到詹姆斯敦的投资者就抱着类似幻想。① 但是，对新英格兰的清教殖民者来说情况远不是这样。在《出使到荒野》中，佩里·米勒把马萨诸塞湾殖民地的建立解释为清教的一项自觉使命：完成与上帝的契约，更好地侍奉上帝，使后裔免受邪恶世界的迫害。因而，"一个被派遣为使者的社会不会希求其他的奖

① 比如，16世纪弗莱芒画家斯特拉达纳斯（Giovanni Stradanus）以积极热情口吻赞美新大陆发现。意大利韦斯普奇（Amerigo Vespucci）则把美洲描绘为纵欲的女性对象。而1563年法国里波特（Jean Ribaut）的美国则是充满黄金、白银、宝石之地，在英国引发了一股"佛罗里达狂热"。1585年约翰·怀特（John White）的美国则是物产丰富、充满吸引力、和平而富饶。他的描绘促进了1607年詹姆斯敦的建立。（David Bjelajac, *American Art: a Cultural History*, Laurence King Publishing, 2000, pp. 22-26.）

赏：它会去一个它从未去过的土地，社会关系将会保持如上帝最初确定的样子，没有内部的争斗，尽管会有艰苦的劳动，繁荣不是作为劳动的结果而是对使命本身赞同的标志"。① 正因如此，清教移民者一开始就没有把美洲看成是富饶和机会的应许之地，而是当成检验其意志和信仰的荒野。

清教徒"出使到荒野"观念来自《以西结书》。耶和华警告有罪的选民以色列人，要经历荒野洗刷其罪行并获得拯救："我必带你们到外邦人的旷野（wilderness），在那里当面刑罚你们。我怎样在埃及的旷野惩罚你们的列祖，也必照样刑罚你们。这是主耶和华说的"。② 荒野象征了罪人获救的手段和希望，这一点和加尔文主义的精神主旨是一致的。在这种观念启示下，1670 年塞缪尔·丹佛斯（Samuel Danforth）在马萨诸塞发表《对新英格兰出使到荒野的简要认识》，提出新英格兰不同于其他殖民地所在是基于宗教的追求："在上帝、天使和人类面前庄严宣称，你们离开祖国、父母，携妻将雏，跨越重洋，来到这荒凉的咆哮的荒野，为的就是遵循福音书的信仰和良心，敬拜上帝的旨意，绝不掺杂任何的俗愿和负担。"③ 从丹弗斯充满激情的话语可以看出这种"荒凉和咆哮的荒野"对他们来说是多么大的挑战。

现代人难以想象早期新英格兰人的生存环境究竟如何，我们可以通过当时人的描述感受一下那种生存环境和气氛。1620 年五月花号到达普利茅斯的时候，布拉德福德（William Bradford）记录了他对新大陆的感受，可以说代表了殖民地人的普遍感觉：④

他们能看到的只有可怕而荒凉的原野，到处是野兽、野蛮人和他们闻所未闻的事物。他们在皮格萨（Pigsah）山顶上，在满目荒原中看不到任何优美的农村风景来满足他们的希望。除了天空之外，无论眼睛转向

---

① Perry Miller, *Errand into Wilderness*, Harpers & Row, 1964, p. 6.

② 《圣经·以西结书》20:35-37。

③ 塞缪尔·丹佛斯（1626—1674），马萨诸塞罗克斯伯里（Roxbury）牧师，毕业于哈佛，诗人。1670 年发表《对新英格兰出使到荒野的简要认识》（*A Brief Recognition of New-England Errand into the Wilderness*）。

④ 威廉·布拉德福德（William Bradford, 1590–1657），马萨诸塞州普利茅斯殖民地的领袖，在约翰·卡弗死后担任领袖达 30 年之久。他撰写了传记《普利茅斯种植园》。

何方，他们身边的世界都不能给他们任何安慰。夏季来临，所有一切都披上了风雨侵蚀的面孔。整个乡村，丛林密布，充满了荒凉和野蛮的气息。①

北美移民多来自北欧和南不列颠的低地国家，到美洲后也住在低的平地地区以便从事农业和生活。偶尔有人到山上采摘和打猎。直到18世纪土著人还是布满东北森林，即使他们被驱逐后，森林和山地依然是山猫、美洲豹、熊的领地。所以早期居民害怕在荒野中被攻击和迷失，蛮荒的威胁是多样的：严酷的气候、疾病、瘟疫、野兽、饥饿。当然对清教殖民者来说，他们对荒蛮的理解并不仅仅是针对生存环境的。由于把生存和自然、宗教使命结合起来，他们的荒野有了更丰富的含义。威廉姆斯对此概括说：

新英格兰圣者被召唤的"咆哮的荒野"是现实的荒野、象征的荒野、外在的荒野和心理的荒野。这里是险象丛生的森林；这里是和以色列民去往迦南途经荒野的类似之物；这里是上帝选民的信仰不断被考验之地；同样重要的是，这是人类心理的荒野，这是有罪尊者在获得拯救之前心灵深处的咆哮深渊。②

荒野被看作到达迦南乐土和获得灵魂救赎必经的考验之地，新英格兰人对待自然的态度可想而知。不过这种观念也一度受到挑战。第一个挑战就是环境的变化。随着殖民地社会生产和商业的发展，荒野被农田、村镇和城市代替，原先的荒野生存感觉逐渐淡化。另外就是来自信仰的威胁，自从1660年查理二世复辟，殖民地的加尔文主义被英国政府限制，与之对立的教宗如阿米纽斯（阿米尼乌斯）教派（Arminianism）开始流行。③这些变化都使得清教信念面临瓦解的威胁。18世纪30-40年代的宗教大觉醒就是清教对这些变化的一种反应。

---

① William Bradford, *Plymouth Plantation*, 1620-1647. Ch. 9.

② David R. Williams, *Wilderness Lost: the Religion Origins of the American Mind*, p. 23.

③ 阿米尼乌斯（Jacobus Arminius, 1560 –1609），宗教改革荷兰神学家，阿米纽斯教派（Arminianism）创始人，莱顿大学神学教授，反对加尔文主义。因与霍马勒斯（Franciscus Gomarus）神学论争而知名。

乔纳森·爱德华兹（Jonathan Edwards）在 1741 年发表了《罪人在愤怒的上帝手中》的布道，根据圣经他把这个世界理解成"地狱"般的荒野，把美国人的目光和思考重新拉回到身边业已改变的大自然中。

清教的荒野观念为殖民地生存灌注了精神力量，但是这种信仰的本质是把荒野看成文明发展的对立物。殖民地人的宗教信仰是上帝之国，其现实模板却是欧洲文明，因而如何抵抗和消除荒野，把蛮荒之地改造成如画的、适宜人居的文化环境，是美国社会发展的主导线索。拓荒者与荒野距离如此切近使得不能产生任何的审美感觉，他们的态度是敌对的，最主要的价值观念是功用性的。最常用的文明和荒野对抗的比喻是军事，此时留下来的很多文本都把荒野比喻为要被拓荒者的"军队"攻克、制服、消除的"敌人"。第一个要消除的当然就是森林。1784 年英国旅行者史密斯（J. F. D. Smyth）撰写了《美洲旅行》，书中描绘了南卡罗莱纳和弗吉尼亚密布，"他们的森林遍布了整个国家，巨大伟岸的树木随处可见"，令人难忘的是，书中详细说明了殖民地人是怎样通过剥皮和火烧的方式快速、大片铲除森林的。作者推断，"像南卡罗莱纳这样的地区，美国人一周内砍伐的森林要比欧洲人一个月内做的还要多"。[1]只有砍伐森林才能为农业耕种开辟道路，伐木象征着文明向野蛮之地的挺进，因而森林就被看成是战场上的敌人，是消除和战胜的对象。

另外一种充满了危险因而需要消除和战胜的是野兽和野人。美洲森林就像中世纪的北欧森林一样被看成是布满了凶猛野兽和残忍的野蛮人的地方。需要指出的是，在早期殖民者的眼中印第安人是不被当作人看待的。早在 1600 年施特拉乌斯（Giovanni Stradano, or Stradanus）就把印第安人描绘成和野兽为伍的野蛮和性欲旺盛的食人族，欧洲人则以上帝的权杖显示其征服行为的必要和正义（图2.4）。英国殖民者的到来意味着对印第安人种族灭绝的开始。[2]这些在

① John Ferdinand Smyth Stuart,（1745-1814）. *A tour in the United States of America*, London, printed for G. Robinson; J. Robson; and J. Sewell, 1784.

② 比如 1637 年，康涅狄格殖民地的清教徒在指挥官安德希尔（John Underhill）和梅森（John Mason）领导下发起了对佩克特（Pequots）族有防御的村庄种族清洗的活动，四百多妇女、儿童、老人几乎无一幸免。

图 2.4 │ 施特拉乌斯《阿美利加·韦斯普奇唤醒正在睡觉的美洲》(1600)，华盛顿 D.C.，富尔杰（Folger）莎士比亚图书馆

图 2.5 │ 约翰·加斯特《美国进程》(1872)，布面油画，45.1 cm×54.6 cm，洛杉矶美国西部博物馆

清教历史上发生的看起来匪夷所思的事件体现了他们的荒野观念：佩克特以及其他土著美洲人并不是上帝创造的人类，他们和"魔鬼或邪恶力量"等量齐观，清教徒有目的地屠杀儿童和怀孕妇女是为了破坏佩克特人的潜能和繁殖力。[1]

正是在对荒野的贬抑和铲除中，殖民者树立了要把蛮荒改造成田园的理想。《创世记》中上帝命令人要改进、战胜土地，要统治一切生存之物，这几乎注定了荒野的命运。[2]1629 年温斯洛普（John Winthrop）指出，远离文明来到荒野的目的是要"改造、繁殖、补充和征服这块土地"。[3]直到 19 世纪，随着美国领土迅速扩张到中西部，新的荒野殖民运动开始，这种根据宗教含义解释殖民意图的观念依然强盛。1845 年奥苏利文（John L.O'Sullivan）在《美国杂志和民主评论》中提出了"天定命运"（Manifest Destiny）的观念，认为美国向西部的荒野之地扩张领土和文明，这不仅仅是经济和利益的考虑，而是显然的、不可避免的神圣使命。1872 年加斯特（John Gast）创作的一幅《美国进程》(图 2.5)形象化地表达了这种观念。画面中代表东部殖民地的哥伦比亚女神领导着文明和殖民者向西部荒野进发的情

---

① David Bjelajac, *American Art: a Cultural History*, p. 31.

② 《圣经·创世记》1:28

③ 约翰·温斯洛普（1587-1649），早期清教律师，曾任马萨诸塞湾殖民地领袖 20 年。其"山巅之城"观点在殖民地深有影响。(Roderick Nash, *Wilderness and the American Mind*, p. 31.)

景，西部的土著美国人和野兽闻风而散，大地上左边荒凉、阴郁的野蛮之地逐渐被右侧怡人的田园美景代替。① 在这种情况下，荒野本身很难成为审美的对象，对荒野的文学和艺术的表现需要当这种贬抑的态度发生改变的情况下才有可能出现。

3."应许之地"：对荒野的颂扬

美国人的荒野态度何时发生变化？学者将这一转变一般定位在1800 年左右，也就是美国建国后和开始西部扩展的时候，而这也是美国宗教文化从加尔文主义向超验主义转变的时期。美国独立对这一转变显然有重要影响。纳什指出："美国独立之后，国家主义就开始探究美国自然的意义。一开始他们忽视荒野景色，而是关注一些非同寻常的特定自然景色；当认识到可以利用自然环境来显示自身的独立性，美国人很快就开始为本国自然辩护来对抗欧洲人的恶意中伤了。"确实，从欧洲殖民地变成一个有着统一主权和文化身份的独立国家，这种转变对美国荒野态度变化起到了根本的推动作用。卡里克特（J. Baird Callicott）把这一转变简要地表示在下面图表中：②

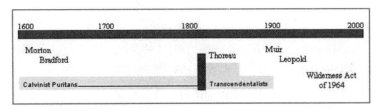

荒野观念在 1800 年左右的转变

① 哥伦比亚是一个新的拉丁地名，以女性化的形象开始作为东部殖民地的象征，后逐渐变成美国的另一个代名词。以哥伦比亚代表"欧洲在美国的殖民地"首现于 1738 年，在爱德华·凯夫（Edward Cave）的《绅士杂志》（*Gentleman's Mgazine*）。和 America 类似，该名称是以新大陆发现者哥伦布的名字转变为相关地名。1776 年，它以新古典主义的艺术趣味被拟人化为女性神的形象。

② 卡里克特，南德克萨斯大学哲学和宗教学教授。该图表来自研究论文《美国荒野运动的清教根源》。（J. Baird Callicott, & Ybarra, P., *The Puritan Origins of the American Wilderness Movement*, paper for the National Humanities Center, 2001.）

这一图表表明了 1800 年前后在荒野观念变化中的分水岭地位。之前观念主要来自加尔文主义的清教作家，后者则转变为超验主义哲学家；前面的早期代表人物有布拉德福德（William Bradford）和非清教人士莫顿（Thomas Mort），后面的代表人物则是梭罗和环境保护者穆尔、利奥波德（Aldo Leopold）。这一线索解释了美国风景画在 19 世纪迅速崛起的原因，其原因正在于美国建国引发的国家主义热情和美国社会荒野态度的重要转变。

不过，颂扬和审美态度并不是像社会革命般一夜之间突然发生的，而是有着更深刻的根源。表中提及的莫顿就是一例，他是一位很早就表达了荒野审美情感的新英格兰殖民者。[1]1622 年莫顿首次到达新英格兰，之后建立了玛丽蒙特殖民地，他的殖民地中出现了与清教不同的价值观和生活方式。在《新英格兰迦南》中，他叙述了在殖民地建造住所的时候被大自然之美激发的欣喜之情：

> 我们的房屋还在建造的时候，我就开始打量这块土地：越是观看，就越加喜欢。我常常寻思这块土地美丽之所在。我相信，以其所拥有的品格，所有我曾了解的这个世界其他地方都无法与之匹敌……在我眼里，这里是大自然的杰作；如果这里不会富裕，整个世界都将贫穷。[2]

虽然没有具体描述新大陆美在何处，但他对这块土地的欣赏和满意之情溢于言表。当然，这种赞美还有更早渊源。比如前面提及的16 世纪欧洲写作者，他们就曾经把美洲看成充满了富饶、希望和机会的新大陆。这种观念对清教殖民者也有影响，而这正是他们不畏艰险、远涉重洋的一个原因。可是美洲荒野的残酷现实改变了清教殖民者的态度。莫顿显然与此不同，作为反对清教伦理和政治的"异端"人士，他的荒野态度是耐人寻味的。荒野对人激发起的感受是因人而

---

① 托马斯·莫顿（Thomas Morton, 1579—1647），英国德文郡（Devon）人，律师、作家、社会改革家，建立了玛丽蒙特殖民地。他反对布拉德福德殖民地的严酷法律、对印第安人的隔离和迫害，在玛丽蒙特采取不同政策，坚持不同的价值观和发展道路。多次受到清教监禁和迫害，后来在英国通过法律与清教斗争。1637 著有《新英格兰迦南》（New English Canaan），影响甚著。

② Thomas Morton, *New English Canaan*, Book II, Ch. 1, 1637.

异的。莫顿和布拉德福德态度迥异的荒野情感正在超越自然，创造出一种心理的荒野。换句话说，"荒野"不只是一种客观现实，更是一种心理感受，一种特定的自然价值观念的体现。

实际上，清教徒的荒野态度也不总是贬抑的。清教思想家把大自然看作可以改变的对象，认为大自然荒野最终要被文明所取代，理想迦南要通过人们的双手在世界中呈现。与此同时，他们希望保持心理中的荒野感觉和观念，以便能惊醒有罪者和唤起作为上帝选民的使命。清教对荒野态度的明显改变可以推到宗教大觉醒时期的爱德华兹。①爱德华兹改变了过去人们对荒野的恐惧，把神的价值和品质赋予自然，在"深山和旷野"的独居中体验到基督存在的异象：

> 神的优美、智慧、圣洁、慈爱似乎表现在每一事物中：在太阳、月亮和星辰中；在白云和碧天中；在花草树木中；在流水和整个自然中……以前最叫我惊恐的迅雷闪电，如今倒是诸般自然中最使我感到美妙的。以前每逢我看到有雷雨时，我就大为恐惧，一听见雷声，就恐怖非常；如今迅雷闪电反叫我欣喜快乐。②

佩里·米勒评价爱德华兹"既是清教的孩子，也是荒野的孩子"，这种评价触及了清教荒野观念转型的关键问题。③爱德华兹荒野态度的转变和他对当时自然科学发展的关注有关。牛顿和其他科学家发现的大自然秘密被他理解为上帝造物伟力的体现，因而对大自然和谐、美的欣赏就是对上帝的赞美。可以看到，荒野在爱德华兹思想中正在从禁欲主义向超验主义的自然美学悄然过渡。

19 世纪是荒野态度根本转变的时代。独立后的美国需要用文化作为联系民族统一性的纽带，大自然就成为最好的载体。1781 年托马斯·杰弗逊（Thomas Jefferson）在《关于弗吉尼亚的发言》中首次

---

① 乔纳森·爱德华兹（1703—1758），至今仍被认为是美国最出色的神学家，是 18 世纪美国大觉醒运动的领导者，也同时被视为美国哲学思想的开拓者。

② 见乔纳森·爱德华兹的《一种人生》（George M. Marsden, *Jonathan Edwards: a Life*, Yale University Press, 2003）。

③ Perry Miller, *Errand into Wilderness*, p. 153.

对美国风景作了正式的描述：欧洲风景的特征是充满历史联想和文化的痕迹，而美洲的自然却是原始的蛮荒。[①]这种对本国自然特征的正面描述在 1790 年之后越来越多了。1797 年《美国世界杂志》宣称它将刊登风景插图"以描绘我们自己国家的自然美景，我们将证明世界上没有其他地方能像我们国家这样，在美洲的浪漫主义荒野中，拥有如此奇特而壮丽的自然美景"。[②]在这种情况下，人们会很容易联想到，美洲风景的原始和纯洁是新的、充满希望的美国国家的绝佳代表，它甚至可以从神学角度理解为上帝造物的表现，从而被赋予神圣的含义。这种对美国自然内在意义的阐释是在 19 世纪早期并不罕见。如诺瓦克所说："在美国 19 世纪早期，自然离不开上帝，上帝也离不开自然……甚至连美国最正统的天主教也被迫扩大它的教义来适应一种基督教化了的泛神论。"[③]

这种对自然的神话是和 19 世纪美国国家主义的兴起相关的。除了内战时期，美国 19 世纪整体上是持续不懈的西部勘探和扩张的历史。19 世纪之前，美国领土只是局限于东部沿海和阿巴拉契亚山脉以东的地带。1803 年《路易斯安纳购买案》把美国版图扩张到密西西比河以西的广漠土地（图 2.6）。1804 年路易斯 - 克拉克开始在政府支持下西部考察活动。[④]1825 年伊利运河（Erie canal）开通，开辟了美国东部到达中部的水上航道。1828 年杰克逊当选总统，进一步扩大了西部扩张运动，1830 年马车队首次跨越了落基山……

弗里德里克·特纳曾这样概括美国西进的历史："美国社会制度的特点是，它们必须适应社会不断扩张的变化——穿越大陆，征服荒

---

① 杰弗逊《关于弗吉尼亚的发言》，1781 年第一版，1872—1872 年修订版，是 1800 年前出版的关于美国风景和社会的重要著作。（Thomas Jefferson, *Notes on the State of Virginia*.1781,1785.）

② Matthew Baigell, *A Concise History of American Painting and Sculpture*. Happer & Row, Publishers, p. 59.

③ Barbara Novak, *Nature and Culture: American Landscape and Painting, 1825-1875*, p. 3.

④ 即 "Lewis and Clark Expedition"，由杰弗逊政府在 1803 年购买路易斯安那之后促成的考察队。美国政府支持的西部考察比较大的有四次。内战前的主要目的是军事性的，关注领土争端问题。内战后的主要目的则是调查自然资源、殖民、旅游，等等。1867-1879 年的"大勘探"（Great Surveys）涉及地域极为广阔，跨越了西部所有的荒野地带一直到达太平洋沿岸。

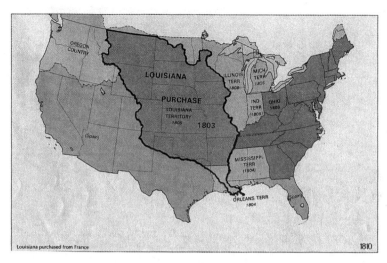

图 2.6 ｜ 1803 年《路易斯安那购买案》对美国版图的影响

野，在此过程中把边疆荒野之地改造成文明化的城市生活。"① 不过他没有说明的是，正是在这种文明对荒野的征服中一种独特的荒野价值和审美兴趣产生了。路易斯—克拉克探险队目的既是科学的也是商业的：研究西部的植物、动物、地理，同时发现如何进行经济上的开发。1820 年到 40 年代，大多数地方州政府都开始对当地自然进行勘察。其勘察结果引起了国际注意，这是因为他们发现在地质学上"美洲比欧洲更古老"，"是第一个从大地深处凸起来的大洲"，② 这极大促进了美国人的国家自豪感。1853 纽约世界博览会上美国专门设立展厅展出美国的各种动植物和矿产资源标本，声称"美洲资源比世界其他都要丰富……美国注定要成为世界上最强大的国家"。③

　　为了更直观地记录自然景观，西部考察活动一般会有制图师、画家、后来还有摄影师同行，这使得西部扩张一开始就具有视觉和审美体验的特征。考察、殖民、旅游促进了对美国风景的兴趣，这促使一

① Frederick Jackson Turner, "The Significance of the Frontier in American History", in *The American Landscape: Literary Source and Documents*, Vol. 1, p. 543, Helm Information Ltd., 1993.
② Virginia Lee Wagner, *The Idea of Geology in American Landscape Painting, 1825-1875.* University of Delaware, 1987, p. 118.
③ 同上，p. 119.

系列以"如画美国"为主题的风景版画出版和流行。1807年，费城《公文包》(*Portfolio*)杂志开始刊登美国风景的文章和插图。1820年版画集《美国如画风景》宣称将表现"我们神圣的高山…无可比拟的宏伟的瀑布，西部森林的野性的伟大……它们是世界上任何国家的风景都不能匹敌的"。① 另一部《插图版美国风景》也以类似的方式为美国荒蛮风景辩护："美国风景的野性和浪漫气息不亚于世界上任何其他地方"，特别是"它的森林是如此新鲜，来自上帝造物之手，毫无疑问是举世无双的"。② 这种背景下，文学家和艺术家对自然发生审美和描绘的兴趣是十分自然的。1823年开始库柏创作了以美洲荒野为背景的《皮袜子故事集》。1832年在去大平原的旅途中，华盛顿·欧文发现了西部无边森林的宏大和神圣，把这比喻成在欧洲天主教堂里体验到的感觉。而布莱恩特，在去伊利诺斯的时候，被如画美景所震撼以至于写下《大草原》(*The Prairies*)的诗篇来赞美这"荒野中的花园"。③ 1846年，梭罗在缅因荒野中感叹"一种超乎想象的严酷和野性，一种深深的内在的荒蛮"，这激发了他对荒野的哲学沉思。爱默生的自然哲学则在更广泛意义上赋予自然以神圣的精神属性："自然最高贵的一面游荡着上帝的幽灵，通过它宇宙精神和个体获得了交流。"④

对荒野消失的担忧从反面表现了对荒野价值的认可。早在1812年就出现了"由于工厂的建立从而破坏了大自然景色的抱怨"。⑤ 随着人口和工业发展这种担忧变得愈加强烈。鸟类学者奥杜邦(John James Audubon)自1818年到俄亥俄山谷考察时发现了对森林的破坏，在"斧头和机器的喧嚣中森林在迅速的消失…这些贪婪的工厂在预言一个悲哀的故事:不出一个世纪，那些高贵的森林将不复存在"。⑥ 科尔也是荒野消退的担忧者。他在1841年一首题为《悲悼森林》

---

① "Picturesque Views of American Scene", Philadelphia: M. Carey & Son, 1819-21, quoted from Nash, *Wilderness and the American Mind*, p. 71.

② Roderick Nash, *Wilderness and the American Mind*, p.71.

③ Kenneth James LaBudde, Ph. D. *The Mind of Thomas Cole*, University of Minnesota, 1954, p. 19.

④ Ralph Waldo Emerson, *Nature*.

⑤ Matthew Baigell, *A Concise History of American Painting and Sculpture*, p. 60.

⑥ John James Audubon, *Delineations of American Scenery and Character,* Francis Hobart Herick, ed., 1926, pp. 9-10.

（*Lament of the Forest*）的诗中以拟人化的口吻写道："我们的厄运就要
来到：从东往西看去，天空已经被升起的浓烟遮蔽。每一座山丘和山谷都在变成贪欲的祭坛。"①1847年画家克洛普西（Jasper F. Cropsey）表达了同样的担忧："文明之斧忙于砍伐古老森林，能工巧匠正在扫平幼小家园的残骸……曾经是红族人居住的未开化的如画般居所和野鹿逡巡之地，正在变成商业营业所和工厂主的座椅。"②正是最初在艺术家和作家对荒野消退的哀叹中萌生了荒野保护的观念。

了解美国荒野态度变化不仅有助于理解美国风景画发生的背景，还可以理解美国风景艺术表现的一些特殊之处。最重要的特征之一就是：美国风景画和美国社会的荒野体验和观念密不可分。19世纪欧洲风景画家无论表现田园还是荒野虽然和画家本人的自然体验不无关系，但其兴趣的主要来源恐怕是一种文化记忆的追溯或艺术变革的策略。美国则有所不同，艺术家和荒野的真实接触超过了其他社会经验的重要性。美国荒野的另一个特征是，荒野趣味不是单纯的审美性的，而是和美国独特的社会思想观念相关：其独特的民族（国家）主义、清教传统、超验主义哲学以及方兴未艾的自然科学。因而对美国风景画的解释中必然要联系这些多义的文化背景和思想根源。另外，美国风景画对荒野的表现是在变化的，它所反映的荒野态度、自然感觉同样也是在变化的。荒野体验从殖民地时代到建国之后，以及在19世纪整个历程中都在发生变化。风景画从浪漫主义的蛮荒想象到自然主义的荒野描绘，然后随着荒野被文明替代后艺术家心灵中残存荒野情感的微妙表达，都是荒野变动性的生动体现。

二、荒野图像的文化历史语境和表现倾向

前面研究了美国文化中的荒野观念，这一节将转到与图像关系更

---

① Thomas Cole, "Lament of the Forest", *Knicherbocher Magazine*, 17, 1841, pp. 518-519.
② Barbara Novak, *Nature and Culture: American Landscape and Painting. 1825-1875*, Oxford University Press, 2007, p. 5.

123

加密切的方面，对"荒野风景画"的语境和表现形式作进一步分析。①

其一，概念语境。使用"荒野"描述美国风景画暗含着一个问题：凭什么说美国风景画是"荒野的"而不是"田园的"？学者对这一问题是有争议的，因此需要通过对这些观念进行辨析，从而确定"荒野风景画"概念在美国艺术中的真实性。其二，社会审美语境。风景画创作和繁荣不是孤立之物，它需要其他艺术如文学的启发，需要社会赞助和批评的机制，教育和普及的机构，这些在 19 世纪的纽约都是十分真实地存在的。这些因素都有促使艺术家转向荒野趣味的倾向。不理解这些背景和条件，就无法理解荒野风景发生的现实状态。其三，荒野旅游。有什么事件可以证明美国人和艺术家对荒野自然发生了欣赏和表现的热情？在 19 世纪二三十年代的纽约，那就是荒野旅游。这可能有点类似 18 世纪到 19 世纪英国的湖区旅游，不过美国的荒野旅游不是英国的翻版。从盛行一时的荒野旅游中我们可以了解荒野趣味流行的审美语境和风景画创作的悄然转向。其四，表现倾向。将从整体上概述荒野风景的各种表现形式，为后面章节的具体展开作一铺垫。

1."哈德逊河画派"：田园和荒野之辨

在对美国自然体验和荒野文化的梳理中，可以推断"荒野性"必然会影响到美国风景画，进一步说，正是这种荒野性使这种艺术具有了美国特征。但是，实际上美国画家并不总是描绘荒野，而是在不同情况下也描绘田园，甚至一件作品中既有荒野因素，也有田园因素，同一幅画面中包含有两种感觉的混合。这种状态对艺术史家也产生了影响。比如学者很少用"荒野"一词来描述美国风景画，有的甚至受其所见作品误导，作出美国风景是一种"田园"趣味的结论。虽然这种论断在学术界并不多见，但它的存在确实体现了美国风景画风格的复杂性。那么，美国风景画到底是田园还是荒野？如何看待学者描述哈德逊河画派风景画特征时的含混性甚至"误读"？回答这些问题有

---

① 本节使用"语境"一词，主要指美国风景画发生的外部条件。对此本书讨论了概念语境、社会审美语境、荒野旅行三个主题，从观念和社会等方面梳理了荒野风景画发生的背景和条件。

助于确立以"荒野"讨论美国风景画的必要性。

本研究涉及的艺术家大多属哈德逊河画派之列。[①]"哈德逊河画派"是概括 19 世纪美国风景画最常用的一个词，指的是大致从 1825 年到 1875 年之间活跃在纽约和哈德逊河流域（其活动和描绘领域后来扩展到其他地区）的一些风景画家。它开始的标志是，1825 年被誉为该画派开创者的托马斯·科尔在纽约崭露头角；该画派思想观念的奠基者则是阿舍尔·杜兰德；该画派发展的顶峰是所谓的哈德逊河画派第二代画家，即 1848 年科尔早逝之后涌现的如丘奇、比尔斯泰特（Albert Bierstadt）、肯赛特（Tohn F. Kensett）、克罗普西、惠特来支（Worthington Whittredge）、莱恩、海德等一大批画家，他们的艺术掀起了民族风景画的热潮。第二代风景画流行一直延续到内战结束。从 1875 年开始，哈德逊河风格开始衰退了，一个重要的原因是从法国、德国学习的年轻画家回国，带来了注重色彩视觉效果和情感表现的国际风格。需要说明的是，19 世纪后期有一些本民族画家继续描绘美国风景，但其表现手法超越了哈德逊河画派范畴和风格，比如落基山画派的莫兰、描绘缅因海岸的霍默、色调主义画家因尼斯（George Inness）等，他们把表现主观感受和描绘美国自然景观结合起来，代表了本民族风景画的新发展，因而在讨论荒野中也需要给予关注。

作为民族艺术的代表，"哈德逊河画派"自然应该从本国风景特质："荒野"给予解读。但是，由于画家和评论家时常在"荒野"和"田园"之中摇摆，有些甚至忽视了荒野对于"民族画派"的重要性从而得出相反的结论。比如 1979 年《美国艺术词典》的"哈德逊河画派"词条就给出了模棱两可的解释。一方面，它注意到了画家的荒野趣味：他们喜欢去的（写生）环境有尚未被殖民者触及的荒野环境；有刚刚出现农村迹象的河流、溪谷、崇山和森林……有数里之外全景式的大山和峡谷的协奏曲；也有目光所及的近处景色。另一方面，在考虑表现

① 除了哈德逊河画派，本研究还涉及了 19 世纪早期移民画家的如画风格作品、民间地形学风格风景画、透光风格、内战后色调主义、欧洲移民画家、落基山画派等各种不同的风景画家和风格。不过，哈德逊河画派在本研究中占据主要地位。该词"哈德逊河画"最早使用者并不确定。一般认为最早使用该词者是《纽约论坛》艺术评论家克拉伦斯·库克（Clarence Cook）或者风景画家霍默·马丁（Homer D. Martin）。该词开始是批评性的，是巴比松风格开始流行的时候对老风景画风格贬抑的称呼。

手法时作者指出："尽管大多数哈德逊河画家基于对美国风景的直接观察，他们的构图却经常沿用欧洲宁静、平衡的克劳德·洛兰模式，或者更加戏剧性的萨尔维特·洛萨类型"。①在作者看来，美国风景是复杂多样的，荒野作为表现对象对艺术效果似乎没有特别的影响；美国风景画的整体风格要归之于整体上的"宁静"和"平衡"，而这主要来自欧洲风景传统的影响。很明显，作者没有意识到美国独特的自然景观和自然体验对风景画的重要制约作用。2007年安·摩根（Annlee Morgan）在《美国艺术和艺术家牛津词典》中同样忽视了荒野特性，甚至称之为田园风景：

> 典型的哈德逊河风景画描绘美国东北部特别是纽约州和新英格兰的纯洁风景……景色或者切近，或者宽广，常常包含植被、岩石、云彩等特征，经常以细密笔触描绘丰富细节。光线受到仔细处理，但被控制以达到和谐和超验效果。风格上来说，尽管一些作品包含了未被触及的大自然的恐怖的平静，这些绘画的气氛是田园的和诗性的。②

文中讨论了哈德逊河画派描绘对象——纽约和新英格兰风景，其景色的切近、宽广、细腻、和谐等特征无疑都是正确的，她所提及的"未被触及的大自然恐怖的平静"也是很准确的；不过奇怪的是，作者依然得出"田园"和"诗性"的结论。一边强调美国风景画的田园性和抒情性，一边承认画家描绘大自然的原始和恐怖，这种看上去自相矛盾的看法在美国学界并不罕见。

那么，对"荒野"和"田园"关系混淆和淡化说明了什么？在这种观念背景下我们又该如何理解美国风景的荒野特质？对此很有必要做一概念上的辨析。

首先，要认清"田园"在美国风景画中的性质。

19世纪美国风景画中确实存在着田园趣味和风景。但是和欧洲不同，这种趣味在美国不是主导的，而是次要和参照的。美国人有着

---

① Matthew Baigell, *Dictionary of American Art*, Harper & Row, Publishers, 1979, p. 174.

② Ann Lee Morgan, *The Oxford Dictionary of American Art and Artists*, Oxford University Press, 2007, p. 233.

几百年的荒野体验，如何表达这种体验却没有现成的传统。为此艺术家不得不从欧洲寻求可以借鉴的资源。就风景画而言，最重要的来源无疑是田园风景。即使在浪漫主义兴起的时代，克劳德田园风景在欧洲和英国依然有影响力，它仿佛提供了后人难以企及却争相效仿的范本。另外一种传统则是田园模式在英国的变体——如画模式。虽然加入了一些荒野要素，如画依然保持着田园的基本格局。这些传统的影响是很大的，这种影响即使在画家描绘荒野景观的时候也能体现出来。18世纪末和19世纪初，美国画家对风景画传统的理解主要就是这种模式。当时有很多版画、插图、油画从英国传入美国，其风景多为田园模式或如画模式。一些移民美国的名不见经传的风景画家也常常模仿这些传统风格。因此，当科尔等画家开始观察和表现真正的美国荒野时，田园模式依然是他们心目中难以抹杀的印象和参照物。实际上，田园既是美国画家效仿的模板，也是他们改造和超越的对象。

这种状况对普通民众、艺术评论者、收藏者来说也是一样的。对大众而言，美国是一个没有文化的蛮荒之地，真正高雅的艺术是欧洲传统的古典艺术。因此，欣赏田园风景，或者用田园模式观察美国大自然，就像英国人利用"克劳德镜片"观察英格兰北部湖区一样顺理成章。由于这种原因，哈德逊河画派画家在不同时期会表现出两种不同的审美追求。我们可以看一看科尔的两幅作品，一幅描绘纽约北部卡兹基尔山区风景（图2.7），另一幅描绘的则是意大利风景（图2.8），二者的画面结构和给人的心理感受是十分不同的。前者是一派幽深、孤寂的荒凉山谷和峭壁，加之阴郁的天空、银白的水帘和岩石的暗影的强烈对比，给人一种神秘而恍惚的时空感觉。这是典型的科尔式荒野，其气氛和结构与田园毫不相干。《意大利风景》显然是画家对田园模式的模仿，小树林、平原、煦暖的阳光、音乐、牧人等是阿卡迪亚主题常见的题材。截然不同的两种审美意境出现在同一个艺术家的笔下，这种现象确实耐人寻味。它们表达了画家在不同情境下不同的审美选择，也表达了不同含义：荒野表达的主要是一种真正的自然体验和民族情感；而田园则更多的是为了满足公众的审美趣味，和偶尔为之的附庸风雅之举。其次，要把握荒野在美国风景画中的主导地位。

图 2.7 | 托马斯·科尔《卡特斯基尔瀑布》(1826),109.2 cm × 91.4 cm,塔斯卡卢萨海湾造纸公司华纳收藏

图 2.8 | 托马斯·科尔《意大利风景》(1839),88.90 cm × 34.62 cm,纽约卡兹基尔国家历史遗址博物馆

　　尽管有上述种种因素制约,美国画家对本国风景特征的体认却是更加重要的因素。如弗莱克斯纳所说,作为"民族画派"他们要表达的是本民族的"共同体验和理想",因而要描绘本国独特的、虽然并不宜人的风景。[1]19 世纪中期的风景画家和文学家已经能够辨别美国风景的独特之处,也在强烈的内心矛盾中努力摆脱传统束缚、改变表现手法,其目的就是创造新的艺术。惠特来支曾经回忆自己从欧洲回国,面对纽约的卡特斯基尔森林时的纠结心态:

　　这是我生命中的关键时刻。对我来说,完全忘记在欧洲见过的大师风景画是不可能的;但是我清醒地知道,要想成功我就必须在家乡环境的启发下创造一种新的艺术。我处于绝望之中……在卡特斯基尔我独居数月,这里的风景和我在欧洲几年看到的是多么的不同!这里的森林是一片片腐朽中的巨木和混杂的丛林,遍地都是无人采集的柴草,混沌般的原始森林中除了遍布的静穆之外一无所有……[2]

---

① James Thomas Flexner, *That Wilder Image: The Painting of American Native School from Thomas Cole to Winslow Homer*, p. 5.

② 同上, p. 268.

在他看来，用"田园"解读本民族风景是不可思议的。力图表现本民族自然感觉不只是惠特来支的感受。笔者发现，尽管19世纪美国的荒野不断向文明让路，但大多数"民族风景画家"都是选择那些人迹罕至的蛮荒之地旅行写生。先是到新英格兰地区的哈得逊河谷、怀特山、乔治湖，然后向西挺进到尼亚加拉、落基山、科罗拉多大峡谷，有的则跨出国门到更加荒蛮的南美安第斯和邻近北极的纽芬兰拉布拉多。荒野作为风景画主题贯穿了哈德逊河画派的始终。直到1875年开始在巴比松和印象派的影响下，淡化了田园和荒野之分的"文化风景"才逐渐流行。即使这样，有些独立的民族风景画家依然坚持荒野主题。总之，荒野在美国风景画中的主导地位是毋庸置疑的。

最后，要在田园的参照系中理解美国风景画的荒野特征。

新近的学者越加注意到哈德逊河画派和本国自然体验之间的关系：这一画派反映了19世纪美国社会发展的主题——发现、探索和殖民；其艺术以写实的、细腻的、有时候理想化的方式描绘美国自然。[1]他们的主题是荒野，但并不排除田园；崇尚崇高，并不抛弃优美。在不少作品中，他们甚至把荒野和田园并置在一起，从而产生强烈对比和令人惊异的效果。这种荒野和田园组合的类型也恰恰反映了美国荒野体验的核心之点：荒野和文明此消彼长的关系以及二者并行不悖、和谐共处的局面。从矛盾到和谐体现了荒野态度的微妙改变。关于这一点可以对照一下科尔的《U形河》（图2.9，图3.13）和比尔斯泰特的《塞拉内华达山脉之间》（图2.10）。前者令人印象深刻的是，画家把左侧的荒野景色：丛林、枯树、山顶以及乌云和风雨，和右侧田园景色：草地、良田以及明媚的阳光和色彩并置在一个画面中。从这种戏剧性对比我们就能看出，画家心目中"荒野"和"田园"两种观念矛盾是多么的强烈。后者是比尔斯泰特西部探险回来后的作品，主题是为了表达殖民地人尚未涉足的落基山蛮荒之景：崇山峻岭、野兽出没。然而画家把这种荒野理想化了：近景的大片草地和的清澈湖水如同田园般优美和谐。这种田园气息与远景的蛮荒崇山形成强烈对比，

---

[1] 随着美国传统艺术研究的开展，学界对美国风景画荒野特征的认识也在不断深化。更多的艺术史家开始注意和强调美国风景画中的荒野性。我们可以在近些年关于哈德逊河画派的论文、著作、网络（如艺术词典和维基百科词条）文章中看到这种趋势。

图 2.9 | 托马斯·科尔《从北安普顿霍利约克山看到的风景—暴风雨过后—U 形河》（1836），130.8 cm × 193 cm，纽约大都会艺术博物馆（见彩图）

图 2.10 | 阿尔伯特·比尔斯泰特，《塞拉内华达山脉之间》（1863），183 cm × 305 cm，史密森美国艺术博物馆（见彩图）

产生了震慑人心的效果。田园和荒野的混合以及荒野景色的理想化有助于观者心理上产生亲近感，消除西部风景给人的陌生感，近景田园起到过渡的作用把观者引入到中景荒野中。

考察田园和荒野关系有助于辩证地理解美国风景画特征。在哈德逊河画派的艺术中，虽然田园不能表现真实的美国体验和美洲自然，但荒野需要以田园做补充和映衬，这样就能获得某种理想化的画面情境，同时显示自身的审美特征。显然，田园只是画家美化荒野的工具，而非创造古典的田园美景，这一点是讨论美国风景画荒野特质的关键。

2. "自然的国家"：社会和审美语境

如前所述，美国文化中确实存在着一种持续的荒野观念，但只有这一点并不能解释荒野风景画发生的直接原因。艺术毕竟是艺术家个体活动的结果，与艺术家密切联系的生活和环境对其影响可能比一种潜在的自然观念更为直接。这些因素包括社会政治经济背景、生活条件、艺术界、艺术市场等，它们共同组成了画家身处的一种综合的社会和审美语境。

19 世纪是美国社会和艺术气氛发生重大变迁的时代。从政治上来看，这个时期杰克逊开启了美国的民主政治，或者说如李·本森

（Lee Benson）所说的"平等主义时代"，它以美国西部大规模垦荒和扩张为特点，还伴随着南北逐渐走向分裂和内战。[1]从宗教上看，殖民地时代的清教传统已经不能作为社会思想的代言者，但它的自然神学观念在这个时期逐渐转移到一种新的哲学——超验主义。美国文学和艺术在这一时期开始繁荣，进入了所谓的"美国文艺复兴"或"新英格兰文艺复兴"时期，出现了一批知名的思想家、文学家和作家。[2]这些因素共同作用的结果，则是自然——尤其作为"荒野"的自然，在美国人的精神生活中扮演了越来越重要的角色，美国人甚而称自己的国家为"自然的国家"，这种观念最终在风景画中表现出来。[3]

"自然的国家"（The Nature's Nation）是对这一时期美国社会和审美语境的恰当概括。笔者认为，用自然理解美国国家意味着荒野体验、观念、审美趣味在社会生活中扮演了重要角色，也意味着国家理念可以在描绘自然的艺术中得到传达和象征。西部扩张显然指的是国家在挺进西部蛮荒之际获得的版图膨胀，而南北分裂则是国家扩张过程中政治观念分歧的恶化。在此过程中美国风景画迅速繁荣，它不仅记录了美国社会与大自然之间关系的变迁，也提出了国家必须保持统一的理由：美洲荒野是美国各州文化的共同发源地，它基于宗教的神圣性象征了美国作为"自然的国家"的完整和统一。

---

① 对杰克逊时代民主政治学界多有争议。李·本森在《杰克逊时代的美国社会、人性和政治》中建议用"平等主义时代"描述 1825 年到内战前的时期。该时期是美国两党政治开始的时期：民主党和辉格党。18 世纪 30 年代，民主党在杰克逊时期获得了迅速壮大和发展，在 1828 年到 1860 年间，它是美国举足轻重的大党，五次获得总统选举的胜利。但是这一时期，民主党受到南方种植园奴隶主的控制，主张自由贸易政策、维护和扩大奴隶制扩展到新州。由于与奴隶制问题紧密纠缠，民主党被认为是奴隶制度的保护伞。可参见黄兆群"再谈有关杰克逊民主的美国史学"，载《山东师范大学学报》，1987 年第三期。

② 这时美国文坛由一批新英格兰作家所主宰，其中著名的有朗费罗、霍姆斯（O. W. Holmes）以及洛威尔（J. R. Lowell）。这一时期最有影响力的是超验主义作家，包括爱默生（Emerson）、梭罗（H. D. Thoreau）。此外，还出现了一些伟大的富有想象力的作家，如霍桑（Hawthorne）、梅尔维尔（H. Melville）、惠特曼和爱伦·坡。美国文艺复兴是内战之前美国的文学繁荣时期。这次文艺复兴以爱默生、梭罗、霍桑以及梅尔维尔的作品为代表。主要作品是霍桑的《红字》（The Scarlet Letter）（1850），梅尔维尔的《白鲸》（Moby-Dick）（1851），和惠特曼的《草叶集》（Leaves of Grass）（1855）。美国文艺复兴被认为是浪漫主义的继续，尤其在爱默生的超验主义哲学中得到展现。

③ Angela L. Miller, *American Encounters: Art, History, and Cultural Identity*, p. 241.

历史学家特纳的边疆理论也可以理解为"荒野国家"理论，因为他把边疆理解为"野蛮和文明的交汇点"，而荒野塑造了美国国家的性格。美国社会发展在边疆之地回到了原始荒野，它所包含的再生、流动、机会和原始社会的联系孕育了美国人的性格。同时在这种荒野生存中，美国民主也产生了：

> 边疆对美国民主有重要影响。边疆产生个人主义，社会复杂性在荒野中沉淀，变成了一种基于家庭的原始组织。其倾向是反社会的。它反抗控制，特别是任何直接控制。税收被看成是压迫。奥斯古德（Osgood）教授指出，殖民地时期的边疆条件是解释美国革命的重要因素，在那里个人自由和缺乏任何有效管理的政府混杂在一起。这同样能解释联邦时代建立强大政府的困难。边疆个人主义从一开始就是民主的。①

特纳认为美国国家政治最根本的特点就是"民主"，这种民主是在美国独特的荒野体验、边疆性格、个人主义、疆域扩张的过程中产生的。从这个意义上说，荒野风景画就不仅仅是一种审美的景色描绘，而是要承载表现"自然的国家"的主题。从政治理解风景画并非本研究要旨，但是考虑到美国风景画的特殊性，政治含义无疑会有助于加深对荒野风景画的理解。

虽然对"自然的国家"作了逻辑上的阐述，特纳并没有具体研究"美国文艺复兴"时代艺术家面对的具体境遇。这种具体境遇指的是社会艺术气氛、艺术赞助、批评和机构等等对艺术家创作产生的直接影响。风景画要想成为一种主导型的国家艺术形式，除了精神内涵与国家价值的契合之外，还需要艺术家个体获得社会民众和赞助的支持，而体系化的艺术界和机构则是艺术创作的体制保障：这些共同构成了荒野风景得以发生的审美语境。既然自然可以承载国家主义命题，那么艺术家赖以生存的美国艺术界是否也含有这种"自然的国家"的线索呢？答案是肯定的。在研究中笔者发现，美国荒野风景画

---

① Frederick Jackson Turner, "The Significance of the Frontier in American History ",p. 15.

发生的时候恰恰是美国最重要的艺术机构——国家设计院成立的时候，这个机构的成立是它和一个老学院——美国学院矛盾难以调和导致的结果。有意思的是，这两个机构的关系如同美国荒野风景画和传统艺术关系的缩影，是传统的国家权力观念转向"自然的国家"——民主国家权力观念的很好象征。

成立于 1802 年的美国美术学院（老学院，或"美国学院"，最初的名字叫"纽约美术学院"）和成立于 1825 年的国家设计院（新学院，或称为"国家学院"，最初的名字叫"纽约素描协会"）是 19 世纪早期美国艺术界前后出现的两个重要艺术机构，它们的出现标志了美国艺术发展从自发走向自觉。[①] 老学院曾经代表了美国艺术唯一的价值标准，但是它最终被新学院取代，而荒野风景画是在新学院建立的艺术标准中催生的。这并不难理解，因为我们可以从"美国学院"到"国家设计院"变迁过程中读出关于美国式民主、自然、荒野关系的丰富含义。

老学院和新学院可以说是艺术精英主义和民主主义两种对立观念的绝佳体现。前者的成立者是一群纽约政界和商界杰出人士；后者的成立者是一群不满并试图摆脱精英控制的年轻艺术家。前者要用欧洲古典模型和趣味引导本国艺术发展的方向，后者则坚称"完全由艺术家自我管理的"、"不被外行控制的"组织，以创造被社会公众认可的艺术。前者院长克林顿（De Witt Cliton）把艺术看成是科学和商业之下的追求，其存在的价值在于用历史画"记录政府领袖的事迹"和用肖像画"描绘国家舞台上的演员"；后者院长杜兰德把"自然"视为艺术研究和表现的重要对象，以至于 19 世纪 50 年代的时候，评论家声称"只有依靠风景画美国艺术才能树立于民族之林，只有在风景画

---

① 美国美术学院，或称为美国学院（American Academy of the Fine Arts）于 1802 年成立，组织者是纽约政界和商界人士，1817 年开始由特朗布尔任院长。该机构主要推崇欧洲古典艺术，展出古代绘画和雕塑复制品供年轻画家临摹。杜兰德等年轻画家最初在这里学习。该组织 1836 年消失。国家设计院，或称为国家学院（National Academy of Design），现在的地址在大都会艺术博物馆以北不远处，现名为国家学院博物馆和学校（National Academy Museum and School）。该机构 1825 年由一群年轻画家成立，有莫尔斯（Samuel F. B. Morse）、杜兰德、科尔、马丁·汤普森（Martin E. Thompson）等。

中我们的文明才能够实事求是地得到表达"。①

新学院是在对老学院的不满和反抗下建立的。1825 年，几位年轻人被拒绝在老学院临摹古代雕塑模型，特朗布尔②（时任老学院院长）嘲讽他们"乞丐没有资格挑三拣四"。这种傲慢态度激发了矛盾，年轻人组织了独立的"纽约素描协会"。虽然有几次调和的努力，但二者针锋相对的立场和观念使两派鸿沟难以弥合。其结果是，新的国家设计院一开始就充满了生机和活力，在 19 世纪不断发展壮大并延续至今，成为美国艺术传统的象征；而老学院的陈旧艺术趣味和观念则江河日下，影响力日渐衰微，这一机构最终于 1836 年退出历史舞台。美国艺术机构在 1825 年前后发生的戏剧性变化，从一个侧面说明了美国艺术努力从社会物质生活制约和传统束缚中挣脱出来，试图取得独立的价值和地位。在此过程中，年轻画家放弃了对欧洲古代艺术的临摹，本国的荒野自然逐渐成为民族艺术的主要表现对象并提升为国家的象征。

有两幅画可以看出这种艺术观念的戏剧性变化。第一幅是 1807 年特朗布尔的《尼亚加拉瀑布》（图 2.11）。③尼亚加拉无疑是美国荒野景观的代表，其宏大的场面、喷薄而出的力量让人叹为观止。然而这种感觉在特朗布尔的画面中丝毫没有表现出来，尼亚加拉的宏大水流和气魄被限制在由侧景树和前景平地构造的结构中。画家似乎把风景划分成了两部分：一部分是瀑布代表的荒野和力量；另一部分是理性的结构和控制，前者被后者紧紧围绕和限制在中间狭小的空间中。根据安吉拉·米勒的分析，这幅画的含义"不是自然的含义，而是社会结构和秩序控制自然力的问题"，因而作品是"对社会贵族视角的确认……把尼亚加拉瀑布的自然威力服从于社会力量之下，用想象的

---

① Sarah Burns and John Davis, *American Art to 1900*, p. 163, pp. 209-210, p. 297.
② 约翰·特朗布尔（1756—1843），美国独立战争时代画家、建筑家、作家，曾在伦教师从皇家学院本雅明·韦斯特，受欧洲学院传统影响很深。独立战争中曾任华盛顿的助手。他以描绘独立战争历史画知名。19 世纪初曾任美国美术学院院长，但艺术观念趋于陈旧。
③ 该作品另一名为《从英国一边上岸看尼亚加拉瀑布》（*Niagara Falls from an Upper Bank on the British Side*），创作于 1807 年。尼亚加拉现为美加两国分界线，现加拿大一方在当时尚被英国统治。

图 2.11 | 特朗布尔《尼亚加拉瀑布》
（1807–1808），61.9 cm × 92.9 cm，康涅狄格
哈特福德沃兹沃斯美术馆

图 2.12 | 科尔《卡特斯基尔瀑布》（1826），
64.2 cm × 90.8 cm，康涅狄格哈特福
德沃兹沃斯美术馆（见彩图）

结构和束缚使之变的安全"。[1] 在艺术形式上，特朗布尔风景画的问题
是把欧洲的如画和理想风景模式嫁接到美国景观上；在思想内容上，
其艺术反映的则是欧洲古典秩序和美国的荒野精神之间的难以相容。
这种形式和内容的矛盾甚至连画家自己都意识到了。1826 年，他已
经意识到传统手法力量匮乏，"需要用一种新的方式表现这个年轻的
国家……美国的希望基于未来；建立在无尽的森林、无名的河流、和
未知的大平原上"。[2]

　　第二幅风景则是初出茅庐的年轻画家托马斯·科尔的风景习作
《卡特斯基尔瀑布》（图 2.12）。[3] 这幅画画于 1826 年，当时科尔刚刚
从费城来到纽约发展。科尔对传统手法知之甚少，这件作品来自对大
自然的直接写生，是他沿着哈德逊河逆流而上在纽约北部卡兹基尔山
区描绘的一处小瀑布景色。和尼亚加拉相比卡特斯基尔几乎不值一
提，然而在科尔笔下，这片瀑布仿佛从天而降，水潭溅起的洁白浪花
仿佛是山谷中躁动不休的精灵，激流、岩石、密林是纽约荒野地带的

① Angela L. Miller, *American Encounter: Art, History, and Cultural Identity*, p. 242.

② Barbara Babcock Millhouse, *American Wilderness*, Black Dome Press Corp. 2007, p. 9.

③ 科尔 1826 年画了两幅《卡特斯基尔瀑布》，参见图 2.8 和图 2.12，构图和意境有所不同。
前者为远景，画面空旷幽静；后者近于特写镜头，荒野动态气息浓郁。两件作品均是根据写生
素描稿绘制而成，并同时在特朗布尔所遇见的店铺展出。卡特斯基尔瀑布（Kauterskill Falls）
位于卡兹基尔山（Catskill mountains）上，二者是纽约附近当时逐渐流行的旅游胜地。详情见
本章下一节"卡兹基尔山旅社：荒野旅游"。

生动写照。有意思的是，这件作品及其作者在纽约第一次被发现却是通过前面尼亚加拉的作者，特朗布尔。正是特朗布尔散步的时候偶然发现了挂在一个商店窗户里科尔的作品："不需看标题他一眼就看出了卡特斯基尔山脉的荒凉和孤寂之美……美国之梦就在荒野中，正是这位不知名的天才描绘了特朗布尔从来没有见过的风景，在这位老人心中唤起了新的激情。"①

科尔经过特朗布尔的发现和推荐进入了纽约画坛，但二人身份和艺术观实际上是针锋相对的。后者是老学院的院长，崇尚欧洲艺术，专注创作传统风格的人物画和历史画，他的艺术传达出来的是所谓的"贵族视角的权力束缚"；前者则是新学院的发起者之一，描绘美国荒野风景，是民族风景画的代言人，他的艺术传达的则是"荒野景观的自由和力量"。科尔被老特朗布尔戏剧性的发现一向被看作一个标志性的事件：美国民族风景画的起点。同时这也委婉地说明，美国风景画的发生是美国艺术的内在要求，是美国艺术家表现本国荒野体验的必然选择，美国艺术从传统的贵族艺术转向对"自然的国家"的表现。

不过，"自然的国家"不可能在一个机构和一幅画中得到解决，它需要整个社会艺术观念的根本改变：艺术趣味和价值观从人物转到大自然。

美国早期艺术观念深受欧洲特别是英国学院的影响：重视人物画，轻视风景画。19世纪20年代科尔还只是一个默默描绘荒野的风景画家，当时风景画地位还很低。这种态度甚至在国家设计院成立之后也根深蒂固。比如在国家设计院第二届年展中，院长莫尔斯（Samuel F. B. Morse）依然沿用艺术类型的传统等级制度。在1827年7月发表的展览通讯中，他从高到低列出了八种绘画类型，并逐一给出了临摹的典范：

1. 英雄历史画（米开朗基罗），戏剧性历史画（拉斐尔、和加斯、普桑），历史画（大卫）；2. 历史或诗性的肖像画（雷诺兹）；3. 历史风景画（韦斯特、奥尔斯顿）；4. 风景和海景（克劳德、普桑）；5. 建筑

---

① Barbara Babcock Millhouse, *American Wilderness*, p. 9.

画; 6. 小景和普通肖像; 7. 动物; 8. 静物; 9. 素描; 10. 临摹。①

　　莫尔斯依然沿用英国皇家学院传统。清单中可以看出，风景画地位不高，他提出风景画模板也只是普桑和洛兰的英雄式或田园风景，"荒野"根本没有位置。新的价值标准还没有建立起来。但新标准已变得十分迫切，因为艺术赞助方式和旧世界已经不同了：新的赞助者是平等主义时代受益的商人、企业主、农场主等广大中产阶级。比如科尔的赞助者里德（Luman Reed），最初只是在哈德逊河柯萨奇（Coxsackie）村杂货店的职员，1815 年到纽约发展，终于成为海滨大道声名显赫的纺织品商人。可是"荒野风景"和商人趣味之间有一种错位：商人的审美价值往往模仿传统贵族阶级，他们对土地的实用主义态度与风景审美态度处于断裂的两种层面上。中产阶级需要转换趣味：视角从精英转到民主，趣味从沿袭古典转移到欣赏美国大自然。那么，这种转换如何才变得可能？

　　这一变化发生在 19 世纪 30 至 40 年代。当时最知名的文学家、艺术家、思想家共同努力促成了美国文化的"文艺复兴"，为自然审美创造了全新的气氛和价值观念。美国文学正是在这一时期发展起来，这种文学天生就和美国自然有密切关系。库柏《皮袜子故事集》就把背景放到纽约北部和西部的原始森林和草原中。活跃在清教传统重镇波士顿的爱默生通过演讲和著述传达新的自然哲学，对改变新英格兰中产阶级自然观起到了重要作用。他 1833 年的第一场演讲《自然》，标志着清教"咆哮的荒野"转变为"浪漫主义的、无邪的、新生的荒野"。② 与爱默生不同，梭罗是通过对原始自然细致入微的体察，在"文明"和"荒野"对峙结构中思考大自然的意义。他趋近原始主义，把大自然看作人类和世界的希望。这些文学家和思想家的启示对改变整个社会的自然和艺术趣味是十分重要的。艺术界也深受影响，对善于思考的艺术家来说尤其如此。比如爱默生《自然》对杜兰德启

①　Sarah Burns and John Davis, *American Art to 1900*, p. 177.
②　爱默生从 1833 年开始了作为演讲家的生涯，平生做了 1500 多场，每年达 80 多场，活动地区遍及新英格兰地区，场所有大学、教堂、集会、纪念活动，等等。很多演讲整理编辑为文集出版，对美国思想界和社会产生了很大影响。

发很大，这在其 1855 年中《风景画的信》中体现出来。具有浪漫主义气质的科尔在 1836 年也发表了一篇《关于美国风景的文章》，热情歌颂荒野之美和艺术表现的价值。这些对美国画家向风景画转型起到十分重要的作用。

风景画在艺术创作中地位越来越高，这在 19 世纪 40 年代表现尤其突出。根据国家设计院年度展览目录可以看到 1826 年到 1865 年几种主要类型绘画的展出数量：[1]

	1826	1830	1835	1840	1845	1850	1855	1860	1865
风景	36	37	42	47	98	116	88	247	223
历史	10	2	5	4	12	15	5	26	13
肖像	88	111	132	185	170	139	111	148	137

可以看到，除了 1855 年由于巴黎世界博览会影响展出作品较少之外，从 1840 年到 1845 年之间风景画增加了将近一倍，从 1850 年到 1860 年又增加了一倍还多，使得风景画在 1860 年超过历史画和肖像画，在数量上占据了绝对优势。这种比例格局在当时欧洲国家艺术展览中是十分罕见的。风景画在 19 世纪 50 至 60 年代繁荣甚至内战期间也没有停滞。风景画家惠特来支回忆说：

（内战）打断了很多事情，但是很奇怪，它对美国艺术的影响要比其他任何事情都小得多。国家设计院在 23 街四大道的新建筑就是在战争期间修建的。很多知名艺术家的招待会也是在战争期间在那里举行，那么多社会人士希望参加这些活动以至于一票难求。在这所城市（纽约）有那么多的活动使得艺术家有机会展示他们的作品、和艺术爱好者见面。那个时候画家的作品能很快地销售，民族艺术比

---

[1] David Dearinger, *Rave Reviews: American Art and Its Critics, 1826—1925*, National Academy of Design, October 1, 2000.

现在繁荣得多。[1]

这种看似奇怪的现象和美国风景及其艺术表现承载者"自然的国家"的含义有关。在南北走向分裂的时候，大自然成为维护国家统一的纽带，风景画成为表达国家性的工具。

美国艺术界的形成对提升荒野趣味和民族艺术地位也具有促进作用。从1825年开始艺术界发生的一个重大变化是，围绕着国家设计院和展览，一个有影响力、能够产生合力的艺术圈逐渐形成。艺术家、评论家、收藏家、赞助者、纽约的期刊和报纸——逐渐具有了吸纳和整合思想的能力，也具有了对社会民众产生影响的能力。除此之外，围绕着"对荒野价值的共同信念"，艺术家、文学家和学者自觉地结成密切联系的群体，也极大地促进了思想的交流。[2]比如19世纪20年代知名的"面包加奶酪俱乐部"，就是围绕着纽约最知名的作家库柏组织起来的，顿拉普、莫尔斯、杜兰德、科尔等都是其中的成员。到了19世纪40年代，国家设计院年度展览已经成为"重要的社会事件"。

还有一个值得特别一提的艺术机构是1939年成立"美国艺术联盟"（American Art-Union）。这是一个通过现代商业机制有效地将艺术家和广大社会民众联系起来的机构。从1844年到1849年之间，它通过会员制、免费画廊、销售奖券、发送艺术画册等手段迅速崛起，一度取代了国家设计院的地位，成为美国最成功的向广大民众普及美术品的组织。[3]在1840年的成立宪章中，它提出了该机构成立的两种任务。其一，"努力发展一种中产阶级的趣味，教育人民欣赏最好的美国艺术和主题"；其二，"通过其免费画廊，为美国当代的年轻艺术家提

[1] Worthington Whittredge, *The Autobiography of Worthington Whittredge, 1820-1910*, edited by John I. H. Baur, Arno Press Inc, 1942, p. 76.

[2] Barbara Babcock Lassiter, *American Wilderness*, p.18.

[3] 美国艺术联盟（American Art-Union）存在时期为1839年至1851年。通过销售廉价当代画家的作品版画复制品，和提供年度原作奖券的方式，在全国发展了2万名会员，代表了广大的中产阶级社会群体的趣味。由于经营中的各种问题，加之对国家设计院造成了严重威胁，1851在后者发起的诉讼中被迫解散。艺术联盟模式在当时欧美都有所流行，最初现于瑞士，30年代在法国和德国变的十分流行。在形式上，美国艺术联盟是当时"伦敦艺术联盟"（Art-Union of London）的翻版，但在广大社会中引起的反响超过了后者。

供展览和销售其作品的途径，"从而促进美国民族艺术。在这种信念支持下，19世纪40年代逐渐崭露头角的美国风景画家都成为该机构的签约画家，描绘本国荒野景色的风景画成为展览和销售的最重要的内容。显然，这对社会荒野趣味的影响是积极的、深远的。

国家设计院、美国艺术联盟、新兴的画廊、期刊、批评和收藏等，这些机构和活动共同构建了富有活力的美国艺术界，风景画在美国艺术界中获得越来越高的地位，这使得风景创作和接受成为一种潮流。当艺术的消费者成为艺术圈锁链中的一个环节，新的自然审美观和风景画价值观就成为一个自然的结果。

3. "卡兹基尔山旅舍"：荒野旅游

无论超验主义哲学家、风景画家，还是风景画收藏家和大众，在接受"荒野美学"的过程中都需要一种最直接的条件：荒野体验。透纳所说的边疆拓荒者的"荒野体验"，虽然提供了一种可信的概念，但对于生活在东部城市里的商人和文人来说却是不真实的。他们需要一种真实的体验：用自己的眼睛观看、用手去触摸，亲自越过丛林和高山，把荒野变成一种心灵中活生生的审美意象。对他们来说，唯一可能的途径就是旅游。

图2.13是一幅纪念性版画，描绘了位于卡特斯基尔瀑布（Kaaterskill Falls）附近卡兹基尔山上开辟的一座旅舍。卡兹基尔山（Catskill Mountain）是位于纽约沿哈德逊河北上约190公里处的山脉。这幅图显然不是为了表现旅舍，而是为了表现一种与传统的"文化历史之旅"不同的"荒野旅游"。一条宽阔的马路通上陡峭的山峰；隐没在拐角树林处的马车说明了到达目的地的畅通无阻；衣冠楚楚的绅士和优雅的女子在悬崖边的草丛向远处指点张望；远处是森林密布的悬崖和山谷。

这幅画的重要性在于"卡兹基尔山旅舍"对肇始的荒野审美观念的象征性。卡特斯基尔瀑布是哈德逊河画派的发源地。1825年初科尔来到纽约，在欧文小说《里普·万·温克尔》对卡兹基尔描绘的感召下，也是在商人博润（George W. Bruen）的资助下，有机会到卡兹基尔旅舍旅行，并在附近的瀑布和普特堡（Port Putnum）写生。

图 2.13 │ 约翰·鲁本斯·史密斯《卡兹基尔山别墅：一所知名
　　　　 的夏日旅舍》（1830），着色腐蚀版画，纽约公共图书馆

正是这次写生的三幅作品被特朗布尔发现才使他步入纽约画坛。[①]哈
德逊河画家几乎都曾到此写生。这里还是开创荒野审美的文学家所到
地，欧文、库柏、布莱恩特、布朗等名家都曾描写过这里。[②]对艺术
家来说，卡兹基尔魅力不在于含混的"如画"之美，而在于毫不掩饰
的荒野之美。在小说中，欧文描写主人公里普（Rip）到达卡特斯基
尔瀑布时的情景：

---

①　特朗布尔引荐杜兰德和敦拉普了解科尔的风景画，并把他介绍给纽约一些富人朋友和收
藏家，如巴尔的摩的吉尔默（Robert Gilmor），哈特福特的沃兹沃斯（Daniel Wadsworth），他
们成为科尔十分重要的赞助人。

②　1819 年欧文小说《里普·万·温克尔》（*Rip Van Winkle*）出版，反响很大。1823 年库柏
写了《拓荒者》，同样以卡特斯基尔为背景。

最后他到达了这个穿越了悬崖峭壁的、圆形剧场般的巨大峡谷，但是他无路可寻。岩石形成了高耸的、不可穿越的墙壁，上面有一条水浪从天而降，溅起羽毛般的泡沫，掉进深谷，其后面则是森林的暗影。①

这种原始和壮丽的景象和温暖宜人的田园大不相同。它在读者心目中激起的情感不是愉悦，而是惊悚。但是，这种和欧洲传统风景截然不同的感觉又是多么切近美国人的荒野体验！一点也不奇怪，这部小说很快触动了库柏和科尔，他们的文学和绘画又进一步把这种体验传播开去。

文学和艺术精英的体验并不等同于大众的体验。作为"民主形式"的风景画，要想把荒野景色推广到千家万户需要首先培植一种心理技能（Mental skills），显然，荒野旅行在这种心理培育中起到了关键性作用。学者迈尔斯（Kenneth Myers）研究了荒野旅游对美国荒野趣味的影响，他把通过文学阅读和风景艺术欣赏获得的审美观念称为"欣赏荒野要具备的心理技能"。②迈尔斯指出，大众要想接受荒野旅行必须具有一系列的条件，比如自然体验的方法、审美观念、便利的交通、住宿、宣传，等等。③19世纪20-30年代迅速流行的卡兹基尔旅游是这些因素共同作用的结果。1825年是伊利运河通航的一年，卡兹基尔恰好是航运过程中的一个站点；卡兹基尔旅舍1824年正式营业，向游人提供了"从舒适的房间欣赏荒野的机会"；之后，登载有精美插图的旅游手册也纷纷面世，向公众普及荒野审美的体验和价值。④20年代末，旅游手册声称"卡特斯基尔"、"尼亚加拉"、"萨拉

---

① Washington Irving, *The Legend of Sleepy Hollow, Rip Van Winkle and Other Stories,* A Digireads.com Publishing 16212 Riggs Rd, 2005, p. 26.

② Kenneth John Meyers, *Selling the Sublime: the Catskills and the Social Construction of Landscape Experience in the United State, 1776-1876,* Yale University, 1990.

③ Kenneth John Meyers, *Selling the Sublime: the Catskills and the Social Construction of Landscape Experience in the United State, 1776-1876,* p. 11.

④ 卡兹基尔旅游的盛况有历史记载。比如，1829年8月13日，卡兹基尔旅舍统计一周内有超过500人到此停留。

托加"已经成为和欧洲大旅行类似的美国人旅游的必经之所。①

卡兹基尔旅游的盛况不禁使人想起18世纪英国远赴欧洲的"大旅行"和北方湖区的"如画旅行"，何况美国导游手册也常常使用"如画美国"这样的字眼。但是，美国"荒野旅行"和英国旅行的不同之处更值得注意。大旅行是文化和传统之旅，英国学生的主要目的地是罗马和威尼斯，要在历史遗迹和古人生活过的环境中汲取古典艺术和文化的营养。固然，"如画旅行"把目的地转移到了英国本土的山区和湖泊，但是"如画"一词表明，即使在观看本国风景，旅游者的心中美的原型依然是意大利的古典艺术和田园风景——克劳德和普桑风景画。②美国的荒野旅行完全不同。它是对远离城市的原始荒野自身的欣赏；这种荒野和古典迥异其趣，审美观念大相径庭。荒野审美，在19世纪20-40年代的文学家和超验主义者的阐释下，变成一种富有神性的存在物，荒野旅行暗含着某种朝圣般的感觉：

> 他们的目的不只是夏日避暑的休闲，或只是好奇的探寻。他们试图寻求与风景精神性最直接的相遇……卡兹基尔山来访者视自己为朝圣者而非旅行者，从荒野大景中发现神圣的真理。在山顶上，一个游客说他一下子就被那万能的景象吸引住了，看到了上帝书写的宏大。③

卡兹基尔旅行标志着美国艺术对荒野价值的发现和民族风景画的开始。风景画从欧洲模式到民族形式也经历了一个过程。从建国到19世纪20年代，美国也有一些画家（大多数是来自英国的移民画家）偶尔用风景描绘当时人的自然环境。不过，这些风景画表达的含义和

---

① 萨拉托加（Ssaratoga）是位于卡兹基尔以北100公里左右，同样处于哈德逊河谷侧的温泉地带。值得注意的是，此三地是19世纪20年代沿哈德逊河和伊利运河水上航运发展起来的旅游目的地，新英格兰旅行目的地处于扩展之中，到40和50年代已经不仅限于此，特别是艺术家的目的地更加多样化（Kenneth John Meyers, *Selling the Sublime*, p. 165.）。

② 如画风景可以看作传统风景和英国自然的混合体。它接受了浪漫主义审美观，利用英国的荒野景观校正了古典原则，引入了英国中世纪废墟、英国农村人物、乡村场景，用以替代田园中的神话和理想人物，这使得英国"如画"在风景画中变成了崇高风景、理想风景、农村风景的混合体。

③ Angela Miller, *American Encounters: Art, History, and Cultural Identity*, p. 252.

图 2.14 | 俄尔《从丹尼山顶东望》(1800)，116.2 cm × 201.6 cm，
马萨诸塞州沃斯特艺术博物馆

荒野是十分不同的。1800 年俄尔（Ralph Earl）的《从丹尼山顶东望》（图 2.14）就是一个典型的例子。[①]他描绘的是富饶的马萨诸塞的农村风景。左边和右侧的树形成了剧院般的框架；近景平原上农耕正忙，农民们正在紧张有序地垦殖；中景布满了林地的山丘一排排铺陈开去，山间的道路、河水如同绸缎一般蜿蜒起伏。这幅作品显然是对殖民地和建国初期美国人自然观念的体现：用劳动把荒野改造成宜人的、富饶的乐园。不过，俄尔在艺术上明显模仿了欧洲的田园风景模式，这也是美国早期风景画的一个共同特点。艺术史家把美国风景的这种风格称为"如画风格"。在这种条件下，荒野没有进入审美的视野，也不可能成为风景画表现的对象。正是在 19 世纪 20 年代，以卡兹基尔旅游为起点，随着美国文学家和艺术家把眼光投向了荒野，美国的本民族风景画才逐渐产生了。

4. 荒野图像的表现倾向

自然体验、哲学、文学、艺术观念为荒野风景艺术的产生创造了

---

① 拉尔夫·俄尔（Ralph Earl, 1751–1801），18 世纪后期美国肖像画家。晚年画了一些风景画，其中最知名的有 6 幅，具有全景画特点。本作品是其中一幅。

条件，艺术家面对的问题就是如何使之在画面中呈现出来，这既是个体选择，也是社会整体艺术趣味变迁的过程；既是美国艺术自身发展的要求，也是欧洲传统和当代艺术影响的结果。虽然美国风景画整个发展过程十分复杂，但有一条线索却没有间断：对荒野的认识和表现。这种荒野意识一直存在19世纪美国风景画家的观念中，因而也在他们的作品中表现出来；换句话说，他们的作品可以看作不同的荒野观念的不同表现形式。那么，是否可以从中概括出不同的表现倾向，然后由此理解其中包含着的荒野观念的变化？这是可能的。循着美国风景画发展的轨迹，我们可以从中发现大概四种表现倾向，现分述如下。

第一种倾向是浪漫主义的荒野想象。

想象可以说是荒野表现的最直接和有效的途径，荒野表现中的一切难题在想象中都得以解决。荒野的空间是宏大无限的，唯有想象能够超越物理空间的限制；荒野表现人未到达的和不可能到达的遥远历史和原始蛮荒，想象则能超越时间的限制进入远古；荒野要表达超凡的神圣和上帝之国，想象则是自古以来宗教体验最有效的工具。想象可以被利用还有一个历史条件，那就是19世纪初欧洲文学和艺术中弥漫的浪漫主义气息。浪漫主义显然并不等同于荒野，如前所说，一些浪漫主义者对风景画一向没有好感：浪漫主义追求的是个体情感表达和对传统宗教和主题的自由诠释，这和"荒野风景审美"几无关系。但是浪漫主义有一样东西是荒野表现正需要的和缺乏的，那就是想象。詹姆斯·索比（James Thrall Soby）准确地概括说："浪漫主义绘画代表了自从17世纪以来就开始的想象力和理性斗争中前者对于后者的暂时胜利……对美国来说，浪漫主义一开始就适合美洲大陆的宏大空间、美国景色、历史与传奇的宽广和无限。"[①] 值得注意的是，在浪漫主义想象和美国荒野结合的过程中，后者却不得不受到前者的影响：文学性和宗教性都强化了，荒野风景总是不由自主地超越自身的限制把主题延伸到道德和历史的隐喻，把眼前的荒

---

① James Thrall Soby & Dorothy C. Miller, *Romantic Painting in America*. The Museum of Modern Art, New York, 1969, p. 7.

野梦想成中世纪阿尔卑斯山南北的荒野。这是美国风景画家荒野表现的最初努力，在想象使用的恰当的时候，也产生了美国民族的浪漫主义佳作。

总的看来，以浪漫主义想象描绘荒野的美国画家最重要的就是托马斯·科尔。在他之前的浪漫主义画家奥尔斯顿和 19 世纪晚期的莱德也常常描绘荒野风景。在科尔的影响下，杜兰德、丘奇、克罗普西等也都偶尔画过这种风景。但除了科尔其他人在这条道路上都没有走的太远。这是因为，想象的风景本质上是借用的风景，是美国风景画发展的早期阶段；它一方面说明艺术家对美国荒野体察还不够，另一方面也说明对美国风景精神特质的理解还停留在传统的阴影中。在这条道路上，科尔可以算是一个独行者，他在 1825 年到 1848 年之间的艺术实践代表了当时美国风景画的主要方面。

第一位把浪漫主义式的想象从英国引入美国的是奥尔斯顿（Washington Allston, 1779—1843）。他在 1818 年回国，这被学者称为"美国浪漫主义绘画的转折点"。① 贝格尔称他是美国"第一个，实际上是唯一重要的可称之为浪漫主义的艺术家；第一个可用诸如神秘的、幻想的、表现内心情感的词语描述之的艺术家；第一个表达内心世界，其灵感来自想象而非经验现实或公共道德责任的艺术家；第一个不依靠画肖像养活自己的艺术家。"② 奥尔斯顿对想象的迷恋来自伦敦跟从韦斯特求学的经历，也来自浪漫主义文学家柯勒律治、透纳风景画的影响以及在巴黎观看威尼斯大师作品的影响。《月光下的风景》（图 2.15）可以看出他所崇尚的"梦幻"一般的境界，月光仿佛是无限夜空中的指明灯，引着人从现实向内心的精神游走，到达"无限的智慧"和神圣的"精神真理"。奥尔斯顿的想象力在美国画家中是无与伦比的，然而他的想象力却与美国自然、美国荒野无关。他的风景画母题出自欧洲浪漫主义文学，其构图来自传统古典模式，"由于他如此关注想象力，他尽量避免特定主题、特定地点和特定时刻"。③ 所以，

---

① James Thrall Soby & Dorothy C. Miller, *Romantic Painting in America*, p. 7.

② Matthew Baigell, *A Concise History of American Painting and Sculpture*. Happer & Row, Publishers, New York, p. 43.

③ Baigell, Matthew, *A Concise History of American Painting and Sculpture*, p. 47.

图 2.15 | 奥尔斯顿《月光下的风景》（1809），60.96 cm × 88.9 cm，
波士顿美术馆

虽然我们需要从奥尔斯顿理解美国"荒野"的想象力来源，但他的艺术并不是美国荒野的真实表现者。

托马斯·科尔显然是第一位也是唯一全面借用浪漫主义想象有效表现美国风景特质的画家。虽然童年在英国度过，但少年时代在费城、俄亥俄、纽约漫游的经历培养了对美国荒野的特殊情感。他的艺术首先来自对神奇景观的观察和写生，想象力来自美国荒野文学的启示，而不是欧洲传统模式的影响；吸引科尔的不是街道两边整齐的道旁树，而是山谷野地里奇形怪状的千年古树，盘错的树根、干裂的树皮，但树顶的嫩芽迸发着生命力。正因为如此，他的风景透着一股原始森林的新鲜气息，这正是打动纽约观众的地方。1829 年，他开始到欧洲漫游。有幸的是，他的荒野感觉并没有被传统风景和浪漫主义想象融化；欧洲之行给予他更大的想象自由和试图在美国蛮荒中表达更深刻主题和意蕴的雄心。那么，浪漫主义的想象力在科尔艺术中如何融入到荒野意向中？这是一个深刻的话题，笔者将在论文的第三章将作细致的讨论。相比之下，莱德（Albert Pinkham Ryder, 1847—1917）应该算是 19 世纪末的艺术家了，但他的浪漫主义想象延续了奥尔斯顿的传统，同样包含了在文学启发下产生的荒野母题。不过，在19世纪末色调主义和现代主义艺术的影响下，他的荒野意象已经变得模糊不清，学者常把他归入"象征主义"名下。①但他的艺术证明了美国的荒野感觉逐渐形成了一种持续的传统，即使在现代主义画家笔下也会显示出来。

第二种倾向则是与荒野的亲密接触：荒野近景。

荒野近景是19世纪40至50年代科尔之外和之后的风景画家试图走近自然、亲自去感知和发现荒野之美和意义的努力。走进大自然是艺术家理解荒野的必然途径，是改变艺术家和表现对象之间外在和疏离关系的唯一办法，因而外出到环境之中写生对美国艺术来说具有特殊的意义。对这一原则的阐述者和身体力行者是科尔同时代的画家杜兰德，1845年他就已经成为国家设计院的院长（一直持续到1861年）；当科尔去世之后，他被尊为美国艺术界的精神领袖。1855年他在《蜡笔杂志》（*The Crayon*）发表了一系列文章《关于风景画的信》，全面阐述了"走近大自然"、"忠实于自然"、"理解和尊重独立于人的上帝作品完美性和道德价值"的重要性。他的观念和实践为第二代哈德逊河画家提供了系统而清晰的原则和标准。因此，从40和50年代的作品中，可以看到一些画家细致和专注于描写荒野近景的努力。

从画面形式来看，"荒野近景"指的是对荒野自然某一特定场景的观察和表现。要是按照传统克劳德风景模式看的话，画面层次中的"远景"（background）和"中景"（middle-ground）消失了或者减弱了，或者被压缩到很小的范围之内，只有前景或近景（foreground）得到集中表现，绝对性地统治了画面空间。需要注意的是，荒野近景不是挪用传统模式的结果，而是走近大自然进行观察和写生的结果。比如1836年杜兰德画的《森林内部的研究》（图2.16），画家的关注点是眼前的景色，如同特写之景，远景根本不在注意范围之内。可是，荒野近景虽然首先来自写生，但它显然不能只以写生稿看待：写生为美国画家提供了近距离认识和理解自然的途径，在此过程中艺术

---

① Johnson, Diane, *American Symbolist Art: Nineteenth-Century Poets in Paint: Washington Allston, John La Farge, William Rimmer, George Inness, and Albert Pinkham Ryder*. Edwin Mellen Press, 2004, p. 75.

图 2.16 ｜杜兰德《森林内部的研究》（1850），43.2cm × 61cm，马萨诸塞州安多弗，
　　　　｜艾迪森美国艺术史博物馆

家对美国荒野的亲近感、触觉感、互为一体的感觉逐渐培养起来了，
艺术家不仅获得了景物——岩石、树木、荆棘、苔藓的一手资料，还
感受到大自然的气质——巨大的空间、新鲜的空气、流动的色彩、原
始的动力。甚至，如杜兰德所信奉的，"研究自然"是要用自然改变
人的"精神和心灵"，因为"自然中充满了只有启示录之光才能超越
的神圣含义"，艺术不是要把人的观念强加到自然上，而是"让自然
呈现自身"。[①]这种自然精神逐渐帮助风景画家创造出脱离传统图式的、
真实的新鲜的亲切的风景图像。"走进自然"除了产生新的风景画形
式之外，还促进产生了新的荒野态度和观念：荒野逐渐不再险恶和
神秘了，变得越加安全、亲密、温和了；荒野的原始意义——欧洲
的"基督教荒原"、中世纪北欧"神秘森林"以及清教北美的"咆
哮荒野"——已经成为历史；虽然西部招荒者依然在为开疆扩土而
战，但新英格兰的荒野在纽约画家笔下逐渐变成了"充满希望、富

----

① *Crayon*, Vol. I, p. 34.

图 2.17 | 杜兰德《早晨阳光中的森林》
（1855），60.7 cm×81.3 cm，
美国国家艺术博物馆

饶、进步的处女地"。荒野的原始感觉依然存在：巨大的空间和新鲜的色彩，其"潜在动力"和"神圣静穆"兼而有之的精神特征。不同的是"荒野态度"发生了改变，荒野对人类的生存不是威胁，而是具有价值。

一种典型的荒野近景图像是"森林深处"（Forest Interior）。森林是荒野的象征，走近荒野的一个结果是很多艺术家开始喜欢描绘森林内部的景象，《早晨阳光中的森林》（图 2.17）就是杜兰德画的一系列森林深处的一幅。在浪漫主义文学意象中，森林即使北欧神话的发源地，也是中世纪基督教的象征物。考虑这种传统对理解美国风景画很有帮助：我们可以看到，19 世纪 40—50 年代美国风景画家笔下的"森林深处图像"经历了从富有神秘色彩的宗教意象向纯洁处女地转变的过程。[①]

第三种倾向大体上可以称之为"荒野远景"。

荒野远景是与荒野近景对立的观察、表现和图像呈现的方式，是要从远处观看自然景观的方式。美国荒野与"远"有不解之缘。殖民

---

① 本论文第四章将对此作具体分析。

历程意味着"远"赴蛮荒之地；西部扩张意味着将目光投向遥远的太平洋之滨；拓荒同样是要到远方陌生的土地构建家园。连美国艺术家的创作生涯也都和"远"有牵连。且不说一代又一代年轻人远赴欧洲求学，即便在自己国家他们也很少只靠在画室里冥思默想，而是用很多时间去偏远山区和湖海。科尔时代去卡兹基尔对当时的人来说就已经很远了，19世纪50年代艺术家的足迹已经遍布新英格兰山山水水。至于丘奇、比尔斯泰特、莫兰，其足迹则更远及落基山、黄石、南美、北极……"远"意味着"大"，空间的大，视野的大，心胸的大——宏大的"无限空间"恰恰是荒野给人的最深刻体验。正因如此，如何表达荒野的巨大空间及其心理感受对美国画家来说就成为一个问题：

> 当美国从大西洋向太平洋扩张的时候它获得了一种前所未有的巨大尺度的生存空间。这种新形势把一个新问题摆在了美国画家面前：如何表现这种在他们面前展开的这种宏大风景（gigantic landscape）的个体感受？[1]

其解决办法则是"远景"。远景是要从远处观看大山大河给人的视觉感受，远景风景画要在画面上表现一个特定地域在远观条件下尽可能大的宏观效果。虽然远景也是由细节构成的，甚至对世纪中期的画家来说细节极其重要，但更重要的是所有细节和部分要形成一个整体的空间、气氛和感受。从画面结构上来看，远景和近景一样，也可以看成是对传统理想风景模式的背离。相比之下：传统模式综合了前景、中景、近景三种对自然不同距离的观察效果并均衡地组织在一个画面上；荒野远景则是要取消和压制近景和中景，突出强化远景，远景要占据画面的主导范围，要决定画面的总趋势和结构。传统模式中的前景是人物活动的场地，在画面最底端占据着重要位置；荒野远景则取消了这种为人物预设场地的意图。近景有时候被陡峭的岩石和混杂的丛林覆盖，有时候是无处容身的海面或峭壁，或者其比例和造型干脆被画家有意识地挤压到画面边角，在画面失去的说话的权

---

① Wolfgang Born, *American Landscape Painting: an Interpretation*, p. 80.

利。比如 1857 年丘奇的《荒野中的十字架》（图 2.18），近处的山岭就被压缩到画面的底端边缘并且处于阴影之中；占据画面主体的是远处的金色阳光、蓝天彩云、层峦叠嶂共同组成的整体，他们不仅向我们呈现了一种远观的宏大空间，还表达了一种辉煌的气氛和富有神性的遐思。沃尔夫冈·伯恩把这种表现远景的方式归之于对"全景画模式"的使用。① 艾伦·瓦拉赫则继续了伯恩的话题，区分了"远景"（prospect）和"全景"（panorama），认为美国风景画家在表达荒野体验的过程中采用了传统的并形成了新的"全景画"模式。② 笔者以为，虽然全景画概念有助于理解远景的形成和特点，但美国"远景"是一种荒野体验的自然表达，只有从美国社会和艺术家的自然感觉出发，才能理解这种表现手法的必然性。

远景并不局限在某一个艺术家身上。从科尔时代就开始这种尝试，不过，大体上从 19 世纪 50 年代末到 60 年代后期这种表现方式达到了成熟和顶峰。最有代表性的莫过于丘奇。他 1857 年创作的《尼亚加拉》被公认为美国民族风景画的杰出代表，也恰恰是全景模式极为典型的表现。虽然继承了科尔的衣钵，丘奇并没有坚持科尔的想象原则，而是专注于"自然的纯粹的、无人纯在的状态"，不过他像科尔一样也重视风景的道德价值，只不过他试图"通过与自然融为一体获得道德的提升"。同时，丘奇的杰出还在于通过"英雄式的构图"和瑰丽的色调把风景画变成"探听国家脉搏的途径"。③ 另一位画家是比尔斯泰特（1830—1902），他从 1858 年就开始跟从西部考察队到西部写生旅行，他对落基山脉全景画式的渲染和对印第安人原始生活的描绘把西部蛮荒世界变成了一种理想的"未被破坏的伊甸园"，这使得他成为西部风景画派的代表人物。与比尔斯泰特一样对西部充满热情，但表现手法截然有别的世纪后期西部画派画家是托马

---

① "全景画"在艺术史中是一个有着特定对象的专用词，指 18—19 世纪曾经流行一时的一种描绘宏大历史、自然、城市等情景的大众绘画，类似于当今的好莱坞电影大片。全景画不一定是风景画，而远景也不一定是全景。美国风景画家受到了这种模式的启发和影响，但两种艺术的性质并不相同。本书第五章第一节第四小节《全景：远景的传统来源》对此有详尽讨论。

② Philip Earenfight & Nancy Siegel,Ed. *Within the Landscape: Essays on Nineteenth-Century American Art and Culture*, Pennsylvania University Press. 2005, pp. 99-105.

③ Angela Miller, *American Encounters: Art, History, and Cultural Identity*, p. 259.

图 2.18　丘奇《荒野中的十字架》（1857），
　　　　 41.3 cm × 61.5 cm，西班牙马德里
　　　　 泰森波内米斯札美术馆

图 2.19　肯赛特《灯塔岩》（1857），
　　　　 57.1 cm × 91.5 cm，
　　　　 美国华盛顿国家美术馆

斯·莫兰（1837—1926）。他从 1871 年开始到更远的西部山区旅行，以描绘黄石公园和科罗拉多大峡谷而著称。不同于哈德逊河画派的是，他以透纳式的浪漫主义手法和强烈的光色效果放弃了前者的细节表现，但是依然保持了对美国荒野景观宏大空间的感觉。

　　远景并不只表现为大景。其实，19 世纪 60—70 年代某些画家的小幅风景画也明显具有远景的特征。被学界称之为"透光风格"的一些画家，比如海德、莱恩、肯赛特就具有这样的特点。和"英雄式"风格不同，透光风格画家不喜欢高山大川、密林峡谷，他们喜欢的是海岸、沼泽、湖泊、湿地。他们不热衷于动荡而是向往宁静的、冥思的气氛。但是，他们的画面常常也具有辽阔遥远的空间。虽然他们常常痴迷于近景物象的细节描写，但从画面整体来看，这种宁静的局部景物似乎是为了和空旷辽远的背景形成对比。比如肯赛特 1857 年创作的《灯塔岩》（图 2.19），就是一个观者仿佛无处容身的远景，人的视线被天水相接处吸引，那儿微小的帆船和虚空的空间与旁边巨大和稳固的岩石形成对比和呼应。有的学者把这种风格理解为在内战的影响下乐观主义消退使得风景被"女性化"的趋势。[①]但实际上，这种倾向在内战之前就已经出现了。根据本文的研究，这种倾向是在超验主义哲学气氛下艺术家对另外一种荒野远景体验和表现的结果。

① 安吉拉·米勒称之为"女性化的风景"（feminized landscape）。（Angela Miller, *The Empire of the Eye*: *Landscape Representation and American Cultural Politics*, 1825-1875, p. 243.）

最后一种需要讨论的是荒野的主观感受和表现的问题。

19 世纪美国画家面对着这样一个现实：荒野在迅速缩减和消失。1890 年美国政府公报就指出，这个国家曾经存在着没有人烟的"边疆"殖民区，但是在 1880 年之后，随着殖民的迅速扩张无人区变得已经如此狭小，以至于边疆概念不再适用了。[①] 为了描述这种现实，列奥·马克斯采用了一个新的词汇："中间景观"（middle landscape）。他继续发挥了美国作为伊甸园的观念，说"观者在美国既看不到完全的荒野也看不到完全的驯化之地，而是一种二者之间的中间状态"。[②] 荒野越来越不真实，城市文明迅速崛起，巨大的中间景观在挑战艺术家的感知方式。这种条件下，艺术家面临两种选择：其一，寻找新的荒野。比如丘奇、拉法格、海德都曾远到南美热带雨林寻找依然存留的原始生活和景观，而霍默则在偏远的缅因海岸独守着尚未被文明打扰的岩石和风暴。其二，则是面对现实、改弦易张，描绘身边的中间景观或者是"文化的风景"。因尼斯就是这种转变的典型体现。因尼斯曾经是哈德逊河艺术原则的信奉者，描绘了很多荒野景色，但是在 1878 年在回答《哈伯新月刊》采访时他表达了新的艺术观念：

> 最高等的艺术是那种最完美地吸纳了人文感觉的艺术。河流、溪水、山坡、天空、云朵——我们看见的所有东西——只要我们有了上帝之爱和追寻真理，它们都能承载那种感觉。有人认为风景没有能力交流情感。但这是完全的错误。文化的风景尤其能够，因此我更爱这种风景，认为和那种野蛮的和未被驯化的风景相比它更有创造的价值。[③]

文明风景的价值是在荒野风景不再真实的基础上出现的。不过，虽然画家不得不在文化风景中寻找灵感，但可以相信"美国荒野"的精神价值对他们的影响却不可能马上消失。在荒野消隐的背景下，荒

[①] Frederick Jackson Turner, "The Significance of the Frontier in American History," in Martin Ridge, ed., *Frederick Jackson Turner: Wisconsin's Historian of the Frontier*, Madison: State Historical Society of Wisconsin, 1986.

[②] Angela Miller, *American Encounters: Art, History, and Cultural Identity*, p. 259.

[③] George Inness, *Writings and Reflections on Art and Philosophy*, p. 68.

图 2.20 | 乔治·英尼斯《初秋，蒙特克莱》（1891），76.2cm × 114.3 cm，
威尔明顿特拉华州美术馆

野已经不能简单地理解为"现实的自然"，而应该理解为"心灵中的
自然感觉"；由于荒野体验是美国社会长期以来生存的现实，它已经
形成美国人心理结构中的民族性格，这必然会在艺术中表现出来。这
种性格在因尼斯的"文明风景"中得到很好的表达。显然，他所面对
的是已经被文明改造了的农村草地、农场，这是被欧洲艺术家早就以
"田园"定义了的景观。然而，在因尼斯笔下，虽然对象已经今非昔
比，但他试图用自己心灵深处的原始情感重构理想中的荒蛮意象（图
2.20）。在如画风景中作为侧翼和视觉引导的树木被画家赋予原始的
力度和神圣的精神：坚韧粗壮、黑白分明的树干和冲破画面覆盖世界
的金黄和赭石色的树冠统治了画面，宽广的土地把人的视线引向无
穷。这种力量和神圣的感觉显然不是自然本身所有，而是艺术家对失
落的原始世界心灵祈望的结晶。因尼斯喜欢为风景施加观望着，踯躅
的人物在大自然中若隐若现，正是原始荒蛮中人类孤独追寻的写照。

第三章
荒野想象：
　　传统文化牵绊

大自然中那些没有被改变的孤寂景色比
已经改造过的自然对心灵有更深刻的感情影
响。其中包含着关于上帝造物主的联想——
大自然是他的未被亵渎的作品，心灵在荒野
中可以进入对永恒之物的沉思。

——托马斯·科尔[1]

美国文化是在与欧洲文化的牵绊中逐渐
分离、独立而形成的。美国人是欧洲人的后
裔，早期的美国曾经以继承欧洲古典文化为
己任，甚至美国独立之后，还有美国学者和
政要悲叹美国文化的落后，希望美国能全面
学习欧洲古典文明，让新的美利坚帝国成为
古罗马帝国的再生。在19世纪早期所谓的
美国文艺复兴时代，到欧洲游学是美国年轻
人步入社会的重要一步。在这样的背景下，
美国文化不可避免地受到欧洲古典主义和当

---

[1]　Graham Clarke, ed., *The American Landscape*, Vol. 2, p. 340.

时正在盛行的浪漫主义的双重影响。浪漫主义文化在美国得到特别接受,不仅因为它的欧洲血统,还因为它和原始宗教荒野的联系特别切合美国人的自然体验。

浪漫主义一词有复杂和不确定的含义,这里利用它在风景图像中的两个特征:"想象"和"荒野"。浪漫主义是想象的,同时对荒芜人迹的大自然充满了兴趣。历史上有不少艺术家都曾描绘过既有想象力,又充满蛮荒特征的风景。当美国画家表现自身荒野体验时,这种"想象荒野"图像再次得到利用。不过,"想象的荒野"在美国也面临着一些问题。画家如何在"如画"风景模式中扩张和表现"荒野"因素?"想象"如何能够符合表现"真实"自然和感受的需求?本章将围绕"荒野"和"想象"两个主题,讨论美国浪漫主义风景的历史语境和文化含义的核心问题。

这一章讨论将围绕科尔展开。科尔不仅是一位画家,还是一位诗人。他的艺术道路和他对欧洲文学的谙熟、到欧洲的广泛游离密不可分。其艺术生涯开始之际(1825年)正好是美国社会、趣味、生活方式发生重要改变的时候;而他去世的1848年,则恰好是"欧洲革命为浪漫主义艺术画上句号"的一年,这种巧合为学者用浪漫主义定义他的艺术提供了方便。① 科尔是一个独行者,他的思考和实践充满了矛盾,想象和真实的矛盾,荒野和田园的矛盾,这显示了美国人对待欧洲传统以及寻找民族认同的复杂态度。通过科尔,这种以想象为特征的风景观念和表现方式将会得到细致的分析,19世纪初期美国文化和欧洲传统文化的牵连和分界点会得到充分的展示。

一、浪漫主义的荒野观念

荒野是科尔风景画的第一个特点,这也是他被看作美国风景艺术开创者的重要原因。不过,科尔对荒野的表现和后来的画家有很多不

---

① James Thrall Soby; Dorothy C. Miller, *Romantic Painting in America,* The Museum of Modern Art, New York, 1969, p. 7.

同的地方。主要原因是，他一方面试图表现真正的美国荒野，另一方面他的观念和表现形式与欧洲传统有千丝万缕的联系。科尔继承了欧洲风景在"文明—田园—荒野"之间徘徊的线索，他的创作一直处于三者间的矛盾和犹疑之中。正是在这种心理状态中他选择了自己独特的审美观念，并逐渐确立了对荒野价值的发现和表现。科尔的一系列历史和宗教风景画是他的荒野观念形成和变迁的生动体现，[①] 本节将以此作为出发点讨论科尔荒野观念的形成过程。学者通常用"浪漫主义风景画"定义 19 世纪前期美国风景画，一无例外把科尔看成这类艺术的代表，这是因为他喜欢在其独特的寓言体风景画（allegory）中描绘文学和宗教的幻想主题，包含了丰富的道德和神学寓意，这和浪漫主义文学和艺术很有类似之处。[②] 笔者借用了这一概念，希望从荒野角度对其艺术观念作具体分析。

1.《帝国的历程》

科尔作品中，《帝国的历程》可以说是受到艺术史家关注和阐释最多的作品系列。它们创作于画家艺术观念改变的重要时期。他为此酝酿了数年之久，在一个合适的机会付诸画面，为此付出了很大心血。该作品不仅体现了画家的艺术水平，还利用浪漫主义手法表达了国家兴亡轮回的历史沉思，因此他的荒野风景成为"自然的国家"的一面镜子。同时，科尔创作这件作品的过程包含了他在欧洲传统、美

---

① 科尔生平创作了三个系列历史和宗教风景画:《帝国的历程》(*The Course of Empire*)、《人生的旅程》(*The Voyage of Life*) 和《十字架和世界》(*The Cross and the World*)。和传统历史画和宗教画不同，科尔的作品主要内容是风景，人物体量很小，多为没有历史和宗教身份的无名个体，主要靠风景的色彩、造型和构图来象征或暗示作品主题。

② 寓言体（allegory），也有翻译为寓说体，来自文学的修辞学术语，指的是"通过象征性的形象描写传达形象之外的含义"，是比喻的一种类型。马克·罗斯基尔曾采用寓言体概念解释 19 世纪的风景画。（Mark Roskill, *Language of Landscapes*）。有不少学者采用这种观念分析科尔《帝国的历程》，比如: E·理查德森、詹姆斯·索比、布莱恩·沃尔夫，等等。（E. P. Richardson, *American Romantic Painting*, New York, 1945; James Thrall Soby, Miller, Dorothy C.. *Romantic Painting in America*. The Museum of Modern Art, New York, 1969; Bryan Jay Wolf, *Romantic Revision: Cultural and Consciousness in Nineteenth Century American Painting and Literature*, The University of Chicago Press, 1982; Katherine Anne Hoene, *Tracing the Romantic Impulse in 19th-century Landscape Painting in the United States, Australia, and Canada*, The University of Arizona, 2000.）

国自然、社会艺术趣味之间的摇摆和选择。

首先来看作品。该系列共由五幅画组成，表现了画家臆想中的国家从野蛮状态到田园、完满、衰败，最后荒芜的过程。虽然科尔声称这是关于"自然景色的历史"，但实际上是讲述人类及其国家的历程。每幅画远景处都有一座尖顶上立着一块巨石的山峰，表示所有故事都基于同一个地点。从时间上看，五个场面描绘的分别是凌晨日出时刻、阳光明媚的上午、灿烂辉煌的中午、阴云笼罩了日头的下午和宁静月夜，这样，画家就把国家历程和一天里不同时间的气氛结合了起来。

第一幅作品是《野蛮状态》（图 3.1），描绘了靠近海岸的山谷和远景中的峭壁。大地郁郁葱葱，森林密布；身穿兽皮的原始人在荒野中追逐猎物；近处的树木恣意生长，天空和山谷被升腾的云烟笼罩，远处金色阳光照亮了混沌初开的大地……可以说是对原始美洲的生动写照。第二幅作品是《田园状态》（图 3.2），早期荒野变成了平整的草地和牧场，小树林修整得优美而挺拔，空气清新，大地生机盎然。有人在耕作，河流有渔夫在划船，牧人在放牧或舞蹈，前景有老人在沉思，仙女在缓缓而行，而岸边山丘上一座巨石神庙已经建成。人、自然、神灵和谐相处在一个如诗如梦的幻境中。第三幅是《圆满状态》（图 3.3），绿色的大地已经完全变成了白色大理石、金色的帷幔和服饰充斥的帝国之都。海湾树立起宏伟的殿堂，古罗马式的柱子、雕塑、亭台巍峨耸立，大街上似乎正在举行盛典狂欢，簇拥着身着猩红色长袍的国王或领袖的人群正穿越一个大桥。第四幅是《毁灭

图 3.1 | 科尔《帝国的历程之一，野蛮状态》（1834），100 cm × 160 cm，纽约历史学会

图 3.2 | 科尔《帝国的历程之二，田园状态》（1834），100 cm × 160 cm，纽约历史学会

图 3.3　科尔《帝国的历程之三，圆满状态》
（1836），100 cm×160 cm，
纽约历史学会

图 3.4　科尔《帝国的历程之五，荒芜状态》
（1836），100 cm×160 cm，\
纽约历史学会

状态》，城市的繁华一下子变成了黑暗、阴郁、血腥的人间地狱：暴风雨正在降临，敌人的战舰从海上蜂拥而至，大街上到处是杀戮、抢劫、血腥、哀嚎。大厦倾颓，火焰翻滚，这使人想起罗马陷落于北方蛮族时的情形。最后一幅则是《荒芜状态》（图 3.4），这是一个死亡般的场景，风景又重新恢复到荒野状态：没有人烟，只有文明留下的残垣断壁；青苔、野草丛生，正在把文明的痕迹覆盖；阴郁的气氛充满了悲哀和对失去繁华的无奈和沉思。

　　值得注意的是，在科尔描绘的自然和国家发展的轮回命运中，其起点和终点都是荒野。第一个是原始的蛮荒，文明尚未开启的混沌未开的状态；另一个是文明荒野，是文明由于自身的堕落或遭受外来势力破坏的必然结果。这样在文明和荒野的关系中，后者不仅是前者的源头，还是前者的归宿。科尔作品可以说是"美国文明生于荒野"的生动诠释。然而，文明最终却要衰败复归于荒野，却具有某种不易觉察的警世恒言的意味。画家本人对这种隐喻是有意识的。当作品在 1836 年展出的时候，科尔引用了拜伦的一段诗在报纸上为这次展览作了一个广告，很好地概括了画面的主旨：

　　　　所有的人类故事都有道德意义
　　　　都不过是对过去的排演
　　　　衰败之前首先是自由和辉煌
　　　　富饶 罪恶 堕落——最后复归野蛮

> 而历史 以其所有的巨大篇章
>
> 却只有一页 ①

　　19 世纪评论者认为，科尔画的是欧洲罗马帝国或者封建帝国的隐喻，从来没有把它放到自己的国家身上。不过，20 世纪艺术史家大都认可其中包含着的政治隐喻，把它和美国国家联系起来。佩里·米勒把科尔的道德风景理解为一个启示："社会本能地产生压制，产生无可避免的兴衰历程，这是美国社会的必然命运，就像在它之前的所有伟大的帝国，不断地失败和重复。"② 年轻学者安吉拉·米勒则进一步分析了这种关系，认为科尔要表达的是对杰克逊政府的批判和隐喻。1836 年正好是杰克逊第二届任期，科尔的五幅画作暗示了任何"唯利是图、自私自利"国家的必然命运。③ "科尔对杰克逊及其民主党深感厌恶。和那些西进的农场主、南方的奴隶主、东海岸的小商人结成一体，民主党代表了科尔所担忧的一切：商业、结党营私、物质主义。他批评杰克逊阵营鼓吹的乐观主义、西部扩张的正义和进步神话……他担忧大众的粗俗和无知，因而他把杰克逊——他视之为煽动家——的名望看作是这种担忧的一个证据"。④

　　该作品意义不限于此。就本文主题来说，《帝国的历程》借用了源自欧洲的浪漫主义手法描绘了一种"自然的国家"，创造了具有美国特征的荒野图像。艺术家在荒野和文明、想象和真实之间的艰难选择，体现了美国风景画早期发展的重要特征。下面我们可以通过回溯该作品的创作过程以对此作进一步思考。

　　依托浪漫主义追求和诉诸想象，是该作品创作的最初动因。

　　《帝国的历程》是托马斯·科尔历经三年才完成的大型寓言体风景画。不过，他开始构思这一"工程浩大"的作品是在去欧洲旅行的

---

① 该诗来自拜伦的组诗《恰尔德·哈洛尔德游记》，发表于 1812 年到 1818 年，这一诗节是第四篇中的一段。诗歌描述了一位厌世的男子，厌倦了生活的欢乐和喧闹，到异乡排遣心绪。反映了拿破仑战争时代年轻人的幻灭感。

② Bryan Jay Wolf, *Romantic Re-vision, Culture and Consciousness in the 19th Century Painting and Literature*, Chicago, 1982, p. 81.

③ James Thomas Flexner, *That Wilder Image*, p. 54.

④ Angela Miller, *American Encounters: Art, History, and Cultural Identity*, p. 256.

时候，而欧洲旅行却是科尔在艺术困境中做出的决定。1825 年，科尔到哈德逊河地区写生，他的风景由于"表现了真正的美国自然"而受到了好评。但是，科尔真正的兴趣是"想象"，通过"赋予风景人的性格表达更深刻的精神意义"，这使得他的风景离现实越来越远，以至于面临作品被拒绝的境地。1828 年，库柏的小说《最后的莫西干人》十分流行，科尔受赞助人吉尔默（Robert Gilmor）委托创作了同名的风景画。① 画家把故事情节放置在空旷无边的崇山峻岭中，画面中巨石和山崖陡峭耸立，令人不寒而栗。虽然画面充满了荒野的崇高和神秘，但这种效果是想象的，和库柏讲述的现实场景（乔治湖）相去甚远。当科尔为作品中的"想象"因素辩护时，他的赞助人讽刺说，"当自然因素不是直接来自自然的时候，它们就会变得重复和单调。一个像您这种自学成才的艺术家没有足够的经验能处理想象性的风景而不显得做作"。② 这深深刺激了科尔。他希望通过欧洲"游学"弥补自己的先天不足，也试图为自己的想象寻求例证和理由。

1829 年科尔开始了三年的欧洲游学。现在，他终于有机会接触透纳、康斯泰布尔等知名艺术家，有机会到伦敦国家美术馆、卢浮宫观看古代大师作品，有机会在罗马寻访克劳德、洛萨的足迹，体验佛罗伦萨农村的田园风光。回到纽约之后，科尔依然沉浸在欧洲的历史和传统中。透纳《迦太基的衰落》暗含的文明失去的隐喻也给他以启示，这激发了他创作系列大幅寓言式风景画的想法。1833 年，在卡兹基尔居住画画的科尔写信给当时一位新的赞助人卢曼·里德（Luman Reed），试图说服后者为自己的宏伟构思提供赞助：

> 亲爱的先生……我现在向您谈一下我已经构思了好几年的一个极好的主题，并且带着一点微小的希望哪一天我能实施它。您的自由胸怀提供了一个机会；我相信现在没有什么能阻止我完成这一件我一直希望做的事……我打算画一个系列来表现自然景色的历史以

---

① 《最后的莫西干人》是库柏《皮袜子故事集》中最为精彩的一部，故事发生的地点是纽约东北部乔治湖。罗伯特·吉尔默（Robert Gilmor）是特朗布尔引荐的科尔的重要赞助人之一。
② Barbara Babcock Lassiter, *American Wilderness: the Hudson River School of Painting*, Garden City, New York, Doubleday, 1978, p. 21.

及人类的历史——展示自然风景的变化以及人在从野蛮到文明发展
过程中对风景的影响——到奢华，到残忍或者说毁灭——一直到废
墟和荒凉……①

　　创作这样一系列作品需要花费很大的财力和精力，科尔希望获得
对方支持的意图是很明显的。②同时，从其构思中我们还发现科尔在
野蛮和文明、自然和历史之间架设桥梁的企图。显然，"上述构思很
难通过真实的自生描绘表现出来，而最有效的途径恐怕就是诉诸想象
和欧洲传统"。幸运的是，这个设想得到了里德的肯定。科尔几乎把
所有精力都用到了这一系列作品上，整整用了三年时间（直到1836
年）才全部完成。这一年秋天，国家设计院为《帝国的历程》做了一
个单独展览，从而使该作品在当时艺术圈里受到了关注。

　　然而，展出后的影响和评价证明，科尔的"想象"风景与当时美
国公众的趣味之间存在分歧。浪漫主义风景在美国遭遇尴尬，想象和
荒野的关系值得深思。

　　《帝国的历程》展出后受到了正反两种不同的评价。正面评价如
科尔的朋友、知名的浪漫主义诗人布莱恩特，他称赞这是"科尔最重
要的和最有特点的作品"。③库柏专门评论了这一作品："这是一种新鲜
的艺术，把风景画提升到英雄式的历史画水平……我不仅认为这是我
们国家最好的作品，而且是迄今历史上最好的作品之一。他的画面单
纯，具有说服力、独特性和真实情感。"④布兰恩特和库柏都是浪漫主
义文学家，崇尚艺术的想象力，他们的溢美之词只能算是一家之言。
再者，他们的赞扬只是针对画家技巧和表现力，并未涉及艺术真实的

①　Louis Legrand Noble, Edited by Elliot S. Vesell, *The Life and Works of Thomas Cole*, Black Dome Press Corp., 1997, p. 129.

②　卢曼·里德是纽约刚刚发家的年轻商人，在格林威治大街建造了别墅，雄心勃勃地想收藏欧洲大师作品，并打算每周开放一次向公众展出。当时纽约还没有任何博物馆和美术馆，这种想法无疑是一种创举。然而，当他发现在欧洲买来的"大师作品"大多是赝品的时候，开始把兴趣投到美国年轻画家的身上。科尔了解到里德的意图，他觉得这个机会来到了。

③　Barbara Babcock Lassiter, *American Wilderness: The Hudson River School of Painting*, p. 39.

④　Louis Legrand Noble, Edited by Elliot S. Vesell, *The Life and Works of Thomas Cole*, pp. 166-167.

核心问题。相比之下，负面评论
显得尤其尖锐。有的评论者认为，
这些作品多来自想象，失去了他
的"写生作品表现真理的力量"；
有的则批评他在描绘寓言体绘画
时忘记了这个国家，或者受到了
欧洲传统太多影响。甚至连库柏
也承认："科尔描绘美国风景的一
些小幅作品具有更珍贵的写实价
值。"①可以看到，过于依赖想象是
一个问题，而这种手法又是来自
欧洲模式的挪用，也是受到诟病

图 3.5 | 托马斯·科尔，摄于 1844 年

的一个原因。现代学者对此也有提及。诺瓦克就曾指出，科尔《帝国
的历程》是对欧洲传统风景画模式的全面接受，这是对本民族艺术发
展的一个挑战。②最有说服力的评价来自社会公众。实际上，这个展
览在社会上影响不大。观众反应平平，展场门可罗雀，为这个展览科
尔花费了一千多美元，但门票收入却连花费的租金都不能抵消。

　　但是，质疑并不能否认浪漫主义风景画特有的时代价值，这种价
值正是科尔风景之所以能够成为美国风景画发端的一个原因。

　　乔治·博斯（Georye Boas）指出，浪漫主义是地方民族试图脱
离地中海文明寻求民族认同的一种努力，这一点对美国来说也是一样
的。③美国对意大利传统艺术一直抱有同情和接纳的心态，但在 19 世
纪初期，同样面临着以什么建立民族文化认同的问题。当时美国的两
个文化中心，波士顿和纽约，二者传统有所不同，但就依托美国荒野
自然寻求美国文化认同来说却是一样的。波士顿根植于浓郁的清教传
统，对美国荒野的欣赏带有神秘和超验的精神色彩。而纽约则奠基在
荷兰殖民地时期的物质主义和民间文学传统中，文学家更喜欢荒野之

①　Barbara Babcock Lassiter, *American Wilderness*, p. 39.

②　Barbara Novak, American Painting of the 19th Century, p. 50.

③　George Boas, "Romanticism in America", a paper contributed to a symposium held at the
Baltimore Museum of Art, 1961, p. vii.

美和对荒野求生者的直率赞美。①如果说前者更具有欧洲浪漫主义风景画的趣味，那么后者则更加切近 17 世纪荷兰自然主义风景的气息。科尔艺术面对的审美语境正是如此，他在艺术经历和表现手法中的犹疑和困惑也正在于此。他的早期作品最初在纽约受到喝彩的时候，他被赞扬表现了真实的美国自然。然而他的新寓言体却是要从主题和艺术形式上走进传统和想象。这样我们发现了科尔艺术内在矛盾的关键：想象和真实、欧洲和美国、个体和公众、文明和荒野。这些矛盾在科尔艺术生涯中汇集在一起，导致了科尔艺术的复杂性，并要求一种美国式的解决。

2. 对文明和古典的态度转移

荒野和文明的关系在科尔艺术中是一直存在的主题，这体现了 19 世纪荒野审美观发展过程中的一个背反关系。一方面，荒野从"咆哮的荒野"美化为民族性格和国家希望所在；另一方面，文明发展的同时又必须不断地消除和利用荒野。因而美国人对待荒野的态度是矛盾的：精神价值和实用价值都加到同一个对象中去。总的来看，科尔一直抱有对荒野的亲切感和对文明的不信任感，这两种态度在其艺术中同时存在，画家关注荒野的同时也在为文明状态寻找根据和出路。《帝国的旅程》就是这样，原始蛮荒和文明荒原暗示了文明的来源和必然归宿，而和谐优美的田园则暗含了科尔为人类寻找的生存理想。作品对文明的悲观态度表现得尤其充分。辉煌然而短暂，繁荣实则是混乱和喧嚣，城市文明被画家描绘成罪恶、堕落、衰败的根源。不过，科尔对待古典艺术的态度却十分不同。他对田园模式的坚持，对克劳德传统的迷恋，这与他对待文明的态度既有区别又有联系。那么，科尔对文明的态度是如何造成的？他如何处理古典传统和荒野表现之间的关系？

首先，科尔对文明的敌视和怀疑与他的早年经历有关。他出生于英格兰开夏博尔顿的一个小村摩尔，父亲经营羊毛纺织品。科尔的

---

① 当时纽约不少艺术家和文学家的私人团体都和荒野审美趣味和信念有关，比如早期库柏组织的"面包和奶酪俱乐部"和后期的"写生俱乐部"。

童年正是工业革命发生的时候，传统田园式的生活正被蒸汽机的工业社会代替，人们失去了往昔家庭成员一起劳作的生活，被迫出卖劳动力变成纺织工人。科尔童年曾经有过的田园美景一去不再，噪音、危险、辛苦、压榨、工厂的浓烟和嘈杂，这些文明社会的生产方式在他心灵中留下了难以弥合的伤口。即使在卡兹基尔居住和写生的时候，他也一直担忧大自然的宁静被工业发展打扰和破坏。1836 年春夏之交，远在乡野的科尔注意到工业进程正在侵占他深爱的荒野。他在给朋友的信中抱怨：

> 我昨天到卡兹基尔山谷，那儿正在建造一条铁路。这里曾经是我最喜爱的散步的地方，现在那种宁静和孤寂的美感全都没有了……他们正在把那条美丽的山谷中的树木全都砍下来，那些树林景色曾经是那么令人陶醉！请把这告诉杜兰德——不是我想让他难过，而是想让他一块儿来谴责这些金钱至上的实用主义！①

其次，1829 年欧洲旅行也影响到了科尔对文明的不信任。

虽然现代工业文明和古代文明有着不同的生产方式，但对于荒野改变来说，其作用都是一样的。欧洲之行使他有机会把失去的古典文明和现代文明的破坏力混合起来。他的计划是从英国经法国到意大利，但是 1830 年法国七月革命阻止了他的行程：拿破仑帝国刚刚成为历史，波旁王朝查理十世又被推翻，奥尔良公爵路易·菲利普建立七月王朝，巴黎陷入恐慌、战争、混乱之中。在失去朋友联络的情况下，科尔不得不在伦敦孤独地忍耐。第二年局势平息后科尔才到法国，可是在卢浮宫不仅看不到古代大师作品，却看到如此多的"战争、杀戮、死亡"的历史题材场面，他感叹对这个"文明和艺术之都"不再抱有任何希望，然后匆匆赶往意大利。② 在古罗马的残垣断

① Barbara Babcock Lassiter, *American Wilderness*, p. 40.
② 1831 年科尔参观了在卢浮宫展出的法国当代绘画，他以贬低口吻提及："尽管我听说当前法国艺术家品质低下，但我没想到他们会如此一无例外地低下。尤其让我感到厌恶的是他们的主题：战争、屠杀、死亡，维纳斯和普绪克，除了血腥就是骄奢淫欲，这些就是让他们觉得愉悦的东西。"(Louis Legrand Noble, Edited by Elliot S. Vesell, *The Life and Works of Thomas Cole*. Black Dome Press Corp., 1997, p. 89.)

壁中，他体验到一种文明的宿命：在历史上曾经如此辉煌和庞大，现在却永远地衰败消沉。这样，他有机会在现代社会和古典遗迹的历史交错中沉思文明的意义。

第三，浪漫主义艺术对待"古文明"的态度也对科尔产生影响。

欧洲之行使科尔有机会反思古典文明和艺术，与透纳以及克劳德作品的邂逅可以说是这段思想经历的生动体现。欧洲旅行有两个人对科尔产生了深刻影响，一个是克劳德，一个是透纳。前者是古典理想风景的楷模，后者则是英国浪漫主义风景画的代表。透纳的艺术是在学习前者理想风景传统发展起来的，他的理想是要从技术上和艺术观念上超越前人。科尔他们之间的联系十分清楚，并把这种传承和超越的关系带到了美国。

"古文明"主题有助于科尔深化对文明的反思，并促使他将这一主题引入到艺术表现中。19世纪30年代透纳已是伦敦备受瞩目的风景画家，他的私人画廊在伦敦十分有名，因而科尔有机会到那里观看透纳的作品。最打动科尔的是关于古迦太基的两幅历史画，一幅是画于1815的《狄多建立迦太基》（图3.6），另一幅则是新近完成的《迦太基的陷落》（图3.7），这两幅画描绘了富有浪漫色彩和悲惋气氛的古迦太基王国兴衰故事。[①]在维吉尔的《埃涅阿斯纪》中，曾解救了特洛伊英雄埃涅阿斯的狄多女王在荒野中建立了"辉煌之城"，故事本身就充满了浪漫主义色彩。罗马帝国对迦太基国的毁灭，则给后人留下了令人叹惋的废墟遗址。透纳的两幅迦太基作品在主题和效果上形成了鲜明对比：对辉煌的歌颂和对衰落的哀叹。《狄多建立迦太基》描绘了朝阳沐浴下欣欣向荣的海岸都城，巍峨的大理石宫殿鳞次栉比，葱茏的树木交相掩映；然而在《迦太基的陷落》中，城垣倾颓、疮痍遍地，傍晚的霞光如同火焰般灼烧和融化了这个王国。这种对比不仅反映了透纳本人审美态度的转变，也反映了文艺复兴以来欧洲社

---

① 狄多"Dido"，希腊语为"Elissa"，是公元前10世纪腓尼基城市推罗（Tyre）的公主，她的丈夫大祭司被其兄长谋害，她被流放到突尼斯海湾，在那里她建立了新推罗，即"Carthage"，经数年发展极盛一时，并入侵西西里岛和意大利本土。维吉尔的《埃涅阿斯纪》讲述特洛伊英雄埃涅阿斯流亡至迦太基被狄多收留和善待，但在神谕指示下去意大利建立新的国家。在罗马扩张时代迦太基开始衰落。公元前146年第三次布匿战争（Punic，即迦太基之意）被罗马攻陷和毁灭。迦太基故事不仅在古罗马时代引人遐思，文艺复兴以来也是历史和艺术叙事的主题。

图 3.6 ｜ 透纳《狄多（Dido）建立迦太基》（1815），156.6 cm × 231.81 cm. 英国伦敦国家美术馆

图 3.7 ｜ 透纳《迦太基的陷落》（1817），布面油画，170 cm × 238.5 cm，英国伦敦泰特美术馆

会和艺术中逐渐形成的对古代文明感伤情绪。特纳对迦太基的描绘显然受到了克劳德的影响。他曾经在英国国家美术馆看到克劳德的《示巴女王登船起航》（图 3.8）。[①] 画面同样展示了古文明的辉煌景象，高大的石柱、洁白的宫阙建筑颇有古罗马王宫的意味。比较一下这幅画和透纳的迦太基系列就会发现二者在构图、造型、题材方面有着很大的相似性。

　　古代文明一直是西方历史题材绘画的主题。对历史画家来说，古代文明最重要的当然就是古希腊和罗马文明，但他们的视野不仅局限于此。古埃及、古迦太基、古克里特、古犹太国、特别是在《旧约》里有记述的环地中海此起彼伏的兴衰王朝，都是艺术家表现的对象。文艺复兴把古文明当成美的典范加以赞美，17 世纪的古典绘画则利用风景因素把古文明描绘得更加真实可信了。到了 18 世纪后期，随着传统政治制度和经济秩序衰落与资产阶级与民族主义的兴起，古文明的神圣光环黯淡下去；在浪漫主义艺术中，对古代文明的怀疑和悲悼文明短暂的情绪形成了一种新的趣味。显然，透纳的两幅作品既是受克劳德·洛兰风景画的启发，也是这种趣味的表现。

---

① 1675 年克劳德也曾经画过《狄多和埃涅阿斯在迦太基》（或名为"阿涅阿斯向狄多道别"）这样的作品，在风景画中把历史或神话故事、古典建筑、自然风景结合起来。1824 年英国国家美术馆成立，其基础是英国政府购买的来自收藏家安格斯坦（John Julius Angerstein）的 38 幅藏品，其中有 5 幅克劳德的风景画。《示巴女王登船起航》是其中具有代表性的一件，描绘了《旧约·列王记》述的一个故事：示巴古国女王乘船远赴耶路撒冷拜会所罗门王。

图 3.8 | 克劳德《示巴（Sheba）女王登船起航》（1648），149 cm×194 cm，
英国伦敦国家美术馆

透纳早期曾经对克劳德艺术情有独钟，他试图在自己的艺术中达
到和超越那种经典的高度；然后在后期艺术中又发展出一种高度个性
化的自由表现技法，代表了浪漫主义在英国新的发展方向。[①] 当科尔
在透纳的私人画廊中观看这两件作品的时候，首先对透纳早期作品
表示了敬仰，这种敬仰包含着丰富的思想内容。在 1829 年 12 月 12
日的笔记中，科尔赞美了透纳早期风格："（他的）《狄多建立迦太基》
十分完美，充满了诗意。辉煌的建筑耸立在画面两边，中景大海或海
湾伸进前景中，在落日阳光下闪闪发光。人物，船舶，都十分恰当。
这件作品和克劳德的一些作品十分接近，色彩很美，尤其阳光照耀的
效果完美无缺。"[②] 当然，这种赞美并不只是基于表现技巧，还在于科
尔对这种"古文明悲悼"的浪漫主义趣味的同情。透纳对迦太基文明

---

① 《狄多建立迦太基》体现了画家前期工整细腻的写实风格，他自信这幅画已经超过了前辈，
表示乐意把这幅画赠送给国家美术馆；但他开出的条件是：要把自己的作品挂到前辈克劳德同
等的位置上。

② Louis Legrand Noble, Edited by Elliot S. Vesell, *The Life and Works of Thomas Cole*, p. 81.

的描绘深深打动了科尔，那种对失去的古典文明的诗性描绘和叹惋引发了科尔对"文明"的思考。这种复杂情绪是促使他创作《帝国的历程》的一个动因。

第四，透纳在古典传统和浪漫主义之间的联系也为科尔提供了榜样和参照：一方面，科尔继承了对古典的学习，另一方面却拒绝个性化手法，而是转向荒野描写。

透纳对科尔具有榜样性的力量：他的艺术既体现了古典主义向浪漫主义的转变，也体现了意大利传统和英国民族艺术之间的传承。迦太基系列体现了透纳的两种不同的艺术追求：前者是对古典法则和技巧的学习和模仿，后者展现的则是浪漫主义影响下富有个性的粗犷风格。科尔对这两种艺术采取了不同的态度，清晰表明了美国浪漫主义和欧洲浪漫主义的区别：从荒野主题而非个性化手法脱离古典传统的轨迹。

科尔对透纳的《狄多建立迦太基》充满仰慕，其中包含着对古典造型技术和规范的憧憬。然而，透纳后期风景的新变化又让他感到难以理解和厌恶："所有的东西看上去都是透明的柔软的，让人想起果冻和糖浆。"从《迦太基的陷落》可以看出，透纳开始用强烈的光线和色彩融化以前坚实的造型，对自然和场景的具体描写越来越少，这种趋势在画家后期作品中更加明显。科尔把这种趋势理解为英国人喜欢的"概括化"（generalizing），他认为这是"为懒惰寻找借口，画面充满了声响和狂暴，却毫无意义"。[1]透纳的狂放消除了细节描绘，但对科尔来说，细节永远是重要的。[2]古典艺术的细节造型对他有无限的吸引力，透纳艺术更加坚定了科尔转向古典传统、向克劳德和普桑寻求灵感的愿望。他在给朋友的信中说："对我来说：克劳德是风景画家中的最伟大者。实际上，我想把他列为和雷斯达尔、米开朗基罗同等重要的地位。"[3]要说明的是，虽然英国绘画并不能让他满意，但

---

[1]　Barbara Babcock Lassiter, *American Wilderness: the Hudson River School of Painting*, p. 29.

[2]　科尔重视细节表现，这是他热衷于古典传统的原因之一。他认为："没有细节的画面只能是草稿，世界上最好的能唤起崇高感觉的景色是由无数的细节组成的……为了能确信这些原则，我只能求教于克劳德、尼古拉·普桑和萨尔维特·洛萨。"（Louis Legrand Noble, Edited by Elliot S. Vesell, *The Life and Works of Thomas Cole*, p.83.）

[3]　Louis Legrand Noble, Edited by Elliot S. Vesell, *The Life and Works of Thomas Cole*, p. 125.

他正是在英国浪漫主义气氛中萌生了文明的沉思和传统艺术的渴求。对他来说，克劳德是他向往的以古典手法描绘风景的典范。他把希望寄托到意大利之行，把这看成是古代大师的朝圣之旅，也是实现自己梦想的游学之旅。

科尔的艺术追求就是在这种对文明、古典艺术、社会动荡的亲身体验下产生的。和透纳一样，他向往古典艺术秩序和规范；和欧洲浪漫主义者一样，他对古典文明怀有一种犹疑的回忆和悲悼。不过，他没有像透纳那样释放自我获得浪漫主义自由，而是一方面摒弃了文明主题，另一方面借用了古典传统，并将这种传统和美国荒野的描绘结合起来。因此，科尔创造的美国浪漫主义风景是一种将荒野主题和古典手法结合的风景，既有传统的理想和想象色彩，又有非文明化的荒野气息。

3. "田园—荒野" 二元关系的形成

如前所述，科尔不是通过个性化手法，而是通过借助古典理想风景原则，转而描绘美国荒野，从而创作美国浪漫主义的风景画。这种思路包含着一个问题：如何解决古典 "田园" 和美国 "荒野" 观念和表现形式上的差异？科尔的 "荒野" 观念是在与 "田园" 的纠结中逐渐明朗和形成的，因此我们可以在二者的二无关系中对上述问题做出解答。

早期科尔对待自然的态度是含混和暧昧的，其作品常常描绘一种田园和荒野交错混杂的景观。

科尔早期对荒野和田园的区别似乎并没有确定的概念。他深深怀念的少年生活环境既是田园的，又是荒野的，只不过在英国田园多一些，而在美国荒野多一些。他在俄亥俄的生活环境特点是田园和荒野交相混杂，不容易也无需辨别清楚，对他来说，它们都是大自然，都是和城市和工业文明相对的存在物。这可以在他的早期作品看出来。他描写荒野景色，但有时候也夹杂着平原和农村，二者对他来说同样宜人，而且即使农村和田园风景中也遍布着被森林和山峦覆盖的荒野。1825 年他的《风景》(图 3.9) 就是这样一幅作品，农民在荒野的山谷中生活，山坡上也有平地和草场。不过总的看来，早期科尔的 "大自

图 3.9 | 科尔《风景》（1825），
　　　尺幅不详，明尼阿波利斯艺术学会
　　　（见彩图）

图 3.10 | 科尔《意大利景色》（1833），
　　　　41cm × 61 cm 纽约历史学会（见彩图）

然"中荒野特征更加显著，荒野对他有特别的魅力。对他来说，田园是陌生的，只有在古代大师作品和对欧洲的想象中才能出现。当他去欧洲旅行的时候，终于有机会亲眼观看英国和意大利的自然了，有意思的是，这里的自然同样是让他满意的。伦敦的画廊和学院让他压抑，而在郊区自然中他才感觉到愉快，为此他写下了这样的诗句：

> 不要让那诱惑双眼 却不能触动心灵的
> 艺术华丽而虚饰的外表
> 引诱我离开大自然纯洁的神圣之爱
> 让我像朝圣者一样 在神圣的殿宇
> 虔诚地向它躬身俯首学习
> 在他最神圣的特征中 辨识
> 那种真理就是美[1]

科尔从自然中读出了作为宗教殿宇意象的神圣性。伦敦的农村平原对科尔有浓厚的兴趣，但他并不和荒野加以区分。他感兴趣的不是农村和农民，而是这里的森林、草地和绿色："被覆盖在我所见过的浓密、幽暗的树林枝叶之下，没有什么能比这样一块英国草地的绿色

---

[1] Louis Legrand Noble, *The Life and Works of Thomas Cole.*, p. 75.

更加浓艳了。"① 在他画的意大利风景画中，同样也有他浓密幽深的风景特点。1833 年的《意大利风景》（图 3.10）中，科尔虽然描绘了农民在舞蹈，放牧者在休憩，山谷还有意大利式的古代遗迹，也有落日的余晖和侧景树，但他的风景和克劳德依然有很大的不同。光秃秃的平原和山冈使人联想到基督教故事中的贫瘠荒野，人的存在和历史的痕迹在巨大的空间中微不足道。这似乎暗含有他特有的美国式荒野自然的感觉。

然后，涉足宗教主题使科尔建立了荒野和田园对峙的观念。

早期科尔对大自然的田园和荒野不加区分，实际上他是用一种大自然的整体观念作文明的对立物，以此表达他对文明的不信任。不过，随着介入宗教主题，这种自然观念逐渐分化了。这一转变首先在他 1828 年创作的《逐出乐园》（图 3.11）中体现出来。这幅画描绘的是《创世记》情景，亚当和夏娃正被上帝从伊甸园中驱赶出去。值得注意的是，科尔在这里第一次把两个世界划分开来：右上角的"伊甸园"和左下角的"咆哮荒野"。科尔把伊甸园描绘成了一个宁静、永恒的世界，近处草木葱茏，繁花似锦；远处草场如织，湖水荡漾；山河、草木都笼罩在"均匀的金色阳光的照耀之下"。左边则是"狂暴的世界，流亡人的处所"，天上是轰鸣的风暴，地上是狰狞的枯树和峭壁，野狼吞噬麋鹿，即使有上帝的"火焰剑"的强光照耀，依然笼罩在地狱般的黑暗中。② 我们知道，亚当和夏娃的去处不是地狱，而是上帝初创的天地万物："野地还没有草木，田间的菜蔬还没有长起来……但有雾气从地上腾，滋润遍地。"③ 二人被逐出乐园之后，有望在洪荒中耕种和建造家园。即使在弥尔顿的《失乐园》中，乐园之外也远非恐怖：米迦勒很友好地和亚当去叫醒睡觉的夏娃，"美梦使她心安而柔顺"，天使"两手领着他们走出乐园"。④

科尔显然受到了约翰·马丁的影响。马丁曾为 1827 年版本《失乐

---

① Louis Legrand Noble, *The Life and Works of Thomas Cole.*, p. 75.

② Bryan Jay Wolf, *Romantic Re-vision*, p. 91.

③ 《旧约·创世记》3:22。

④ 弥尔顿著，朱维之译，《失乐园》，上海译文出版社，1984 年，第 451 页。

图 3.11 | 科尔《逐出乐园》（1828），
100.96 cm × 138.43 cm，
波士顿美术馆（见彩图）

图 3.12 | 约翰·马丁《亚当和夏娃被驱逐，
弥尔顿失乐园插图》（1827），
耶鲁大学英国艺术中心，
保罗·梅隆藏品

园》创作插图，该版本传入美国，并进入了科尔的阅读书目中。[①] 马丁是当时英国著名的浪漫主义风景画家，善于描绘旧约圣经故事。他借用了当时流行的全景画模式，把圣经故事放置到梦幻般宏大的自然景色中，画面采用强烈的然而人为的光照，表现出宏大而雄奇的想象力。比较一下他画的《亚当和夏娃被驱逐》（图 3.12）和科尔作品会发现很多相似之处：都有火焰喷射的伊甸园门，亚当和夏娃走下台阶的姿态也很相似，特别是乐园之外都是暗夜一般荒凉和孤寂的世界。这种类似说明，科尔和马丁一样把基督教的生存世界想象成了"咆哮的荒野"。不过马丁没有描绘伊甸园之内的景色，他的画面只有荒野没有田园。科尔的创造性在于，他开始有意识地用"田园"和"荒野"二元关系表达基督教天罚和救赎的理念了。科尔本人对这种转变并没有说明，这很可能和他的艺术创作经历有关。他对美国荒野的体

---

① 科尔阅读十分广泛，尤其对英国浪漫主义文学有浓厚的兴趣，他特别喜欢包含有道德哲学和自然宗教的著作。他的书架中关于 18 世纪之前的书有斯宾塞、莎士比亚、泰勒（Jeremy Taylor）、费尔森（Owen Feltham）、班扬（John Bunyan）、多恩（John Donne）的著作，从 18 世纪他转向了如杨格（Edward Young）、考伯（William Cowper）、歌德、菲尔丁（Fielding）、伯恩斯（Robert Burns）、高尔斯密（Oliver Goldsmith），等等。他阅读的浪漫主义诗人有华兹华斯、柯勒律治、斯科特、济慈、雪莱，等等。他的《逐出乐园》显然是受到了弥尔顿的影响，希望通过用画面"描绘人的堕落以表达对当代世界的隐喻"。科尔的阅读清单和主要作品见："John C. Riordan, *Thomas Cole: a Case Study of the Painter-poet Theory of Art in American Painting from 1825-1850*, p. 133"。

验和描绘是马丁不具备的，他已经意识到美国荒野和传统田园风景的诸多不同之处，这种不同在科尔笔下很自然地升华为题材和含义的二元关系。

最后，欧洲之行使科尔建立了田园观念，"田园—荒野"二元关系开始影响到科尔后期的创作。

如果说去欧洲之前科尔尚没有明确的"田园"概念的话，这次旅行的重大价值就是给了他这样一个机会：体验欧洲的农村自然和观看古代大师的田园风景画。这样，当他从欧洲开始构思《帝国的历程》和到 1836 年完成之间，田园在他的心目中就已经很重要了。在完成的系列画中，画家给予"田园状态"一个重要的地位，把它和原始荒野明确地划分开来，这在他以前的思想和艺术中是没有过的。"文明—田园—荒野"形成了三种密切联系又本质上有别的关系，这形成了科尔讲述帝国兴衰故事必须有的概念基础。这一点在他同时期画的一幅出人意料的作品《U 形河》中体现了出来。

《U 形河》（图 3.13）是科尔创作《帝国的历程》过程中偶然得来

图 3.13　托马斯·科尔《从北安普顿霍利约克山看到的风景—暴风雨过后—U 形河》（1836），130.8 cm × 193 cm，大都会艺术博物馆（另见图 2.9）

的一幅基于写生的作品。在画第三幅"圆满状态"时科尔陷入了极度困难，不仅被他所能想象到的帝国城市的"华丽而俗气"所困扰——复杂的建筑结构，无数的人物，奢华的服饰和物品，还被经济上的窘迫所困扰。当他写信向赞助者里德求助时，里德建议他适当放松一下，画一些轻松的画参加展览和出售。于是他从素描稿中找到了一个被人所熟知的景色，这是他在马萨诸塞州北安普顿（Northampton）附近的霍利约克山上（Mount Holyoke）画的康涅狄格河谷。这幅画让人印象深刻的是构成画面左右截然不同的两种景色："荒野"和"田园"。他"把处于半山腰上的荒野和在山谷中的农场形成了对比"。安哥拉·米勒分析说：

> 这里的中心戏剧性情节是暴风雨向风景移动。然而除了这一点之外，科尔《U形河》的主题是在历史上一个特殊的时期美国农业的垦殖力量和荒野之间的交锋，这一主题被灌注在自然过程的比喻中。[1]

也许米勒的阐释能解释为什么这幅作品获得了巨大的成功。[2]除了科尔更加成熟的表现技巧和对美国风景鲜活的再现之外，这种荒野和农业的对抗正是当时社会精英们对荒野的前途和文明发展之间关系沉思的开始。无论如何，科尔已经放弃了对城市文明的关注，这不仅因为"圆满状态"的描绘给了他不愉快的记忆，更重要的是他开始把文明与荒野的关系转移到田园和荒野上。田园或者更准确地说是农业风景，在美国起到了代表文明向大自然扩展的"前头兵"的作用。

4. 美国荒野的宗教和道德含义

虽然科尔艺术中形成了"田园和荒野"的二元关系，但他对待二者的态度是不同的。田园代表了对文明向自然的扩展和对欧洲风景趣味的回忆，荒野则是对美国自然体验的表达和内在的宗教和道德意义

---

[1] Angela Miller, *Empire of the Eye*, p. 40.
[2] 该作品在1836年国家设计院春季展中展出，受到一致好评。一名叫查尔斯·塔尔伯特（Charles Talbort）的观众当场表示希望能出五百美元买下此画。这也是在美国风景画学界讨论较多的一件作品。

的联想。对科尔来说，荒野首先来自真实的自然感受；然后，各种条件促进了他对荒野内在意义的思考，这些宗教的和道德的含义成为理解他风景画和美国浪漫主义风景画的关键点。下面对这一过程做具体分析。

科尔对荒野意义的发掘首先来自他自然体验中的一种宗教感觉。

从《帝国的历程》可以看出，浪漫主义想象在科尔绘画中可以说是一种媒介，其目的是为了表达某种宗教寓意和道德情感，而这也是他被冠以"浪漫主义"的主要原因。实际上，科尔早年并非基督徒，儿童时代也未接受过正式宗教训练。到了生命后期他才正式信奉英国国教。① 那么科尔的宗教感觉来自何处？实际上，宗教对早期的科尔来说更多的是一种"情感"、"感觉"或者"体验"，而非"信仰"。其早年作品很难看到对宗教含义的直接表达。《逐出乐园》这种圣经题材的直接描绘在他作品中并不常见，很明显有模仿他人的痕迹。根据诺布尔理解，科尔艺术的宗教性源自他少年时代与大自然交流中生成的一种"宗教体验"：

> 科尔天生就有敏锐的自然感受力。随着年龄增长，他变得对所有美的形象、所有物质愉悦和痛苦、所有的道德意义都更加敏锐……他对美的热情如此之深，对他来说，草的完美和花的神圣都不会因时光流逝而亏损。由于这种道德感，他就拥有了一种混杂的强烈的宗教感受力。②

这种自然形成的宗教感和天主教徒在教堂和礼拜活动中生成的宗教感是不一样的，前者需要一种特别的"想象力"在荒野景色和宗教意义之间建立联系。科尔很多描绘美国风景的作品，如果仔细审视都会让人感觉到这种特别的联系，而这正是其艺术特殊魅力所在。《施龙山，阿迪朗达克斯山脉》（图 3.14）就是一个很好的例子。画中央描绘了十分高大的施龙山主峰，又是在逆光照耀下，山下郁郁葱葱的

---

① 当地圣公会部长诺布尔（Reverend Louis Legrand Noble）成为科尔的好朋友和后来的传记作家，1844 年科尔受洗加入教会。

② Louis Legrand Noble, Edited by Elliot S. Vesell. *The Life and Works of Thomas Cole*, p. 58.

图 3.14 | 科尔《施龙山，阿迪朗达克斯山脉》（1838），100 cm × 160 cm，
克利夫兰美术馆

　　植被在光照下十分明丽，这似乎就是对美国风景的赞美。可是进一步观察的时候自然景色就会发现更加深刻的含义：前面两棵树形状卷曲而坚挺，如同两个人或者两个臂膀向两边倾倒，以便为后边的景色留出空间；后面的主峰则如同统帅和英雄一样挺直了身姿往远处天空伸展开去，其尖利的峰顶恰恰刺入辉煌的强光中心，仿佛圣像的光晕。这中景象显然不是简单的自然，而是人和神的富有意义和秩序的世界。这幅画的解读如同画作本身一样需要想象。拉希特也曾富有想象力地解释这幅画："前景扭动身姿和撕裂的树木就像痛苦的灵魂。后景高山从错综粗糙的灌木林中升起。它的顶峰触及天空，暗色的暴风雨在这里恰好消失。是不是科尔暗示人类的悲哀在更高的地区会消失呢？"[①]这种丰富内涵只有在依靠想象才能实现，而科尔的荒野景色包含的宗教感觉，也正是他在对自然的重新想象和重构中创造出来的。

　　这种富有浪漫主义意味的自然意象是 19 世纪早期美国荒野审美

_____

① Lassiter, Barbara Babcock, *American Wilderness*, p. 45.

的重要特征。科尔同时代的超验主义哲学家正是对这种自然意象的赞美者。如果没有神圣性，自然是没有意义的，也是不被人欣赏的。但是采用直白的宗教象征（如中世纪的象征图像）同样也不被美国人接受。19世纪毕竟已经进入科学时代，清教传统只是提供一种潜在的神圣感觉，人们需要用一种审美的眼光去感受这种崇高感，需要依靠想象发现自然的神圣意义。这正是科尔风景画受欢迎的原因。正如1848年布莱恩特在科尔去世葬礼上总结他的艺术时所说的："他处理其艺术主题的模式不依靠任何体系和规则的狭隘限制；他赋予它们的道德意义绝不采用现成的套路或既定的形式；在他的艺术中，道德的展现由于他创造力的无限可能因而也具有意义上的无限可能。"①

另外，文学和宗教阅读对形成他的荒野宗教观念有重要影响。

科尔并不满足于微妙的宗教感觉及其藏而不露的表达方式。随着阅读增多，欧洲浪漫主义文学和艺术直率强烈的道德寓意和宗教力量对他产生了越来越强的兴趣，这种兴趣的一个重要表现是对他荒野观念的影响。他开始用宗教意象理解荒野，甚至由于所包含的基督教内涵，"咆哮的荒野"也有了审美和道德价值。

我们可以从他在1835年在美国莱西姆（Lyceum）协会发表的演讲《关于美国景色的文章》中看到这一点。②在文章中，科尔通过举出圣经故事中的荒野见证和修行的故事说明："在所有的时代和国家，人们都明白这样一个道理：在大自然之中可以获得愉快和慰藉……古代先知回到荒僻之地等候天启；伊利亚正是在西奈山见证了灵风、地震和火焰；以及倾听这静谧之微语——这声音也是来自崇山之间！圣约翰是在荒漠中布道；荒野正是谈论上帝的地方！"③这种用宗教诠释荒野很大程度上来自阅读的影响。

---

① William Cullen Bryant, "Funeral Oration on the Death of Thomas Cole", 1848, in Graham Clarke, *The American Landscape: Literary Sources and Documents,* Vol. 2, p. 174.

② "美国莱西姆学会"（American Lyceum Society）是美国从19世纪出现并流行的巡回演讲组织。最早在1826年马萨诸塞州米尔伯里（Millbury）出现，1831年开始走向成熟。科尔1835年应邀参加了演讲，该文章第二年发表在《美国月刊》（*The American Monthly Magazine*, New Series, 1, January 1836, pp.1-12），题目为 "Essay on American Scenery"。

③ Thomas Cole, "Essay on American Scenery", in Graham Clarke ed., *The American Landscape, Literary Sources and Documents*, Vol. 2, p. 338。

通过分析科尔的阅读书目，我们发现他对宗教和浪漫主义文学有浓厚的兴趣。他尤其喜欢那些讨论个体与自然和宇宙的和谐、人在自然中的道德和精神问题的作品。像爱德华·杨格（Edward Young）的《夜思》（*Night Thoughts*）就是讲述在自然和宇宙中上帝呈现的宗教作品，杨格描述了自然的宏大对人的精神的影响。科尔对英国传教士班扬（Bunyan）作品《天路历程》（*Pilgrim's Progress*）的阅读持续到1839年。科尔还提到他阅读过坎贝尔（Thomas Cambell）的《格兰克朝圣之旅》（*The Pilgrim of Glencoe*），该作品于1843年出版。① 这些都是讲述在宗教气氛或条件下精神漫游的意象。当然，他阅读最多的是《圣经》。科尔去世后，诺布尔在他的工作室发现了这样一幕：

> 在一个小写字桌上，除了他阅读的其他书籍之外，有一本写满了字迹的《圣经》，一本《公祷书》（*the book of common prayer*），还有一本威尔森主教（Bishop Wilson）的萨克拉普利瓦塔（Sacra Privata）。他的画室就像一个书斋或小礼拜堂。甚至有人说，他在开始画画前总是要先祈祷。②

不难理解，这种阅读之旅也是一种心灵之旅。科尔在宗教冥思中得到的主题就是孤独的朝圣者形象：一个人一生就是在行走，从一个迷茫的遭受挫折和困境的世界走到另一个永恒的、辉煌而完整的世界。这种朝圣旅行者的意象是西方宗教和浪漫主义文学中的重要主题，甚至一直到当代西方小说和电影中也常常采用这种思维模式。

科尔的喻言体风景画是这种荒野宗教观念的最好说明。

《帝国的旅程》是科尔开始表达这种宗教主题的第一次成功尝试。"系列画"是表现时间流逝、世事变迁的最佳方式，也是表现"漫游"或者"朝圣之旅"的恰切手段。1839年他又完成了第二个由四幅画构成的系列《人生的旅途》（图3.15；3.16），表现了一个人一生的四

---

① John C. Riordan. *Thomas Cole: a Case Study of the Painter-poet Theory of Art in American Painting from 1825-1850*. Syracuse University, 1970, pp. 136-137.

② Louis Legrand Noble, Edited by Elliot S. Vesell. *The Life and Works of Thomas Cole*, p. 298.（威尔森主教作品全名为 "Sacra Privata: The Private Meditations and Prayers of the Right Reverend"。）

图 3.15 | 科尔《人生的旅途之二，青年时代》
（1842），133 cm × 198 cm，
美国尤提卡曼森－威廉姆斯普罗克特
研究所艺术馆（见彩图）

图 3.16 | 科尔《人生的旅途之二，青年时代》
（1842），133 cm × 198 cm，
美国尤提卡曼森－威廉姆斯普罗克特
研究所艺术馆

个阶段：童年、少年、中年和老年的生命状态。时间的流动是用河流体现的。人物乘坐在生命之舟中，童年时代从溪流出发，河流逐渐变宽，最后老年时代进入永恒之海。值得注意的是画家对"田园"和"荒野"两种意象的使用：和谐而明媚的田园美景象征着青年时代的乐观、单纯、快乐；中年则是用"咆哮的荒野"意象来表现，轰鸣的激流随时可让人葬身古底，暗夜一般的山洞令人窒息。科尔解释说："磨难是中年时代的特点。少年没有烦恼的忧虑；青年没有绝望的思想；只有当经验教给我们世界的真相我们的眼睛才会超越早年生命的金色帷幕；我们才会感到深深的忧郁。"① 风景寓意的使用恰到好处，说明了科尔"喻说体风景画"的成熟。他清楚地知道如何调用各种风景因素——无论细节的山、水、树、石，还是整体上的田园或者荒野——来准确地表达宗教内涵和道德隐喻。可以想象，当他面对圣经沉思的时候，他脑海中浮现的一定是在大自然中遭遇的各种各样的风景意象。

　　短暂的一生中科尔画了三件对自己极为重要的系列画。除了上面两个系列外，1847 年他开始为第三个系列《十字架和世界》构思草图，可惜直到去世也没有完成。三幅作品产生了谜一样的巧合：前两件作品还没有完成赞助人就罹病身亡；最后一件没有赞助人，但他自

---

① Louis Legrand Noble, Edited by Elliot S. Vesell. *The Life and Works of Thomas Cole.*, p. 216.

己却突然去世了。有一位评论者曾这样说：

> 在科尔的三个系列作品中有一个我从没见过的令人震惊的巧合。《帝国的历程》是第一个系列，为卢曼·里德画的，但在最后一幅画完成前他就去世了；第二个系列《生命的旅程》，是为萨缪尔·瓦德（Samuel Ward）画的，可是科尔的旅行者还没有安全穿越时间之河到达永恒之海，瓦德的生命旅程就结束了；第三个系列《十字架和世界》，是科尔为自己画的，代表了十字架进入天国的朝圣之旅还没有完成，他自己的精神却先飞到了那福祉之地。[①]

这一评论让科尔的宗教风景画给人更多神秘和遐想的空间。这似乎也说明，对宗教从自然感觉到一种虔诚的信奉，科尔的荒野观念正在走向一条和时代趣味断裂的道路。他坚持的浪漫主义观念掺杂了太多的基督教信仰，这使得他的"喻说体"荒野风景画饱受争议，成为美国民族风景画成熟之前出现的一种十分特殊的表现形式。

二、想象和真实：荒野态度的犹疑和抉择

科尔试图赋予荒野以宗教寓意和道德情感，这意味着他要在风景画表现方式上做出选择。如果说在早期风景画里他的宗教感和自然感受是浑然一体的，那么随着宗教意图日益强烈，他就需要创造出一种新的图像以承载这种深刻的宗教和道德命题。特定的地形、写生的细节必须要减弱和改变以表达普遍的宗教观念；画面的结构和风景的形象要重新构造，以获得强烈的视觉冲击力和象征性意义。这种图像实质上是"想象力"驾驭的结果。

科尔的想象性风景画不是孤立现象，我们可以从同时代奥尔斯顿、道蒂等人的艺术中发现这一点。进一步来说，由于科尔对美国荒野的强调，他的想象力得到了一种"民族化"的转型。不过即使这

---

① Louis Legrand Noble, Edited by Elliot S. Vesell. *The Life and Works of Thomas Cole*, p. 228.

样，当想象与真实的矛盾在艺术实践中表现出来的时候，仍然受到了批评者和赞助者的争议，这使得他不得不在追求喻说体风景画的时候也要时不时描绘他所谓的景色画（views），一种注重"真实"的荒野风景画，以满足公众的审美趣味。这一节意图是从艺术家的作品形式的比较和分析中梳理这一线索，以期对"想象的荒野风景画"有更全面的认识。

1."想象"的语境：奥尔斯顿 – 道蒂

如前所述，19世纪初美国出现了对民族风景表现方式的探寻，但这种方式究竟如何却无人能知。正是这个时候，新英格兰出现了三位风景画家：波士顿的奥尔斯顿、"流浪者"道蒂和纽约的科尔。其风景画创作时间相近，但代表了不同却互相映衬的观念和表现方式。奥尔斯顿和道蒂的艺术并不是典型的"荒野想象"风景，但他们构成了科尔风景画的观念和形式语境。因此，讨论二者有助于了解当时风景画的整体面貌。

华盛顿·奥尔斯顿的艺术是对欧洲浪漫主义风景的模仿，他用一种异域图像模式为美国风景画提供了参照物和对立面。

奥尔斯顿的风景画是想象的、浪漫主义的、文学的和宗教的，而唯独不是美国的。作为当时的著名诗人、艺术家和理论家，他为美国的浪漫主义艺术提供了理论支持，这使纽约画家以一种背反的方式受到他的影响。其经历是其艺术性质的最好说明。奥尔斯顿出身于贵族之家，他在新英格兰名校接受了良好的教育，并且有机会到英国皇家学院接受系统的艺术训练。在欧洲和英国，他和很多知名的浪漫主义艺术家和文学家有所交往。[①] 由于这些经历，他培养了英国式的浪漫主义趣味，描绘"浪漫爱情、骑士、英雄故事以及超自然世界"。他在伦敦建立了文学和艺术名望，此时的艺术主题是宗教和历史，比如

---

① 华盛顿·奥尔斯顿（Washington Allston, 1779—1843），出生于南卡罗莱纳，是英国男爵家庭后裔，因而有机会到纽波特和哈佛接受教育，并于1801年赴英国皇家学院，在韦斯特（Benjamin West）和福塞利（Henvy Fuseli）（两位知名的浪漫主义艺术家）指导下学习艺术。在罗马，柯勒律（Samuel T. Coleridge）治成了他的良师诤友，他还和华兹华斯（William Wordsworth）、骚塞（Southey）、莱姆（Lamb）、雷诺兹、欧文等交往甚厚。他在伦敦建立了名望，以宗教画和历史画知名。

图 3.17 | 奥尔斯顿《海上暴风雨升起》
（1804），60 cm × 90 cm
波士顿美术馆

图 3.18 | 奥尔斯顿《伊利亚在沙漠》
（1818），125.09 cm × 184.78 cm，
波士顿美术馆

《圣保罗在监狱》或《伯沙撒的宴会》等。^①他偶尔会画一点风景画如《海上暴风雨升起》（图 3.17），那种无限宏大的虚空感和船被暴风雨打翻的无助感是欧洲浪漫主义的典型趣味，而天空云朵翻卷的姿势和尖利形状受到了透纳的影响。可惜的是，回到波士顿之后他就很少画纯粹的风景了。《伊利亚在沙漠》（图 3.18）算是他比较晚的风景，具有萨尔维特"英雄式"风景的典型特征。画家无意描绘美国自然，而是追求一种观念化的基督教荒原意象。画面结构和造型十分严谨，气氛阴郁，枯树枝干和枝头的乌鸦在荒凉的野地和山冈之间显得十分孤独而凄厉，生动暗示了伏在地上先知的心境。这种表现方式和科尔"喻说体"风景画是十分吻合的。

值得注意的是，虽然科尔没有和奥尔斯顿直接交流过思想，但艺术创作方法有很多一致的地方，其中最重要的一点就是"想象"。奥尔斯顿后期在波士顿作了一些关于艺术的演讲，系统阐述了他的创作原则，可以说是对浪漫主义绘画理念的系统总结。^②和科尔"自学出身"不同，奥尔斯顿有赖于系统的学院教育，因而可以从美学和哲学

① 当时奥尔斯顿比较重要的油画作品如《触摸以利沙骨头而复生的男子》（The Dead Man Restored to Life by Touching the Bones of the Prophet Elisha）（1813—1814）；《圣彼得在监狱，雅各的梦想》（Saint Peter in Prison, Jacob's Dream）（1817）；《伯沙撒的晚宴》（Belshazzar's Feast）（1817）；等等。

② 这些思想在他去世后被德纳（Richard Henry Dana）编辑到《关于艺术和诗歌的演讲》（Lectures on arts and poems）中。

的角度讨论艺术。比如，他把艺术形式理解为理念，"理念是最高的最完美的形式，任何事物，无论是物质的、理智的还是精神的都以形式存在于思想中"。① 在此基础上，他区分了两种形式，一种是来自现实或真实，是外物在心灵中的一种反应，是对现实的理念化的结果。很明显，根据他的意图，这种形式在艺术中的表现是那种"真实模拟和再现自然或人物"的绘画或雕塑，它们只是从"数量"上反映了世界，因而是低级的。与此不同的是第二种理念，即那种"心理构造之物"，或者说"想象的产物"：

　　它们是思想的产物。它们不是对完美的理想化，而是一种由内向外的展现以便于他人交流。所有想象性的作品都是这种例子。它们可以称为想象性的，这是因为，尽管也吸收现实世界的形象，似乎被一种不可知力量规范，但它们本质上是一种并不现实存在的东西的形式。它们对心灵是真实的，这种真实的类型可以称之为一种诗性的真理（Poetic Truth）或人性的真理（Human Truth）。②

　　在奥尔斯顿看来，"想象"是一种和"模仿现实"完全不同的创作方法，它是观念的外在呈现，是心灵构造之物，是一种真理。如果说模仿性艺术是在形象的大小、空间、特点等"数量"上看上去真实，那么想象的真实是一种"诗性"的真实和"人性"的真实，这显然是艺术的最高境界。正是由于这种原因，浪漫主义文学和艺术就有其更高的价值，因为它们不满足于机械表现现实世界的表面形象，而是发自内心之物，是人的最高理念的体现，是心灵往外在世界喷发的结果。这可以说是奥尔斯顿对浪漫主义艺术观念进一步思考的结果。在欧洲，他受到了很多浪漫主义文学家和学者的影响。他赞美柯勒律治："从思想上我对他的敬爱超过了一切人……当我们在佛格塞别墅（Villa Vorghese）散步时，我几乎觉得是在古希腊学院里倾听柏拉图的谈话。"③ 柯勒律治也是坚信心灵的作用在艺术中具有决定性作用的

---

① Washington Allston, *Lectures on Arts and Poems*, New York: Baker & Scribner, 1850, p. 3.
② 同上，p. 7.
③ 同上，p. 5.

人，他曾把浪漫主义艺术的中心思想概括为：

把（自然中）这些与人类的心灵有限性相适应的意象汇集到一起，从这些意象中提取那些与人的道德省察相类似的形式，然后用这些形式对这些意象进行重新组织。这样就可以使外在的内化，内在的外化；使自然变成思想，思想变成自然——这就是艺术天才的秘密所在。①

在柯勒律治那里，心灵和自然之间的关系要靠艺术家的特殊能力来实现，"这种力量，我用了一个专门的概念——想象——来称呼之。"②艾布拉姆斯以"灯"譬喻十分形象地概括了奥尔斯顿"理念外射"形诸于物的观念。相比来说，科尔并不会从哲学角度考虑"想象"的定义，但他同样意识到想象的重要性。1825年吉尔默对科尔作品中流露出来的离现实越来越远的倾向提出了意见，希望画家能重视观察、依据自然。科尔对此提出了异议，他依据的就是历史上大师的想象力：

如果我没说错的话，历史上的一流名作，无论历史画还是风景，都是画家想象力创造的结果。拉斐尔等伟大画家的作品都不只是对他们所见自然的模仿。如果想象力被遏制，除了我们所见之物就再也没有什么价值了，无论绘画还是诗歌就再也没有什么伟大之处了……离开自然不是创作一幅画的必然结果；相反，自然最美最可爱的部分可以组合在一起，形成整体，并且能在美和效果上超过在一个特定地点观看的景色。③

科尔的看法无疑是对的。纵观历史，想象力是构成古典艺术的一个基本特点。显然，他所说的想象力已经超越了浪漫主义想象的范畴，甚至包括了古典主义艺术的理想化。虽然其表现形式有所不同，

① M.H.艾布拉姆斯著，骊稚牛等译，《镜与灯：浪漫主义文论及批评传统》，北京大学出版社，1989年第一版，第76页。
② M.H.艾布拉姆斯著，《镜与灯：浪漫主义文论及批评传统》，第179页。
③ Louis Legrand Noble, edited by Elliot S. Vesell. *The Life and Works of Thomas Cole*, p. 63.

但就"超越现实"一点来说却是一样的。

如果说奥尔斯顿从学院派视角建立了浪漫主义的"想象理论",托马斯·道蒂（Thomas Doughty）则以民间艺术家的身份提供了一种因素混杂的"如画风景"模式。

奥尔斯顿艺术手法在纽约并没有流行,这是因为纽约没有强大的学院和浪漫主义传统,他的艺术趣味和图像模式与纽约人的真实体验难以契合。这种情况下,具有美国本土特征的民间绘画和地形学风景画就显得更有吸引力。当英国如画风景模式传入的时候,它和本土因素和民族体验融合,形成了一种"想象性的如画风景",道蒂的艺术正是这种复杂融合过程的生动体现。①科尔在 18 世纪 20 年代初出茅庐的时候,他眼中看到的第一个挑战就是当时颇有一些流行的道蒂艺术。

托马斯·道蒂在科尔时代是一个富有悲剧色彩的插曲:他和哈德逊河画派没有关系,和波士顿的浪漫派也无联系,有的美国艺术史著作甚至会忽略他的存在。30 岁的时候放弃了皮革生意投身于风景画,但随着哈德逊河画派逐渐流行,他的画变得无人问津,最后在贫穷和凄凉中去世。道蒂实际上应该算是民间画家,有的学者把他和托马斯·博敕（Thomas Birch）一道归入美国本土的地形学式的风景画模式。②博敕本来是活跃在费城的海景画家,他画的费城景色被认为是"18 世纪殖民地时代该城市珍贵的图像记录"。从《费城冬天风景》（图 3.19）可以了解到他采用的对特定地点准确观察和重视记录的描绘模式,这种模式是殖民地时代形成的一种传统。其目的是实用的、记录性的,但它的优点是"真实可信"。

道蒂也接受了这种地形学传统,但并不以此为满足。他希望在风景画中表现自然的诗情画意,为此他模仿了英国"如画"风格——这种风格通常在旅游刊物插图中就能看到。在此基础上,道蒂创造出了一种混杂着美国元素的"想象"风景画。从《在自然仙境中》（图

---

① 托马斯·道蒂（1793—1856），美国早期风景画家之一。费城人,大约从 1820 年开始从事绘画。他主要在费城和波士顿生活,偶尔到纽约等地。风景画主题来自哈德逊河地区。

② 托马斯·博敕（1779—1851），美国最早的海景画家。1794 年从英国移民到美国到费城定居,其父亲威廉·博敕是知名的细密画画家。从 1806 年开始,博敕开始画油画和小幅水彩画。他描绘的费城景色具有地形学特征,具有珍贵的史料价值。

图 3.19 ｜ 托马斯·博敕《费城冬天风景》
（1847），62.2cm × 90.2 cm，
木板油画，私人收藏

图 3.20 ｜ 托马斯·道蒂《在自然仙境中》
（1835），62.2cm × 76.2 cm，
密西根底特律艺术协会

3.20）可以看到，他所描绘的景色就像科尔的《人生的旅途》一样不
真实，是一种梦幻般的世界。和克劳德模式类似，道蒂的画面也是由
两边的侧景、近景的平地、中景的池塘、远景的山峦和天空组成的，
这些结构在他画面上一目了然。只不过他的景物造型常常十分单纯，
山峦树木的外形有时候比较突兀，带有美国风景的某些特征；他喜欢
一种单纯的"银色调"，一下子改掉了 17 世纪意大利的棕色调，这也
给人一种新鲜感；那种用细微的色彩组织起来的层层退后的空间，具
有浓郁的诗意。不过，这种美国版的"克劳德模式"是对美国风景的
概念性表达：它失去了"地形学式风景"的真实性，只是强力表现大
自然梦幻般的优美，也没有任何科尔追求的宗教或道德含义。因此，
当科尔真实而鲜活的"卡兹基尔"风景画问世之后，道蒂的"如画"
就慢慢退场了。

　　奥尔斯顿的想象理论和道蒂的如画模式为美国民族风景画的萌芽
奠定了基础。波士顿和英国联系密切，有深厚的文学和思想背景，这
为美国风景画内涵增加了某种深刻性。费城的地形学风景传统具有单
纯的民间色彩，但充满了生动和新鲜的美国特点，这有助于美国风景
画走进本国荒野并获得一种地理上的民族性。

2. 荒野"性格"：科尔的"真实景色画"

　　和道蒂、奥尔斯顿都不同，科尔的艺术是从"真实"开始的。他

的风景因为表现了真实的美国自然受到称赞，他本人因为表现了纽约山水的真实特征而冠以哈德逊河画派开创者的美名。不过在浪漫主义文学的影响下，科尔逐渐不再满足于描绘真实景色，他称这种风景画为"views"，是"眼睛所见之物"，没有深刻的价值，这促使他萌生了创造想象风景的愿望。但新的努力使得他处于"真实"和"想象"两种观念和表现形式的选择困境中。可是，奥尔斯顿在阐述"浪漫主义想象原则"的时候，不也提出表现"诗性的真理"吗？科尔所创作的"真实的荒野风景"与浪漫主义的"真理"距离有多远？对此需要作进一步讨论。

科尔的"荒野风景画"被认为是美国荒野的生动描绘者和美国自然性格的完美展现者。当他的作品最初被特朗布尔欣赏时，这位老前辈谦虚地承认"这样的画我用一辈子的时间也画不出来"。布莱恩特的赞美更加准确。他说，那些喜欢这个大洲景色的人都会喜欢看这样的图画："把眼睛带往属于我们国家的荒野壮丽之景，看那空旷的山顶，庞大的未被斧头砍伐的森林，沿着未被文明污染的小溪，进入带有我们气候色彩的天空深处……这样的景色只有科尔能画出来。"① 一直到 20 世纪学者们依然持有这种看法。1939 年大都会艺术博物馆举办的《美国人的生活》展览中，科尔被认为"诚实地、不装模作样地"描绘了 19 世纪前期美国人的生存环境：

> 他的风景画（特别是前期作品）真实表现了自然；那些作品也许包含了强烈的个人感觉，但它们是画家在观察某一特定场景的反应。尽管偶尔会有些变形，但科尔提供了一个窗口，使人们能看到 1825 至 1850 年间美国荒野外观、精神、和未修饰之美。②

然而，关于科尔作品真实性的讨论并没有一个确定的结论。随着学者们对科尔作品作进一步研究，对这种真实性的质疑也越来越多。不仅科尔的喻说体风景画不真实，甚至连他早期"荒野景色画"

---

① Graham Clarke, Ed. *The American Landscape: Sources and Documents*, Routledge, 1993, p. 174.

② William H Truettner, and Alan Wallach, eds. *Thomas Cole: Landscape into History*. Yale University Press and The National Museum of American Art, 1994. p. 138.

的真实性也开始受到质疑。1979 年诺瓦克再次拾起这个话题，她认为："在某种意义上，公众可以说从一开始就被愚弄了，因为科尔的景色画从来就不像批评家的趣味所喜好的是所谓的未梳理过的（un-composed）。"① 这一个问题在 1982 年布莱恩·沃尔夫的论文中再一次明确提出来：

> 科尔的作品，特别是其早期作品，常被称为写实的。但科尔从来没有打算做一个写实主义者。我们只需要比较他的风景画和道蒂的、肯赛特的或者杜兰德的，就知道写实主义不是他们的特征。科尔从来不把他的风景画作为对特定景色的地形学意义上的描绘。他们是构造的画面，自由地转换成浪漫主义诗人的语言。线条、形式、色彩共同结合创造出一个意义绝不仅限于愉悦的画面，而是引发一种特别的情绪。②

为什么对科尔同样的作品人们却有着如此不同的看法？科尔的荒野景色如何真实，又如何背离了真实的原则？要想弄明白这些问题，就必须从科尔艺术发展的内在原因说起。产生科尔艺术的社会土壤、自然体验、文学、哲学发生的变化以及纽约的荒野旅行、运河交通，都为表现真实的美国风景创设了条件。但对一个艺术家来说，最重要的还是在于其个体的自然感觉和情感，这些是在他在与自然的关系中自然形成的。

科尔的荒野感觉和早年在俄亥俄的经历有关。1818 年科尔举家从英格兰来到美国，家人都在俄亥俄斯托本维尔（Steubenville），科尔一人在费城学习。几个月之后，科尔和朋友徒步长途跋涉去和家人团聚。俄亥俄大河的巨浪，周边浓密的森林，无尽的荒野美景给他留下深刻的印象。斯托本维尔是一个被山林和野地围绕的地方，科尔有机会在自然中穿行和流连。天性内向的他不喜欢社交和画肖像，森林和原野成了他心灵交流和寻求慰藉的对象。根据拉希特的描述，"当他开始描画自然形状的时候，某种神奇的东西就发生了，他笔下的卷

---

① Barbara Novak, *American Painting in the Nineteenth Century*, p. 51.

② Bryan Jay Wolf, *Romantic Revision*, p. 35.

图 3.21　科尔《自然中的树》（1823），
23cm × 18cm，
阿尔伯尼历史和艺术学会

曲的长满瘤节的树木仿佛有了生命。"① 这种抒情式的描写虽然无从考证，但从中可以理解科尔对荒野感觉的真正来源。有一幅科尔画于 1823 年的树的素描可以生动地说明这种感觉（图 3.21）。弗莱克斯纳说这个树干就像"一个恐怖的肿瘤从腐朽的根基生长起来，下身就像一个蹲坐着的动物的臀部肌肉"。② 这种拟人化的描绘方式和学院教育是完全不同的。两年前在宾夕法尼亚学院学习的时候，他对古代大师的雕塑写生毫无兴趣，让他感兴趣的反而是和经典毫无关系的道蒂和博敕的风景画，"他唯一的目的是立即学会如何把在大自然中点燃了的灵感表现出来；人物画与他无关，老大师与他无关，即使克劳德、鲁本斯、雷斯达尔，他们的技巧也让他单纯的眼睛困惑——因为他们的形象不能表达美国的荒野森林和山川"。③ 确实，科尔的艺术来自自然，这既是他生活的荒野自然，也是他内在强烈的自然天性。正是由于少年时代与自然沉思默想的交流使得科尔会用某种人格化的方式理解自然，从中获得无尽的快乐和安慰。

来到纽约后科尔继续了这种自然之爱。他不断地沿着哈德逊河北上旅行写生，仿佛只有在大自然中才能获得乐趣。在原始自然中行走，也许是对科尔的荒野态度的最直接的说明。诺布尔说，如果生命足够长，科尔会怀抱着使虔诚之心得以喷发的冲动围绕地球一直走下去，一直到达自然神庙的尖顶。④ 科尔自己的话更直白地证明了这一点："为什么年轻风景画家不独自出去走？不断地走？……我走了多

① Barbara Babcock Lassiter, *American Wilderness,* p. 5.

② 同上，p. 8.

③ James Thomas Flexner, *That Wilder Image,* p. 9.

④ Louis Legrand Noble, Edited by Elliot S. Vesell. *The Life and Works of Thomas Cole,* p. 53.

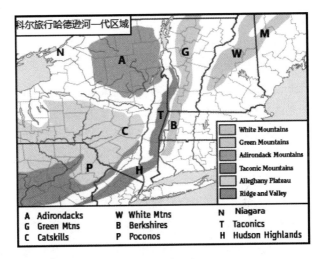

图 3.22 | 科尔旅行哈德逊河一代区域地图：
A– 阿迪朗达克，W– 怀特山，
C– 卡特斯基尔山，
N– 尼亚加拉，G– 绿山山脉，H– 哈德逊河高地

少路啊，日复一日，一直如此，去看在那些熟悉的东西后面是否还有什么秘密。"[①] 从 1825 年初次到卡兹基尔旅行，到 1848 年去世，他几乎走遍了新英格兰的山山水水（图 3.22）。[②]

"远走"确实是荒野体验的重要特征。这不仅仅是美国西部拓荒者的道路，也是美国艺术家的必经之途。虽然科尔远走的范围主要在哈德逊河流域一带，但这种远走的主旨却被美国艺术家继承了。不过，"远走"本身不是目的，其目的是为了获得自然的精神、完美和真理，用诺布尔的话说，科尔是为了追求和表现"荒野的本质特征"：

科尔早期对大自然充满了热情，他深深地热爱我们森林景观的纯

---

① Henry T. Tuckerman, *Book of the Artists: American Artist Life*, New York: G. P. Putman & Son, 1867, p. 33.
② 有记载的科尔行程如：1826 年乔治湖；1827 年怀特山；1828 年到波士顿和怀特山；1834 年开始在卡兹基尔雪松林村（Cedar Grove）定居；1837 年去施龙湖（Schroon Lake）；1839 年怀特山河杰纳西河谷（Genesee Valley）；1843 年波士顿；1844 去波士顿哈特福特和缅因；1846 去阿迪朗达克山，山普伦湖（Lake Champlain）；1847 年去尼阿加拉；等等。

洁和孤独之美。他努力探究荒野特征，试图描绘美国山河、湖泊、森林的单纯与宏大。为此，他抛弃了所有传统手法——如画图式、耕作的农村田园，或者被人为改变了的纯洁自然，他不画冒险者的居所、渔夫，却画印第安小舟或者野人在原始的树林之间行走。他的画作中不乏这种形象：安静透明的湖泊，紧紧依靠、密不透风的森林，悬崖峭壁的粗大轮廓。在他的画中，大块的石头、野性的松柏、蓬松的橡树等等都是荒野性格的体现……这个时期，他的目的就是要抓取我们风景的真正性格。[①]

那么应如何理解这种荒野性格？对此我们可以在科尔 1835 年演讲中得到进一步理解。演讲词中，科尔用自己在新英格兰大自然中行走、观察、写生的经历描述了对美国风景特征的理解。他首先谈到希望"唤起和培育人们对自己国家大自然的欣赏和趣味"。这种趣味还太少，人们习惯欣赏欧洲风景，把欧洲文化、历史、艺术作为典范，然而对自己生活的土地却十分冷漠。美国风景的特点是什么？画家断言："美国景色最显著的、最令人印象深刻的特征也许就是它的荒野性格。"[②] 按照惯常理解，荒野意味着荒凉、恐怖、野蛮，这很难唤起美好情感；但是，科尔的意图正在于改变这种负面含义，发现它的美和价值。通过形象化的描述，他创造了一种人格化的荒野审美意象。

科尔首先讨论美国荒野最显著的景观：森林覆盖的山脉。欧洲山脉大多是光秃的，但美国的山从山脚到山顶都"穿上"了浓密的森林，这些森林为山脉"铺上荣耀"，使得"崇高融入了优美，野蛮变成了高贵"。从这些比喻性的语言中，荒野开始具有了人的精神含义。然后在讨论河流、湖泊、瀑布的时候，这种人格色彩就更明显了："水就像人面部的眼睛，它是最有表情的特征：在没有一点波纹的湖上，像镜子一样倒映这周围的一切，我们感到了她表达的宁静和和平——而在激流，在从天而降的瀑布中，则充满了狂暴和冲动。"[③]科尔表达了对瀑布的喜爱："瀑布可以说是风景的话语，她弹奏着自

---

① Louis Legrand Noble, Edited by Elliot S. Vesell. *The Life and Works of Thomas Cole*., p. 57.

② Thomas Cole, *The American Landscape* II, p. 337.

③ Graham Clarke, Ed. *The American Landscape: Sources and Documents*, Routledge, ii, 1993, p. 341.

己的乐曲。"当话题进入到森林内部的时候，这种拟人化就更明显了：

> 树木就像人，性格各不相同。在受到庇护或者文明环境下，它们很少显示出特别的性格，因为其独特之处都被修剪了、拉直了，以至于看上去十分相似。但是在大森林中，在那些荒凉的和没有教化的地方，树木为了争夺土地和食物，或者为了争夺一块可以倚靠的石头相互之间互相争斗——它们看上去那么奇特和富有个性。①

由此可见，所谓荒野性格，对科尔来说不是客观的物理特征，而是要求把自然当成有生命的有机体，当成人看待。通过这种人格化的观看方式，荒野获得了人的姿态、人的感情和人的思想，画家与自然之间的交流因而才有可能，才变为永远充满乐趣的过程。这种感觉在科尔的绘画中表现的一览无余。虽然科尔的"荒野风景画"常常因为其真实而受到赞美，实际上它们并不是对真实自然的描绘，而是把它们人格化了。比如在《有死树的湖》（图3.23）中，前景左边的几个枯树扭动身躯就像几个人在湖边观望，而倒在地面阴影中垂垂危矣的老树仿佛是将要去世的老人，它们与站立的树之间形成一种对话：是在安慰？守护？还是送行？当我们采用这种人格化的方式理解科尔风景的时候，他的画面就活了，而这正是科尔所谓的"风景性格"意义所在。除此之外，科尔甚至还不满足于把风景当成人看待，他在荒野景色中还有更高的追求：

> 那些自然之手还没有被提高的孤寂的景色比那些已经改造过的自然对人的心灵有更深刻的情感影响。其中的结果是关于上帝造物主的联想——大自然是他未被亵渎的作品，心灵在荒野中可以进入对永恒之物的沉思。②

不过，这种更高要求仅仅依赖荒野风景的描绘就不够了。为此科

---

① Graham Clarke, Ed. *The American Landscape*, Vol. 2, p. 344.

② 同上，p. 340.

图 3.23 | 科尔《有死树的湖，卡兹基尔》(1825)，68.6 cm × 85.8 cm，
艾伦纪念艺术博物馆

尔必须寻找更直接和有效的手法。随着对浪漫主义文学的阅读，和欧洲旅行所看到的浪漫主义风景画的启示，他开始理解并创造一种完全基于想象的风景语言。

3. "想象风景"表现形式演变

想象风景有多种表现形式。作为美国浪漫主义绘画代表人物，科尔想象风景的发展变化具有示范性的意义：他的艺术形式演变在个体发展中显示了美国风景画一般性的发展线索，他开创的艺术道路对其他艺术家产生了深刻影响。因此我们可以以科尔为例讨论想象风景发展，同时考虑这种风景在其他美国风景画家中的表现。科尔表现方式的发展大体上可以分成三个层面：对传统的学习；自己的重新创造；

和后期抽象化、象征化的趋势。对于想象性的荒野图像来说，这三种形态形成了相互有别而关联的层面。

首先来看对传统的学习。传统，无论是克劳德的理想风景，还是萨尔维特、透纳、马丁的浪漫主义风景，都建立在想象基础之上，这些都是科尔学习和参照的来源。《帝国的历程》可以说是他学习欧洲各种传统的集中体现："原始状态"可以归之萨尔维特；"田园"显然是克劳德；"圆满和衰退"可以从透纳的迦太基风景中找到原型；"荒芜"状态也可以归到克劳德。诺瓦克指出，即使在那些科尔所谓的真实风景中，其中包含的传统因素也是显而易见的："科尔倾向于根据一种先验的构造模式布置自然的要素。采用或者一再采用萨尔维特遍布木瘤的粗糙树干，克劳德的侧面布景和闪烁的湖面，他熟练地把美国风景的细节放到来自传统原型的构图模式中，也放置到他自己喜欢的构图框架中，无论地点是卡兹基尔还是怀特山他都会重复使用。"[1]

从这个意义上来说，很难确定画家从哪一幅作品开始形成了自己的图像模式。从传统到自己风格之间没有一个可以截然划分的界限。画家在使用传统因素的时候，总是根据自己的需要自由组合，同时还融入了自己的自然感受和体验。比如画家在 1835 年画的《龙卷风》（图 3.24），画面的主体元素是前面的两棵粗糙扭曲的枯树，这恰好是萨尔维特惯用的母题（图 3.25）。[2]但画面表现的龙卷风气氛，狂暴乌云遮天蔽日的感觉，则是透纳暴风雨风景的典型特征。这两个画家都是科尔熟悉、认真学习过的。在画家的宗教想象风景中，科尔的全景画模式和阴森恐怖的山、荒原、洞窟、火焰的效果也受到了约翰·马丁的影响，这在前面对《逐出乐园》的分析中可见一斑。虽然有这么多不确定因素，我们依然可以发现随着画家艺术的成熟，他逐渐离开写生和观察的材料，开始采用一些比较常用的构图模式和技巧，形成了科尔式的荒原风景。布莱恩·沃尔夫把科尔的这种风景图像称为

---

① Barbara Novak, *American Painting of the Nineteenth Century*, p. 51.

② 科尔在 1820 年临摹过洛萨的作品，来自一位漫游画家斯蒂恩（Stein）带来的的英国绘画书。20 年代他在宾斯法尼亚美术学院见过洛萨的作品。但他是不是知道洛萨的术语"恋母式自然结构"（oedipally conceived nature）则不清楚。该术语指"前景人物放到与中景山或尖顶有关系的平面上"。

图 3.24 | 科尔《龙卷风》(1835),
117cm × 164 cm,
华盛顿国家美术馆

图 3.25 | 萨尔维特《有约旦河受洗的人的风景,
局部》(17 世纪),
31.9 cm × 45.4 cm,
爱尔兰都柏林国家美术馆

"浪漫主义崇高"风景:

高耸的山峰和戏剧性明暗产生了一种冲突和解放的语言。在恐怖和兴奋之后观者遭遇了精神的逆转,精神获得了一种力量的喷发,他体验到自由和释放的狂喜……前景的山丘或隆起和一个更大更险峻的中景高峰交错对抗,二者之间有一个深渊般的峡谷,涌动着浮起的云雾,而远景清澈的天空连接到绿地和具有宽广空间的远景。[①]

我们可以从科尔的《哈德逊河阳光明媚的早上》(图 3.26)看到这种特征。这幅早期作品很大程度上是他自己的想象之物。那时候他还没去过欧洲,传统对他的影响还有限,画面结构也比较单纯。画面是由三个层次构成的:前景的突起或山顶,中景的最高的山峰,和后景一望无际的平原。中景是整个画面的制高点,并且占据了画面的主体位置;没有侧景,前景与中景之间没有任何连接,形成深不可测的深渊;后景的优美平原和前景观者位置被中景山峰和深渊断开,造成视觉和心理上的双重断裂。这丝毫不是优美的可居可行的宜人风景,而是令人震撼的崇高荒野。它的崇高性是以"中景高峰",采用"断裂"和"对比"的手法产生的。断裂生成的"深渊"或者无底峡谷给人一种死亡的恐惧感,中央山峰、天空白云、霞光的辉映则是一种辉

---

① Bryan Wolf, *Romantic Revision*, pp. 177-178.

图 3.26 ｜ 科尔《哈德逊河阳光明媚的早上》
（1827），130.8cm × 193 cm，
波士顿美术博物馆（见彩图）

图 3.27 ｜ 科尔《荒野之景》（1832），
133cm × 198 cm，
巴尔的摩美术馆

煌和神圣，二者之间的巨大反差造成观者极度的心理起伏。

　　浪漫主义文学常常给人以深渊的感觉。弥尔顿的《失乐园》描绘了一种难以想象的天神和地狱撒旦之间的交锋，观者在《圣经》的时间中穿行，仿佛进入一个空虚的时空隧道。[①] 1831 年科尔曾在笔记中写到对深渊的感触："站在深渊的边上我战栗不已，害怕脚下的陆地会突然倾塌。我经常沉思岩石峭壁的边缘，从来没想过它会崩塌；但是现在这巨大的土地，带着迅速和不断腐朽的预兆，使我突然意识到：它就像云朵一样如此易逝。"[②]科尔的深渊感受在风景画中体现出来，通过中景崇山、层次对比和断裂形成一种独特的崇高模式。这种模式对科尔和美国风景画来说都富有意义。正如罗斯基尔的评论："本质上，从美国展览和赞助的视角来说，科尔的荒野景色代表了一种技术上的雄心和竞争性的震撼力以及一种对崇高主题图像模式的尝试。"[③]

　　随着艺术逐渐成熟，科尔开始利用各种传统模式组织更加复杂的构图。但是每当试图表现神圣和恐怖兼而有之的宗教情感，这种中景高峰和空间断裂的方式就会出现。比如 1832 年在意大利画的《荒野

---

① "科尔读过弥尔顿，了解堕落的神话对现代世界的隐喻，这同时被他用来指美国亚当的巨大力量和深刻的弱点。以弥尔顿，他关注了知识的痛苦，在驱逐出伊甸园中，他探究了伴随着自我意识旅程的被驱逐的过程。（Bryan Wolf, *Romantic Revision*, p. 82.）

② Cole's Journal entry, 24, August 1831, quoted from Bryan Wolf, *Romantic Revision*, p. 81.

③ Mark Roskill, *The Language of Landscape*, The Pennsylvania State University, 1997, p. 164.

之景》（图 3.27），画面结构和内部因素已经变得比较复杂，右边作为侧景的古树、前景与侧景的连接，都受到了传统的影响。但是中景高峰依然存在，汪洋水泊起到了分裂中景与前景的作用，这种对比使得中景高峰异常神奇而突兀，暗示了画面的主题。这种画面构造是浪漫主义想象的结果，如科尔自己信中所说，"它展示了一个浪漫主义的景象或者完全的自然状态……这并不是某一个特定的土地，而是一个普遍观念中的蛮荒；当你看它的时候，我认为你肯定会赞扬我没有忘却那些我一直倾心的蛮荒的宏大景象；这种宏大性在欧洲这边是看不到的。"①

　　抽象化和象征性是画家晚期作品在宗教喻说体风景中的某种趋势。如前面所说，在创作《人生的旅程》中，科尔实际上采用了不同的风景模式表现不同的年龄和时间主题，其中荒野和田园是被当作完全不同的含义加以使用的。值得注意的是第四幅《老年状态》对风景的描绘。画面是陆地和大海交界的荒野，陆地仿佛被大海和天空的乌云融化了，整个世界陷入混沌之中，只有天空金色的神圣光芒指引着老人得救的方向。在这里形象的消解和宗教含义结合起来，同时意味着一种新的荒野图像模式。科尔晚年"为自己"画的《十字架和世界》中，这种消解形象的模式更加明显。其中《旅程的结束》（图3.28）描绘了漫游者处于世界的边缘，被天使引领进入天界的情形。近景的土地和山石似乎变软、消散，就像是火光和浓烟，与天空中的云层混杂在一起。整个画面构成了单纯的由黑暗围拢成的金色的半圆形结构，这使人不禁想起透纳晚年的作品，同样消失的物象的细节，人物被棕红色、光亮和黑暗包围起来的色彩中。1843 年透纳的《光与色》（图 3.29）附加了一个长长的标题："歌德理论——大洪水后的早晨——摩西写《创世记》"。这显然不是眼前的视觉景象，而是宗教幻象，是画家在梦幻般心灵中将大自然最单纯的景色元素、圣经中的世界意象、多年来的视觉经验等等重叠和融为一起的结果。这种抽象形式不仅仅是画家心灵中的"幻象"（vision）的表现，还具有了某种象征意味。19 世纪后期美国画家莱德的话也许能准确地说明这种幻象的价值：

① Thomas Cole, "Letter of End of January", 1832, quoted from *Noble*, pp. 99-100.

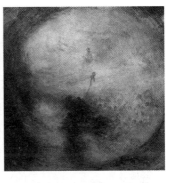

图 3.28　科尔《十字架和世界：旅程的结束》
（1847），100 cm × 160 cm，
纽约历史学会

图 3.29　透纳《光与色：歌德理论——
大洪水后的早晨——摩西写创世记》
（1843），78.5 cm × 78.5 cm，
泰特美术馆

　　幻象最为重要。艺术家只需要保持对他梦想的忠诚，那么它就会使得他的作品永远也不会与他人相同——因为没有两个幻象是一样的，那些想达到这个高度的人必须从另外一条不同的道路上努力攀登陡峭的山峰。每一个人都有一个不同的全景画。[①]

　　莱德是美国浪漫主义的英雄，坚持"心灵幻象"的重要性。[②]幻象是超越了写实的想象，更加符合奥尔斯顿所说的从心灵往外喷射的"理念形式"的原则，无论艺术家处于什么时代，采用什么表现手法，这种由内往外的形象创作始终是一致的。不过，在 19 世纪 40 年代，也就是科尔皈依基督教的时候，美国的艺术还有欧洲的艺术都在科学精神指导下走向自然主义的方向，这使得科尔的艺术在两难中遭受批评和争议。

① Diane Johnson, *American Symbolist Art: Nineteenth-century Poets in Paint: Washington Allston, John La Farge, William Rimmer, George Inness, and Albert Pinkham Ryder*, Edwin Mellen Press, 2004, p. 75.
② 阿尔伯特·莱德（Albert Pinkham Ryder, 1847—1917），美国 19 世纪后期著名的浪漫主义画家。早年因视力受损接受了很少教育，业余从事绘画。1870 年搬接到纽约，曾在国家设计院学习，曾到欧洲旅行。作品多采用宗教和神话题材，具有浪漫主义的神秘气质，但其表现手法具有高度的抽象化和表现性。

4. 想象与真实的分裂及其解决

从根本上来说，科尔的想象风景和当时美国人的趣味是相悖的。美国的审美趣味正在从欣赏欧洲大师和传统艺术转向美国大自然，也转向描绘这种自然的美国艺术。科尔受到欢迎是因为他压制了或者还没有发展自己的想象，创造出被纽约人认为是真实的艺术；相反，每当画家试图表现自己的想象，他的艺术就让人迷惑和疏远。这样，在画家和社会流行趣味之间就形成了一种不协调的甚至对抗的关系，为了服从这种关系，在科尔的创作中就出现了表现方式的分裂：想象和真实。科尔清醒地认识到，"真实"是给公众的，而"想象"则是为自己的。那么，对科尔艺术的两面性人们如何评论？科尔和社会的关系在发生怎样的变化？梳理这种变化的态度和关系能让我们从整体上理解美国风景画和审美趣味的特征和发展方向。

如前所述，科尔曾经跟吉尔默之间遇到不快。吉尔默对中世纪手稿、意大利、荷兰、英国以及美国艺术都有很多收藏，颇有艺术判断力。他喜欢科尔的"卡兹基尔"风景，请科尔画一幅以库柏小说为题材的风景画。为此科尔画了《最后的莫西干人》，他还去了故事的发生地（乔治湖）画写生稿。然而在完成的作品中，风景就像是人为设置的舞台，和现实的阿迪朗达克地区很不相像。为了能给画家一点劝诫，吉尔默用托马斯·道蒂为例提出了自己的看法：

比如道蒂，他总是从自然中研究和绘制，他在现场画的每一张素描或油画都让人愉悦。他的景色是真实的：树冠有变化，没有模式，散乱的地面和石头一看就是原创的而非理想化的……我喜欢真实的美国景色而非组合之物……总之，所有一切就是要把自然效果处理的就像艺术家感觉被允许做的那样让人愉悦和有精神，而不能违背真理。[1]

然而科尔坚信想象的重要性与合法性。[2]为了证明自己有能力依

---

[1]　Barbara Novak, *American Painting of the 19th Century*, p. 47.

[2]　科尔并不相信吉尔默对道蒂的赞扬。他辩解道："道蒂的构图是失败的，虽然他也许成功地模仿过某些景色，但是他的构图来自主观而不是复归到自然。"（Barbara Novak, *American Painting of the 19th Century*, p. 48.）

靠想象创造完美的作品，他又特意画了《逐出乐园》，希望卖给吉尔
默赢得好评；但后者冷漠而委婉的回绝让科尔的热情一落千丈："我
已经有太多的画……很多比这更好的画都堆在房间里没地方挂了。"[1]
不仅如此，这幅画在国家设计院和波士顿的展览中也无人问津，以至
于画家不得不通过抽奖销售处理它。科尔似乎已经意识到纽约人想要
的是什么，因而当他在构思自己的想象风景时开始流露出某种担忧。
创作《帝国的历程》的时候他就担心这些作品未来的处境了。给里德
的信中他这样写道："请原谅我这样说：您也许会为这些画将来受到
的批评而烦恼。他们将会成为各种各样批评的靶子。他们会被不公平
地攻击或者不公平地赞美——因为有些人只会觉得好看而已，其他人
则除了缺点什么也看不到……没有人能明白画中的构思——其中包含
的哲学含义。"虽然结果并不像科尔所想象的如此差，但如其所说，很
少有人欣赏他讲述的哲学内涵。《纽约镜》杂志文章说，人和国家的命
运是那样吗？"哲学和宗教都否定这一点……物种的进步在持续，个
体的命运也在持续，不断的变动更加完美……爱的王国将是永恒的。"[2]

　　1838 年科尔又开始面临矛盾选择。这是经济危机过去的第二年，
形势有所好转，随着订单增多科尔不得不忙于创作各种景色：克劳德
风景、萨尔维特英雄风景、美国荒野、欧洲景点……评论家已经注意
到科尔风景画开始出现的不同类型：

　　　　他的阿卡迪亚和其他来自想象的景色，实在缺乏他的本地风景画
　　的原创性和表现真理的力量。作为一个色彩家和构思家，科尔先生希
　　望和克劳德或者萨尔维特·洛萨竞争；但是作为对自己国家土地的真
　　正热爱者，作为一个对我们的荒野风景的忠实的坚定的描绘者，我认
　　为，他会并持续会坚定不移走下去。[3]

① 　Barbara Babcock Lassiter, *American Wilderness*, p. 21.

② 　参见: article in *New York Mirror*, XII, No. 42（April 18, 1835）, p. 330, quoted from Barbara Novak,
American Painting, p. 48.

③ 　*New York Mirror*, XV, No. 49（June 2, 1838）, p. 390, quoted from Barbara Novak, *American
Painting*, p. 49.

　　科尔的画法分化其实在两年前就出现了:《U形河》也许是科尔科尔艺术成熟时期绘画走向分裂的标志。当不同类型风景在展览中亮相的时候，它们引发的批评和欢呼生动地反映了当时社会对艺术的看法。当时艺术界已经有了自由评论者。在新闻和出版业的发展中，艺术评论正在变成影响艺术家声誉和前途的重要力量。然而和英国不同的是，美国的很多匿名评论者都是业余的，没有经过专业的艺术批评和艺术史训练，也往往缺乏艺术眼光，因而他们反映的往往是社会民众的看法。科尔对此十分清楚，因而他厌恶匿名的、语言粗俗的评论者，说"将不会费心取悦于批评者，而宁愿让自己服从于那些少数的有真正趣味和判断力的专家"。① 不过，这种对评论的不信任使得科尔变得进一步走向自己的想象王国。

　　促使科尔走近想象的原因是多种多样的。其中一个原因恐怕和他内心怀有的风景画地位不高的看法有关。这种观念被英国皇家学院院长雷诺兹爵士信奉，到19世纪前期依然很有影响。虽然风景赏心悦目，但他们只是对自然景色的模仿，缺乏历史画所具有的想象力、历史和宗教的文化含义，当然也缺少提升人的道德水平的能力。科尔认为，纯粹的风景画虽然受人欢迎，但却无益于自己的名声和地位，只有用想象力把风景画提高到历史画的层次才能名垂后世。这种观念使他处于两难境地，于是他把创作分为"满足流行趣味的纯粹风景"和"为了名誉而画的喻说体风景"。可惜，这种判断已经不符合时代的潮流了。这个时代不再满足于想象和内在真实，而是还要满足视觉的外在真实。正如《北美纵览》文章所说的:

　　在艺术中，忠于自然真实是一条极为重要的法则。只有在此法则之下想象力才能自由活动，加上细致、敏锐的观察、爱的启示以及真理。讲述自然的真理，无论内在的还是外在的自然，这就是艺术的伟大创造和目的。②

①　Sarah Burns and John Davis, *American Art to 1900*, p. 240.

②　Barbara Novak, *American Painting of the 19th Century*, p. 50.

图 3.30　科尔《杰纳西景色》（1847），
129.5 cm × 100 cm,
罗德岛设计学院美术馆（见彩图）

　　正是这种情况下，《施龙山》博得一片赞扬；而同时期的《人生的旅程》则让科尔陷入了不愉快的纠纷中。[①]《北美纵览》所讲的"真理"，预见了美国风景画发展的新方向，也给艺术家带来新的艺术标准，浪漫主义似乎要走到头了。《人生的旅程》之后，科尔一直寻找支持他描绘宗教题材的赞助人，却始终没有人接受。在偏远的卡兹基尔他几乎和纽约失去了联系，生活越加孤独。1844 年，科尔在诺布尔引导下加入天主教会，从此宗教不再只是风景隐喻的需要，而是变成了内在的精神需求。纽约和波士顿的朋友催促他描绘真实景色，对

---

① 由于《人生的旅程》赞助人塞缪尔·瓦德（Samuel Ward）去世，画家引来一场官司。郁闷之中科尔得以第二次去欧洲旅行。

此科尔却愤怒地予以拒绝，声称绝不做一个"树叶画家"，固执地把所有精力投入到无人肯赞助的道德和宗教寓意画中。[1]然而让人惊讶的是，这种情况下科尔还画了一幅十分真实和生动的风景《杰纳西景色》（图 3.30）。这幅画是为当时红极一时的美国艺术联盟委托绘制的。也许考虑到它所面对的大众趣味，科尔画得十分轻松，不是靠主观构想，而是根据几年来旅游的观察和体验，画面显得十分自然、真实、不着痕迹：

> 画中我们面对的不是艺术家主观的构图和设计，不是来自各部分要服从的整体框架，而是来自大自然本身的结构——岩石构造的体量、瀑布顶端向远方后退形成的深邃空间……这幅画显示出一种物象的实在感觉。也许，当他批评透纳的石头太过于糖浆的时候，这种感觉就已经表现出来了。[2]

在诺瓦克看来，"理想"和"真实"的矛盾在科尔身上完全表现了出来，但他是问题的提出者而不是解决者。美国民族风景画的表现形式还没有真正形成，浪漫主义想象和欧洲风景传统都不是美国民族风景的真正要义。要想解决这个问题，需要画家走进美国荒野，对大自然进行更加深刻的洞察和理解。

---

[1]　Barbara Babcock Millhouse, *American Wilderness*, p. 58.

[2]　Barbara Novak, *American Paintings of the Nineteenth Century*, p. 56.

第四章
走进荒野：
个体自然体验的真实表达

我建议你们在前景研究上作直接的模仿……这种努力会引导你们认识大自然微妙的真理和性格，然后理解所画之物，你们就能揭示反映其本质的所有事实。因此，这种极为细腻的绘画是有价值的，不是为其自身，而是为它引向的知识和用途。

——阿舍·B.杜兰德①

19世纪中期美国社会发生了重大的变化。最重要的变化就是美国国家的快速扩张，整个国家迅速从东部沿海扩展到西部沿太平洋海岸。西部移民轰轰烈烈，荒野旅游盛行一时。随着国土膨胀，民族主义精神迅速高涨，过去对荒野的敌视和冷漠变成一种征服和亲切感兼而有之的态度。亲近荒野，是美国荒野文化的一个重要的转折点。这种

---

① Asher Durand, "Letters on American Landscape", quoted from Graham Clarke, ed., *The American Landscape: Sources and Documents*, Routledge, 1993, p. 364.

亲近，首先是一种自然体验的亲近；其次，也是一种科学认识的亲近。在西部扩张中，美国政府组织多次西部探险队或资源勘探队，随行的艺术家以一种科学的态度描绘荒野自然。这些活动，都加深了人们对大自然的亲近感。

这种荒野态度的变化在美国风景艺术中体现出来。这个时期，美国风景画开始走向繁荣，艺术观念和实践也发生了复杂变化。然而从"荒野"视角来看，"如何理解、表现美国荒野"依然是美国风景艺术的主题。科尔时代的"想象"荒野羼杂了太多主观、传统、宗教的成分，科尔早逝之后，以杜兰德为首的纽约画家放弃了从圣经和经典求助的方法，转而走向以自然为师、以真实表现自然为宗旨的道路。新的艺术观念必然产生新的风景图像。本章将从近景开始探究世纪中期出现的新的荒野观念和表现形式。

一、杜兰德：荒野近景及文化内涵

"荒野近景"最典型的是专门观察和描绘眼前近处景色的风景"特写"，其次是在画面中对近景倾注了特别热情和详尽表现的风景画。近景风景在19世纪50年代受到了特别的重视，它体现了一种新的荒野观念。近景意味着画家走进荒野，近距离观察和接触大自然。在此过程中，基督教荒原的神秘和严酷不再有效了，代之而起的是一种十分不同的对有限自然的亲近和理解。

杜兰德是"荒野近景"的倡导者和孜孜不倦地实践者。和科尔类似，杜兰德也喜欢风景开阔的意大利平原，但是他认为要想表达美国真实自然感受，就一定要走进美国荒野，描绘和表现真实的美国景观。作为知名艺术家和国家设计院院长，杜兰德的艺术观念具有示范性的意义。1855年，他在《蜡笔杂志》发表了一系列《关于风景画的信》，以拉斯金《现代画家》的口吻向年轻学生提出近景观察和描绘的原则。①

---

① W.J. Stillman and John Durand, *The Crayon: A Journal Devoted to the Graphic Arts and the Literature Related to Them*, Volume I, New York, Stillman & Durand Proprietors, 1855.

他以"自然研究"命名自己的风景画，建立了近景风景的图像模式。那么，这种走进荒野的观念是怎么产生的？本节将以杜兰德为案例对近景风景图像、其暗含的荒野观念以及社会语境做具体分析。

1.《密友》：杜兰德的近景风景

和 19 世纪 30 年代《帝国的历程》一样，40 年代也出现了一幅有着特殊含义的风景作品——杜兰德的《密友》（图 4.1）。[①] 从名字可知道作品和人有关，这幅画确实也是为了表现画家科尔和诗人布莱恩特之间的友谊而画的，但它实际上是风景画，是杜兰德在一个特殊时期受邀创作的纪念之作，但其独特的画面形式无意中暗示了和"荒野"相关的新鲜主题。

这件作品是一位赞助人乔纳森·斯特奇斯（Jonathan Sturges）在科尔去世之际请杜兰德画了赠送给诗人布莱恩特的。这一背景对理解这幅画十分重要。布莱恩特当时是纽约著名诗人和《纽约晚报》记者，他在 1821 年创作了诗歌《死亡沉思》，热情赞美了美国的大自然，这对科尔的荒野态度产生了深刻影响。[②] 正是由于同样的追求，他欣赏科尔的荒野风景画，把科尔看成是美国艺术的希望。当科尔决定赴欧洲游学时，诗人写了一首《赠启程赴欧的画家，科尔》，表达了对科尔前途的担忧，担心欧洲之行会改变他的艺术追求，提醒他不要忘记祖国的景色：

> 你所到之地　美景欢愉
>
> 优美　但如此不同
>
> 到处都有人的痕迹
>
> 小道　屋舍　墓地　废墟
>
> 从最低处山谷
>
> 到严酷的阿尔卑斯山生命畏缩之地
>
> 看着它　直到泪珠暗淡了你的眼神

---

① 该作品的英文名为"Kindred Spirits"，含义为"知趣相投者"、"知音"、"深交"、"密友"等含义。本文采用"密友"。

② 布莱恩特的诗歌为"Thanatopsis"，意为"死亡观"。

图 4.1 │ 杜兰德《密友》(1849),
116.8 cm × 91.4 cm,
华盛顿国家美术馆 (见彩图)

但勿忘却你从前的荒野意象 ①

这种惺惺相惜的情愫经常被学者引用，用以说明美国文学和艺术的互动关系。科尔去世引起了画坛强烈反响：国家设计院召开了一个特别会议；美国艺术联盟举办了科尔的回顾展；布莱恩特则在设计院

① Asher B. Durand, "To Cole, the Painter Departing for Europe", see Graham Clarke, ed., *The American Landscape: Sources and Documents,* Routledge, 1993, p. 166.

公开宣读了为科尔撰写的悼词。斯特奇斯被布莱恩特和画家的真情感动，决定请杜兰德创作一幅作品赠送诗人。当作品递交给布莱恩特的时候，他说："在您发布了纪念我们的朋友——科尔的悼词之后，我请杜兰德画了此画，请他把我们刚去世的朋友跟您画在一起。我相信这一定会得到您的赞许，也希望您能接受此画以表达我们的感激之情。"①

　　如其所说，杜兰德准确地表达了那种复杂的意味——友谊、尊重和自然之爱。济慈的诗作《哦，孤独》启发了画家的构思，杜兰德在风景中呈现了诗人"大自然的观测台"、"在枝叶的荫庇下"、"和纯洁的心灵亲切会谈"这样的审美意象。②画面上科尔和布莱恩特站在卡兹基尔山谷的一个巨石上，人物处于画面中心偏左一点的位置，把中心留给了远处空间中的卡特斯基尔瀑布——科尔喜欢的主题。两个人在交谈，科尔一边看着诗人，一边用画笔指向远处峡谷深处的风景，似乎在描述自己对景色的感受；而诗人则微微地低头，一边倾听，一边在构想美妙的诗句。值得注意的是，两个人物在画面中占的空间很小，画家的重点是描绘一个让人感觉亲密的、幽深的美丽荒野。这儿是科尔曾经喜欢的典型景色，近处折断的树枝使人想到科尔的风景画又似乎暗示他的中途去世。而右侧折断的细长树干，一半指向地下，一半指向天空，则是安哥拉·米勒所说的"死亡和拯救的隐喻。它把观者从前景陷落的历史导向远处背景天空的希望"。③不过这幅画含义到此并未结束。实际上，这种死亡和拯救的主题既可以理解为是对科尔的，同时也可以是对美国的风景画的。什么是美国风景画的方向？当杜兰德在国家设计院为科尔去世召开的特别会议上发言时，他

---

① David B. Lawall, *Asher B. Durand: His Art and Art Theory in Relation to His Time*, Garland Press, 1977, p. 518.

② 《哦，孤独》是济慈（Keats）的处女作，发表于1816年："哦，孤独！假若我和你必须同住，别在这层叠的灰色建筑里；让我们爬上山，到大自然的观测台去。从那里，山谷晶亮的河，锦簇的草坡看来只是一小段；让我守着你，在枝叶荫蔽下，看跳纵的鹿麇，把毛地黄（foxglove）里的蜜蜂惊吓。不过，虽然我喜欢和你赏玩。这些景色，我的心灵更乐于和纯洁的心灵亲切会谈，她的言语是优美情思的表象；因为我相信，人的至高乐趣是一对心灵避入你的港湾。"

③ Angela Miller, *American Encounters: Art, History, and Cultural Identity*, Pearson Education, Inc., c 2008, p. 258.

这样评论了科尔的贡献：

提升风景画的地位是他的伟大目标；他已经成功了。他已经使这种地位远远超过了他在我们日前艺术中所拥有的程度。不仅如此，他还展示了风景高度的道德能力，这种能力迄今为止最多也不过是偶尔的、或有或无地被人们利用过。因此，他完全有资格获得我们的"恩主"这一尊名。[1]

杜兰德指出科尔最重要的贡献是"提升了风景画在美国的地位和价值"，但他对科尔风景画本身却只字不提。杜兰德给予科尔的尊名是基于一个事实：科尔试图在风景画中注入道德和宗教的命题使之达到历史画的地位，然而这种依靠浪漫主义想象实现的手法已经远离了美国风景画真正的主旨。

如前所述，19 世纪 20 年代开始，一种"认识、观察和表现美国本土风景"的愿望越来越强烈。甚至连科尔也意识到了这种潮流，他的《关于美国风景的文章》就是这样一种愿望的表达。可是科尔的艺术实践始终是矛盾的，他迷恋宗教气氛，这使他的艺术与美国自然偏离得越来越严重。那么，应该如何表现美国自然？科尔去世的时候，杜兰德已经专职从事风景画研究近十年，他的路径和观念与科尔十分不同。当我们把目光再次转向《密友》，就会发现杜兰德正在把风景画引向一个新的方向。实际上，这幅画是构图在很大程度上和科尔、和传统已经十分不同了。在前景中可以看到有三棵榉树从画面左侧伸长出来，一直冲破画面的顶部天空，然后延伸至画面右侧环绕和垂落，并与下面的山崖连接到一起。恰如拉希特说，这"为小人物构造了一个巨大的保护性的弯形区域，人物在这种拥抱式的荒野中显得十分的矮小"。[2]

人进入风景保护之中，荒野中的树木和山岩构成了一种包围性的

① David B. Lawall, *Asher B. Durand: His Art and Art Theory in Relation to His Time,* Garland Press, 1977, p. 516.

② Barbara Babcock Lassiter, *American Wilderness: the Hudson River School of Painting*, Garden City, New York, Doubleday, 1978, p. 68.

结构，这在科尔、克劳德以及洛萨的风景中都是十分罕见的。进一步看，画家不仅把画中人物放到了被荒野包围的结构中，观者的位置似乎也是在森林的暗处。前景没有人可以站立的平台或草地，而是无处容身的乱石和杂草，并且处于阴暗的树荫之中，和中景明灭的阳光以及远景明亮缥缈的气氛形成对比。人被荒野包围；观者在荒野中；人与荒野亲密接触——这些都暗示了一种全新的自然态度和表现方式：近景。

美国风景画在《密友》中体现出来的近景表现方式并不是新鲜的话题，很久以来学界对此就有所注意。从 19 世纪早期到世纪中期，美国文学家和艺术家的自然感觉都在发生变化，如果说早期是具有浓郁浪漫主义色彩的想象的话，那么到了中期对荒野自然的细节越加关注了：

早期作家强调特殊景点及其暗含的宗教感觉。世纪中期的作家强调更普遍的景色细节，这种细节描绘就不再那么有宗教和神圣的含义了……这种新趣味在世纪中期绘画艺术中更加明显。早期艺术家画铅笔素描用于完成性的油画作品，现在的艺术家则花费更多的时间创作近距离观察的油画稿了。比如杜兰德的《卡兹基尔森林景色》和吉福德的《卡兹基尔的树干》……无论旧主题还是新主题以及难以分辨的森林内景，世纪中期的画家总是把重点放到对大自然特定细节的密切观察之上。①

近景一方面是单纯的，它体现了一种独特的观察和表现视角；另一方面近景又是复杂的，它有各种各样的表现形式，有复杂的社会和艺术根源。同样，这种背景和条件也可以通过《密友》加以理解。它的艺术倾向是在杜兰德人生和艺术经历中形成的，而这也可以说是产生近景的社会背景的缩影。《密友》是杜兰德对自己 19 世纪 40 年代投身风景画实践的一个总结。在这个时期，他逐渐放弃以前追随的传

---

① Kenneth John Meyers, *Selling the Sublime: the Catskills and the Social Construction of Landscape Experience in the United State, 1776-1876*, Yale University, 1990, pp. 236-237.

图 4.2 | （照片）阿舍·布朗·杜兰德，摄于 1845 年

统模式，开始走进大自然，并在对自然的观察、体验、写生中创作出了新的表现方式。那么，作为和科尔同时代的艺术家，是什么因素促使杜兰德选择了走近自然的道路？这需要考虑画家本人的艺术经历和可能受到的其他影响。

阿舍·布朗·杜兰德是哈德逊河画派的核心人物（图4.2）。他是从版画家、肖像画家转移到了风景画家，而这恰是解释其风景观念和道路的出发点。来自新泽西杰弗逊村，他出生于一个钟表和金银匠家庭。[①]16岁的时候他就开始在纽瓦克马弗里克（Maverick）的制版公司做学徒了。1820 年特朗布尔委托他为其作品《独立宣言》转刻版画，使之赢得了"全国最优秀的版画家"的称号。从此，杜兰德在纽约建立了自己的工作室，制作银行纸币、插图、肖像临摹版画。银行纸币业务使得杜兰德能有良好的收入和舒适的家庭生活。

1830 年，杜兰德参与了布莱恩特主编的《美国风景》插图创作。[②]《索吉尔瀑布》（图 4.3）就是他所作插图之一，是临摹移民画家班尼特（William James Bennett）的作品。[③]从画中"可以看出那些在将来杜兰德风景画中的重要因素：微小人物和宏大自然、瀑布的伟力、森林峡谷的狂野、未被人改变的造物之美，原始伊甸园神圣的纯

---

① 新泽西杰弗逊村即现在的梅普尔伍德（Maplewood）。

② 《美国风景》是一种介绍美国景色的畅销书。（参见：William Cullen Bryant, *The American Landscape*, New York, Khun Bliss, 1830. ）

③ 班尼特出生于英国，在皇家学院接受教育，以水彩画知名，具有准确表达地理特征的地形学风格。1826 年移民美国，描绘了一些比如尼亚加拉等美国风景景点和城市风景，形成了地形学式的风景画标准风格，影响了一批画家。

洁"。① 虽然只是临摹之作，但他的自然趣味已经显示出来了。可惜这种风景版画画家当时只是偶尔为之。版画经历对杜兰德乃至美国艺术意义重大。包括科尔和杜兰德在内的很多画家年轻时都有从事版画学徒的经历，对于缺乏学院传统的美国来说，版画是业余学生获得造型训练和了解艺术传统的重要途径。这种媒介重视线条，细节精雕细琢，在油画和刻板之间用线条转换明暗和气氛，都深刻影响了美国绘画的风格。考虑到杜兰德从事版

图 4.3 | 杜兰德根据班尼特原作创作的版画《索吉尔瀑布》（1830），发表于《美国风景》（1830），纽约历史学会

画的时间这么久，我们就能理解他在大自然的诗性描绘中为什么保持了对细节如此强的耐心和兴趣："模仿和细腻工作的雕刻师生涯提高了他对目标和工作的忠诚，这带入新的事业中，使其在感受的表达中不失细腻和完美的技术。"②

家庭变故使杜兰德重新思考艺术之路：1827 年他的一个女儿病故，三年之后妻子留下三个孩子也生病去世。在悲痛中，杜兰德决定放弃为谋生而操持的单调乏味的刻版生涯。杜兰德的理想是职业画家。当老"美国学院"允许学生临摹希腊模型的时候，杜兰德就是其中一员。1826 年学生与老学院分道扬镳建立国家设计院，杜兰德是重要的策划和组织者。③ 现在他和科尔一样，都在里德支持下投身于

① Wayne Craven, "Asher B. Durand's Career as an Engraver", *American Art Journal*, Vol. 3, No. 1, Spring, 1971, p. 52.

② Henry Theodore Tuckerman, *Book of Artists: American Artist Life.* New York: G. P. Putnam & Son, 66; Broadway, 1867, p. 188.

③ 这批年轻学生包括莫尔斯、顿拉普、科尔等人，他们组成了国家设计院最早的创立者。关于国家设计院和美国美术学院的关系，参见本书第二章第二节第二小节《自然的国家：社会和审美语境》注释。

职业艺术创作。一开始，里德委托杜兰德绘制亚当斯、杰克逊等一系列总统肖像。这一经历对杜兰德产生了积极影响。如果说版画经历使他具备了重要的素描基础，那么肖像则给他提供了使用、熟悉色彩的机会，这对风景画来说十分必要。更重要的是，肖像画要求忠实于对象特征，无需或很少依赖传统法则，这种原则进一步强化了杜兰德的"真实"观念。从某种意义上来说，当杜兰德投身于风景画的时候，他依然是抱着"为自然画肖像"的观念观察和写生的。如果说科尔的信仰是理想主义，那么杜兰德就是实用主义。考虑到这种经历，就不难理解为什么杜兰德和科尔的荒野观念和图像表现会有如此多的不同。

有两个因素促使杜兰德投身于风景画。其一，里德的去世中断了肖像画委托，使他失去了经济支持。其二是 1837 年的纽约金融危机引发社会经济凋敝，画家也无法得到以往的制版和刻印业务。城市生活窘迫而压抑，只有偏远农村依然保持在往日的宁静里。远在卡兹基尔森林中生活的科尔热情地邀请杜兰德：

> 你一定要来到农村居住。大自然是最好的安慰。先生，你，日复一日，住在狭隘的不透气的屋子里辛苦劳作，只能让你更加烦闷……这里有新鲜的空气呼吸，你的身体将会焕发生机，你的精神就会轻松，你的画就会魅力无穷。[①]

为此，杜兰德携第二任妻子到卡兹基尔和科尔会面，两家一起去阿迪朗达克山的施龙湖旅行写生。这一事件标志着杜兰德风景画生涯的开始。如他给朋友的信中调侃："从现在开始我已经放弃人的躯干（trunk）转向森林的树干了（trunk）。"[②] 可是，在风景画方面杜兰德只是新手，科尔想象的、戏剧化的荒野造型和他的趣味格格不入，为此他不得不依赖记忆中的传统模式帮助构思。杜兰德的早期风景表明他依然受克劳德传统影响。1840 年他模仿科尔《人生的旅程》画了

---

① Barbara Babcock Lassiter, *American wilderness*, p. 44.

② 同上，p. 45.

图 4.4 ｜ 杜兰德《人生的早晨》，表明画家早期依然受克劳德模式的深刻影响。
　　　｜（1840），126 cm × 213.7 cm，美国国家设计院美术馆

两幅画《人生的早晨》和《人生的傍晚》，画中有一种浓郁的田园风景的气氛（图 4.4）。显然画家也在寻找一些变化，比如作为侧景的树丛转移到了画面中心偏右一点的地方，这意味着树木不再是舞台的支架而是要作为画面的主题；人物很小，自然空间宏大，二者形成强烈对比；大画面采用了左右拉长的比例，使得画面具有更宽的视野和空间感。不过即使如此，这种风景和美国的荒野也相去甚远。杜兰德对克劳德图像的知识来自以前临摹风景版画的经历，也和从小在新泽西农村生活的体验有关。现在面对新的描绘主题，他感觉到无论对传统的理解和对自然的感受都远远不够了，于是 1840 年他决定去欧洲旅行学习。

　　欧洲旅行使得杜兰德有机会亲眼观看克劳德、普桑、洛萨以及 17 世纪荷兰的风景画，也有机会观摩和了解康斯泰布尔、透纳、巴比松画派等当代艺术家的作品。从杜兰德的旅行笔记中可以看出，欧洲景色对他的影响似乎更大，他经常描写自己对独特的欧洲平原、农村、城市的感受，一种和美国原始蛮荒十分不同的景色。欧洲之行对他的影响可以从 19 世纪 40 年代早期的风景画中看出来，根据在欧洲写生的草稿他画了不少欧洲景色。直到 1844 年开始情况才有所改变，

他开始转向新英格兰大自然的本国景致的观察和写生了。这个时期纽约画坛正在经历革命性的跃进。美国艺术联盟的出现极大促进了社会公众对本国艺术的热情，私人画廊也纷纷涌现，风景画的影响日益扩大，艺术创作进入活跃期。1845 年，国家设计院院长莫尔斯离职，杜兰德以其优雅、热情的品格和良好口碑被推举接任此职。正是在这个时期，"荒野近景"逐渐成为他的画面的重要形式。杜兰德的风景画发展既是复杂的，又是多变的，他同样经历了从传统模式到个人风格和表现本国荒野的变化。了解这一变化过程有助于理解"近景"在杜兰德艺术中的特殊性和个体特征。

2. 荒野近景的观察和再现

近景风景是在写生的基础上产生的。在科尔的引导下，杜兰德离开沉闷单调的工作室来到大自然，这一半是为了画画，一半是为了放松和消遣。欧洲之行使他确实认识到写生的重要性。从欧洲回来后，他每年至少要用两到四个月的时间外出写生。和他同行的朋友有卡西里尔（Casilear）、肯赛特等人，他们之间亦师亦友的关系有助于杜兰德深化对艺术的思考，也使他的风景观念容易被艺术圈接受。杜兰德并不像科尔那样到很远的地方旅行，他常去的地方是纽约附近的郊区或者山区。对他来说，"走进"荒野要比在荒野中"远行"重要得多。科尔常常描绘地标性的荒野景观，杜兰德则倾向在一些平素的荒野景色中挖掘普遍性的意义。这些都促使他走向创造"近景"图像的道路。

外出写生对杜兰德是新生事物。他早期刻版生涯是在工作室案板上度过的，老美术学院素描课不过是临摹罗马雕刻的复制品，至于风景，他主要是从画册中临摹传统大师的模式。因此，从室内到大自然对杜兰德来说意味着风景观念的革命性转变：从依靠传统到依靠自然。在《关于风景画的信》中，他明确地总结了自己关于这种用"自然学习"取代"画室学习"的看法：

你们不需要到一个艺术家画室做学徒学习绘画。看书、与画家随便交流就已经足够让你们了解艺术知识了。我认为，只要具备基本知识，就可以马上用铅笔描绘真实对象的形状和整体特征。因而我强烈推荐你们一个可以自由出入的画室，从中可以获得完全的自由、尺度和最可靠的指导，使你拥有获得真理和感知的能力，那就是上帝赐予每一个人的——大自然。[1]

在阐释自己对研究和写生自然的重要性的时候，杜兰德把"传统"作为阻挠艺术家获得真理的障碍，和艺术家必须克服的对象：

艺术理想不是基于传统，而是基于现实的完美。一切都来自对自然的观察。艺术家首先要研究自然，其工作就是选择、安排最典型的不被人玷污的形式。夸大虽然被允许，但只能用于加强一种气氛或强调对象的特征，而不是把主观意愿和爱好强加到自然身上。艺术家必须隐藏自身的存在，绝不可以用笔触、机理、奇怪的构图转移人的注意力，影响对风景的沉思和观察。[2]

放到1840年之前，这种对自然的高度重视对杜兰德来说是不可思议的。他早年没有多少风景创作的经历。他对风景的认识，一方面来自载有欧洲老大师和英国风景模式的画册，一方面来自对同代人特别是科尔的了解。比如在1830年为刊物《美国风景》画的插图中（图4.5），他描绘的卡兹基尔风景是一派优美的田园风光，虽然强调了郁郁葱葱的森林，但侧景树、画面层次，特别是温和的乡间气氛，却和美国荒野的感受相差甚远，只不过是对克劳德风景画的借用而已。风景看上去十分优美，可惜这只是观者从远处观望和想象的对象，是理想，而非真实的存在。这种感觉一直到1840年创作的《人生的早晨》（图4.4）依然存在。

在真正走进大自然的过程中，杜兰德的感觉和画面形式都在逐渐发生变化。1845年国家设计院的春季展览中，杜兰德展出了一件不

---

[1]　W.J. Stillman and John Durand, *The Crayon: A Journal Devoted to the Graphic Arts and the Literature Related to Them*, Volume I, New York, Stillman & Durand Proprietors, 1855, p. 2.

[2]　Matthew Baigell, *A Concise History of American Painting and Sculpture*, Happer & Row, Publishers, New York, 1984, p. 76.

图 4.5 │ 杜兰德，早期沿用传统如画模式描绘美国风景：《卡兹基尔山脉》，
出版于《美国风景》(1830)，纽约，11.43 cm × 15.24 cm，纽约历史学会

同寻常的作品《榉树》(图 4.6)，这引起了观者和评论者的强烈兴趣。
1887 年丹尼尔·亨廷顿在《纪念演讲》中谈到了这件事："1845 或者
1846 年，他的一幅画赢得了大家的赞扬……我记得，展览开幕前一
天有那么多的艺术家聚集在他的画作前。大家热烈地讨论它的优点，
每个人都露出羡慕的神情。"[1]杜兰德的儿子也对此画也有过回忆：那
幅画"有一个垂直的巨大构图，其主要兴趣是标志着当地森林景色的
大树干后面的远景。这幅画的奇特构图和原创性的手法使得它当时十
分流行，以后的几年里他又画了一些类似的作品"。[2]
　　这确实是一幅奇特的作品。不过，其特别之处并不在于小杜兰德
所说的远景，而在于不同寻常的近景。实际上，远景已经被压缩到了

---

[1]　丹尼尔·亨廷顿 (Daniel Huntington, 1816—1906)，美国 19 世纪画家，纽约人，从 1862
年到 1870 年，然后从 1877 年到 1890 年曾两度担任国家设计院院长，擅长人物画和风俗画。
1886 年杜兰德去世后，第二年亨廷顿发表了纪念杜兰德的演讲 (Memorial Address)。(David B.
Lawall, *Asher B. Durand: His Art and Art Theory in Relation to His Time*, p. 340.)

[2]　David B. Lawall, *Asher B. Durand: His Art and Art Theory in Relation to His Time*, p. 340.

图 4.6 ｜ 杜兰德《榉树》（1845），开始出现对近景的强调。
153.4 cm × 122.2 cm，法国卡尔松美术馆（见彩图）

画面右侧下的狭小空间，虽然预示了某种和谐和辉煌的主题，但占据
画面中心的是前景庞大的榉树。画家以前的作品中，树木一般安置在
中景，画面顶部是完整连成一体的天空。可是在《榉树》中，画面上
端被浓郁的叶簇占满，天空反而转移到了画面的下端。这种视角，只
有在进入森林或者树林，坐在大树下往前和往上观看，才能够获得。
观者仿佛也进入了森林，仿佛能用手触摸坚硬而光滑的树干，呼吸树
根青苔和杂草的气息，仿佛获得了森林的保护，依靠着树干放眼眺
望。无疑，这种亲密感、安全感、真实的触觉感和新鲜感，是在艺术
家走进大自然的过程中实现的。正如杜兰德所说：

如果他被灌输了真正的欣赏自然美的能力，就会在美的注视中发现所有的艺术原则。让他一丝不苟地接受大自然向他呈现的一切，直到在她的无限之中感觉到亲密，然后他就会以更加熟悉的方式进入到她的内部，甚至敢于选择和放弃她无限增加财富的某些地方。但是，绝不可利用某种狡猾手法亵渎她的神圣和远离真理。①

《榉树》显然是画室之作，但这种"近景"模式却是来自写生。《有榉树的风景》（图4.7）是1844年杜兰德的一幅写生制作，很明显画家在《榉树》直接使用了这幅画中的主要景物，只不过把画面改成了垂直构图，并赋予了某种理想化的色调。

通过《榉树》我们可以进入讨论的中心，应该如何定义近景？

学界中并没有一个专门的术语用于表达"近景"这种观念。有的学者用"close-up view"或"interior scenes"来说明这个含义。"close-up"意为"近距离观察"或"特写"，是用于现代的电影、电视、静物照片等图像制作和构图手法的一个术语；而"interior"则表示在内部，因此它们都与近景不完全一致。有学者用"intimate scenes"②（意为"让人感觉亲近的景色"）概括这类风景在视觉上产生的心理感受。也有学者干脆使用"foreground studies"称呼一些对风景中个别细节和部分的细致刻画。③笔者认为这些术语和含义都是有道理的，本文中使用"近景"就是希望能够容纳上述各种含义。④根据上述解释我们能够概括一下"近景"的共同特征：近景是在走进（近）自然、近距离观察获得的一种亲密自然的体验；虽然近景并不一定排斥画面中出现远景和中景，但近景风景画一定是对"近观条件下的具体物象"倾注了热情和精细描绘的风景图像；近观特写的形象比例和结构在画面中占据了主导地位。

———————————

① W.J. Stillman and John Durand, *The Crayon*, I. p. 2.

② Avery, Kevin J. and Kelly, Franklin. *Hudson River School Visions: The Landscape of Sanford Gifford*, Yale University Press, 2003, p. 82.

③ 如杜兰德本人也这样用。比如在《信》中专门讨论了前景研究的问题。（David B. Lawall, *Asher B. Durand: His Art and Art Theory in Relation to His Time*, p. 360.）

④ 本文大体上采用"close-up views"一词概括"近景"，同时会采用其他词如"intimate views"、"interiors"等英文，以便表述近景各种相关含义。

图 4.7 | 杜兰德《有榉树的风景》（1844），
10.54 cm × 50.8 cm，纽约历史学会收藏

图 4.8 | 克劳德《田园风景》（1638），
97.16 cm × 130.18 cm，
明尼阿波利斯艺术协会

　　近景可以说是对传统模式的取消和背离。克劳德的田园风景模式是观念构造的结果，它不是近观，也非远观，而是把各种观看和体验的意象结合到一个理想性的画面结构中。这种理想风景常常同时包含远、中、近三个层次，每一个层次中的景物都占据着恰切的位置和比例。比如 1638 年克劳德画的《田园风景》（图 4.8），左侧的废墟、右边的叶簇、前后层次，所有的部分都按照秩序分布到画面中，没有哪一个是突出显现出来的。而左边杜兰德的风景中，树木显然成了画面统治一切的主题，几棵树的枝干和树丛甚至决定了画面的构图。克劳德的风景需要用观念去组织，而杜兰德的风景则只需要在自然中去发现。

　　从《人生的早晨》到《榉树》体现出杜兰德观念的一个明显变化，从遵循传统到遵从自然跨越出了一大步。有一个问题是，为什么会出现这种变化？这种变化的直接起因也许该从欧洲旅行说起。1840年去伦敦的时候，杜兰德曾和罗西特（Rossiter）一起去拜访一位朋友，英国风俗画家莱斯利（Charles R. Leslie）。[①] 莱斯利向他们展示了自己收藏的刚去世的康斯泰布尔的一些写生稿，杜兰德在日记中写道："这些画使用水彩、铅笔等工具，十分细致耐心地描绘自然的变化和特征。另外还有一个文件夹中是关于云、天气的写生，反面写有

──────────
① 查尔斯·罗伯特·莱斯利（1794–1859）是一位英国风俗画家，生于伦敦，其父母是美国人。19 世纪 30 年代莱斯利曾在西点教书。

作画时的时间、风的方向、天气状况。所有这些都很小，但显示出十分自然和美的效果。"① 据拉瓦尔研究，杜兰德还看到了 1843 年莱斯利发表的《回忆康斯泰布尔》一文，文章中引用了康斯泰布尔 1814 年说过的一段话："这迷人的季节，如你所猜的，使得我把所有的时间都投入到了田野中；我认为我已经画出了比平时更好的风景，至少这里的人都这么看。"② 可以想象，这些经历很有可能影响到了杜兰德对写生的认识。虽然他没有机会拜会康斯泰布尔本人，但后者对大自然如此准确、耐心、认真的研究态度一定对他产生了潜移默化的影响。③

写生深刻地改变了杜兰德的表现方式，这种变化可以从他的两幅作品的比较中看出来。第一幅是画于 1832 年的他自己的孩子（图4.9）。在家庭变故之后，他对幸存的三个孩子关爱有加。在这幅画中，把孩子画在他所喜欢的两棵大树下。虽然画家用细腻的笔调把树干和叶簇描绘得温情脉脉，但线条是软弱的，叶子是平面的，这些形象无非来自画家对临摹版画的记忆和想象。第二幅则是 1847 年画家在学院展出的《金斯顿河边树林》（图 4.10）。效果完全不同，画家仿佛坐在树根前面的沟壑中，仰头观看伟岸而修长的大树，白色、灰色的树干上光影掩映，远处的树丛雾霭明灭，画面给人一种极为强烈而真实的空间感和气氛。

杜兰德是在科尔建议下开始尝试自然写生的，然而在当时和后人看来，真正开辟和引领了美国艺术家走进大自然的是杜兰德而不是科尔。1887 年丹尼尔·亨廷顿认为"杜兰德是版画的先驱，实际上他在另外一个主要研究中也是先驱：直接从室外做油画写生"。④ 1855年《蜡笔杂志》的一篇文章也作了比较："大多数英国风景画家用同一种材料——油画，完全在野外现场作细致的研究……我们的科尔，我认为，只是用铅笔画轮廓；可是，这对于年轻艺术家来说是危险的……杜兰德则不同，他完全用油画对某一部分作细致的研究。"⑤ 虽

---

① David B. Lawall, *Asher B. Durand: His Art and Art Theory in Relation to His Time,* p. 337.
② 同上，p. 338.
③ 康斯泰布尔于 1837 年就去世了，杜兰德到达伦敦是在 1840 年。
④ David B. Lawall, *Asher B. Durand: His Art and Art Theory in Relation to His Time,* p. 326.
⑤ Eleanor Jones Harvey, *The Painted Sketches: American impressions from nature, 1830-1880.* Dallas Museum of Art in association with H.N. Abrams, 1998, p. 35.

图 4.9　杜兰德《杜兰德的孩子们》
（1832），92.7 cm × 73.7cm，
收藏地不详

图 4.10　杜兰德《金斯敦河边树林》
（1847），77.8 cm × 66 cm，
纽约历史学会

然作者对画家的真实情况并不完全了解，但也道出了科尔和杜兰德之间的不同。人们争论的关于"素描写生"（drawing）和"油画写生"（painted sketch）暗含着两种不同的创作方式：前者只是搜集自然中的素材和强化视觉感受，创作是在画室里依靠想象完成；后者则是主要基于写生完成作品，从造型到色彩都基于直接的视觉观察。科尔和杜兰德对这种两种写生方式都十分清楚，只不过二人选择了不同的道路。在给赞助人吉尔默的信中，科尔曾这样解释自己的创作方法：

> 在自然写生中，我主要是画对象的轮廓素描。我觉得这对我来说是最好的——其他人也许不这样。我希望，也努力使自然中的对象，比如天空、石头、树木等尽可能在我心中留下深刻的印象，深刻地观看它们几十分钟，然后我就可以回到家里，以一种更加接近真理的方式绘制它。①

科尔当然不是没画过油画写生，但他的油画稿是快速抓取景物的

---

①　Eleanor Jones Harvey, *The Painted Sketches*, p. 35.

图 4.11 │ 科尔《陶尔米纳的废墟》(1842)，木板、油彩、铅笔，
30 cm × 40 cm，纽约贝里·希尔画廊

整体色彩和气氛，很少对景物做精细描绘。如 1842 年他在意大利陶
尔米纳画的废墟景色，寥寥数笔，油彩挥洒，仿佛还没有晾干一样
(图 4.11)。科尔不认为风景写生本身就是目的或者可以直接用于创
作。1838 年他给杜兰德写信说："你没发觉吗？我从来不在写生回来
之后马上就画。我必须等待，让时间给那些普通的和不重要的细节盖
上一层面纱，直到那些最重要的特征，无论是优美的还是崇高的，占
据了我的心灵。"① 一个靠时间消除细节，用想象重构画面；一个专注
自然细节，让艺术家隐藏自己的存在：由此可见科尔和杜兰德艺术
观念有多么大的不同。正是这种不同使得科尔的艺术随着浪漫主义
的结束进入了历史，而杜兰德则成为第二代哈德逊河画派艺术理念
的代言人。

---

① Matthew Baigell, *Dictionary of American Art.* Harper & Row, Publishers, 1979, p. 73.

3. 荒野近景表现方式的成熟

从 19 世纪 40 年代到 50 年代，杜兰德的近景表现方式发生了深刻变化。如果说前期在走进大自然中获得了全新的自然观念和艺术理念，其代表性的荒野图像则是在 50 年代成熟的。这种成熟体现到多种方面。其一，真正地走进荒野和表现荒野。贝格尔概括说，随着杜兰德更加直接地面对自然，他的景色变得越来越非结构化和不那么驯化了：

荒野景色逐渐代替了农村风景，因此尽管他早期风景常被成为优美的，这些后期的作品看上去则更接近崇高了。观者被邀请去感受大自然的宏大而非仅仅优美和和谐。[1]

有学者把杜兰德转向荒野解释为和科尔的去世有关。[2] 在笔者看来，上述解释尽管有可信之处，但荒野特征强化的根本原因应该是画家走进大自然、对美国自然理解加深的必然结果。走进自然有助于画家发现荒野中那些从来没有被人关注过的景色：树干、枝条、草丛、岩石，或者生机勃发，或者顽强屹立，或者衰败枯朽。这些熟悉而又陌生的形象在画家潜心观察和沉思中逐渐袒露心扉，显示出非同寻常的意义。

其表现方式成熟的另外一种表现则是其造型手法和画面审美形象的重大变化。这种变化在 1850 年一幅《森林内部的研究》中生动地体现了出来。我们可以把它与 1845 年画的一幅《有岩石和树林的风景》加以对照，就会发现这种变化有多么明显。早期（图 4.12）作品虽然造型和视觉效果清晰明亮，但整体感觉细碎混杂，各个部分有拼凑的痕迹；后期的画面（图 4.13）则展现了一个有机的造型和气氛的整体，没有任何部分孤立无援，但是每一部分都纤毫毕现，观者仿佛一下子进入了散发着潮湿和新鲜气息的无边密林中。很明显，后者是

① Matthew Baigell, *Dictionary of American Art,* p. 105.
② 杜兰德曾为侵占了科尔的风景画领域而道歉："我仍然向您承认我踏入了您的地盘，尽管我相信，我不是一个偷猎者。" 这可以解释为什么杜兰德早期不怎么画荒野，而在《密友》中他第一次引入了科尔惯用的荒野景色。（David B. Lawall, *Asher B. Durand: His Art and Art Theory in Relation to His Time,* p. 357.）

图 4.12 ｜ 杜兰德《有岩石和树林的风景，局部》（约 1845），30 cm×40 cm，美国国家学院博物馆

图 4.13 ｜ 杜兰德《森林内部的研究》（1850），43.2 cm×61 cm，马萨诸塞州安多弗埃迪森美国艺术画廊

在一种全新的自然观念和造型技巧的支持下创造出来的。我们可以从多个方面比较前后的差异：

1. 形象特征：

前期： 树木控制画面，平地和树林组合模式，画树林外景，有乡村平原的痕迹和特征；**后期：** 均匀对待，来自自然本身，没有人为组合痕迹，画多岩石的岩壁，森林内部，原始荒野特征。

形象上的对照可以发现，杜兰德 19 世纪 40 年代的作品总是带有一些平原或田园的痕迹，而 50 年代则真正地进入到荒野中去了。这种不同在这两幅作品的比较中是很明显的。前面很明显是在树林的外面，地面上虽然有隆起的石块，但仍然是人可以通行的道路。森林也并不浓密，更准确地说应该是树林，叶簇仿佛是透明的，远处可以看见远山和天空。这种情况并不是特殊情况，在他 40 年代画的很多作品中，比如前面看到的《榉树》、《溪边的树》、《有榉树的风景》都有这种特征。这种特点在 50 年代作品中发生了很大改变。画家似乎更喜欢密不透风的森林内部、悬崖或巨石陡峭处了。《森林内部的研究》不再有对平地和远景的任何暗示，人几乎没有可以站立的地方，地面和树叶单纯的灰绿色意味着在这里占统治地位的是森林自己，甚至连阳光都难以进入。

2. 构图和造型特征

前期： 画面结构有构造性。用强烈侧面来光和明暗造型，颜料用于表现明暗和光影造型，十分突出，色彩多变；**后期**：景物本身结构决定了画面构图。为了表现事物的本质形体和质地，采用均匀的平光，强调轮廓和肌理，颜料融入物象表面组织，色彩单纯、含蓄而厚重。

对比一下前后的构图和造型也是很有意思的。总的看来，虽然画家40年代已经开始自然写生，但这个时候的画面依然有人为构造的痕迹。垂直的树干、不规则的岩石体块、水平的地面，这三种不同的结构形态在画面中形成了对比，决定了画面的秩序。对这些形象的选择和组织显然是人为的，这种思路和科尔的做法有很多相似之处。可是，在《森林内部的研究》中这种构造性完全消失了。我们看到的仿佛是用相机拍摄的对自然整体不加区分的记录。画面依然由石头、树木、地面组成，但这里的树木辨别画面四周，大小、形态、方向不一，有着完全不同的姿态、性格和生命力，没有任何形成一种构图形式要素的意图。几个巨大的岩石仿佛也溶解到绿色中了，在苔藓和泥土的覆盖中它们的轮廓仿佛消失了。造型技法同样进一步加强了前后不同的视觉效果。前面有着强烈的光照和明暗关系，这又使得物象的色彩特征更加鲜明，每一个物体都有着强烈的立体效果。看上去似有某种特别的光照强化这种效果，因而虽然更加立体和凸显但似乎并不可信、真实。在后面的作品中，人为的光照完全取消了，明暗的过渡依然保持，但最重要的视觉痕迹不是明暗交界线，而是物象自身形态最尖锐的部分，物象固有色彩变化的部分。这些部分都不是人为构造的，而是自然本身呈现的结果。

3. 整体气氛

前期：强烈，单薄，有空间和气氛的构造感；**后期**：含蓄，厚重，是大自然本身有机性和一体性的表现。

由于前者《有树和岩石的风景》是人为构造的结果，强调的是个体形象的塑造，画面的整体气氛就比较弱。这说明杜兰德19世纪40年代的主要兴趣是在造型上，他对大自然的本质特征还缺乏理解。为了造型，他就需要调动一般性的塑造技校、法则和构图原则，因而个别形象的外轮廓和立体性得到了强调。由于这种注意力的分散、明暗和线条分布的分散，画面看上去就是平淡的、散乱的、缺乏真实的情景。这在《森林内部的研究》中发生很大的变化，画家极力压制个别形象的视觉强度，力图追求整体气氛的清晰性。这种整体气氛是无边的茂密森林给人的视觉和心理感受：厚重、浓郁、深沉，获得这种感受画面的色彩和形象就必须达到高度统一。这显然不是人为设计的统一效果，而是大自然本身的统一性，只有对自然整体特征极为敏锐的眼睛才会准确地把握它，也只有对大自然极为尊重，把自然的真实作为目标的创作者才能达到这一点。

概而言之，19世纪从40年代到50年代，杜兰德对自然真实性的理解和表现都达到了一个更高的程度。前期人为构造性的痕迹消除了，画面变成大自然之美的呈现者和揭示者。表现技巧和艺术语言显然也有了很大提高，而这都是为了真实再现的目的。"均匀光"就是一例。和强光对比不同，均匀光能展示物象更大的表面；明暗对比画法常常导致物象完整结构的断裂，这在均匀光效果中减弱到了最小，而形象结构清晰性则获得了最大表现。换句话说，杜兰德似乎是在为大自然画肖像：真实表现对象的本身的特征、性格、气质和心理，艺术家的任何主观意志和态度都尽量消除。所以，这种自然写生不再只是为了创作搜集素材，写生本身变成对大自然近乎科学性的客观探究，即杜兰德所说的"自然研究"（study from nature）。他在《信》中这样阐述这种研究过程：

> 我建议你直接做前景模仿和研究。你将会十分成功地描绘简单和确定的物体，如岩石、树干、杂草以及混杂的根结和植物。描绘大树叶要达到植物学的精确性……你应当努力像精细的肖像画那样模仿物象。即使不可能做到完全复制，这种努力也会引导你认识它们的微妙真理和性格。当了解所画之物，你就能揭示其所有的本质和事实。因此，这种细腻画法是有价值的，不是为其自身，而是为他所引向的知识和用途。①

---

① Asher B. Durand, "Letter V", in David B. Lawall, *Asher B. Durand: His Art and Art Theory in Relation to His Time*, p. 363.

杜兰德在这里使用了"植物学的精确性"、"复制"、"模仿"这样的词汇。把科学和艺术的真实结合起来，或者说利用科学原则做艺术的自然描绘，这不只是杜兰德的个体选择，而是当时欧洲自然主义艺术趋向的体现。一个最直接的思想来源就是拉斯金。1843年他的《现代画家》第一卷出版，1847年介绍到美国，很快成为美国画家重要的参照对象。拉斯金提出，艺术要表现"自然的伟大真理"，反对现成的传统图式。他甚至批评克劳德过于"关注艺术理想而非自然真实，描绘一般景色而丧失了特定地点的个别真理"，强调艺术要依赖"每个画家的个体感受力"。除了阐述一般性原则，拉斯金还详尽讨论了大自然具体物象如空间、色彩、云、树木、岩石等规律和表现的要点。拉斯金和杜兰德把树木和岩石的研究都归入到"前景研究"（foreground study），和我们这里讨论的"近景"写生含义是一致的。杜兰德这样评价前景研究的重要性："前景物体的研究值得付出整年的劳动，这一过程将会提高你的判断力，发展你的技术和感知力，艺术观念和画面的真实性都会得到持续的训练。"①

除了拉斯金影响，还有一个技术方面的因素是杜塞多夫画派（Dusseldorf School）。该画派来自当时在美国颇有名气的德国杜塞多夫学院。拿破仑统治解体之后，西部莱茵兰省归普鲁士政府管辖，为此在首府建立了艺术学院，来自德国、荷兰、挪威等地的艺术家使得该学院有典型的北欧和国际色彩。②1848年欧洲革命之际，纽约德国移民迅速增多，德国商人和领事博克（John G. Boker）携带该学院画家作品来到纽约，在布鲁克林大街开设了"杜塞多夫画廊"进行展览和销售。③该画廊为纽约人了解北欧艺术提供了重要途径。

关注细节、精准的素描、细腻的完成性以及容易理解的主题，是杜塞多夫画派的总体特点。④这种风格对当时美国的风俗画和历史画产生了十分明显的影响。展览中也有一些风景画，这些风景大多代表

① Asher B. Durand, "Letter V", in David B. Lawall, *Asher B. Durand: His Art and Art Theory in Relation to His Time*, p. 356.
② 莱茵兰省（Rhineland）即现在德国北威州（North Rhine-Westphalia）。
③ 为促进该学院艺术家的国际影响力，院长沙多（Schadow）组织了"艺术联盟"，不少学院画家均为该组织成员。博克带往美国的作品多来自该组织。
④ Matthew Baigell, *A Concise History of American Painting and Sculpture*, p. 80.

图 4.14 ｜ 汉斯·古德《哈当厄尔风景 （Hardanger）》（1847）， 93 cm × 130 cm， 挪威国家图书馆

图 4.15 ｜ 库库克（Barend Cornelis Koekkoek） 《橡树下有农民在休息的风景》 （1843），66 cm × 83.5 cm， 私人收藏（见彩图）

了北欧浪漫主义风景画派的特征，对大自然的细致观察和忠实表现兼而有之。比如，挪威的汉斯·古德（图 4.14）、荷兰有"风景画王子"之誉的库库克等人的作品就十分引人注意。学者对该画派在美国的影响评价不一，不过他们的现实主义手法、对细节的重视和对大自然的亲近，在美国画家的心中一定会产生共鸣。[①] 特别要指出的是库库克，他继承了 17 世纪荷兰风景大师霍贝玛（Meindert Hobbema）、克伊普（Aelbert Cuyp）、雷斯达尔的传统（图 4.15）。1841 年库库克（Barend Cornelis Koekkoek）出版了《一个风景画家的回忆和通信》，用平易语言讲述了"一个风景画家必须通过一丝不苟的观察和严格的制图师的技术表现自然的真实"，引导学生走进和研究自然，观察日出日落和暴风雨条件下的光色变化，同时还指导学生研究 17 世纪荷兰大师的作品。[②] 虽然目前还不清楚库库克作品在杜塞多夫画廊的展出情况，

[①] 比如弗莱克斯纳指出，虽然古德"写实主义的细节来自其娴熟的制图师基础，这与美国画家很相似"，但是其"对北海尖利的峭壁、浓重的中景以及前后景之间的断裂和跳跃"与美国风景很不相同，美国风景画有自身的特点和不同的表现方式。弗莱克斯纳强调美国民族画派的独立性，因而特别区分了和欧洲风格的不同。（James Thomas Flexner, *That Wilder Image: the Painting of America's Native School from Thomas Cole to Winslow Homer*, p. 119.）

[②] 库库克（1803—1862），19 世纪荷兰最知名的风景画家，人称"风景画王子"，曾撰写《一个风景画家的回忆和通信》（*Recollections and Communications of A Landscape Painter*）。在库库克的指导下形成了克里夫画派（Cleve School），在 19 世纪 40 至 50 年代之间影响甚重，由于和杜塞多夫离的很近，相互有来往和影响。

但可以知道他的学生福梅凌（Joseph Vollmering）此时到达纽约，并与杜兰德有交往，他甚至在1849年向美国艺术联盟提交了作品。可以想见，通过这种关系和杜塞多夫画廊的展览，荷兰传统和库库克坚持的对大自然的忠诚态度对杜兰德和当时的纽约画家具有一种示范性的作用。

19世纪50年代，杜兰德的近景研究取得了显著成果，这在1859年展览作品《卡兹基尔》（图4.16）得到完美表现。这幅画采用了他常用的主题和构图模式，细微、丰富、严谨的写实手法使画面获得了一种特别的宁静、清澈和厚重的感觉。该作品是画室作品，但它来自不止一幅的油画和素描写生，画家有意识地在完成作品中保持了对自然第一印象的新鲜感和真实感。造型并没有放弃光影，不过杜塞多夫风景光影的戏剧性变化在这里被减弱到极小，而物象的清晰度得到强调。一个典型的例子就是天空。欧洲画家的天空是风云和日光变幻的，但在杜兰德画中，天空是乳色的，仿佛有一层雾笼罩了整个空气和自然，这使得那种瞬息变化的情节得到了克制，从而获得一种宁静的效果。这种审美追求开始具有超验主义的美学特征，也预示着60年代透光风格的出现。所以说，杜兰德的自然研究在50年代末走向了成熟，对美国风景画有着示范和象征性的意义。

4. 近景荒野的文化含义

抛弃成见和传统模式走进、观察和表现荒野，意味着建立人与自然的新型关系。这种情况之下，基督教的"咆哮荒野"不再适用了，把荒野视为生存资源的实用主义态度也不适合了。那么，近景风景中包含的是一种怎样的荒野观念？审美当然是艺术的基本诉求，不过美国艺术家很少停留在审美本身，在风景中传达宗教神性是美国风景画的一向追求。科尔的想象风景中饱含的浓郁宗教和道德含义就是一个例子。研究表明，这种含义在近景风景画中依然存在，但是具体的内涵却在发生重要的变化：神秘性和严酷性消失了，审美性和科学性增强了。在有些作品中，宗教神性实际上已经转化为一种具有审美意味的哲学沉思，和超验主义走到了一起。杜兰德的艺术和思想经历可以看出这种观念变化的过程。

图 4.16 杜兰德《卡兹基尔》（1859），
158.1 cm×128.3 cm，
巴尔的摩沃尔特斯美术馆
（见彩图）

图 4.17 杜兰德，具有田园特征的农村景色描写：
《礼拜日的早晨》（1839），64.1 cm×92 cm，
收藏地不详

  杜兰德曾经梦想成为历史画画家，他显然知道宗教和道德含义对历史画的重要性。但是"风景"画就不一样了。杜兰德刚刚尝试描绘自然的时候，风景对他只是愉悦性情之物。描绘风景是为了自然之美以及在自然中感受到的精神自由和造物完美的感觉。1832 年他给朋友的信中写道："自然的完美让我的身心如此快慰，以至于我心无旁骛地一心想把它描绘下来。"[①]自从在科尔劝解下投身风景，他们二人通信中也常常表露出这种感受。杜兰德曾这样描绘旅行写生的体会："……每一次出游都让人振奋，满怀欣喜地预感到造物无法企及的魅力。不可企及，我指的是我们无力去模仿它。"[②]1839 年《礼拜日的早晨》（图 4.17）就能看出这种唯美的感觉。画家似乎还没有荒野的意识，没有理解美国自然的本质。画面有田园的味道，可是没有克劳德的庄重和典雅。整体上让人感受到一种乡间散步般的安闲和休憩。在《关于风景画的信》中杜兰德就把风景画的魅力首先建立在对性情的愉悦上，

① Asher B. Durand, "Letters to John Casilear", dated Campton, New Jersey, August, 1832, in A. B. Durand Papers, quoted by David B. Lawall, *Asher B. Durand: His Art and Art Theory in Relation to His Time*, p. 499.

② Durand, "Letter to Thomas Cole", dated March 30, 1838, in A. B. Durand Papers, quoted by David B. Lawall, *Asher B. Durand: His Art and Art Theory in Relation to His Time*, p. 499.

对富裕商人和资本家，对希望从社会争夺中解放出来的人，只要他们有时间休息和沉思，风景画就会充满魅力。风景画对人的影响绝不是徒劳的。正如那些数不清的大篷车里的人，他们把风景艺术看成是沙漠里的绿洲；有那么多人敏感于风景之美，善于在风景中体验令人愉悦的特质。①

尽管这种观念无可厚非，但这限制了他对荒野风景的表现。如果风景画只是为了视觉上的愉悦，那么荒野就不可能有特别深刻的价值，田园就始终会是愉悦的最佳载体。所以，当杜兰德抱着这种审美和愉悦态度到荒野中写生时，在表现上就遇到了很大的困难。杜兰德"喜欢的题材不是浓密的满布森林的山脉，而是牛儿在吃草的高低不平的草原"。②因此，当他和科尔从阿迪朗达克写生回来时，杜兰德难以把素描稿整理为油画，荒野景象和他所追求的田园美景形成了强烈的反差。

不过，随着更多地与原始荒野亲密接触，杜兰德的自然感觉发生改变了。他逐渐意识到，风景画应该有更高的追求，大自然除了令人愉悦和休息还意味着更高的含义。他在《信》中提出疑问："假定我们把一幅好的风景画看成是美的东西——业余时间纯粹愉悦的对象——只是为了感觉的满足，而不需要心灵和思想的沉思和回味，那么它比那种昂贵的玩具又能强到哪里去呢？"③风景画要有更高的追求，因此并非任何自然都有同样的价值，这意味着"荒野"和"田园"对观者会产生不同的感情和精神体验。这个时候，杜兰德开始触及到荒野的道德和神圣价值。

在对荒野神圣性的思考中，科尔和布莱恩特显然走在了杜兰德前头。他们两个人一个通过绘画，一个通过诗歌，相信大自然在某些方面是上帝性格的展现，而原始自然是这种展现的最佳载体。早在1823年布莱恩特就撰文写道："大自然拥有着富有教益的宗教经典，并且只在自己的内部发表。正是人类的理性能够听到她动人的声音，

① W.J. Stillman and John Durand, *The Crayon,* Vol. I, p. 98.

② Barbara Babcock Lassiter, *American Wilderness,* p. 47.

③ W.J. Stillman and John Durand, *The Crayon,* Vol. I. p. 98.

这是神圣的真理的声音！……是的，自然宗教不过是上帝力量的显现，属于上帝的无限领域。正因如此，大自然被人类崇敬，向往她显现出来的神圣概念，仁慈和爱。"①科尔对荒野神圣性的表述最清晰地是在1836年《关于美国风景的文章》中，不仅把荒野看作美国风景的特质，而且还是神性和造物的最佳体现者："自然尚未被改变过的孤寂之景要比那些被人类触及到的景色更能以一种更深的情感色彩影响人的心灵。其中必然的联想就是上帝造物主——它们是他的未被亵渎的作品，在这里人的心灵被投射进对永恒事物的沉思之中。"②

相比之下，杜兰德并不采用这种直接和强烈的态度。首先，他认为自然的意义不会停留于自然本身，它必然会表示某种东西，自然是"象征性"的。其次，自然作为"造物"是"造物主"存在的证明。因此风景画家的任务是集中于那些能表达上帝话语的现象。杜兰德用一种冷静分析性的口吻表达了这种观念：

我们的居住地，除了其空间和材料哺育了我们人类之外，还充满了高尚、神圣的含义和教益，这只能被启示之光解释……以一种良好的心态和崇敬的感觉去沉思自然无限和宏大之美，看那变幻莫测的云彩、日出日落、时间和季节。它们如此令人印象深刻，人们不可能不相信其中充满了福祉和恩典……伟大艺术家的壮丽画面呈现给我们的是神圣品德的典型。③

那么，是不是自然景色都具有同样的象征性和价值呢？杜兰德的回答是否定的。太文明化的景色难当此任，因为它们已经被人类改变，失去了上帝造物的原初状态。而且，即使没有人为痕迹的大自然本身，各种物象也并非具有同样呈现上帝力量和品德的价值。这是个核心问题，杜兰德在此并没有走太远，但他通过指导学生写生和观察侧面表达了他的看法。"何谓理想主义？"杜兰德提出，"就大家

① W. C. Bryant, "Thoughts on a Rainy Day", *New-York Mirror*, vol. 1. No. 5, 1823, p. 34, quoted from David B. Lawall, *Asher B. Durand: His Art and Art Theory in Relation to His Time*, p. 500.

② Graham Clarke, ed., *The American Landscape: Sources and Documents*, Routledge, 1993, p. 340.

③ David B. Lawall, *Asher B. Durand: His Art and Art Theory in Relation to His Time*, p. 507.

普遍认可的解释，一幅画是理想的，因为其构成的各部分是大自然最完美的再现……为了创造完美的图画，画家必须知道是什么构成了此种每个物体的完美，要理解其种类、环境，以便从个体获得整体的理念"。在杜兰德看来，那种能呈现上帝力量和品德的风景可称之为完美的，这种风景绝不是人为的创造或组合，"艺术的理想是基于现实的完美"，艺术家要隐藏自己的存在，"从自然中选择、安排其典型的不被玷污的形式"。①从这种创作思路可以看出，杜兰德不仅赞同荒野自然更能体现上帝或造物的精神，而且只有那种典型的自然物象或意象才更容易体现这种精神。

　　杜兰德风景画也许是"自然与神圣关系"的最佳阐释者。那么，他的风景是如何体现自然神圣性的呢？为了解决这个问题，我们可以通过他与同时代神学家查宁的联系加以理解。②1849年，杜兰德曾为一首名为《献给查宁》的诗做了插图，描绘了他背对观众，面向大海观看日出，沉思自然与上帝关系的风景版画。查宁是波士顿知名牧师，他的思想正在从清教传统向超验主义神学过渡。杜兰德的插图生动阐释了"一位论"派神学在荒野自然中发现神圣性的自然神学观念。由于这种关系，杜兰德对波士顿思想界和文学界是有了解的。③查宁经常讨论自然与上帝的关系，相信大自然体现了神的统一、美德和永恒。从风景画角度看，其理论价值在于把美学的崇高和优美与自然神学的神圣和德行联系了起来：

　　暴风雨是呈现为崇高的自然状态，是上帝正义的象征物。宁静则是呈现为优美的自然状态（如宁静的水面），是上帝仁慈或美德的象征。崇高警告世人，惩罚和矫正自私而轻率的世界；优美带来和平，我观看而心中充满宁静。于是，崇高和优美就提供了一个充分的上帝性格的完整象征，通过他的正义纠正错误和通过他的仁慈解释上

---

①　Matthew Baigell, *A Concise History of American Painting and Sculpture*, p. 76.

②　威廉·艾勒里·查宁博士（William Ellery Channing，1780–1842），美国著名的"一位论"派牧师，有时候也被归入超验主义神学家。

③　该诗的作者是波士顿著名女诗人安尼·夏洛特·林奇·博塔（Anne Charlotte Lynch Botta, 1815–1891）。

帝之谦逊。[①]

　　根据这种逻辑，荒野和田园的关系，或者说景色崇高和优美的关系就很清楚了。荒野是有价值的，田园同样有价值，因为他们足上帝不同性格和美德的表现。崇高和优美的结合也是必要的，因为只有二者的结合才能形成一个完整的上帝概念。拉瓦尔认为，当画面的近景被荒野所迫，而远景呈现为优美而明亮的平原景色时，这可以解释为，观者只有当经历、跨越荒野崇高的磨砺，才能到达希望的对岸获得精神的救赎。[②] 杜兰德喜欢在同一画面中组合不同类型风景，但是没有证据表明他心中抱有这种清晰的概念。19世纪50年代他画了很多的荒野近景，在完成作品中，他也会在远景增加一些田园或平静的河水。1869年他回到新泽西老家农村生活，创作已见颓势，画面上农村生活场景也更多起来，这显然是对真实生活环境的表达。不过，在他艺术盛年某些作品中，确实能看到不同类型景观形成的清晰层次和复杂结构，这些复杂景观有助于观者产生丰富多义的心理体验。比如他画于1862年的《乔治湖》（图4.18）就是一幅这样的作品。近处平地和密林挡住了人的视线和前进道路。中景平静的水面和天空相接，使得人进入了一种宁静的和平的世界。远处的荒山又增加了一个层次，在水面和天空之间产生了一个过渡或者停顿，使得画面更加丰富起来。联想到查宁的自然神学，杜兰德构造的风景图像就不再是单纯的视觉形象了。

　　虽然学者对杜兰德的风景画精神内涵做出解释，试图把他的对宗教和超验哲学的只言片语作为解读画面中的自然意象的入口，但是总的来说，荒野在杜兰德的艺术中沿着越来越客观的方向发展了，这是自然主义审美趣味逐渐提升的标志。在以真理、事实、客观为标准的自然表现中，荒野的神圣性和宗教含义只是以微妙和含蓄的方式得以表达，相比之下，"真理"成为更常用的字眼。

---

① David B. Lawall, *Asher B. Durand: His Art and Art Theory in Relation to His Time*, pp. 511-502.
② 同上。

图 4.18 ｜ 杜兰德《乔治湖》，具有多种类型景色清晰组合的复合结构。
　　　　（1862），36.2 cm×59.06 cm，纽约历史学会

二、自然肖像：荒野近景类型和文化阐释

　　考察荒野近景还需要扩展到更宽和更具体的层面。前面讨论可以
看出，杜兰德在引领美国风景画家走进和研究自然中起到了关键性作
用。他的理论和实践证明，这种艺术原则不仅得到了系统梳理，还获
得了明晰的图像呈现，其《岩石写生》《榉树》都是很好的例子。如
果用一个词概括"荒野近景"的艺术追求，"自然肖像"是一个再恰
当不过的词语了。对荒野近距离观察和写生，使风景画家仿佛像对待
人物肖像一般理解自然物象的形状、色彩、结构、机理，对树木和岩
石的表现甚至要达到植物学和地质学的准确性。这在某种程度上受
到了拉斯金和19世纪流行的自然科学的影响，但实际上这和美国特
有的肖像画传统有关。杜兰德被当时的评论者尊称为"树木的肖像
画家"，在委托订件中，赞助人甚至会提出希望画家描绘的树种："黑
桦、松树、铁杉、山毛榉，等等。"[1]"肖像"的目的不仅仅追求形似，

① James Thomas Flexner, *That Wilder Image: The Painting of American Native School from Thomas Cole to Winslow Homer*. Bonanza Books, New York, 1962, p. 71.

更追求神似和内在精神的发掘，因此荒野近景还会被赋予神圣和道德的价值。

杜兰德并不是唯一的"荒野肖像"画家。在他影响下，19世纪中期有一批画家依照杜兰德提出的原则从事自然"肖像"研究和创造。因此进一步的问题是，这些艺术家如何对待和创作近景图像？他们的表现方式有什么独特性，相互之间有什么内在联系？为此需要展开讨论。

1. 近景表现的多元选择

19世纪50年代美国风景画进入艺术史家所说的"第二代哈德逊河画派"时期。虽然杜兰德作为美国风景画的开创者之一在国家设计院起到了精神领袖的作用，但第二代画家每个人都有不同的艺术道路，也有不同的趣味和表现方式。如果以杜兰德为基准建立一个世纪中期风景画图像风格坐标轴的话，根据离轴心远近不同，这些风景画家可以分成三类。根据这些类型我们发现，近景只是当时风景画的一种选择，可是美国风景画家在不同的艺术追求中都有对近景和细节的关注。

第一类是和杜兰德关系密切者。这些画家受他影响很大，因此也以个性方式体现和发展了他的艺术原则，最有代表性的是肯赛特（John Frederiek Kensett）[①]和卡西里尔（John William Casilear）。[②]二人年轻时代均去纽约追求艺术并有缘相识，一起在国家设计院学习和参加展览，同时和杜兰德建立了亦师亦友的密切关系。1840年杜兰德和他们一道去欧洲旅行。虽然肯赛特直到1847年才回国，不过一旦回来就马上放弃了欧洲影响，加入到杜兰德的荒野写生之旅。二人由

---

① 肯赛特（1816—1872），其父亲托马斯·肯赛特（Thomas Kensett）从事银行票券和地图制版业，19世纪早期从英国移民到美国。肯赛特出生于康涅狄格州柴郡（Cheshire），早年在纽黑文、阿尔伯尼等地工作。后到纽约，与卡西里尔相识。1838年开始在国家设计院展出作品。1840年二人和杜兰德、罗希特（Thomas P. Rossiter）同去欧洲。曾到枫丹白露（Fontainebleau）写生，交往甚多，在巴黎遇见科尔，接受范德林指导。1843年在英国得到一笔家庭遗赠，得以在英国学习绘画，受康斯泰布尔等影响。1845到法、德、瑞、意等旅行。1847回国。19世纪50至60年代处于事业高峰。1867年至1869年到欧洲和中东旅行。
② 卡西里尔（1811—1893），生于纽约，1826跟从制版师马弗里克（Peter Maverick）学徒，刻版同时兼画风景。

于经历和秉性的不同，因而有趣地接受了杜兰德艺术的两个方面：卡西里尔生平波澜不惊，性情温和，他的艺术更倾向于令人愉悦的田园风景；而肯赛特则热情豪爽，雄心勃勃，敢于冒险，对美国荒野风景拥有特别的兴趣和表现力。特别值得关注的是肯赛特画的"岩石风景"。他喜欢描绘森林内部的岩石景色，在瀑布、灌木丛、溪流的映衬中显示出特殊的审美意味。他的"岩石风景"代表了"荒野近景"的一个重要倾向。

第二类画家则和杜兰德并没有密切的个人交往，但是艺术观念和表现形式都明显接近、认同或坚持杜兰德开辟的道路，最重要的如丘奇（Frederic Edwin Church）、克罗普西、惠特来支以及比尔斯泰特（Albert Bierstadt）。

丘奇是科尔的学生，科尔衣钵的继承者。科尔去世之后，他走了一条完全独立的艺术道路，成为世纪中期最成功的民族风景画家。[1]和杜兰德不同，他最典型的风景画形式不是"近景"，而是学者们称为"全景画模式"的"远景"。然而，丘奇对待自然的态度显然和杜兰德走在同一条路线上：他的宏大风景同样具有对细节一丝不苟的描摹，甚至达到地质学和植物学的精确性。由于对科尔创作方法的继承，他还为画室创作描绘了很多素描和油画写生，其中不少都是近景。因此，丘奇写生稿和杜兰德自然研究有所不同，而是完整和生动兼而有之。他继承了科尔的生动性，但具有更强的造型力度和完整效果，从而产生了强烈的审美效果。这显然也是"荒野近景"的一种体现。

再看克罗普西，他的人生道路同样是独立甚至带有传奇色彩的。[2]他年轻时曾在纽约学习建筑，1843 年转向绘画，直到 1847 年至 1849

---

① 丘奇（1826—1900）生于康涅狄格哈特福德（Hartford），早年跟从伊孟斯（Alexander H. Emmons）和本雅明·考（Benjamin H. Coe）学习。1844 年，在哈特福德的收藏家沃兹沃斯（Daniel Wadsworth）引荐下师从科尔，到 1946 年结束。1850 年成为国家设计院正式院士。

② 克罗普西（1823—1900）被称为"美国秋日画家"。生于纽约塔恩（Staten）岛。早年对建筑有兴趣，1837 年至 1842 年到建筑师特林芝（Joseph Trench）学徒，业余画画。1843 年转入绘画，并在国家设计院展出作品。1847 至 1849 年到欧洲游学，偶尔和希克斯（Thomas Hicks）、斯托里（William Story）以及作家柯蒂斯（G. W. Curtis）为伴。1849 年至 1855 年在纽约教绘画并时常外出写生。1856 年到伦敦作品受到好评。1862 年为维多利亚女王服务参与伦敦博览会，与拉斯金、丹尼尔·亨廷顿等为友。1863 年回国，画内战人物、风景，设计私人住宅。1885 年移居哈德逊河哈斯丁斯（Hastings）。

年开始欧洲游学之旅。1856 年再次留洋赴英，曾为维多利亚女王服
务于 1862 年的伦敦博览会，内战期间做过战场写生。克罗普西的艺
术，一方面受科尔的影响，富有浪漫色彩和松散自由的笔触，但是他
的艺术同样绝少想象，而是专注于美国大自然的观察和写生，这又
深刻受到了杜兰德的影响。和杜兰德一样，他既描绘荒野的森林和
山峦，也描绘如画的农村田园，不过他更加强调落日和秋日自然之
美，有"美国秋日画家"的称号。尽管如此，从对自然的忠诚和他
描绘的一些典型的近景风景来看，他和杜兰德在艺术追求上是关系
十分密切的。

另一位画家是惠特来支（Thomas Worthington Whittredge），其艺
术道路尤其坎坷。[1]他来自偏远的俄亥俄，年轻时为了学画曾画过广
告牌、肖像、版画，1849 年终于有机会到欧洲求学，历经伦敦、巴
黎、杜塞尔多夫、罗马，直到 1859 年才回到纽约。虽然回来比较晚，
但他十分欣赏杜兰德和肯赛特的艺术，在 19 世纪 60 年代继续了前者
对树木和岩石探究表现的道路，画了很多"荒野内景"的作品，可以
说为这种风景画类型的独特价值书写了浓重的一笔。

还有一位值得一提的是比尔斯泰特，他孤身一人去杜塞尔多夫学
习，在那里和惠特来支相识并与 1857 年率先回国。[2]在丘奇启发下，
第二年他就加入了西部考察队，并在 1863 年和 19 世纪 70 年代多次
去西部，先后到达沃尔夫（Wolf）河、肖松尼印第安区（Shoshone
Indian）、落基山、加利福尼亚等地，画了很多西部荒野大景。在杜
塞尔多夫艺术的影响下，他的风景画是构造的而非真实的，具有浪漫主
义色彩而少了哈德逊河画家对自然的忠诚。即使如此，他的成功也是

---

[1] 惠特来支（1820—1910），生于俄亥俄州斯普林菲尔德（Springfield）。1837 年至 1849
年主要居住在辛辛那提，先后做粉刷匠，画肖像画，最后转到风景画。1849 年到欧洲，先后
去伦敦、荷兰、巴黎，然后到杜塞尔多夫，曾在阿肯巴赫住所居住。1855 年到罗马，1859 年
回到美国在纽约定居。在 1866 年、1870 年、1877 年曾三次到西部旅行，1893 年和 1896 年曾
到墨西哥旅行。主要画油画，后偶作水彩。1905 年撰写了自传。
[2] 比尔斯泰特（1830—1902）生于德国索灵根（Solingen），1832 年跟随家庭移居美国马
萨诸塞州新贝德福德（New Bedford）。1853 年到杜塞尔多夫学习，与洛伊策（Emanuel Gottlieb
Leutze）和惠特来支交往甚厚。1855 年和惠特来支去罗马，1857 年回美国。1858 年第一次到西部写生。
1863 年第二次西行。19 世纪 70 年代初再次到西部，在旧金山居住数年。被认为是最著名的西部风
景画家。详情参见本书第五章第二节第三小节"落基山画派和西部荒野"。

在杜兰德"走进自然"、"研究自然"的观念启发下实现的。实际上，除了描绘大和远景，他也做了很多素描和油画的现场近景写生，表达了他对荒野自然的真实感受。

第三类画家则与杜兰德没有或者很少有交往，对杜兰德的艺术观念并不怎么赞成或者并不了解；他们有着自己独特的艺术观念，走了十分不同的道路——比较有代表性的如吉福德、海德、莱恩。

吉福德（Sanford Robinson Gifford）出身于哈德逊河流域的富裕家庭，也是当时唯一上过大学的风景画家。[1]他不必为生计卖画取悦于商人和批评家，因而具有某种反思力和批评精神。吉福德对科尔的同情要比杜兰德大得多。尽管他对喻言体风景没有好感，对精雕细琢的手法也没有兴趣，但他赞同风景画的主观和诗性的表达。他在1855年赴欧游学。他仔细比较了拉菲尔前派和巴比松画派，向透纳和拉斯金求教，更加坚定了"诗性真理"的信念。这种追求使他成为美国透光风格风景画的代表人物。正因如此，他很少作"自然研究"式的油画写生，而是像科尔那样做铅笔素描，回到画室创作"想象"的风景。

莱恩和海德值得特别一说。莱恩是土生土长的波士顿画家。[2]他的海景画脱胎于美国传统的地形学式版画，随着艺术的成熟逐渐去除了景物的地形特征，并产生了宁静、诗性的透光风格特征。另外一位是海德，则是一个性格十分古怪和孤僻的艺术家。[3]虽然在纽约居住时间很长，甚至和丘奇也有很多交往，但实际上他孤独的生活和创作一直处于主流艺术界之外。受丘奇影响他也画了一些风景画，这使他

[1] 吉福德（1823—1880）风景画家，偶作肖像。生于纽约格林菲尔德（Greenfield），幼年在哈德逊河附近度过。在布朗大学读书两年，1845年移居纽约跟从史密斯（John Rubens Smith）学习，后者是科尔的崇拜者，吉福德间接受到科尔影响。多次长途旅游。1855年到欧洲旅行，受巴比松和透纳的色彩影响。两年后回国，曾参加内战。1868年再次到欧洲。1870年和1874年两次到西部。后到阿拉斯加，并罹病去世。
[2] 莱恩（1804—1865）生于马萨诸塞州格罗斯特（Gloucester）。儿童时代因病致残疾，故很少远行。少年没有受过正式艺术训练。1830年到波士顿印刷公司（Wililam S. and John Pendleton）做学徒。此时与英国海景画家萨尔蒙（Rovert Salmon）认识。1835年开始独立承接版画制作。19世纪40年代开始转向油画。50至60年代艺术成熟。
[3] 海德（1819—1904），画风景、花、鸟。生于宾夕法尼亚州拉伯维尔（Lumberville），1838年跟从希克斯（Thomas Hicks）画肖像画。1840年至1843年到法、英、意旅行。19世纪40年代末再次赴欧。曾三次到达南美（巴西和哥伦比亚）。1883年到佛罗里达定居。

有机会被学者归入透光风格，但他更喜欢描绘的似乎是花鸟和肖像。他的生活经历也是特立独行的：只身到欧洲旅行，把兴趣锁定在南美巴西和哥伦比亚，晚年在佛罗里达定居，都显示出和杜兰德艺术圈的距离。总的来看，这几位画家走向了十分独立的艺术道路，他们和上流哈德逊河画派保持着距离。他们并没有统一的组织，似乎也并没有某种特别的艺术理念，只不过他们更加关注个体的感受，而不是遵循或盲从自然主义的艺术法则。

这些显然不是美国当时全部的风景画家。实际上，随着风景画被社会接受，风景画家也越来越多。塔克曼在《艺术家之书》中记载了四十多位当时比较知名的风景画家，要是加上偶尔创作风景画的其他艺术家，这个数字就更大了。① 不过，本论文意图不是对这个庞大的群体做全面研究，而是试图在"荒野表现"主题下发现艺术家不同的自然态度和表现形式，为此需要讨论最有代表性的艺术家。

从这个角度就会发现，上述三种类型画家显示了世纪中期（19世纪 50 至 60 年代）美国风景画家对待荒野表现的不同类型和发展演变的方向。"荒野近景"只是荒野表现的一种类型，并且主要集中在杜兰德主导的 50 年代。实际上，50 年代后期和 60 年代，风景画主流转向丘奇和比尔斯泰特为主的"荒野远景"中去了。我们注意到，除了以纽约国家设计院为代表的主流风格，同时还存在着非主流的透光风格。后者当然也表现荒野，但他们显然和"荒野近景"十分不同。有时候他们消除纤毫毕至的细节表现而追求诗意的表达，有时他们则把细节用于各种异常的景色如大海、滩涂、沼泽，画家对细节的追求不是为了杜兰德所说的科学或本质的真实，而是为了某种精神性的观看和启示，荒野的精神性由此得到发展。这样，19 世纪中期美国风景画在荒野表现中实际上有多种倾向和形式：近景、远景以及精神性表现的倾向，而这正是我们需要分别讨论的。

那么，在当时复杂多样的风景画类型中，近景地位如何？艺术家如何看待近景？

---

① 还有一些画家创作了十分有特色的近景风景，比如邓肯森（Robert S. Duncanson, 1821-1872）、因尼斯、哈塞尔廷（William Stanley Haseltine）、大卫·约翰逊、沙塔克（Aaron Draper Shattuck, 1832—1928），等等。

图 4.19 | 丘奇《自然桥》（1852），
71 cm × 58 cm，
弗吉尼亚大学美术馆

图 4.20 | 吉福德《卡特斯基尔瀑布》（1871），
37.5 cm × 31.8 cm，
底特律艺术协会

　　实际上，荒野近景应该有两种含义。一个是"近景写生稿"，另一个是"近景风景画"。从某种意义上来说，所有风景画家都会关注近景：风景画是由细节和部分构成的，画家只有在自然观察和写生中对物象做近景研究，才有可能获得造型和表现的自由性。比如远景画家丘奇、透光风格吉福德都画过近景风景。1852 年丘奇画的《自然桥》（图 4.19）用十分写实和细腻的笔调描绘了他第一次到南方旅行时在弗吉尼亚著名的风景名胜"自然桥"见到的情景。吉福德的《卡特斯基尔瀑布》（图 4.20）也采用了近景——杜兰德常用的"森林内景"，把瀑布放置到透过森林看到的远景处。不过，他们使用近景的目的和方式各不相同。丘奇《自然桥》可以称之为"近景写生稿"，这是一种写生训练，同时也是为画室正式创作准备素材。吉福德的《卡特斯基尔瀑布》则是一种完整的作品，表达了一种独立的艺术趣味，可以称之为"近景风景画"，是有着独立审美价值的。二者性质不同，但并没有泾渭分明的分水岭，因为它们都是在当时席卷美国的风景画写生热潮中产生的。而且，后者的独立价值也是在前者的基础上逐渐发生的。

　　"荒野近景"与风景写生确实有密切关系。风景写生在 19 世纪中期的美国是十分普遍的艺术现象。1860 年《大都会艺术杂志》就这样描述当时的艺术现象：

> 我们的艺术家很像一群"城外人士"——都忙于到城市之外、任何可以画写生稿的地方。创造伟大作品的愿望促使他们到每一个理想的地方画写生稿。翻越高山，越过河流，研究平原，遁入峡谷，凝视白云，驶入大海，到达冰山，忍受亚马逊的热浪——最后总是在金秋安全归来，带着大包大包的稿子，等候订件和赞美。[①]

可以看出，对 19 世纪中期画家来说写生稿是为了创作"正品"的"草稿"。但是，随着写生水平和观念的提高，写生稿越来越完整，技术也臻于完美，写生稿就具有更多独立审美的价值。杜兰德的一些作品就很难辨别到底是写生稿还是正品。随之，写生稿也越来越被收藏者看重、在展览中展出，"荒野近景"在这个过程中也脱离了对传统构图模式的附庸获得了独立的审美价值，所谓"近景风景画"就由此诞生了。

为了能够对荒野近景多元性有进一步的研究，可以从前面分析中找出几种最有代表性的"荒野近景"进行分析。

其一是森林内景。在各类荒野近景中，森林内景最值得关注。森林与荒野有着密切的联系，美洲的原始森林一度是美国荒野的最佳象征物。森林也最能够引发艺术家和观者的原始和宗教联想，森林风景也常常传达一种古已有之的宗教和神学观念。森林内景可以说是荒野近景的最典型的表现形式。杜兰德无疑是这种风景的开创者，惠特来支则是这种传统的最坚定的继承者。

第二类是岩石风景。这类风景同样是十分典型的荒野近景。岩石和树木、森林不同，代表了一种没有生命的自然物，它包含了另外一种与森林内景迥异其趣的荒野观念，很值得专门讨论。有不少画家都画过这种类型风景，杜兰德、肯赛特、约翰逊等人是其中的佼佼者。

[①] *Composition Art Journal*, September, 1860, quoted by Eleanor Jones Harvey, *The Painted Sketch: American Impressions from Nature, 1830-1880*, preface.

第三类则是作为前景的"荒野象征物"。有些风景画，整体上是由前景、中景、远景构成的，从整体上看也许不是"近景风景画"，但是前景给予了特别的重视：前景处详尽地描绘有一些荒野之物，如野生树木、疯长的荆棘、尖利的岩石、徘徊的野兽，等等。这里的前景尤其值得关注，它起到了"荒野象征物"的作用。前景在风景画中总是重要的，它占据了离观者最近的空间，需要给予特别的观察和表现，如果它们不是画面的主题，那么至少对主题有某种暗示作用和象征性。在荒野风景画中，它们的作用就是对"荒野特征"的象征。虽然这种近景没有单独构成风景画，但它无疑也是一种"近观之景"，是荒野近景的一种表现形式，故而有必要加以讨论。

2. 森林内景

森林可以说是原始蛮荒的最恰当象征。它是美国人对美洲最深刻的印象，因此对美国艺术家来说，走进荒野无疑首先就是走进大森林。森林深处是充满威胁的恐怖之地，不仅中世纪是这样，即使现在的人也有这种感觉：在黢黑阴暗的树丛中，不知道什么地方就会有野兽和毒蛇，满地是荆棘、沼泽、乱石、无路可走，这种环境中实在难以产生审美体验。所以说，美国艺术家能够把森林内部作为审美的对象，并在画面中呈现它，这不仅仅需要巨大的勇气，还是对于"荒野审美"的坚定信念。森林内景完全改写了田园美景的审美标准，那么它美在何处？如何解读？这一向是艺术史家十分关心的问题。

如果说杜兰德 1845 年《榉树》还只是在森林或者树林边缘描绘森林与田园的混合景象的话，那么 1855 年《森林中》（图 4.21）则是画家处于森林深处的一种意象。高大的树干直冲云霄，浓密的枝叶充满了画面，地面上遍布荆棘和枯干，是对深入美洲森林体验蛮荒景色的真实描绘。杜兰德的森林是浓密的，却不是阴暗而恐怖的。他喜欢在画面的某些部分留出或者暗示森林外面的信息，比如此画中的天空、地面远处的洞口以及右侧照亮了树干的阳光，这使森林变得新鲜和明亮，给人感到一种充满了希望的厚重。如果说森林内部是一种不可预测和想象的恐怖的话，那么正是森林外部明亮和快乐的气息把这种恐怖变成审美的崇高。这种森林内部的崇高之美在 18 世纪末美学

图 4.21　杜兰德《森林中》（1855），
154.3 cm × 121.9 cm，
纽约大都会艺术博物馆

图 4.22　库尔贝《森林中的溪流》（1862），
154.3 cm × 121.9 cm，
波士顿美术馆

家阿奇伯德·阿里森的《趣味的原则》中就有论述。布莱恩特这样称
赞密林的魅力："其绚丽的色彩，浓密的叶丛，深深的宁静，具有一
种深广的崇高感觉；而地上的野生花草让人相信，大自然造物总是让
美丽和优雅与壮丽结伴而行，在粗犷之中包含着动人的魅力。"早在
1867 年塔克曼就已经注意到了杜兰德这种风景的魅力：

> 他的另外一种让人印象深刻的财富是森林树丛（forest trees）风
> 景。棵棵独立，却不需要任何传统惯用手法的支持……每颗大树都如
> 此富有特性，树干和叶簇如此自然，前景和树木的组织如此生动，观
> 者的心灵充满了对这种纯粹的森林风景的欢喜。[①]

当代学者弗莱克斯纳也注意到了杜兰德的这种风景画。他使用了
"close-ups"一词描述杜兰德 19 世纪 50 年代的这类作品，认为这种
人与自然的亲密关系有法国巴比松画派的特征，但同时表示欧洲画家

---

① Henry Theodore Tuckerman, *Book of the Artists: American Artist Life,* p. 187.

没有人能体验到杜兰德所体验到的东西，"只有在美国这种地狱极为广阔的地方才会留下如此多的没人过问的密林：这里苔藓覆盖，死亡的植物重新冒出新芽，树苗疯长奋力争夺阳光和水分，巨树参天浓荫密布。"[①]确实，法国巴比松风景画同样是大森林的热爱者。不过，巴比松画家从来不怀抱着为大自然画肖像的信念，自然是他们寻求原始和淳朴情感的载体，他们的真正意图是内心的需要。更重要的是，巴比松的大自然只是巴黎乡下的农村，在森林的深度、范围的广大以及原始的真实方面和美国荒野不可比拟。相比之下，库尔贝的《森林中的溪流》（图 4.22）所画森林不过是小树林。卢梭的《森林内部》（图4.23）虽然莽莽苍苍，画家力图表达森林之浓密，但是看地面上仿佛繁花似锦，林间平地开阔，显然是宜人的休憩之地。画家横涂纵抹，树干、叶簇、枝条都辨识不清，树木似乎只是画家信手拈来之物，油彩和色块好像比物象还要真实，这和杜兰德的"树木肖像画"显然是完全不同的。

如何理解"森林内景"的精神含义？在 19 世纪走进荒野的潮流中，不仅画家和森林有了亲密接触，文学家同样也获得了与森林面对面的体验。我们可以从当时的文学文本中读出对森林精神性的解读。梭罗在瓦尔登湖中这样写道，"我去森林是因为我想有意识地面对生存的事实，去看一看我能否学会它教给的东西"，作家发人深省地把森林和美国人的生活现实联系起来。1852 年布莱恩特写了《给一个森林入口的献词》，其中有这样的诗句："这宁静的树荫，会带来同样的宁静，这甜美的微风，让绿叶翩翩起舞，会拂动芳香，带入你忧郁的心田。"其中对树林的愉悦和幽静喜爱之情溢于言表。然而森林并不仅仅限于身心的优美，它另外一种品格是神性的崇高。1852 年美国有一本很流行的介绍美国风景的书《我国如画风景之书》，其中有一篇文章引用了罗马斯多葛哲学家塞尼卡（Lucius Annaeus Seneca）的一段话："你有没有到过一个浓密的树林，布满了令人敬畏的如塔般的参天大树，枝叶交错使得天色都黯淡无光？这森林的厚重，其宁静的隐

---

① James Thomas Flexner, *That Wilder Image: The Painting of American Native School from Thomas Cole to Winslow Homer.*

图 4.23 | 卢梭《森林内部》(1857),
46.9 cm × 59.8 cm,
加拿大国家美术馆

图 4.24 | 皮特和弗兰肯《安特卫普教堂内部》
(1659),圣匹兹堡博物馆,
洛杉矶巴顿收藏
(Baton L. A. Crozat de Tierra)

蔽,在无阻碍的空间中令人惊奇的厚重和大片的树荫,会带给你一种
神性的信念。"其实,把森林和神性、宗教联系起来是 19 世纪美学和
文学的习惯性联想。比如吉尔平就把森林看作原始人崇拜上帝的地方:

> 在历史上,当艺术还没有创造出某种东西和大自然隔离的时候,
> 世界上还没有人造的庙宇供人类敬拜神灵,大森林是他们唯一可以祭
> 祀的地方。在森林的回响中,所有的声音都在哼唱同一个上帝。①

这种森林神性的观念在德国文化传统中更加明显。施莱格尔
(Friedrich von Schlegel) 就曾说过,原始社会的德国人就是在树下敬
拜上帝。②夏特布里昂认为,所有寺庙,无论异教还是基督教,都受
到了森林的启发,不过,只有哥特式教堂被认为来自对于森林的模
仿。③正是在这种浪漫主义的文学观念影响下,布莱恩特在他的《森
林赞美诗》中也把森林联想到宗教和教堂:

---

① David B. Lawall, *Asher B. Durand: His Art and Art Theory in Relation to His Time,* New York:
Garland Press, 1977, p. 475.

② Friedrich von Schlegel, *Principles of Gothic: Literary Sources and Interpretations Through
Eight Centuries,* Princeton, 1960, p. 458

③ David B. Lawall, *Asher Brown Durand: His Art and Art History in Relation to His Times,*
Garland Publishing, Inc., New York & London, 1977, p. 478.

树林是上帝最早的庙宇　古人皆知

砍倒树木　构筑起建筑

覆盖上高高的房顶

这神圣的穹庐　汇聚而后四散

是传扬的颂歌 ①

　　杜兰德曾在《信》中宣称大自然之神圣，他在风景画中融入宗教情感是很自然的。1840 年去欧洲游学之际，杜兰德曾花很多时间到哥特教堂参观流连，教堂里高大的立柱和天顶上叶簇般的图案壁画令他充满遐想，他不由自主地和美国原始森林联系起来。在旅行笔记中写道："那双重的令人惊叹的巨大飞廊和交叉的支柱，布满了森林一般的尖塔，让观者深感恐惧和震撼。"图 4.24 是 17 世纪安特卫普画家尼夫斯（Pieter Neoffs the Elder）和弗兰肯（Frans Francken）画的天主教堂内部的景象。粗大的立柱如同树木的主干，上端发散的拱券和装饰则如同树木的枝条和叶簇。尤其是教堂内部阴森幽暗的气氛和美国森林深处的感觉十分相似。这种森林中的宗教感对于 19 世纪 40 年代的美国画家并不陌生。除了杜兰德之外，克罗普西也曾于 1846 年画过一幅地地道道的密林深处。作为一名建筑师，当时他正从建筑的兴趣转移到风景画，所以当他描绘《亚尼特瀑布》的时候，很难相信他心中不会有教堂内景的感觉（图 4.25）。画面中幽暗的气氛，高耸的岩石和瀑布使得人几乎无处插足，而岩石上正在写生的画家是对当时艺术家走进荒野的生动写照。

　　莫兰也曾热衷于森林内景，并有意识地把这种景色和教堂或者上帝圣所联系起来。他把 1860 年画的《林地庙宇》干脆叫做《森林是上帝的庙宇》（图 4.26），题目正是来自布莱恩特《森林赞美诗》，这首诗第一句话就是"树林是上帝最初的庙宇"。莫兰画这幅画时，把东部原始森林描绘成"美国荒野圣地"已经是美国画家常见的主题。莫兰信奉拉斐尔前派和拉斯金风景画理论，作品对草丛、叶簇、枝干进行了细腻描绘。画面充满了原始荒野的新鲜气息，反映了他"把美

———————
① Bryant, "A Forest Hymn".

图 4.25 | 克罗普西《吉娜塔瀑布》
（1846），159 cm × 123 cm，
加州桑塔·芭芭拉美术馆

图 4.26 | 莫兰《森林是上帝的庙宇，
或森林庙宇》（1867），
154.9 cm × 129.5 cm，
加州哈根博物馆

国森林转换成新世界的圣所（sanctuary）"的热情。[1]

　　50 年代森林内部的感觉开始变化了。虽然有证据可以把杜兰德《森林中》和教堂内景联系起来，但画面气氛已经变得轻松和愉悦，特别是洒满树干的阳光和远处露出的些许天空与远景，为森林的压抑增添了希望和放松。这种感觉在惠特来支的森林内景中变成了一种主题性的画面结构。惠特来支的森林风景画是他对几年的艺术表现困境的一种解决方案。1859 年历经了十年的海外求学回到纽约，然而欧洲艺术传统和训练成为他在表现美国荒野景观中的一个障碍："如何面对新的形势对我来说成为一个极端的困难。我想利用我从海外获得的知识同时希望我的作品能反映我自己和我对我们国家景色的热爱。但这绝非只日之功。几年来我努力奋斗，为了能创作出一些有个性的新东西至今我仍在努力。"[2]他曾在纽约北部的荒野山区独居，试图找到对这种自然景观的亲密感觉。正是在这个时候，杜兰德的森林风景打动和启发了他。一开始他曾模仿杜兰德风格比如 1862 年画的《河

① 莱恩特《森林赞美诗》第一句话的英文是："The groves were God's first temples"。（Nancy K. Anderson, *Thomas Moran*. Yale University Press, New Haven and London, 1997, p. 29.）

② Anthony F. Jonson, *Worthington Whittredge*. Cambridge University Press, 1989, p. 72.

图 4.27 │ 惠特来支《河谷》（1862），
61 cm × 50.8 cm，
纽约洛克菲勒中心

图 4.28 │ 惠特来支《老狩猎场》（1864），
83.3 cm × 136 cm，
北卡罗莱纳雷诺达别墅

谷》（图 4.27），从画面中可以看出杜兰德的影响：人处于密林之中，两侧树干形成左右对称的结构，顶部的叶簇和枝条向中间蔓延连接成森林的幕帐，而远处森林的出口仿佛是建筑物的门口，可以见到远景明亮柔和的山峦和天空霞光。不同的是惠特来支喜欢在地面上描绘静谧的水泊，水面的倒影和涉水而过的动物为森林增加了音乐般的回响和抒情色彩。

　　这种模仿在 1864 年《老狩猎场》（图 4.28）中消失了。画家放弃了对森林外景的依靠，把视野完全聚焦在密林深处的封闭空间中，他同时采用了一种新的手法获得空间感和透气感，那就是光的使用。可以看到，画面中树木被画家分成了两个层次：近处阴影中深色的树干和池塘；远处处于阳光照耀下的金色树丛。这种对比产生了金碧辉煌的效果，垂直线条优美的节奏感极为动人，仿佛大自然的乐章。这幅作品当年在国家设计院展出后受到了很多关注和好评。[①]塔克曼如此

---

① 该作品最后由收藏家平肖（James Pinchot）购得。1867 年艾弗里（Samuel P. Avery）携此作品到法国参加博览会。

评价这幅作品:

《老狩猎场》就像一首抒情诗,在一个丢弃的、破损的木舟里讲述它的故事。水泊中一只鹿在低头饮水,忧郁的银白色桦树在年岁的重负中俯首、互相依靠,仿佛在迷恋印第安人离去之前的时光,现在只留下了孤独的飒飒哀叹。①

这幅画可以说是对布莱恩特诗歌《落日散步》(A Walk at Sunset)的生动诠释:

岁月　在这儿宁静的森林中
在红种人到来之前倒落
鹿儿　在它们之中休憩
在他们的影子中觅食
不再担忧长矛的死亡般的威逼
猎手一代又一代去去来来
荣光被收起　世代流传

惠特来支的森林内景是杜兰德风景画的继承和发展,也是布莱恩特自然文学意象的生动阐释。他在世纪俱乐部和诗人相识,从此被其诗作吸引。②在《自传》中画家回忆说:"布莱恩特的诗歌一直深深打动我。他很多诗歌都吸收了我们大森林、河流和湖泊的某种精神,有一种独特的原始的孤寂感觉,从来没有其他诗人如此深刻地触动我的心灵。"③

---

① Henry Theodore Tuckerman, *Book of the Artists: American Artist Life,* p. 518.

② "世纪"(The Century),是纽约的一个私人俱乐部。是从早期 1829 年的组织"素描俱乐部"演变而成。1847 年在布莱恩特及其朋友的倡议下成立,目的是为了促进对艺术和文学的兴趣。成员有艺术家、文学家、科学家、医生、工程师、军官、法官和律师、牧师、新闻记者、商人,等等,最初试图限制在 100 人之内。早期成员有布莱恩特、杜兰德、霍默、肯赛特、建筑师斯坦福·怀特(Stanford White)、作家莱维斯·克拉克(Lewis Gaylord Clark)等人。19 世纪 50 年代则以商人、律师、医生等为主了。

③ Anthony F. Janson, *Worthington Whittredge*, p. 85.

图 4.29　惠特来支《涉水的鹿》（1875），
53 cm × 44.4 cm，
美国野生动物艺术国家博物馆

　　除了诗歌的启发，惠特来支风景的抒情魅力也得益于吉福德的影响。1856 年去罗马的时候二人相识并建立了终生的友谊。吉福德也曾经受杜兰德的影响偶尔画一下森林内景，如前面曾经提到的 1862 年画的《卡特斯基尔瀑布》。和惠特来支《涉水的鹿》（图 4.29）比较一下就会发现很多相似之处：林中水景，金黄的秋天色彩，奇幻的诗情画意。但是惠特来支始终坚持了对树木、动物等森林中景象的细腻描绘，这一点和杜兰德是一脉相承的。这种变化暗示了内战后美国风景画发展的一个重要倾向——对色彩的重视和抒情性的表现。

3. 岩石风景画

　　在走进荒野过程中，除了森林之外，另外一种引起美国风景画家观察和表现的兴趣和热情的就是岩石。美国风景画对岩石的表现与森林既有不同之处，又有相同之处。不同之处在于，森林是可以被人进入的空间，而岩石却是不可进入的实体；树木是可以和人类比的生命体，岩石则是没有生命的自然本身，这些不同意味着艺术家可能会以另外一种不同的态度和方式对待它。从某些方面看，二者的艺术表现又是相同的。总的来说，19 世纪中期的美国岩石风景画依然是一种"肖像画"。肖像画意味着画家以一种客观性的视角把握对象外在的形貌特征和内在的精神气质。那么如何理解这种客观的特征和气质？对此可以从画家的作品中获得解答。

科尔也曾经酷爱描绘岩石，像《亚当和夏娃逐出乐园》就充满了对奇异的岩石和悬崖的描绘，不过他的岩石景观是想象的。杜兰德则以客观冷静的态度到自然中做岩石写生，并且在这种研究中他对自然的理解和表现力都得到了发展。这里可以比较他的两幅作品。第一件是《岩石研究》（图 4.30），他早期的自然研究类型的作品。可以看到画家关注的重点就是单体的岩石本身，虽然作为写生稿画面似乎还没有完成，但岩石中间大块石头的描绘却是高度细腻和写实的。这符合画家本人早期对"前景研究"的重视。根据他在《信》中表达的观念，自然研究应该从单个形象开始，把握特定对象的形状、色彩、结构、机理，培养造型技巧，理解物象物理构成，然后随着技巧成熟把关注点推及到物象所处的环境，包括植被、空气、光照、气氛以及空间。

画家 1860 年画的《岩石绝壁》（图 4.31）体现了他自然研究的更高要求。虽然只是几块巨大岩石的特写，但画面整体十分完整，对石墩所处的环境也做了真实描绘，从而使得整幅画面形成了一件独立而完整的"近景风景画"。画家采用了从下往上的视角，观者仿佛被置身于咫尺之遥的巨石脚下。画面上端边线把岩石顶部的山体切断，只有右边一小块树影摇曳的天空暗示着远处的空间。更重要的当然还是画面主体：岩石，一块荒野中十分常见的、被时间和风雨侵蚀的、几

图 4.30 杜兰德《岩石研究》（19 世纪 40 年代），
42.5 cm × 56 cm，
纽黑文耶鲁大学美术馆

图 4.31 杜兰德《岩石绝壁》（1860），
41.9 cm × 61 cm，
北卡罗莱纳温斯顿·塞勒姆美国艺术博物馆

乎近于破裂的沉积岩形象。这本是几块巨大的碩岩，在地壳运动中断
裂滚落，并和泥沙堆积在一起。但是在漫长岁月中经历了无数的阳
光、风雨、生物的侵蚀，岩石本身的色彩和质地已经辨识不清，表面
布满了苔藓、杂草、泥土，破裂的表面形成复杂的线条纹理，仿佛老
人面部的皱纹和色斑。画家对这些细节作了极为细致而深刻的表现，
采用了高度写实的手法，具有彩色照片一般的真实感。这幅作品体现
了杜兰德 19 世纪 40 年代以来坚持"自然研究"所达到的成就。

在 1855 年《信》中，杜兰德用真理、植物学、性格等词汇描述
这种研究的原则，并指出其目的不是在于模仿本身，而是为了理解自
然、获得表现自然本质事实的能力。这种观念对当时纽约画家和年轻
学生具有示范性的作用，同时也是对当时美国画家所坚持的自然写生
态度的一种概括。其实，美国风景画家自从 40 年代就开始采用这种
态度进行自然写生了。1846 年美国艺术联盟在年度报告中指出：

> "自然再现"正在变得从属于科学……风景画家需要给予风景以地
> 质学和植物学的特征，他必须如此表现自然以至于地球的性质能被辨
> 别，比如云和岩石的类型，树、灌木等植物的解剖和外形。那些不能
> 够表达所有这些对象的个体特征的人会被认为艺术上的无能，会无法
> 获得社会的赞扬。"①

可以看出，美国画家在最初作近景研究的时候，并不认为这种风
景会成为一种专门的具有独立审美价值的风景画类型，而主要是把它
作为训练观察能力和表现能力的工具。如杜兰德说："每一个有体验
的艺术家都知道要想看透自然的真理是很难的；要想达到这一点长期
的联系是必要的。我们观看，但却没有感知（perceive），因此有必要
培育我们的感知以便理解所见事物的本质。"②但是，随着对自然研究
的深入以及这种构图形式被画家和观众所熟悉，它所具有的独特魅力
也逐渐展示出来，特别是它所呈现的不受任何传统和规则制约的构图

---

① "The Fine Arts", in *Literary World*, I, No. 9, April 2, 1847, p. 208.

② Aher B. Durand, "Letter IV", from W.J. Stillman and John Durand, *The Crayon*, I, p. 98.

和造型上的天然性可以说是美国自然"荒野特征"的绝佳表现。正是这个原因，画家和美国观众才可能认同"荒野近景"的独特价值，从而接受它作为一种独特的风景表现形式。

直接受到杜兰德影响的岩石画家是肯赛特。1840年他和杜兰德、卡西里尔一块去欧洲，到7年之后才回到美国，因此他有更多的时间学习欧洲艺术传统。但是他一直没有放弃对美国大自然的感觉和表现的愿望。比如当时他给家人的信中写道："我渴望身处于祖国的景色中，因为它充满了如画、宏大以及优美；我希望在祖国的美景之中欢呼，它那丰裕的手伸展在无垠的国土之上。"① 回到美国之后，肯赛特马上就放弃了欧洲模式和意大利风景，投身到新英格兰山水中潜心观察和写生。杜兰德的思想和实践对他产生了很大影响，肯赛特同样也对岩石有着特别的兴趣和迷恋。1850年有人这样评论他的岩石风景：

> 作为树和岩石的画家，我们知道没有人能超过肯赛特。他的风格特征和完成性在很多方面十分接近学院院长的作品。实际上，有两幅岩石研究的作品……前者是杜兰德的后者是肯赛特的，即使在仔细观察之后，观者也会以为出自一人之手。②

不过随着艺术的成熟，他逐渐形成了自己的趣味和图像模式，这可以在1860年《巴士比氏瀑布》（图4.32）中看出来。左右对称的结构、光滑和坚硬的巨大岩石、清澈的泉水和白色的激流以及岩石后面的浓密嫩绿的树丛，是他的岩石风景画中常见的母题。和后期具有超验意味的透光风格海景岩石相比，这个时期的近景富有生命活力和新鲜色彩，是画家对祖国荒野真诚热爱的生动体现。

除了杜兰德之外，19世纪中期还有不少画家也迷恋岩石。大卫·约翰逊（David Johnson）就是一个典型的例子。19世纪40年代

---

① "Kensett to Elizabeth Kensett", 16 December 1844, Kellogg Collection, quoted from *John Frederick Kensett: An American Master*, p. 62, Worcester Art Museum, and W. W. Norton & Company,1985.

② John K. Howat, *American Paradise: The World of the Hudson River School*. New York: Metropolitan Museum of Art and H.N. Abrams, 1987, p. 38.

图 4.32 ｜ 肯赛特《巴士比氏瀑布》（约 1860），
45.7 cm × 56.4 cm，
洛杉矶查尔斯·阿尔玛鞋店收藏

末约翰逊就开始和肯赛特、卡西里尔一块外出写生，50 年代曾跟从克罗普西短暂学画，50 年代末开始被接受为国家设计院会员。[①] 在写生中，大自然中的岩石景色尤其让他着迷，他画了很多以岩石为主题的作品。《森林岩石》（图 4.33）是他早期在新汉普郡北康威（North Conway）时候的作品。此处景色在 1849 年被艺术家发现。这里有着独特的荒野景观：高山、宽谷、深壑中布满了浓密的灌木丛林和坚岩硬壁，对比强烈，令人印象深刻。这件作品和杜兰德《岩石绝壁》十分不同，描绘了另外一种岩石形象：这是地处于峡谷溪流之中大大小小混杂堆积而成的岩石群，棕红色给人感觉有土质的疏松感；但所有石块都锋利尖锐，直线和尖棱形状给人强烈粗犷的力量感。这种感觉和石头堆放的形式有关，从上往下层层叠叠，互相击打碰撞，使人能够想象地壳运动的时候，巨大山峦崩裂沿着山谷滚落堆积的景象。如

① 约翰逊（1827—1908），生于纽约。1845 年在国家设计院学习。1850 年开始和克罗普西一起画画，并与肯赛特、卡西里尔交往。他的哥哥约瑟夫·约翰逊（Joseph Hoffman Johnson，1821—1890）是肖像画家，对他也有影响。在 1859 成为国家设计院的准会员，两年后转为正式会员。60 年代可能去过欧洲和西部落基山。

图 4.33 | 大卫·约翰逊《森林岩石》
（1851），43.2cm×53cm，
（反面写有：北康威研究，N. H.），
克利夫兰美术馆

图 4.34 | 大卫·约翰逊《沃里克的溪流研究》
（1873），65.7cm×101.3cm，
纽约尤蒂卡美术馆

果说杜兰德的《岩石绝壁》表现的是一种"自然力量被时间消解"的
历史沧桑感，那么约翰逊的《森林岩石》（图 4.33）宣告的正是那种
自然力量爆发和展示的状态。不过，随着艺术的成熟，约翰逊的岩石
风景趣味也在变化。在 1873 年《沃里克的溪流研究》（图 4.34）中他
展示了巨大岩石在雨水和河流冲刷下被摧毁的形象。画面的写实水平
进一步加强了，为了表明自己是现场写生而非依赖照片，画家写信给
尤蒂卡艺术协会（Utica）主席和画展组织者亚当斯（G. W. Adams）：

　　我这件《溪流研究》是一件室外研究，完全是在现场画的，是尽
我所能对这个地点原样肖像画式的描绘。我把画架等工具都带到了那
里，真心希望通过描绘以找出大自然母亲是如何造物的，为此我放弃
了任何采用传统图画或者画室效果的想法。①

　　约翰逊这里所说的"自然如何造物"，其中含义之一恐怕就包含
了岩石在漫长的时光中不断变化，水的作用力在其表面留下痕迹的意
思。岩石和水的关系是岩石风景画中常见的主题。从地质学角度来
看，几乎所有沉积岩和变质岩的形成都离不开水的作用。从美学的角
度看来，岩石的坚硬和水的柔美恰恰形成了崇高和优美互补的一对关

① John K. Howat, *American Paradise*, p. 271.

图 4.35 ｜ 沙塔克《小瀑布，宾哈姆峡谷，华盛顿山》
（1859），39.3 cm × 48.3 cm，康涅狄格新不列颠美术馆

系，它们在自然界中的相遇为风景画家发觉自然的审美趣味提供了极
好的素材。

　　在水的映衬中表现岩石是美国风景画家惯用的图像模式，我们在
沙塔克（Aaron Draper Shattuck）和肯赛特岩石风景中也能看到这一
点。沙塔克以描绘怀特山而著称。他早年在波士顿培养了浪漫主义趣
味，但自从 1851 年来纽约之后，很快就采用杜兰德倡导的原则进行风
景写生了。① 《小瀑布》（图 4.35）是他在怀特山（即新罕布什尔华盛
顿山脉附近）写生的作品。它同样采用从下往上的视角，描绘了夏天
后期水中岩石的景色。虽然名为“小瀑布”，但实际上重点是在水
冲刷和掩映中的岩石。和约翰逊的水与岩石对抗不同，沙塔克的
岩石和水仿佛融为了一体，它们不仅融入了夏天浓郁的灰绿色中，

① 　沙塔克（1832—1928）是寿命最长的美国风景画家，早期在波士顿跟从肖像画家亚历
山大·兰森（Alexander Ransom）学习肖像，1851 年二人一起到纽约发展。和杜兰德、蒙特
（Mount）、肯赛特、科尔曼（Colman）为友。作品尺幅较小，依然带有一些浪漫主义趣味。19
世纪 50 年代末在怀特山、缅因海岸、山普伦湖等地画岩石。1880 年后放弃绘画从事发明创造。

而且水仿佛有岩石般的光滑和宁静，而岩石仿佛具有水一般的流畅和动荡。

通过上面的例子可以看出，美国画家对岩石的肖像式描绘不仅仅是对自然外观的客观摹写，而且还有对自然本身蕴含着的精神气质的生动把握。岩石形体和存在条件是多种多样的，它所表达的意义也各不相同。它不仅可以表现稳固、坚硬，给人以崇高的审美体验，还能表达自己的历史，在形体软化和衰败中暗示着岁月观念。那么，这种意义赋予来自何处？应该如何理解岩石对美国荒野风景画的特殊价值？对此需要做下面几个方面的分析。

其一，岩石对荒野的象征作用。

美国风景画家试图在大自然中选择和描绘适当主题来表现自己的荒野体验。除了原始森林之外，岩石可以说是最好的载体。荒野中的岩石都是天然形成的，它们没有经过任何人为改造的痕迹。它们形状怪异、分布混杂、阻挡着人前进的道路，是和文明世界相对的存在物。正因为如此，艺术家可以用棱角岩石加强未被驯化的自然或荒野观念。从美学上看，这和阿里森的信念是一致的：斜的或棱角的线条暗示了粗野或原始的意味，参差的岩石、尖锐的悬崖、陡峭的沟壑把自然表现为危险的和不可预测的。虽然那些岩石是自然的真实特征，作为法则，艺术家只有在希望强调自然野蛮和粗糙特征的时候才会把它们置入作品中。有很多画家喜欢把有斜线的尖峭岩石和同样未被美化的扭曲树干放置在前景，这种岩石象征着大自然是粗劣的、未被改造的和原始的。因此，岩石对强调美国风景的粗野、未被驯化的特征起到了积极的作用。

其二，地质学对岩石表现的促进作用。

美国风景岩石表现的一个特征是具有地质学的精确性，而地质学则是以科学视角获得景色独特性认识的有效手段。[1]美国风景画可以说是"对可以辨识之地的描绘"。[2]很多作品都来自对某一地区外观，

---

① 见 1859 年《蜡笔杂志》发表的拉斯金的一篇文章《地质学和风景画的关系》(John Ruskin, "The Relation Between Geology and Landscape Painting", *The Crayon*, August, 1859)。

② Virginia Lee Wagner, *The Idea of Geology in American Landscape Painting, 1825-1875.* University of Delaware, 1987, pp. 8-9.

特别是对其地质和植被细节的仔细观察，这种特点和美国艺术对大自然"荒野"特征的强调是有关系的。美国荒野没有历史和文化的痕迹，因而无法用建筑废墟和历史或神话人物确定它的身份，除此之外最有效的办法恐怕就是地形学描绘。18世纪流行的旅行文学写作是地形学叙事的典型表现，作家不厌其烦地用科学术语记录旅游所见所闻，竭尽全力准确描述构成某一特定地区的地质学特征。1804年开始美国政府资助的贯穿了整个世纪的西部考察，同时也是对自然历史、地质结构的研究和勘探，考察队详细描绘、记录和确定了这个国家的自然资源，卑尔根（Frank Bergon）甚至认为美国自然写作就是由这种考察报告奠定的。[①] 这种态度对造型艺术自然会产生影响。对19世纪前期美国人来说，艺术目的首先是实用的、有教育意义的："如果大街上挂满了绘画，那么道德毫无疑问就会更加纯洁，政治无疑就会更加纯净。"[②] 这种教育意义鼓励艺术家把真理加到绘画中，观看绘画就相当于理解客观自然的现象、历史和规律。显然地质学正好能满足这种艺术表现的需要。地质学不仅基于可以观察体验到的现实，而且还诉诸想象力：它对地表岩层的生成、发展历史的探寻就是一种依靠想象力对现实的超越，而这也是艺术的共同目标，正如瓦格纳所说：

　　一旦被艺术家和美学家理解和认识，地质学比任何其他科学更适合作为艺术家观看自然的方法。艺术家可以通过细致描摹景物的地质学结构以达到令人信服的自然真实，同时超越自然以激发想象力，使人不由自主地联想到地球的原始、过去和未来。[③]

　　其三，岩石审美的心理效果。
　　19世纪美国风景画家对岩石审美已经有比较清晰的了解，其来源是当时广为流行的阿里森（Archibald Alison）自然审美理论。阿里森十分重视岩石的崇高美学特征："没有任何东西比岩石的形式更

---

① Frank Bergon, *Wilderness Aesthetics Source: American Literary History*, Vol. 9, No. 1, Spring, 1997, p. 128.

② Virginia Lee Wagner, *The Idea of Geology in American Landscape Painting*, p. 12.

③ 同上，p. 18.

加崇高了，它看上去似乎与造物同时发生，而任何自然运动似乎都不能够破坏它。"①他探究了自然风景在观众心中激发的情感和联想，认为这种联想是普遍有效的。举例来说，在矿物王国最硬和最持久的岩石、石头和金属普遍呈现为一种尖角的形式，这种能够形式给人以强烈的力量的印象，或者会在心理上产生强烈的运动和方向的感觉。当轮廓呈现出垂直状态的时候，岩石就会具有力量和稳定的性质；当线条是水平或者倾斜的时候，就会具有生硬的或者粗糙的特征。②因而岩石极有利于产生联想，其中包括力量、稳定、韧性和粗糙，等等，不同联想有赖于它们在自然中的不同结构。最适合绘画的联想是那种在时间中形成的力量以及岩石内部和相互之间结合的自然品质。因此，对时间的暗示就成为风景画岩石含义的重要组成部分。

其四，拉斯金的岩石观念。

拉斯金对岩石有特别的兴趣，而美国画家也热衷于描绘岩石，二者之间既是巧合，也有联系。实际上，在拉斯金第一版《现代画家》传入美国之前美国画家就已经开始以科学性的眼光研究自然了；随着拉斯金的著作在美国传播和流行，这种趋势得到了进一步强化。特别值得一提的是拉斯金对地质学的兴趣。他曾经专门研究过地质学，尽管他的措辞在科学上并不精确，但这并不减弱其著作的影响力，况且他的目的不过是利用科学为艺术服务。在他促动下，画家开始以一种客观的、科学的视角观察自然，注重理解自然历史，发掘大自然自身具有的表现价值。拉斯金用了很多篇幅讨论岩石的地质结构和表现特征，比如在关于前景岩石的讨论中，拉斯金说：

大块石灰岩一般都会分成不规则的体块，会出现立体形或平行块，其结果是形成类似的光滑平面。天气因素作用于石头表面使其圆润。霜虽然不能穿透或分裂石头，但会有力地作用于边角，使其一片片裂开，出现了尖的、新鲜的、复杂的边缘……于是，无论岩石的平面多么光滑，它的最重要的特征一般说来总是会体现在边角上，在这些地

① Virginia Lee Wagner, *The Idea of Geology in American Landscape Painting*, p. 21.
② 同上，p. 21.

方形成复杂的断裂的图形和结构。[①]

　　可以看出，拉斯金从科学成因分析了岩石表面质地和结构的特征及变化，这不仅让人理解表现对象的形成，还深化了观者对这些形象特征的感觉。拉斯金还进一步讨论了在光线的照射下这些对象的视觉效果："在风景中，如果大自然在某种物象上面产生的光影比其他物象更加清晰可辨的话，那就是岩石；因为岩石片段的暗面会接受来自亮面的很多反射光，因此暗部就会出现极为微妙的清晰和精确性……"[②]拉斯金的《片麻岩写生》（参见图1.2）十分生动地表现了他本人对科学性和视觉真实的要求。尤其是光影在岩石表面产生的明暗色调的变化与岩石的机理、转折、裂缝融为一体，具有照片般的细腻效果。特别值得一提的是他的"风景传记"的概念，即"本质真理"（vital truth），指肖像画式地描绘地质学过去和风景未来形式的观念。如果要描绘地球"真理"的话，艺术家就要抓取风景的"自然传记"，其中山脉和岩石尤其值得重视，山是猛烈的、惊厥的、充满了表现力和能量，给人以热情和力量的感受。回忆一下前面讨论过的杜兰德和约翰逊的岩石风景画，就能理解这种"风景传记"的内涵了。

4. 前景中的荒野象征物

　　一般来说，风景画是由前景（近景）、中景、远景组成的，值得注意的是，这三个部分中前景对荒野风景画有着特别的意义。通过和田园风景（克劳德式的理想风景）、英雄式风景（萨尔维特式的崇高风景）比较就会发现，荒野风景与它们之间的主要区别往往就在前景中。为什么这么说呢？比如远景，其实无论田园、荒野还是英雄式，它们的远景都是类似的，无非是空旷的天空、远山或者大海的边际。

　　中景情况稍微复杂一点。大体上看，中景是区分田园和英雄式的主要依据，而美国荒野风景画的中景可以说是二者的综合。在田园风景中，中景可以是建筑物、农田、村舍、牧场，又可以是池塘、树

---

① David B. Lawall, *Asher B. Durand: His Art and Art Theory in Relation to His Time*, p. 366.

② 同上，p. 367.

图 4.36 | 克劳德《有阿波罗和缪斯的风景》
（1652），185 cm × 300 cm，
苏格兰国家美术馆

图 4.37 | 洛萨《有猎人和武士的岩石风景》
（1670），142 cm × 192 cm，卢浮宫

林、山坡，加之明朗的天空和纵深的远景，田园中景审美特征是优美
的。相比之下，英雄式中景则往往是丛林、大海、堤岸、峡谷，天空
常常是乌云密布，或者风雨雷电，整个画面允满着令人惊怵战栗的感
觉，因而是一种典型的崇高感。对比一下克劳德和《有阿波罗和缪斯
的风景》（图 4.36）与洛萨的《有猎人和武士的岩石风景》（图 4.37）
就可以看到这种差别，前者的宁静优雅，充满诗情画意，后者则阴郁
而动荡，有山雨欲来、悬崖欲坠的感觉。不过，在美国不少荒野风
景画中，中景既不单纯优美，也不单纯崇高，常常是二者的综合。比
如克洛普西的《斯达卢卡高架铁路》（图 4.38），中景区域既有宁静的
湖泊，也有岸边的草地和农村房舍，还有右侧倾斜的山崖，至于穿越
荒野的铁路和火车则是文明侵入的象征了。这种风景画可以说是优美
和崇高、田园和英雄式兼而有之的自然和艺术风景意象，正因如此，
美国人更喜欢用"如画"一词为美国风景画作美学注解。[①]

那么荒野风景与传统风景最显著的区别在哪里？最有效的分界点
可以说是在前景。观察克劳德和洛萨的作品就会发现，无论田园还是
英雄式，其前景都是类似的：适宜人活动的平地，比如道路、草地、

---

① "如画"一词，虽然基本上可以看作崇高和优美的结合体，但实际上在具体使用中含义
也有所变化。比如美国学界认为在 19 世纪早期美国风景画有一种"如画"风格，这种风格指
的是在英国风景画模式影响下产生的一种风景画类型，采用克劳德模式描绘美国风景。这和后来
出现的美国荒野风景显然不是一个概念。在美国的旅游写作中，称美国风景是"如画"的，是模
仿英国吉尔平的写作手法和观念，并没有揭示出美国风景的荒野特质。

平台等等。这种平地往往处于暖色光线的照耀下，形成了和冷色远景对立的暖亮色区域。① 如前面所讨论的，理想风景实际上是一种人类活动的舞台，而前景恰恰是为了人的活动而设置的。相比之下，荒野风景就十分不同了。荒野风景的前景是体现其"荒野性"最重要的地方，"荒野"决定了风景是弃绝人存在的空间，它因自身的独立存在为价值。也就是说，它不仅不为人服务，而是与人的存在相对立、相阻隔。布莱恩·沃尔夫曾注意到托马斯·科尔风景画山谷虚空在前景和中景之间产生的断裂，和对观者心中产生的阻隔的效果：

　　观者在身体和心理上与前景建立了联系，同时发现它之后的山谷把他和中景高山分离开来，形成了一种不可超越的巨大障碍。……这种前景和中景断裂的意义十分明了。这种结构在视觉上形成了一种疏远的体验，被隔离的自我进入了一种脱离了常态的恐惧和自尊感。②

　　浪漫主义想象使得科尔可以自由地强化前景的阻隔效果。在 19 世纪中期自然主义气氛中，前景的这种作用依然没有被忘记。在克洛普西《斯达卢卡高架铁路》（图 4.38）中可以看到，前景的中央是一个突兀伸出的悬崖巨石，除此之外就是山顶野地中的荆棘、野草、沟壑和绝壁。这根本不是适宜于人活动的地方，所以观者会奇怪巨石上的两个人是如何能到达那里的。显然他们不是克劳德和洛萨风景舞台中的演员，而是费尽千辛万苦到达荒野观赏大自然奇迹的访问者。可以理解，在荒野风景画中，前景是一种阻隔，要拒斥观者于画面之外。虽然中景有着如画的美景，但观者却没有到达那里的通道，这种进入的可能性被近景荒野隔离和断裂开了。还有一个画面的形式特征也能体现荒野风景画近景的特殊性，那就是在荒野风景画中近景常常处于阴暗之处。克洛普西把包括人在内近处的巨石、灌木树丛、山岭都隐没在阴影和昏暗之中，它意味着画家的关注点不在近景，也无意把近景

---

① 洛萨的风景画虽然被看作是浪漫主义风景画的先驱，也具有很强的荒野特征，但是他毕竟生活在 17 世纪，自然会受到古典绘画和理想风景画的影响。他对前景的处理就和克劳德的田园风景相差不大。

② Bryan Jay Wolf, *Romantic Re-vision*, p. 186.

图 4.38 克洛普西《斯达卢卡高架
铁路》(1865),
56.8 cm × 92.4 cm, 收藏地不详

图 4.39 杜兰德《杰纳西河谷》(1853),
79 cm × 51 cm, 收藏地不详

设定为人物活动的场地, 这和传统理想风景也是很不同的。为此可以把前面讨论的三种风景画前、中、后层次的比较关系列表如下:[①]

	克劳德 田园风景	罗萨英雄式 风景	美国荒野 风景画
后（远）景	空旷	空旷	空旷
中景	优美	崇高	不确定或如画
前（近）景	引导进入	引导进入	阻隔

从表中可以清楚地看出前景对于荒野风景画的重要意义, 正是由于它所起到的这种"阻隔性"的心理效果, 才使得荒野风景画能够有效表达美国人的荒野体验。不过, 除了"阻隔"作用之外, 前景物在荒野风景画中还有另外一种作用, 那就是对荒野的"象征"作用。拉斯金和杜兰德认为, 前景研究的重要性在于自然研究, 是艺术家达到技术成熟的途径。实际上这种前景研究对于构造画面也是十分重要的。在荒野风景画中, 前景荒野之物对整个风景画的"荒野性"具有重要的象征作用。比如前文提到的粗糙的岩石、枯树和野树、杂草、激流、沼泽, 等等, 它们在前景中出现能为整个画面性质确立一个基

---

① 需要说明的是, 表中所列出特点并不是绝对的。荒野风景画类型很多, 表现形式多样, 不可能都符合这种标准。这个表只是为了理解荒野前景的特征而从概念上做的概括。

调，表明这是一片荒凉和艰苦的蛮荒之地。这种象征性在历史画和城市风景中也很常见。比如库克画的《从海军船坞看华盛顿景色》（图2.1），前景中的野树、墓地和泥泞道路象征了19世纪30年代华盛顿城市的状态，虽然是首都，其实依然处于荒野包围之中。在科尔时代，当画家试图表现美国风景特质时，前景荒野是一种十分便利的手段。科尔本人就是这种手法的惯用者，他常用的前景母题有折断或倒塌的枯木、疯长的野树和野草、野兽比如狼和鹿，等等。他1825年画的《有死树的湖》（参见图3.23），前景包含了他所有能想象出来的荒野景物：扭曲的干枯树干，地上倾倒的树枝、杂草、坚硬的岩石、起伏的土坡，河边或警觉观望，或奔跑的鹿。浪漫主义风景画是靠着想象构成画面，前景可以说是"想象"和"真实"两种手法的交汇点：景物来自自然中的观察和写生，但它们在前景中出现却完全是想象驾驭和组织的结果。它们处于黑暗中，画家显然试图把它们作为阻隔观者进入的荒野象征物，试图把观者的眼光吸引到如画的中景湖泊和密林。

随着画家走进自然观察和写生，前景得到重视，表现方式也发生了变化，最大特点是高度的细腻和真实。如果说科尔前景和中景有明显区分和断裂的话，那么世纪中期画家已经能够把前后自然贯穿起来，二者的联系和过度在准确的透视和空间中得以延伸。比如杜兰德1853年画的《杰纳西河谷》（图4.39），画面主要的表现对象显然是画面中景：洁白的河水、圆浑的树丛、开阔的平原和平缓的山坡，构成了优雅宁静，同时起伏多变的如画景色。画面的前景不露声色：左侧的硕大岩石，中部处于深色中的河水，右侧河边倾倒的干枯树枝和疯长的草丛。这些前景物处理的十分含蓄，并且沿着河水流淌的方向和堤岸上树形往远处的延伸缩小，十分自然地和中景连接为一体。这难道不是对实景的描绘吗？实际上如果稍加分析就会发现，尽管中景是杜兰德喜欢的宜人景色，但前景处却根本没有人能立足，画面最深的色调和阴暗之处也是在前景区域，巨岩、水泊、枯树等景物恰恰是荒野恰当的象征物，这种前景处理手法和传统理想风景是完全不同的，甚至和欧洲、英国风景的惯常处理方式也是不同的。这说明，美国风景画家即使在描绘田园景色的时候，也会通过前景的暗示和象征表达美国特有的荒野特征。

"树"可以说是前景用以表现阻隔效果和荒野象征的常用手法。它常常和"水泊"、"巨石"结合使用，达到更加真实和自然的表现效果。比如杜兰德 1853 年画的《自然研究》（图 4.40），画家研究的对象就是一颗横贯画面前景的粗大的树干。其四处伸张的纸条如同野兽挥动的四肢，完全不同于城市里修剪整齐的植物。画家把此树干作为主要描绘的对象，不过其形态恰恰起到了阻隔观者和远景处优美景色的作用。

通常情况下，哈德逊河画家喜欢描绘优美的平原和溪流，把远处的高山作为这种平原的陪衬，正如安·摩根概括的："虽然某一些作品会带有一些未被文明触及的大自然的震撼体验和不可逾越的感觉，其实哈德逊河画派的典型气氛是一种田园的和诗性的。"①可是，仅仅用诗性和田园显然不能概况美国风景画的本质，因而前景荒野象征物是那种看似田园和优美的风景画的一个重要的参照物。比如惠特来支画的《克劳人的家园》（图 4.41）表面上就描绘了十分优美的如画景色，如何让观者理解这是美国的荒野？我们看到，画家在画面前景右侧安置了一颗粗大然而拦腰折断了的树干，看上去和远景很不协调，但它无疑告诉人们美景的野蛮和狂暴的一面：不久前这里也许曾发生过横扫一切的暴风雨，树干迸裂的尖刺的树皮告诉人们大自然力量是如何狂暴和恐惧。左边处于暗影中的庞大岩石和中间河水也同样起着类似的效果，它们共同组成的前景没有留下任何观者可以进入画面的通道。在它们的阻隔和象征性暗示中，克劳人的家园被蒙上了一层野性的面纱。

正是由于前景对荒野的象征性，有些特殊的前景物就能够体现出画家对待"荒野失去"的感慨和遗憾，其中最典型的恐怕就是树桩了。

19 世纪中期的美国风景画既是歌颂和表现美国荒野的时代，也是文明迅速向荒野扩张、导致原始景观快速衰退的时代。殖民地时代

---

① 把哈德逊河画派概括为田园和诗性并不准确，并稍显笼统，需要对此作进一步界定。关于此问题的具体分析可参见本论文第二章第二节第一小节："哈德逊河画派：田园与荒野之辨"。（Ann Lee Morgan, *The Oxford Dictionary of American Art and Artists*, p. 233.）

图 4.40　杜兰德《自然研究，福蒙特－斯特拉
　　　　　顿峡谷》（1853），
　　　　　45 cm × 60 cm，纽约历史协会

图 4.41　惠特来支《克劳人的家园》
　　　　　（1848），101.0 cm × 142.2 cm，
　　　　　底特律艺术学会

对森林的砍伐就是拓荒者生存的最重要任务，然而这种大肆破坏在
19 世纪初从过去的英勇变成一种残忍。1824 年一位英国旅行者描述
了森林被迫害的荒凉："你永远也想象不出环剥造成的荒凉景象，碧
绿的色彩枯萎了；有的还被火烧，树顶变成了黑色；当你经过时会听
到有些大树轰然倒塌，而其他的则断成碎片以致腐烂。"[1]1835 年，科
尔在他的演讲中表达了对荒野消失的担忧，然而他同时认识到文明的
发展恰恰是以荒野被消退为代价。因此在科尔的风景画中树桩常常伴
随文明出现，暗示着某种耐人寻味的含义。他的《野餐》（图 4.42）
描绘一群城市人到森林边休闲，他在前景中央画了一个硕大的树桩，
西考夫斯基认为这是画家有意为之的对荒野和文明之间关系的思考：

　　在《野餐》中，树桩具有极为丰富的图像学的内涵，可以说它是
理解画面深刻含义的关键。科尔一直被荒野的破坏困扰，希望引起他
人的关注，因此这里的树桩起到了对文明化的生活方式如野餐所付出
代价的警示作用。[2]

① 环剥，亦称束腰，英文 "girdling"，通过围绕树干四周剥去树皮导致树枯萎而死的方
　　式。（Adam Hodgson, *Letters from North America Written During a Tour in the United States and
　　Canada*, I, London, 1824, pp. 38-39.）
② Nicolai Cikovsky Jr. "The Ravages of the Axe: The Meaning of the Tree Stump in Nineteenth-
　　Century American Art", *The Art Bulletin*, Vol. 61, No. 4, Dec., 1979, p. 623.

图 4.42 | 科尔《野餐》(1846), 121.6 cm × 137.2 cm,
纽约布鲁克林美术馆

　　美国风景画家对待荒野和文明之间关系的理解有着内在的矛盾性。树桩不只是对荒野失去的怀旧或对文明破坏性力量的警示,它恐怕还是文明必然代价的说明。

　　另外一位表达了类似观念的画家是因尼斯。有意思的是,他本人对树桩并没有特别的兴趣,但他偶尔应委托而作的《拉克万纳山谷》(*The Lackawanna Valley*)(参见图 6.5)反而成了表现荒野和文明冲突的名作。[①]这件作品是 1855 年画家首次欧洲旅行回来后受特拉华西部铁路局委托创作的。画面主题是处于中景的火车、铁路以及环形的机车库,但是前景山坡上密密麻麻的树桩和一颗孤零零残存的野树和画面主题物——文明形成了鲜明对比。画面中形象是写实的,画家曾亲自到现场写生,甚至还利用了在现场拍摄的照片。作品是对当时真实景观的描绘,似乎画家无意于象征。可是,艺术意义并不总是画家赋予的,这件作品前景树桩和中景的戏剧性对比让观众不得不产生丰富的联想。由于这种原因,该作品也几乎成了 19 世纪中期美国文明与荒野冲突的象征:前者的迅速扩张导致后者的迅速消亡。

---

① Nicolai Cikovsky Jr., "George Inness and the Hudson River School: The Lackawanna Valley", *American Art Journal*, Vol. 2, No. , Autumn, 1970, pp. 36-57.

第五章

宏大荒野：
民族性格的典型表现

> 我们的艺术拥有这个土地自身所具有
> 的宏大和空旷的空间。任何一个美国画家
> 都不可能忽视它。为了在作品中表现这种
> 特征，艺术家有意识地避免，或者根本不
> 需要那种传统的用于封锁、控制空间使之
> 适于居住的手段。
>
> ——约翰·麦考伯雷[1]

19 世纪中期特别是 50 至 70 年代，美
国社会出现了严重的危机，那就是对美国
历史进程影响深远的南北战争。美国内战
是在国家扩张过程中出现的统一和分裂两
种势力斗争的结果。战争的惨烈加重了这
种民族主义的神圣感和悲剧色彩，美国人
似乎在那种统一的、宽广无垠的荒野自然
中看到了民族性格的真实体现；与此同时，
随着战争结束，一个统一的国家从灾难中

---

① John McCoubrey, *American Tradition in Painting*, pp. 2-3.

复苏，人们也在对大自然的静观中滋生了一种宁静而深邃的超验情怀。民族主义文化和超越主义文化都已经超越了前期那种真实的个体体验，代表了整个民族所特有的自然态度和性格特征。

如果说对荒野的真实感受通过"近景"得到了表达，那么这种和荒野的宏观体验相关的民族主义和超验情怀也需要相应的表现形式。关于如何从宏观上理解美洲大自然的性格，学者对此多有讨论。比如，清教"咆哮的荒野"或者"原始伊甸园"，都是从整体上对荒野性格的概括。不过，这些含义随着文明侵入面临威胁，有转变为记忆和怀旧的趋势。更值得注意的一种概括是"大空间"（vastness）。^① 对殖民者来说，美洲空间之大既是地理的事实，也是真实的自然体验。19 世纪中期，画家在独特的荒野体验——"远行"中深刻理解这种空间的宏大性，创造了表现大景的图像模式。甚至连东部描绘平原和水域的画家也采用新的构图表现这种大空间感。

一、宏大荒野：概念和文化语境

远景是从远处观景获得的一种空间宏大的体验。空间宏大意味着画面容纳更多的物象、视觉范围和大自然的尺度，这些只有在远处观看才能获得。远景来源之一是艺术家独特的荒野体验方式：远行。远行在美国由来已久，它意味着远赴他乡殖民拓荒、西部探险、荒野旅行以及艺术家的远方写生之旅。正是在远行的过程中，无限丰富的视觉材料在行者的心灵中重新组合成宏大的图像，这构成了远景图像的心理基础。美国学界倾向于把"荒野大景"和"透光风格"理解为具有不同文化背景和内涵的风景画形式；本文试图放弃这种思路，希望从美国荒野自然的角度理解两种风景画模式的共同根源。另外，"远景"概念还强调了"观看视角"对风景画的影响。特定对象在远观条件下尺度变小，但远观同时使视野达到更大的空间范围，容纳更多对

---

① 如沃尔夫冈·伯恩的概括，见第二章第四节"远景表现方式"，更详细的分析见本章第一节第三小节"学界对大空间风景的讨论"。（Wolfgang Born, *American Landscape Painting: An Interpretation,* New Haven, Yale University Press, 1948.）

象，这意味着"远观"实现了对宏大空间和极多物象的表现。

1. 远景及其形态：大景和小景

　　远景，或者说"远景风景画"（distant view），在本文中的含义
是：对"因远观而造成的大空间风景"的描绘。[①]"大空间"是远景的
基本特征，远景风景画的重点描绘处于远景中的自然山水景色。由
于画面视野中容纳了更多自然景物和空间，因而这种风景画具有宏
大、无限、宽广的空间感。大空间风景画是美国19世纪中期重要的
艺术现象，学者曾采用各种术语概括之。比如沃尔夫冈·伯恩称之为
"panoramic"（全景模式），试图用全景画描述和理解这种风景样式。
但是，全景画在艺术史中特指18—19世纪流行于欧美的一种大众娱
乐绘画，有特定含义和形式，并不能解释大空间风景的真正内涵和根
源。[②]罗斯基尔使用"spectacle"（大景）一词，虽然适合丘奇和比尔
斯泰特的作品，但却不适合莱恩、海德等人的小幅风景。[③]芭芭拉·诺
瓦克则比喻式地用"宏大歌剧"（grand opera）和"静谧之音"（still
small voice）分解之，可惜没有发现二者的共同根源。至于其他采用
如浪漫主义、崇高、英雄式等术语，也存在着类似的问题，这些相关
的学术背景这里暂时不展开讨论。

　　讨论远景可以从传统的理想风景开始。前面讨论可知，理想风
景不是真实的风景，而是对近景、中景、远景的合乎逻辑的理性构
建。这些层次分别来自自然物象的近观和远观，在特定主题驱使下重
新组合成有秩序的画面结构。可是这种理性结构在空间上却是十分局
促的：物理尺度狭小的近景占据了画面的大片区域，而实际空间巨大
的远景却被压缩到画面的狭小空隙处。克劳德《有女神埃杰里亚哀悼
奴玛的风景》（图5.1）就是一例。[④]近景的左边的树和树丛、人物坐

---

① 远景的英文表述可以为"distant view"，这个词既可以指现实的风景，也可以指艺术中
的风景表现。"view"本身就是一个具有主观含义的词，即"看"，是人的眼中看到的风景，而
非现实的自然物。

② Wolfgang Born, *American Landscape Painting: One Interpretation,* p. 75.

③ Mark Roskill, *The Language of Landscape,* p. 154.

④ 这一场景取自奥维德的著作。女神埃杰里亚（Egeria）正在哀悼其丈夫努马（Numa），
后者是罗马早期的一位国王。她的悲悼令女神狄安娜烦恼，于是派遣使者下来警告。

图 5.1 | 克劳德《女神有埃杰里亚哀悼奴玛的风景》　图 5.2 | 科尔《斯科哈里
（1669），155 cm×199 cm，　　　　　　　　　　河上的莱斯布朗斯景色》
那不勒斯卡波迪蒙特国家美术馆　　　　　　　（1828），62 cm×88.9 cm，
　　　　　　　　　　　　　　　　　　　　　　　　私人收藏

立的草地、右边侧景树和建筑占据了画面大部分空间，而远处空旷的草原地平线压缩到一条短线处。要想表现宏大空间，这种画面结构是难以胜任的。如何才能做到这一点？不难看出，一个合理的途径恐怕就是缩减或者取消近景，同时尽量扩大和展现远景。"远景图像"因而可以看作对传统理想风景模式的改造或颠覆。前文考察"近景"的时候已经看到，画家走进荒野表现近景和内景，实际上可以看作对传统理想风景模式中景和远景的放弃。杜兰德自然研究不在于表现宏大空间，而在于具体物象结构本身。现在情况正好相反，当画家从近走远，把关注点从某一具体物象转移到远处包含天地山水在内的宏大空间时，他在画面中做出的选择自然就是扩大远景和放弃近景了。

　　19 世纪中期美国风景画的一个重要方面是对远景的重视。虽然杜兰德开辟的自然研究影响了一批画家，但是这种近景风景画主要还是作为一种绘画训练方法而非艺术表现的根本目的，杜兰德本人也承认这一点。相比来说，远景却是美国风景画家一直希望表现的主题。阿兰·瓦拉赫（Alan Wallach）概括了 19 世纪初期美国存在的几种风景画形式：田园、前景（prospect）、崇高前景、视景，其中的"前景"就是对田园关注近景的反拨，把画面的重点放到了远景之上。① 他这

────────────

① 这几种模式都和英国风景传统有关。根据瓦拉赫解释，崇高前景（sublime prospect）相当于如画风景，是优美和崇高的综合体。他所说的视景（view）实际上指的是形学式的风景画，也是美国的一种图像传统。（Philip Earenfight & Nancy Siegel, ed., *Within the Landscape: Essays on Nineteenth-Century American Art and Culture*, Pennsylvania University Press, 2005, p. 104.）

样定义前景：

克劳德田园表现了一种意味着回溯过去的农村幸福生活的理想。相反，前景却是这样一种风景类型：如其名字所暗示的，观者从画面中一直看到风景的遥远处，从而有条件眺望未来。①

科尔的《斯科哈里河上的莱斯布朗斯景色》（图 5.2）可以说是这种前景图像的典型体现。与克劳德十分不同，这幅画重点不是近景而是远景：近景处于昏暗之中，没有宜人的草地或道路；虽然土坡上有一个人，但他不是演员而是观景者——正在出神地凝视着远方。更值得注意的是近景和远景比例的分布，近景被压缩了，右侧只有一颗尺度不大的枯树，画面主要部分是远处前后重叠的山峦和高原；天空中变换的云朵得到了充分表现，天地交界处成为画面对比最强烈的地方。眺望远景，画面突出远景，这种结构在美国风景画中是十分普遍的。科尔曾经解释"未来"对于美国风景的意义——美国风景不是缺乏文化联想，只不过这种联想不是关于历史的，而是关乎现在和未来的：

往远处眺望尚未被开发的原野景色，心灵之眼可以一直看到未来。在那狼群漫步的地方，耕犁将会闪烁；在那灰色的悬崖上将会树立起庙宇和塔楼；伟大的历史事迹将会在这无路可走的荒野之中发生；还没有出生的诗人将会圣化这块土地。②

这里的远景显然不只是视觉上的景色，而是赋予了文化和民族认同的色彩。在科尔看来，美国自然和欧洲相比缺乏历史和文明，但这将会在现在和未来美国人的创造中实现。因此风景画远景就超越了单纯的视觉美感，具有了深刻的象征意义。远景风景可以说是美国社会心理和文化的恰当体现：田园对过去的追忆是欧洲历史感的恰当载体；

---

① Philip Earenfight & Nancy Siegel, ed., *Within the Landscape: Essays on Nineteenth-Century American Art and Culture*, p. 106.

② Barbara Babcock Lassiter, *American Wilderness: the Hudson River School of Painting*, Garden City, New York, Doubleday, c1978, II, p. 346.

美国没有历史但是有未来，因而关注远景是对美国乐观主义未来向往的表现。

科尔对远景的重视并不是偶然的。其实，即使在 19 世纪早期美国的地形画、如画风格风景画以及从英国传入的"全景画"中，这种远景特征就已经体现出来了。地形画可以说是一种典型的远景画，它无意于构造如画美景，而是要以一种鸟瞰视角，依靠概念和想象描绘某一地点的宏观形象。地形画是在殖民地时代欧洲移民和军事之需从欧洲引入的，逐渐成为美国人借以理解新世界的有效工具。另外，18—19 世纪从英国引入的如画模式，虽然保持了克劳德图像的某些要素，比如前景人物和侧景树，但为了表现新大陆的空间感受，画家往往也会强调远景。比如俄尔《从丹尼山顶东望》（参见图 2.14），就是一幅典型的"前景"图画，画面主题是要引导观者跨越平坦富饶的平原，把眼光投向金色和光明的象征未来的远景。不过，两边侧景树和中间远景的组合是两种视角和图像模式的拼凑之物，有明显的不和谐之感，这说明一种符合视觉真实的远景风景画还没有建立起来。全景画从欧洲引入美国并迅速流行也是值得关注的一种现象，它的宏观效果和真实的视觉体验可以说与 19 世纪中期美国艺术家的自然体验有十分契合之处。所有这些远景图像都可以理解为美国风景画远景模式的传统来源。当然远景不只是传统影响的结果，更重要的是源自艺术家表现荒野体验的内在需要。

科尔之后的美国画家进一步发展了这种重视远景的趋势，形成了形态各异但主旨统一的表现方式，不妨统称之为"远景风景画"。它们在形式和观念上有着类似的特点：缩减近景、强化和扩大远景，宏大空间感，景色的原始伊甸园感觉，表现非文明的荒野大自然本身。不过，和科尔时代不同，19 世纪世纪中期美国画坛走向繁荣，画家有着不同的教育背景和艺术追求。所以当"远景"代替"近景"成为风景画主流的时候，其实有着各种不同的图像形式。这里不妨采用诺瓦克的说法对此作一个总体上的概括：

19世纪中期，美国人对自然的迷恋呈现为几种不同的风景画类型。其中有两种现在可以看作是两极，尽管它们在某些方面有同样的追求。

一种是由丘奇、比尔斯泰特、莫兰创作的大尺幅风景画，它们看上去似乎能满足表现更大、更新的美洲神话的需要。另外一种是由上述画家以及另外一些专门从事这种类型的画家创作的更适度的表现形式，这种形式能够表现 19 世纪某些最深刻的自然感觉。①

　　她后面所说的这种"适度的表现形式"指的是美国艺术史中经常讨论的"透光风格"风景画。诺瓦克用"宏大戏剧"和"静谧之音"概括这两种风格，根据她的研究，前者是在欧洲历史画基础上发展起来的风格，而后者则是在美国本土传统基础上生成的、能够反映美国哲学和审美价值的艺术。从审美特征来说，前面表现的是源自 18 世纪欧洲的老的"浪漫—哥特式崇高"（Romantic-Gothick sublime）审美趣味，而后者则是老崇高观念的变体或者演进形式，是在美国清教传统作用下产生的一种"超验主义"审美趣味。② 这种在本国和外国之间一刀切的划分标准显然并不准确，也受到了后人质疑。不过对本研究来说，她提出的大景和小景无疑触及了问题的关键。大景和小景的区分不仅仅是画幅大小的区分，而且还是审美趣味的区分和荒野观念的区分。因此我们可以根据这种区分讨论"远景"风景图像和荒野体验的关系。

　　首先来看崇高风格大景。

　　19 世纪中期美国最流行的风景画形式是一种具有崇高风格的宏大风景。这种风景画的特点首先在于画幅巨大。科尔也曾画过大画。为了达到历史画的辉煌效果，他在寓言体风景画中采用了达到 1.5 至 2 米之间的大画幅形式。世纪中期的崇高风格大景进一步扩张了这种尺幅，有时候达到 3 至 5 米左右。③ 除了尺幅之外，大景喜欢描绘宏大的山脉、动荡的瀑布和云彩、一望无际的平原和森林。虽然画面很少具有浪漫主义的宗教性和神秘恐怖的气氛，但这种宏大和壮丽依然具有"崇高"的审美感受。实际上，这种崇高感的获得和远景表现有

① Barbara Novak, *Nature and Culture: American Landscape and Painting. 1825-1875*, p. 15.
② 诺瓦克本人的观念在发生改变，她早期把崇高和超验主义对立来看，后来开始把超验主义看成是崇高的变体。对此具体分析见本章第三节第一小节"超验主义和透光小景"。
③ 比如比尔斯泰特 1867 年画的《约塞美蒂隆丘》，达到了 294.6 cm×502.9 cm。参见图 5.39。

密切关系：画面采用高的鸟瞰视角，利用空气透视法表现远处景色，画面结构是画家通过想象对素材的重新组合，以便在有限空间中包容尽可能多的自然景象。因此，"崇高风格大景"一词意味着典型的远景手法和效果，是大空间风景的生动表现。

这种风景画最具代表性的显然是弗里德里克·埃德温·丘奇。丘奇是科尔的弟子，科尔去世后他很快就成为纽约风景画家的杰出代表。和当时流行风气不同，丘奇没有任何到欧洲求学的愿望；相反，他的兴趣是走进荒野自然：首先是在新英格兰和纽约一带，然后扩展到美国南方、南美洲、尼亚加拉、拉布拉多，等等。一方面，丘奇遵循了杜兰德对自然精细研究的原则，使得作品充满了具有植物学和地质学般精确性的细节；另一方面，他又继承了科尔在风景画中追求历史画宏大性和道德价值的理想，创造出了气势磅礴的构图和宏大空间。这种"细节"和"宏大"之间的张力成为丘奇风景画研究的一个重要话题。丘奇宏大风景画的含义是通过对辉煌远景的描绘实现的。从1857年《尼亚加拉》到1859年《安第斯腹地》，然后是1860年《荒野中的黄昏》，丘奇的宏大远景图像在19世纪50年代末获得了辉煌的成功。

比尔斯泰特和莫兰的西部大景是在丘奇之后出现的，由于他们都以描绘西部落基山脉风景为主，因而弗莱克斯纳称他们为"落基山画派"。如果说丘奇是通过科尔委婉受到了欧洲历史画的某些影响，这两位画家则是欧洲传统的直接借用者。比如，比尔斯泰特接受了杜塞多夫画派的风格。他本身就出生于德国，移民美国后于1853年回到杜塞多夫学习绘画，四年之后才回美国。在丘奇成功的刺激下，他选定了自己的远行写生之旅，跟随由兰德上校率领的西部勘探队往西部进发了。他根据写生草稿和图像资料创作了荒野大景：《落基山脉》（1863）和《落基山脉暴风雨》（1866）（图5.3），这再一次引起了艺术界的惊呼。不过比尔斯泰特的辉煌没有保持很久，几年之后他的作品就开始受到非议。受德国艺术影响，他的画面缺乏色彩、用笔粗率。刚开始看的时候，其强烈的对比、富有活力的色彩、浓郁的西部气氛确实让人印象深刻；可是如果定睛注视几分钟，"那种效果就像绷紧了的气球逐渐泄气一般消失了"，那种粗率的用笔和缺乏精确性

图 5.3 ｜ 比尔斯泰特《落基山脉暴风雨》，
（1866），210.8 cm × 361.3 cm，
纽约布鲁克林博物馆（见彩图）

图 5.4 ｜ 莱恩《布里斯的岩石，东点》
（1864），25.4 cm × 38.1 cm，
华盛顿国家美术馆（见彩图）

的造型是美国人难以忍受的。[①] 除了技法上的不足，其景色的真实性
也让人怀疑，"实际上如果画面上不出现印第安人或者野牛，他的很
多作品完全可以称之为瑞士景色"。[②] 总的来看，尽管有种种技术的不
足，比尔斯泰特对美国西部荒野的感情却是真诚的，他对于促进东部
人了解和热爱祖国大自然作出了贡献。正如评论者所说：

> 　　无论有多少缺点——伊肯斯（Thomas Cowperthwait Eakins）和斯
> 图尔特（Gilbert Stuart）也有缺点，[③] 他的艺术都使我们认识到自然之
> 美：阳光、绿色、雾霭、微妙的形状以及令人惊叹的新鲜。所有这些比
> 尔斯泰特都深深地体验到了。如每个艺术家都知道的，他常常能够把这
> 种感觉投放到画面上。当成功达到这一点的时候——把自己的满腔热情
> 倾注到新发现的西部荒野之上，他做的比弗里德里克·丘奇还要好，甚
> 至可以跟美国艺术史中的任何风景画家媲美。[④]

---

① James Thomas Flexner, *That Wilder Image: The Painting of American Native School from Thomas Cole to Winslow Homer.* Bonanza Books, New York, 1962, p. 297.

② James Thomas Flexner, *That Wilder Image,* p. 296.

③ 托马斯·伊肯斯（1844–1916），19世纪后期美国著名的写实肖像画家、摄影师、雕塑家、艺术教育家。代表作如《诊所》、《游泳池》等，以精确写实和心理刻画著称。吉尔伯特·斯图尔特（1755—1828），19世纪初期美国著名肖像画家。祖籍苏格兰，生于罗德岛金斯顿。1771年到英国，师从本雅明·韦斯特，得到系统的学院训练。其肖像画在英国和美国均十分知名，代表作如《乔治·华盛顿肖像》。

④ Gordon Hendricks, *Albert Bierstadt: Painter of the American West,* Harry Abrams, Inc, p. 10.

紧随比尔斯泰特，另一位挺进西部原始荒野的画家是托马斯·莫兰。他同样是移民画家，来自英国兰开夏的博尔顿。他的艺术受到了透纳的深刻影响，充满了透纳的光、色彩以及想象力。19世纪70年代是莫兰的时代，1872年他在黄石地区画了风景画，作品展示的西部之美有力地促使国会通过立法，建立了本国第一个国家公园。这一年他的油画《黄石公园大峡谷》和次年画的《科罗拉多大峡谷》均被国会以每幅1万美元的价格买下。从比尔斯泰特和莫兰的艺术经历可以看到，虽然有的美国学者对这种宏大风景，特别是西部画派的审美倾向有种种怀疑，但他们对美国荒野宏大景观的表现无疑是美国民族风景画的强音。有理由相信，通过分析他们的作品，我们能对美国的荒野观念及其艺术表现在世纪中期的拓展有进一步的认识。

然后再看小幅风景。

这种被称为"透光风格"的小幅风景同样也是对远景的描绘，不过这里的远景不是西部、南美、北极的高山大川，而是新英格兰和纽约地区的水泽和平原景色。这些风景的幅长尺寸一般不超过100厘米，有的甚至不足50厘米（相比之下，丘奇和比尔斯泰特的大景幅长却在3米以上）。不过，尺幅虽小，其描绘却十分精细。实际上，他们是把近景风景画精细描绘的手法嫁接到了远观景色和宏大空间的描绘中。比如莱恩的《布里斯的岩石，东点》（图5.4），幅长只有38厘米，但画面中的岩石、船只、青草、云朵描绘得一丝不苟，同时景物都处于一种十分深远和空旷的空间中。这些特征都证明，它们和杜兰德近景研究不同，不是为了搜集素材所做的写生稿，而是有意为之的完成性的小幅风景画。当丘奇等人的宏大风景如日中天的时候，这种小幅风景除了莱恩外，大多都默默无闻，即使有人注意也评价不高。①

那么，它们因何而作？意义何在？富有戏剧性的是，这种风景在20世纪受到了艺术史家高度重视。1954年，约翰·伯恩就注意到

---

① 莱恩的作品在当时十分流行，这种情况比较特殊。原因是多方面的，比如，他的艺术活动主要在波士顿，而这里一直没有欣赏丘奇和比尔斯泰特大景的习惯，而是喜欢小幅宁静的透光风格。另外，他很多风景画具有地标性，某种意义上成为波士顿风景的象征，这也促进了它在当地流行。

这种风格，并用"Luminism"为之命名，他还讨论了其中包含的超验主义意味。①19世纪60年代，诺瓦克进一步界定了其形式和意义，认为它体现了美国艺术的根本特征：概念性、民间传统、尺度、神秘精神的承载者。相反，丘奇和比尔斯泰特的大景倒成了"对精神崇高的拙劣模仿和对流行趣味的放大"。②这种讨论在学界继续升温。1980年，华盛顿举办了《美国之光：透光主义运动》展览和研讨会，对这个话题进行系统总结。在一篇题为《定义透光风格》的文章中，诺瓦克这样界定了这种风格的"小尺幅"和"大空间"特征：

> 透光模式的亲密性（intimacy）限制了它的尺幅。和那种雄心勃勃的哈德逊河画派修辞十分不同，透光风格作品很少有大画。看似矛盾的是，我们似乎遇到了加斯顿·巴什拉③所说的亲密的宏大这一现象："只要我们静止不动，我们就无处不在；我们梦想处于一个巨大的世界……宏大性是没有运动的人的运动。"因此，透光风格画面虽然尺幅很小，但其空间却是巨大的。④

虽然用"透光风格"一词指称这种"小幅远景"并不准确，但诺瓦克的"画幅小但空间巨大"无疑是对这种风景样式的精准概括。除了这种空间和画幅特征，她还十分准确地概括了这种小幅风景画的审美趣味。和宏大风格表现的动荡、热烈、雄心勃勃的情绪不同，在"透光风格"作品中，其主导性的趣味是"宁静"：

> 我们可以说，承载运动的笔触意味着声响。而透光风格的相关特征则是宁静。透光的宁静，如同透光的时间，依赖于精心的控制。在笔触之间或在形式单元之间没有运动，我们什么都听不到。透光的宁

---

① John I. Baur, "American Luminism", *Perspectives USA*, No. 9, Autumn 1954, pp. 90-98.

② Barbara Novak, *American painting in the Nineteenth Century: Realism, Idealism, and the American Experience*, New York: Harper& Row, 1979, p. 86.

③ 加斯顿·巴什拉（Gaston Bachelard, 1884—1962），出生于法国香槟省，他是20世纪相当重要的法国思想家和文学批评家。

④ John Wilmerding, *American Light: The Luminist Movement, 1850-1875, Paintings, Drawings, Photographs*, p. 28.

静意味着通过"他在感"（而非活动）的存在。无声是静止时间和物象
的相关物。当代批评家提到肯赛特的"休憩"，然而透光风格的宁静，
在一种没有运动的休憩中，再现的不是真空而是可触的空间，一无所
有却纤毫毕至。我们在这里有了一种艾克哈特（Eckhart）所说的"核
心宁静"、梭罗所说的宇宙"安逸内核"的视觉等同物。①

　　"动"与"静"确实是大幅远景和小幅远景十分不同的精神气质，
也许正是因为有这一点，才使得两种远景图像的划分不只停留于表面
上的尺幅划分，而是获得了更重要的审美趣味分野。因此，一个新
的问题马上出现了，这种趣味分野的含义和根源是什么？笔者以为，
"荒野"是解决远景的"大—小"画幅分界的有效途径。远景是艺术
家表达远观荒野体验的图像选择。大小画幅及其不同审美趣味和画家
面对的自然环境有密切关系。虽然可以沿着学者惯常思路，从主观上
分析这种动静之别和超验主义哲学、美国国家主义价值观的关系，但
从风景画的表现对象看，我们会发现"动荡"和"静谧"其实也是荒
野客观属性的外在表现。

　　要说明的是，和丘奇等人的大幅远景不同，小幅远景在世纪中
期很多美国风景画家艺术中都有所表现。有一些画家以创作这种风
景类型而著称，比如前面提到的肯赛特、莱恩、海德、吉福德等人。
更多画家则是在创作其他类型作品的时候也创作这种小幅远景，比
如丘奇、比尔斯泰特、哈斯尔廷、惠特来支、布拉德福德（William
Bradford），等等。对本研究来说，哪些画家画了小幅远景并不重要，
重要的是这种风景出现的原因、它的形式特征和含义。所以下面的讨
论重点将不是艺术家的个案叙事，而是对这种风景画类型的风格、含
义和语境的分析。

2. 荒野体验：远行和大空间

　　19 世纪早期，美国画家常常以"夸大"的笔调描绘美国东北部

---

① John Wilmerding, *American Light: The Luminist Movement, 1850-1875, Paintings, Drawings, Photographs*,pp. 27-28.

山区景色，这种倾向是浪漫主义艺术背景下"崇高"审美趣味的体现。美国东北部山区远远没有阿尔卑斯山的雄伟，因此早期画家不得不依靠想象达到那种惊悚和神秘的感觉。19世纪中期浪漫主义想象逐渐消退，杜兰德倡导的近景研究使得艺术家对美国荒野有了真切的体验，从具体而微的自然物象中读出了自然的历史、生命力、宗教含义。但这还是不够的。对美国荒野的了解有赖于艺术家更广泛地走进大自然。美国风景画虽然开始于哈德逊河谷和卡兹基尔山脉，但到了世纪中期，艺术家足迹已经遍布美国东北地区的角角落落，甚而到达全国各地。1859年《大都会艺术杂志》一篇文章用这样的语言描述了当时风景画旅行写生所涉及的范围：

　　就像树叶和蓟花一样，现在的艺术家遍布全国各地从事他们年度的自然研究和必需的休闲。有些人的足迹已经远到北极，以其细微而宽广的眼光巡查冰川的漂流；有的则去往远西，那儿大自然展示着它的无限和宏大；有些则去往热带雨林，穿越科迪勒拉、中部美洲、南下安第斯做写生之旅。如果这是美国艺术的精神和顽强，我们可以相信未来一定会有美好前程。[①]

　　美国艺术家的旅行写生具有独特性质。它一半是旅行，一半是写生。这意味着艺术家写生常常会混杂进旅行者的感受。美国的荒野旅行一个重要的特点就是从山顶往"远处"和"山下"看："远观"和"鸟瞰"。这和欧洲有所不同。白雪皑皑的阿尔卑斯山高峰难以攀登只宜仰视。英国湖区的山多为荒山，且地形险要（图5.6），攀登不仅十分困难，而且光秃秃的山顶也缺乏引人攀登的魅力，因此英国画家和文学家更喜欢在山下湖边的绿荫散步。相比之下，美国的山脉多为平缓的隆起和高原，仰观的时候比较平淡，只有登上高峰放眼四望，那种宏大的空间感才会给人以壮丽的美感。美国山脉还有一个特点就是山顶密布森林（图5.5），这为山峦增添了几许"绚丽"和"神秘"之

---

① "Domestic Art Gossip", in *Cosmopolitan Art Journal* 3, September 1859, p. 183, quoted by Eleanor Jones Harvey, *The Painted Sketch: American Impressions From Nature, 1830-1880*, p. 25.

图 5.5 | 该图描绘了 1823 年到 1839 年之间的
卡兹基尔旅馆周围密布森林的山脉景色

图 5.6 | 摄影，《英国湖区山脉景色》，
英国湖区英格兰的最高峰附近的景

感，穿越森林寻找不可知的美景为旅行者带来了攀登高峰的乐趣。卡
兹基尔旅舍就是建立在山脉和悬崖的最高峰附近。这种感觉和走进大
森林的近景写生是十分不同的。在这种旅行者一样的远行中，艺术家
产生了对美国荒野的更加多样的体验，越来越多的作家和艺术家认识
到美国或者美洲大自然的开阔和宏大、景观的复杂和多样，正是这种
特征促使艺术家创作"远景图像"来表达这种感受。

艺术家对美国风景的认识经历了从浪漫主义想象到真实体验的过
程。科尔时代荒野旅游刚刚开始，对卡兹基尔的感觉带有几分神话和
浪漫主义的意味。欧文讲述的凡·温克尔的故事吸引着旅行者到密林
深处寻找那壮丽的大自然和世外桃源般的故事发生地。[1]欧文这样形
容：在山脉中布满了迷宫一样的荒野，"它们超然的位置，远眺一片
宽广的低地平原，宏伟的哈德逊河滚滚穿越而过，这就是它们独特的
特征，使其一直成为浪漫主义故事的汇聚之地"。[2]卡兹基尔代表了 19
世纪 20 至 30 年代在浪漫主义艺术背景下美国艺术家追求崇高风景审
美趣味的高潮。在描述美国荒野风景的时候，科尔首先提到的就是卡
兹基尔的山脉："阿勒格尼整体上都十分厚重；卡兹基尔，尽管没有

---

① 里普·凡·温克尔（Rip Van Winkle）的故事讲述了生活在卡兹基尔山区的一个荷兰后裔
农民，在偶然的机会里进入到荒野山林中的一个神秘和瑰丽的自然环境，如同中国古代的桃花
源传说。不过，欧文强调了对环境的荒野特征描写。

② Washington Irving, "the Catskill Mountains", quoted from Graham Clarke, *American
Wilderness*, II, p. 232.

意大利最如画的山脉的断裂的尖角，但是有着多变的、起伏的及其优美的轮廓——他们耸立于哈德逊山谷，如同暴风雨之后海洋下沉的巨浪。"[1] 亨利·布朗的描述则更加夸张：

　　其东部从河谷突兀地耸立，足有 4000 英尺之高，当从河里往上看的时候就像一个手掌朝下的庞大的拳头，其峰顶如同人的指关节，其悬崖和深谷就是关节之间的巨大空间。这些山峰互相独立，数英里之外，它们眺望着极为宽广的平原，造成了比任何其他高峰都宽广和多变的景色。实际上，很少有地方，甚至在瑞士的阿尔卑斯山，旅行者也很难看到比这更加伟大的山脉和深谷。[2]

　　把卡兹基尔和阿尔卑斯相比显然是有些过于夸张了。从海拔来看，阿尔卑斯山最高峰有 4810 米，而卡兹基尔只有 1266 米。[3] 并且，其最险峻的地方只是卡兹基尔山区的某一些景点，如卡特斯基尔瀑布。卡兹基尔山脉是美国东部阿巴拉契亚（Appalachian）山脉往东北方向延伸的部分，它的北部是阿迪朗达克（Adirondack）山脉，东部是绿山（Green Hills）和怀特山脉（White Mountains），西部则是连绵的阿勒格尼（Allegheny Plateau）高原（参见图 5.7 和图 5.8）。值得注意的是卡兹基尔周边的河流，东边是哈德逊河，北方是连接伊利运河的莫霍克河，南方是特拉华河。正因为河流的存在，当从河谷仰观的时候山脉才显得十分高大。科尔的很多风景画就是采用仰观视角创造出了具有神话色彩的卡兹基尔形象。但是这种感觉在旅行者的眼光中是完全不同的。当艺术家以旅行者姿态跨山越岭，攀登一个一个新的高峰极目四望，他们体验到的是一种"会当凌绝顶，一览众山小"的快感。科尔曾记录自己在 1828 年奋力登上红山山顶的经历：

---

① Graham Clarke, *American Landscape*, II, p. 341.

② Henry A. Brown, "The Catskills", quoted from Graham Clarke, *American Landscape,* II, p. 300.

③ 美国东北部山脉并不高。怀特山最高峰是 1917 米；卡兹基尔山最高峰是 1266 米；阿迪朗达克山也只有 1629 米。除此之外，美国东部的阿巴拉契亚山脉最高峰是 2037 米。即使美国的最高峰——落基山脉的艾尔伯特山（Elbert Mount）也只有 4410 米。相比之下，南美安第斯山脉最高峰是 6962 米。另，阿尔卑斯山最高峰是 4810 米，珠穆朗玛峰是 8848 米。

图 5.7 | 纽约哈德逊河流域地势：
阿迪朗达克，卡兹基尔，
阿勒格尼高原

图 5.8 | 19 世纪中期东北部写生地区：
哈德逊地区和沿海地区

　　我无暇四顾，一直攀登到最高峰。我放弃了路上观看美景的快乐，为的是让所有的美景都能够尽收眼底——站在最高峰处四处张望！在山顶上，我被包围在一片美丽、辉煌的大海之中！①

　　迈尔斯（Kenneth J. Meyers）指出，尽管 19 世纪早期卡兹基尔绘画和版画多为"路景"或"卡特斯基尔瀑布景色"，但旅行写作文献表明当时的旅游者最主要的兴趣是在山上旅社前面平台上观景，特别是"云朵从下面飘过的奇妙感受"。②显然，"远景"是旅行者的真切体验，但是传统风景画没有提供表达这种体验的模式。

　　19 世纪中期随着旅行写生遍及纽约和新英格兰各地，那种"宏大空间"的自然感受就更加强烈了。当艺术家的足迹遍布各地，多姿多彩的风景体验在心中会组合成新的荒野意象。图 5.8 是纽约和新英格兰的地图。可以看出，整个东北地区可以分成两个区域：偏西北"山区"和偏东南的"沿海"。卡兹基尔山、阿迪朗达克山、绿山和怀特山共同构成了连绵不绝的阿巴拉契亚山的余脉，这些山脉海拔不高，但是延绵不绝，给人一种极为延展和无限的空间感。沿海则是从南端新泽西、纽约的长岛往东北绵延而上直到缅因州靠近加拿大的海

---

① Philip Earenfight; Nancy Siegel, ed. *Within the Landscape,* p. 114.

② Kenneth John Meyers, *Selling the Sublime: the Catskills and the Social Construction of Landscape Experience in the United States, 1776-1876,* Yale University, 1990, p. 280.

图 5.9　科尔对崇高风景的兴趣:《怀特山峡谷》（1839），101.6 cm × 156 cm，华盛顿国家美术馆（见彩图）

图 5.10　杜兰德对远景大空间的兴趣:《怀特山》（1857），122.6 cm × 184.2 cm，罗伯特·斯图尔特收藏

岸，是一片地域极为漫长的开阔地带。在沿海和山区之间，则是遍布着众多溪流和湖泊的丘陵、平原和沼泽，特别是有些州比如新泽西、康涅狄格、马萨诸塞、缅因、罗德岛等大部分都是沿海平原、滩涂或岛屿。所以总的看来，美国东北部风景是多样化的，而其整体的特点则是"视野的宏大和空间的无限"。到了 19 世纪中期，随着自然感受的变化和对美国景观理解的加深，浪漫主义想象和如画风景模式就很难适用了，艺术家必须创造新的图像来表现这种空间感。

对此可以举例说明。图 5.9 和图 5.10 分别是科尔和杜兰德画的表现怀特山景色的作品。怀特山是位于新罕布什尔州的一座山脉，科尔称之为"美国的瑞士"，但实际上海拔离阿尔卑斯山相去甚远。不过即使如此，作为新英格兰地区的高峰，并且处于纽约和波士顿之间的有利位置，怀特山成为艺术家和荒野旅游者在卡兹基尔之外的一个重要目的地，因此它对美国东北部文化产生了某种象征意义:"在我们历史中，怀特山是美洲最容易到达和有利的荒野。它处于几所大城市之间，其森林密布的山峦不只是作为商业的资源，还提供了早期民族身份得以发生的历史故事的舞台。"[1]

在科尔作品中，怀特山被描绘成了高耸入云的崇高形象。画家放弃了山脉周围的平原和丘陵，选择了怀特山一座山峰及其前面标志性

---

[1]　Robert L. MacGrath, *A Sweet Foretaste of Heaven: Artists in the White Mountains 1830-1930*. Hood Museum of Art, Dartmouth College, 1988, p. 13.

的山间关口——克劳福德峡谷，从近处平地仰观山脉从而获得了高大的感觉。杜兰德却十分不同。画家对山的高大不感兴趣，他的注意力是怀特山地区的整体印象。虽然远处山脉起伏，但更多的则是山脉周围的无边丘陵、平原、树林、草地和溪流。在构图上，杜兰德并没有摒弃传统图式和他对近景的关注，比如在画面左侧画了三棵有点像侧景的树木，前景河边还有一簇一簇的杂草、灌木和岩石，但是画面依然为远景留下了尽可能大的空间。远处平坦而开阔的平原、树林、层峦叠嶂以及阳光照耀下的云朵，都昭示这画家新的荒野感觉和审美兴趣。进一步对比两幅作品还可以发现，除了构图不同之外，两幅画的气氛也是不一样的。前者倾倒的树干、陡峭的山崖、滚动的云雾给人一种动荡的感觉；而后者平静的水面、透明的空气、清晰的地平线和伫立不动的树石景物，则给人一种宁静的感受。

如果说科尔和杜兰德之间主要是审美趣味的不同，那么东北地区山景和海景的不同则强化、加深了这种分野。19世纪中期，美国画家的表现趣味逐渐分流，一部分继续向瑰丽起伏的山脉进发，用宏大的尺幅、崇高的构图表现雄心勃勃的荒野大景，空间的宏大被大自然物象的体积和尺幅暗示了出来。另一部分则转向了沿海和湖区的水域，利用小画幅和小构图，通过精心细腻的画面营建表现大自然辽阔的空间本身。

崇高大景意味着不断发掘新的自然奇观。丘奇、比尔斯泰特、莫兰都是对自然奇迹的勇敢造访者，我们不妨以丘奇的经历作为例子来说明这一点。从1848年科尔去世到1868年丘奇全家去欧洲，他几乎每年都外出旅行写生，行踪的变化对于理解他的艺术趣味的变化很有帮助。这里不妨把他的行踪归纳如下：

时间	行踪	相关事件
1848	尼亚加拉，卡兹基尔，马萨诸塞，佛蒙特	科尔去世
1850	佛蒙特，新汉普郡，缅因，山漠岛	
1851	弗吉尼亚，肯塔基，密西西比河，尼亚加拉，卡兹基尔芬迪湾，大马南岛，山漠岛	南部和西部旅行

时间	行踪	相关事件
1852	大马南岛，卡它丁山，卡兹基尔	
1853	哥伦比亚，厄瓜多尔	首次南美行
1854	加拿大新斯科特，山漠岛	加拿大
1855	山漠岛	
1856	尼亚加拉，阿迪朗达克山，卡它丁山，山漠岛	
1857	厄瓜多尔	第二次南美行
1858	尼亚加拉	
1859	纽芬兰，拉布拉多	去北极附近
1862	卡兹基尔	内战期间
1865	牙买加，佛蒙特	加勒比海
1867-8	欧洲，中东	孩子去世

　　丘奇的旅行写生可以说代表了大景风景画家典型的工作方式。他的行踪遍及纽约和新英格兰山区，那些最为荒凉和险峻的地方都是他的光顾之地。实际上，正是这种对大自然崇高景观的热爱决定了他的绘画主题。对此我们可以通过"荒漠岛"加以理解。

　　丘奇很少到沿海地区旅行写生。他去拉布拉多是为了表现巨大冰川而不是平静的海面。缅因海岸的山漠岛也是这样。实际上，山漠岛是一个充满了大自然力量和运动的景观。它是缅因海岸延伸到约20英里之外的海湾中的孤岛，岛上的尖锐山峰从海上直冲上来，雄伟高耸的岩石与开阔的海平面形成了强烈对比，这种特征造成了"两个世纪以来对美国艺术家持续不断的吸引力"。[1]丘奇对山漠岛的兴趣显然来自这种崇高感，他曾这样写道："阿肯巴赫（Andreas Achenbach）海景画活力和强烈效果多么令人惊羡！展厅里波士顿莱恩画的落日风景也同样动人。要想描绘大海的运动，缅因是一个理想的地方。"[2]阿

---

[1]　John Wilmerding, *The Artists' Mount Desert: American Painters on the Maine Coast*, Princeton University Press, 1994, p. 3.

[2]　F. E. Church, "Bulletin of the American Art-Union", in John Wilmerding, *The Artists' Mount Desert*, p. 69.

图 5.11 | 阿肯巴赫《西西里海岸暴风雨
后的落日》(1853),
83.2 cm × 107.3 cm,
纽约大都会艺术博物馆

图 5.12 | 科尔《山漠岛：法国人海湾》(1845),
97.8 cm × 157 cm,
俄亥俄辛辛那提艺术博物馆

肯巴赫是当时在纽约展出的杜塞多夫浪漫主义风景画家，他曾经有一幅作品《变晴：西西里海岸》在纽约展出。① 图 5.11 是他风格类似的西西里海景，那种乌云与阳光、动荡海浪与坚固岩石之间的戏剧性对抗显然给丘奇留下了深刻印象。至于他看到的莱恩作品，则是一种宁静的透光风格风景画。虽然丘奇并没有沿用那种风格，但莱恩精准细腻的描绘却让丘奇对山漠岛发生了浓厚兴趣。另外一种启示则来自科尔。科尔曾在 1844 年到山漠岛写生旅行，他画的《山漠岛：法国人海湾》(图 5.12) 同样充满了奇幻的动力和色彩，奔腾的海浪一直冲上悬崖顶端，而坚硬的棕红色岩石有摇摇欲摧之感。科尔曾向丘奇展示他画的写生稿和油画，这对丘奇也产生了潜移默化的影响。

除了新英格兰和纽约，丘奇试图到更远的地方寻找荒野奇观。1851 年他曾跟同朋友菲尔德 (Cyrus Field) 一家去密西西比河旅行。② 根据赫瓦特 (John Howat) 的叙述，丘奇实际上对这里的平坦地貌没有兴趣，中途就匆匆告辞一人直奔尼亚加拉了。尽管表现手法不尽相

---

① 该作品标题为 "Clearing Up- Coast of Sicily"。目前笔者暂时没找到该作品大图。但是画家于 1853 年画的《西西里海岸暴风雨后的落日》(Sunset after a Storm on the Coast of Sicily),风格和主题类似。阿肯巴赫 (Andreas Achenbach, 1815 –1910),德国风景画家，1827 年在杜塞尔多夫师从沙多 (Friedrich Wilhelm Schadow), 1835 年到慕尼黑，受古力特 (Louis Gurlitt) 影响。德国浪漫主义风景画的代表人物之一。

② 他们首先到达弗吉尼亚，经过阿巴拉契亚山区的弗农山 (Vernon) 的奥拉那 (Olana)、自然桥；然后西行到肯塔基的猛犸洞，到达密西西比逆流而上。

同，丘奇继承了科尔的雄心壮志，他试图到雄奇的荒野中寻找表现的题材和对象，东北地区渐渐难以满足他的愿望。早期的一位传记作者说丘奇曾打算到西部落基山脉旅行，不过最终他选择了南美。[①]一般认为，丘奇受了德国自然科学家亚历山大·冯·洪堡（Friedrich von Humboldt，1769—1859）的影响。[②]我们可以从洪堡著作中理解丘奇选择南美而非西部的原因。洪堡亲身探险的地带是拉丁美洲，不过他试图把南美洲的安第斯山脉和北美的落基山脉联系起来理解。[③]在比较中，洪堡至少列出了三个能说服杜兰德南美旅行的原因。其一，落基山脉已经被美国政府组织的考察团调查和研究过，洪堡使用了来自美国官方公布的特别是弗莱蒙特探险队的资料。其二，美洲的高峰在南美。[④]其三，安第斯山有着独一无二的活火山（当时根据弗雷蒙特的调查，北美落基山只有绝迹了的火山口）。[⑤]丘奇的理想是要寻找最为宏伟、富有活力的自然奇观，洪堡对南美山脉的描述显然能够引发他的兴趣。

---

① David C Huntington, *The Landscape of Frederic Edwin Church, Vision of an American Era*, p. 39.

② 洪堡，全名"Friedrich Wilhelm Heinrich Alexander Freiherr von Humboldt"，德国自然学家和探险者。在1799年和1804年之间，洪堡到拉丁美洲广泛旅行，以现代科学的视角第一次勘探和描绘这个区域，他的旅行笔记被编辑出版，影响巨大。1845年开始出版第一卷 *Cosmos*，试图把各种科学知识综合起来解释自然。根据维基百科文章解释，《宇宙》在当时是十分流行，特别是在英国和美国。1849年德国报纸文章戏称："在英国这本书的三种译本中有两本是为女性翻译的，而在德国，大多数男人却不理解它。"丘奇的图书收藏中有洪堡1807年出版的《自然的方面》（*Aspects of Nature*），和第一卷和第二卷《宇宙》。1857年第二次旅行，则来自他的旅行伙伴直接受到的洪堡本人的指点："既然你已经去过墨西哥，那么你是否同意我的看法：世界上最美的山脉是矗立在热带雨林地区而山顶则终年积雪的山峰呢？……我依然认为，钦博拉索（Chimborazo）是世界上最伟大的山脉。"（Howat, John K. *Frederic Church*, Yale University Press, New Haven and London, p. 75, also see http://en.wikipedia.org/wiki/Alexander_von_Humboldt）

③ 在著作中，洪堡把南美洲和北美洲联系起来看："在两个半球离东海岸很近的范围里有两条山脉，他们之间要比西部山系更具有平行性，南美山脉在秘鲁和智利叫做科迪勒拉（Cordilleras），北美则叫落基山。"（Humboldt, Alexander van. *Cosmos: a General Survey of the Physical phenomena of the Universe*. Vol. I, London, Hippolyte Baillier, Publisher, 1845, p. 38.）

④ 洪堡指出："哥伦比亚的北部连绵带包含了三个巨大的高峰，杰弗逊山、胡德山（Hood）、圣·海伦山，其海拔高度超过14540法尺或15500英尺，远远超过了落基山脉。"（Humboldt, Alexander van. *Cosmos*, Vol, I, p. 48.）

⑤ 洪堡这样描述了南美的活火山："极为令人印象深刻的是智利东部。和西部科迪勒拉山不同，只有靠近东部的山系才依然有活火山。雷格尼尔（Regnier）和圣·海伦圆锥形的山峰不断喷发烟雾。1943年11月23日，圣海伦爆发的浓烟像雪一样覆盖了40英里的哥伦比亚海岸……"（Humboldt, Alexander van. *Cosmos*, Vol, I, p. 49.）

特别值得注意的是，洪堡对南美的描述重点并不是山脉，而是其巨大的空间。在《自然的方面》一书中，他研究的主题是大平原（steppe）、沙漠以及无边水域，他著作开篇的句子一定会给丘奇以深刻印象：

一个宽广的几乎没有止境的大平原从巍峨的花岗岩地壳的南部地表伸展开去。从我们星球的年轻时代，当加勒比海湾形成的时候，（这座大平原）就已经在勇敢地抵御着海水的侵袭。[①]

洪堡看似客观主义的描述具有全景画般的浪漫主义气质，如他所说，"我试图把地球上广泛分布的部分组织到一个单一大自然图画中"，这种观念和丘奇的宏大远景是十分相近的。[②] 丘奇两次到南美旅行，目的直指哥伦比亚、厄瓜多尔的安第斯高峰。除此之外，他所到达的尼亚加拉、拉布拉多的北极冰川地带都是宏大和宽广交错并存的大自然景观。在丘奇根据第一次南美行创作的《厄瓜多尔安第斯山脉》（图5.13）中，我们可以看到他的作品是在对最壮丽的大自然奇迹中表达空间宏大，可以说是洪堡富有想象力的对大自然语言描述的视觉转译。

与此形成鲜明对照的是透光风格的宁静小景。与描绘宏大山脉不同，这种风景画是对美国东北部沿海和湖泊地带的真实写照。科尔曾把水比喻为人的眼睛，如果说冲天而降的瀑布充满了骚乱和力量的话，那么水平如镜的湖泊就是宁静和和平的表达。他十分动情地赞美美国北部内陆布满的湖泊：

我乐意说一下五大湖区，它们实际上是内陆之海，具有大海的宽广却没有其崇高。至于那些小一点的湖泊，比如乔治湖、山普伦（Champlain）、温尼皮斯奥吉（Winnipisiogee）、奥奇格（Otsego）以及数以百计的其他小湖，如同珍珠一般撒在这个国家的胸膛。几乎所有那些湖泊都具有一个动人的品质——纯洁和透明。[③]

---

① Alexander van Humboldt, *Cosmos*, Vol. I, p. 1.

② 同上，p. 207

③ Thomas Cole, "Essay on American Scenery", *American Landscape*, II, p. 341.

图 5.13 ｜ 丘奇《厄瓜多尔安第斯山脉》(1855), 121.9 cm × 190.5 cm, 北卡罗莱纳温斯顿·塞勒姆美国艺术博物馆

乔治湖可以说是这种品质的最生动的体现者。我们可以拿肯赛特的《乔治湖》(参见图 5.41) 理解这种宁静之美。虽然乔治湖地处阿迪朗达克腹地，但是山脉的雄伟在满溢的湖水中消解了。在湖面雾霭中远山变得模糊，所有的物象都围绕着湖水尽头的水平线展开。和丘奇的作品比较就会容易发现，崇高大景的"宏大"是靠在画面中尽可能多地展示大自然遥远的地域和无尽的山水来实现的。而透光小景空间之大则是靠着在并不宏大的视觉范围中发现渗透物象的深邃空间本身。天空、水面、雾霭、倒影等因素都有助于这种宁静而空灵的空间本身的呈现。实际上，如科尔所说，美国东北部的湖泊和沿海景色本身就具有这种特质。比如 1879 年 S.G. 本雅明写道：

很难描述当人凝视面前宽旷宁静的蔚蓝色时产生的静谧的愉悦感。就像天空降落到地球翠绿的胸怀中，在那恹恹欲睡的水面上有一种和平的气息，银色的微波轻轻滚过黄色的沙滩，散发着松果气息的松树枝头传出音乐般的呜咽，就好像要带着灵魂回到往昔的日子。确实，乔治湖就像一件最高的艺术品，它具有一种提升心灵的能力。①

　　相比之下，那些在新英格兰漫长的沿海地区写生的画家遇到的情况可能会复杂一点，因为大海不会总是宁静的。比如在马萨诸塞州海岸十分知名的写生地安角（Ann Cape）的格罗斯特，就是一个和山漠岛有类似特征的风景。据威默丁介绍，居民十分了解这里大海和天气的狂暴。沿着海岸线有很多巨大强壮的礁石。"这些风景特征虽然令人印象深刻，但它们并不单独对艺术家产生吸引力，而是在一种当地强烈具有触觉感的阳光中进入一种气氛。"② 在格罗斯特（Gloucester）土生土长的海景画家莱恩对这里的宁静和气氛之美就深有理解。从他画的《格罗斯特外港的岩石和西岸》（图5.14）来看，海水的宁静堪比乔治湖，落日的紫红色余晖笼罩了一切，画面更显静谧，整个画面横向构图，从结构和透明的空气中可以体验到空间的深邃和宏大。实际上，19世纪中期的美国海景画家对往昔透纳的大海动荡逐渐失去兴趣，一般都喜欢海湾和沿海平原的宁静与开阔。天水相接的水平线、单纯构图、清晰的形象刻画、天与水的空寂和对比，是其共同特点。

　　除了地形原因之外，大景和小景区别还在于纽约和新英格兰不同的文化背景和社会氛围。相比之下，纽约和国家政治经济生活密切相关；而新英格兰则与美国的宗教和哲学联系密切。③ 纽约最初就是荷兰人扩张和贸易的港口，后来成为美国的首都。在美国历史上，纽约始终是政治和经济的大本营。正因为如此，19世纪纽约的文学和艺术才和美国的经济和政治有着密切的联系：艺术家完全依赖商人的赞助，

---

① Erin Budis Coe and Gwendolyn Owens, *Painting Lake George, 1774-1900*, the Hyde Collection, New York, 2005, p. 21.

② John Wilmerding, Portrait of A Place: *Some American Landscape Painters in Gloucester*, A publication of the Gloucseter 350th Anniversary Celebration, Inc, p. 19.

③ 1624年，荷兰共和国在现在的纽约所在地建立了新阿姆斯特丹，这座城市是荷兰殖民者与当地的勒纳佩（Lenape）、易洛魁（Iroquois）等民族从事皮毛生意的港口。1664年被英国占领，查理二世赐给其兄弟约克公爵。独立革命时期，纽约成为政治中心，从1785年到1790年成为美国的首都。即使迁都华盛顿之后，纽约依然扮演着重要的政治角色：内战前夕是废奴运动的中心，也是内战时期联邦的大本营。19世纪，随着伊利运河的开凿，纽约成为东部和美国中部的水上航运中转站，经济地位更加重要，纽约成为商业精英的汇聚地。

图 5.14 | 莱恩：《格罗斯特外港的岩石和西岸》
（1857），62.2 cm × 99.4 cm，
约翰·威默丁私人收藏（见彩图）

图 5.15 | 纽约和新英格兰毗邻关系示意图

艺术有着敏锐的政治觉悟。从这一点我们可以理解为什么哈德逊河画派成为国家主义的象征和表现者。

波士顿及其所在的新英格兰历史和背景却十分不同。1620 年建立的普利茅斯殖民地是清教徒建立的，新英格兰殖民地的领导同时也是宗教领袖。随着殖民地向马萨诸塞湾、康涅狄格等地扩展，深刻的宗教观念和生活方式影响了整个新英格兰社会。美国最古老的哈佛大学 1636 年建立于波士顿剑桥村，其目的是为了训练牧师，因此这里诞生了一批美国本土的宗教思想家。由于这种背景，新英格兰保持着和这个国家其他地方脱离的文化上强烈的认同感。独立革命虽然在这里引发，但革命之后这里逐渐远离政治中心，而是保持着作为宗教和思想文化的中心。这里是超验主义哲学的发源地。[①]可以想见，爱默生的《自然》首先是新英格兰的自然：森林、农村、阳光、空气、地平线，这些在他文章反复出现的词汇是他对波士顿农村和沿海自然的真切体验。如果说宏大风景的动荡是被纽约浪漫主义的文学和诗歌启发，那么宁静而沉思的透光小景则与波士顿的超验主义哲学有着不解之缘。

3. 学界对大空间风景的讨论

---

① 比如，超验主义代表人物爱默生和梭罗都是马萨诸塞州人，并终身主要在这里活动。梭罗的瓦尔登湖就在他的家乡，波士顿附近的康科德。

这种具有"大空间"特征的远景风景画在美国艺术史界有很多讨论。很多学者都注意到了 19 世纪中期美国风景画空间开阔、宏大、深邃的特点；不过，如何用一种准确的概念去界定它，对此却没有统一的看法。

丘奇宏大风景在纽约展出的时候，曾经引起了很多评论，其中有一些就涉及了作品体现出来的空间特征。1859 年《纽约时报》文章把丘奇名噪一时的《安第斯腹地》称为"高度诗性构图的男高音"，这位作者区分了该作品与丘奇的另一件作品《尼亚加拉》，认为后者是"对自然中某一特定景色和时刻单纯的、辉煌的描写"，而前者则"如同克劳德和透纳最高贵的作品，是一件伟大的图像诗歌，呈现了构成这片热带阿尔卑斯风景所有特征的理想化真理"。①用诗歌、理想化、男高音等字眼意味着这种风景的构造性，也许在作者看来，这种宏大效果是靠着画家的想象力实现的。②总的看来，当时人虽然偶尔提到大空间特征，但并没有把它作为值得认真对待的要素加以分析。

1867 年塔克曼的《艺术家之书》对艺术家做传记式叙事，也没有风格和主题的归纳和分析。不过他已经注意到丘奇和比尔斯泰特的宏大风景：二人都到遥远地区探寻独特而鲜明的主题；都成功描绘了当地的真实气氛，因此安第斯和落基山的天空和缥缈环境都通过视觉和想象得以表现，塔克曼称之为整体效果上的"全面写实主义"（comprehensive realism）。③他这样讨论比尔斯泰特的《落基山风景》：这种空中视角把眼睛和想象力引向"空间的无限深度"，而《兰德峰》则激发起观者的崇高情感，"整个画面的高贵印象是，宏大和宽

① "Mr. Church's New Picture", in Sarah Burns and John Davis, *American Art to 1900*, p. 464.
② 当时对丘奇的批评也是基于这种理由，比如同年《世纪》杂志有一篇文章一方面指出该作品成功地表现了"宽广的视角"、"大平原空间的真实宏大"；另一方面批评了其画面基于"通过组合物象构成画面"，一导致了细节过于"尖锐"、"前景和后景的断裂"，缺乏伟大艺术具有的宁静特征等缺点。这位作者攻击的要点是丘奇对细节一丝不苟的描绘，这是欧洲浪漫主义风景画很少有的，特别是当时盛行的法国巴比松画家更是不屑为之的。显然这位评论者采用了欧洲艺术的审美标准。（"The Heart of the Andes, in Century", May 21, 1859, in Sarah Burns and John Davis, *American Art to 1900*, pp. 464-465.）
③ Henry Theodore Tuckerman, *Book of Artists, Book of the Artists: American Artist Life*, New York: G. P. Putnam & Son, 66; Broadway, 1867, p. 371.

博的缩影，是这个大洲西部辉煌阻障的性格反映。天堂和人间在辉煌
但荒凉的地方相交，那里白雪和碧绿、喷泉和野草、高贵的树木和蔚
蓝的天空、原始的孤寂、崇高的山峰、无垠的平原，都组织在一起，
表现出北美景色最为宏大、美丽、独特的性格。"①这里对大空间的叙
述是描述性的，作者显然在画面中感受到了美国西部景色的瑰丽和宏
大。塔克曼也注意到肯赛特和海德作品中"宁静"、"优雅"的气质，
认为他们的作品是在平常的，甚至不被人注意的景物中发现价值，
"我们难以相信如此简单和普通的东西能够处理得如此引人深思"，但
他们画面中同样流露出的空间特征却没有被注意。

1948年沃尔夫冈·伯恩（Wolfgang Born）第一次用"全景风格"
（panoramic style）解释这种风景画。在他看来，全景画是一种很久以
前就存在的以科学态度真实记录自然景色的艺术，这种艺术在浪漫主
义时代被压抑了，但随着浪漫主义的消退又开始出现了。他详尽叙述
了从皮尔（Willson Peale）和富尔顿（Robert Fulton）把全景画引入
美国，到美国画家特朗布尔和约翰·范德林创作这种绘画然后逐渐在
美国流行的过程，认为这种绘画对美国人的审美趣味产生了影响，并
影响到风景画家，从而出现了这种"全景风格"的风景画。为什么全
景画会影响到美国人的审美趣味和自然感觉？伯恩解释说：

　　和欧洲不同，那里人们从小就有机会从家里、教堂、公共建筑见
到古代绘画；但是在美国，当全景画对美国人产生深刻印象的时候，
却没有任何关于一幅画应该如何的先见。因此，全景画不可能不影响
到美国人的趣味。进一步说，全景画和美国人思想内在倾向是和谐一致
的，这种倾向从初级阶段逐年增长：一种认可这个国家宏大和无限的倾
向。再者，美国只有很少人有机会到欧洲大旅行，全景画体现了美国人
对历史古迹的兴趣以及对如画和崇高风景的喜爱。更加重要的是，随着
美国公众开始把他们的时代称之为英雄主义时代，其趣味情绪变得在尺
幅上也越来越具有史诗特征了。②

---

① Henry Theodore Tuckerman, *Book of Artists, Book of the artists*, p. 396.

② Wolfgang Born, *American Landscape Painting: An Interpretation*, p. 80.

　　这种从社会背景、审美趣味以及不同艺术之间关系等角度理解大空间风景的思路是很有见地的。根据伯恩的解释,很多19世纪中期风景画家的作品,比如科尔、约翰逊、海德、比尔斯泰特、莫兰、丘奇等都属于这种类型,因此他称之为"全景画派"。不过,伯恩过分强调了流行艺术"全景画"和这种"全景风格风景画"之间的相同点,却忽视了二者的不同之处。虽然他说这种风格有助于表达美国人的自然感受,但却没有进一步分析这种自然感受和画面形式之间的内在关系。

　　伯恩的"全景风格"观念对学者产生了影响。比如2004年阿兰·瓦拉赫在伯恩基础上进一步讨论了哈德逊河画派全景风格形成过程。在他看来,虽然伯恩试图用全景模式解释美国风景画,但并没有解释清楚这种风景画和传统之间的关系,因此应该要弄明白:一,美国画家能利用的传统有哪些;二,从流行艺术全景画到美国风景画全景模式之间是怎样得到转换的;三,从什么意义上可以说美国风景画家建立了一种"全景模式"。显然,回答这些问题涉及创作心理和艺术手法的具体分析,而这却是伯恩一笔带过的地方。瓦拉赫主要依靠对科尔和丘奇两个人物的艺术经历讨论这一过程,却没有分析透光风格的特殊性。[①]通过学者的努力,现在可以肯定全景画确实对美国的风景画产生了一定影响。但是需要注意的是,作为流行艺术的"全景画"毕竟是一种特定条件下特殊艺术现象,如果回首历史就会发现,那种依靠想象的"全景"图像在历史上很早就出现过,在历史画、中世纪的北欧风景画、地形学风景画等都可以看得到这种模式。因此,19世纪"全景画"流行艺术恐怕是这种更悠久的历史传统的发展。再者,透光风格是否可以简单划入全景模式?比如波士顿的莱恩,其艺术和民间绘画有着很多亲缘关系,同样也可以解释其艺术的形成。总是,这些问题都值得进一步考虑。

――――――――――――――

① 瓦拉赫最后匆匆把透光风格也归入到全景模式:"我们还在这个阶段的很多知名艺术家作品中遇见这种全景模式,比如桑福德·吉福德、阿尔伯特·比尔斯泰特、托马斯·莫兰以及那些所谓的透光风格如约翰·肯赛特、马丁·海德等艺术家的作品。"(Philip Earenfight, ed. *Within the Landscape*, p. 125.)

　　1963 年麦考伯雷的一册名叫《美国绘画传统》的小书引起学界的广泛关注。这本书的特别之处在于，他第一次用"大空间"来叙述美国绘画的传统，不只是局限于风景画，而是把这种传统应用于包括肖像、风俗画以及 20 世纪的现代艺术等一切美国绘画方面。文章从美国 20 世纪中期的抽象表现主义绘画开始，作者指出虽然它们和欧洲现代艺术有关，但实际上是美国传统的一种体现（图 5.16），这种艺术传统来自独特的美国体验，而其中最重要的则是对大自然的体验和观念：

　　我们的艺术拥有这个土地自身所具有的宏大空间（spaciousness）和空旷（emptiness），任何一个美国画家都不可能忽视它。为了在作品

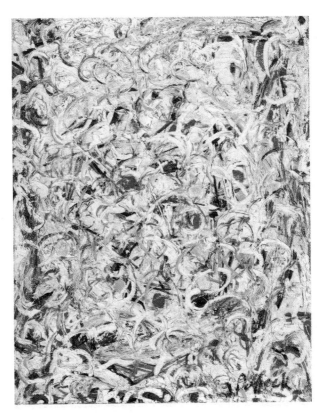

图 5.16 ｜ 杰克逊·波洛克《闪烁的物质》（1946），76 cm × 61 cm，纽约现代美术馆

中呈现它，艺术家有意识地避免，或者根本不需要那种传统的封锁、控制空间使之适于居住的技法。我们的风景画是正确的，不只是因为地形学的正确性，还在于我们画家不需要复杂的风格承载这块土地外在的空旷性。大自然，特别在美国，不可能被构造成中空的，就像欧洲画家为了建立一种理想秩序而做的那样。大空间在美国不仅仅存在于风景画中而是存在于所有的绘画中。因此，美国图画中的人物，就像其观看者，从来不会控制他们所处的空间。而是，他们站立在与空间踌躇不决的关系中，没有任何要控制它的想法。①

　　麦考伯雷把绘画、美国自然体验、大空间特征联系在一起。虽然没有做学理的论证和历史考察，但他凭直觉抓住了美国绘画形式和精神的关键，这对于分析美国风景画是十分重要的。19 世纪中期的大空间风景画正是这种美国自然体验的表现。关于哈德逊河画派的特征，他准确地提出："世纪中期的美国风景画家——所谓的哈德逊河画派，其成功之处不在于描绘了如其所见的风景，而是对于其令人惊愕的空间的意识，其遥远、纯真和希望是促使他们描绘的动力。"尤其值得注意的是，作者不仅讨论了丘奇和比尔斯泰特等人的大景，还发现了透光风格小景中的空间特征：

　　由美国景观提供的宏大的图景在全景画中一览无余。其影响可以在肯赛特的小画幅《西点附近克伦斯旅馆的景色》（图 5.17）中看到。虽然作品画幅不大，但观者被安置于所描绘的风景更远的地方。没有中央的、稳定性的体块造型，没有穿越画面的视野。想法，后面的岬角和山峦似乎正在横穿画面，就像巨大的河流一样遥远而冷漠，跨越了观者，到达画面的边缘，意味着他们一直延伸到巨大的空间之外。②

　　值得注意的是，作者提到"观者被安置在所描绘风景更远的地方"，这道出了大空间风景画产生的根源，也说明所谓"全景风景"

①　McCoubrey, John W. *American Tradition in Painting*, University of Pennsylvania Press, 1963, pp. 2-3.

②　John W. McCoubrey, *American Tradition in Painting*, p. 24.

图 5.17 ｜ 肯赛特《西点附近克伦斯旅馆的景色》（1863），
51 cm × 86 cm，罗伯特·L. 斯图尔特私人收藏

其实是在远观条件下的"远景风景"。遗憾的是，虽然麦考伯雷发现了解释美国风景画一些最为要紧的原则，但他并没有作更细致具体的讨论。受制于著作篇幅的限制，全书仅有四十余页，却讨论了整个美国绘画史。不过他的观点为后人研究建立了十分重要的线索。

与此不同，芭芭拉·诺瓦克并没有看重这种大空间风景画。她受到了来自约翰·鲍尔的另外一种影响，试图在透光风格中发现特殊的价值，而丘奇等人的大景不在她设定的主题之内。在她看来，丘奇大景继承了科尔的衣钵，在用历史画观念理解风景画方面有过之而无不及：

> 那种巨大的、交响乐般的绘画，及其容纳一切的光线，依照好莱坞电影的大场面标准来说要好于他的老师。这是一种崇高艺术的豪言壮语，是瓦格纳反叛主义的驯化形式。其引发惊骇和恐怖的意图怂恿了一种华丽辞藻（rhetoric）。从这一点来说，丘奇和比尔斯泰特都体现出了一种感情的膨胀。这些作品显然是流行艺术，某种程度上是对高尚思想的拙劣模仿和对流行趣味的放大。[1]

---

① Barbara Novak, *American Painting of the Nineteenth Century,* pp. 72-73.

这种对宏大风格的批评基于作者对 19 世纪中期美国风景画风格二分法的坚持。像麦考伯雷一样，她也试图寻找美国艺术的传统形式，不过她的结论不是大空间而是一种构造的实体性、趣味的宁静以及画面的秩序，符合这种标准的显然只有透光风格。把透光风格看成是美国传统的正宗实际上基于她对超验主义的信念，认为这种哲学是属于美国本土文化和思想的哲学。但这种假定恰恰忽视了另一点：透光主义对新英格兰的波士顿来说是真实的，但对于综合了实用主义和国家主义的纽约文化来说，只有充满动力的大景才能相称。遗憾的是，在诺瓦克另一本著作《自然与文化》中，虽然给予大景更多篇幅，但她继续沿用了先前的假定：一，大景是对科尔坚持的"历史画重要性"观念的发展，因而大景是对欧洲学院传统艺术高贵标准的转换；二，大景是对欧洲浪漫主义崇高美学的发展，因而它也不是美国特有之物。

诺瓦克的风格分析虽引起很多争议却富有启发性，这促使 19 世纪中期美国风景画的大空间被进一步解读。安哥拉·米勒把 40 到 50 年代科尔和丘奇的大景与美国上升的国家主义结合起来，60 年代到 70 年代的透光风格理解为内战之后人们的自然感觉和国家信念的改变，她称之为"柔情文化"的体现，风景的"女性化"。[①] 不过，米勒借用了"透光"概念，把它看成是一个整体，在风格上进行了描述和阐述，这给读者造成了含混和笼统的印象。实际上，透光小景画家们从 50 年代开始到 70 年代发生了一个变化：从对形的关注到对光和色彩的偏爱。对此西奥德·斯特宾斯作出了总结，把人们所定义的透光风格划分到两个十年间，认为在这两个时期出现了两种十分不同的模式。早期风格繁荣于 1855 年到 1864 年，以肯赛特和莱恩为代表，其特征是"以水和倒影为特征的令人注目的写实主义的景色"，比如 1859 年肯赛特画的《什鲁斯伯里河》(*Shrewsbury*)。在第二个十年，即 1865 年到 1875 年，更多艺术家采用了这种模式，比如吉福德、海德以及后期的肯赛特、丘奇，同时风格也在发生变化："总的来说，

---

① Angela Miller, *American Encounters: Art, History, and Cultural Identity*, p. 266, also see Angela Miller, *the Empire of the Eye*, p. 243.

可以看到一种不断增长的浪漫主义的、内省的情绪。"① 在笔者看来，这种划分与其说是对透光风格的划分，毋宁说是对内战前后人们的荒野感觉和自然体验的划分。一方面，荒野在消失；另一方面，风景画由客观再现转向主观表现。因此如果要讨论 19 世纪中期的远景风景画的话，就不能把透光风格笼统看待，否则会产生概念和含义上的混淆。

4. 全景：远景的传统来源

"全景"一词值得进一步讨论。如前面所说，伯恩和瓦拉赫均把流行艺术"全景画"看作理解美国风景画大空间的起点，这里我们可以尝试超越这一点。就传统而言，艺术家不可能只从流行艺术中获得空间启示。当画家在国内画廊、画册、国外美术馆、教堂观看古代大师作品的时候，那种影响恐怕不会比全景画更低，毕竟他们意识到自己的责任是创造一种高尚的艺术。被批评者所诟病的丘奇和比尔斯泰特的华丽辞藻是美国艺术商业化的结果，也许画家为了赢得公众的认可不得不这样做，但这只是手段而非他们的真正目的。那么，全景画来自哪里？它从什么层面上影响了美国风景画？

作为流行艺术的全景画出现于 18 世纪末。1788 年罗伯特·巴克（Robert Barker）在伦敦创作了第一件大尺度的全景画，并为此申请了专利，他称之"一览无余的大自然"（nature at a glance）。在看完在巴克在城堡街的展览后，连一直怀有疑虑的雷诺兹都说："原来大自然可以被表现得如此之好，这远远超过了按照学院规范创作绘画的效果。"② 1792 年《时代》杂志发布了一则声明，首次用

① John Wilmerding, *American light: the Luminist Movement, 1850-1875, Paintings, Drawings, Photographs*, p. 211.

② 巴克采用了法语词 *"La Nature a Coup d'Oeil"*。1787 年，巴克去爱丁堡卡尔顿山（Calton）散步，决定画一幅环形大画。但是雷诺兹对此作品反映不好。构图不完美，不逼真，光线和尺幅也不好。6 月他申请了专利，1789 年画了爱丁堡全景画，在家里展出，效果不理想。然后决定画一幅从阿尔比恩山（Albion Mills）看伦敦的风景，象征工业革命。第一版是用蛋彩画，有137 平方米，在城堡街 28 号圆形建筑展出，但空间太小，只能展出一部分。第二版则有 250 平方米，油画，安放在莱斯特广场新建筑，1793 年 5 月 25 开放。（Bernard Comment, *Panorama*, p.23, published by Reaktion Books Ltd, 1999. First edition in france 1993.）

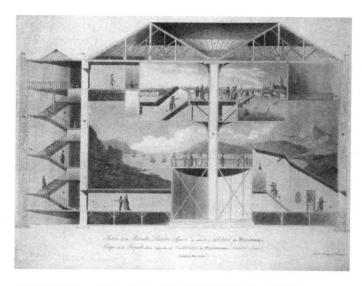

图 5.18 │ 罗伯特·米切尔《巴克二层全景画横截面示意图：莱斯特广场》
（1793），着色腐蚀版画，大英博物馆

"Panorama" 命名了这种绘画。次年巴克的新版本作品转移到莱斯特
广场（Leicester Square）专门为该作品建造的圆形建筑中（图 5.18）。
观众花三先令就可以进入到中央平台上，在天光均匀的照亮下，可
以感觉到巴克所说的大自然之一瞥。①巴克的全景画十分成功，并孵
出了一系列的新作品；据记载，从 1793 年到 1863 年曾经有 126 件全
景画先后在伦敦展出。欧洲大陆也深受影响，几乎每个城市都会建
有一两所全景画展览馆。只不过，英国人喜欢的是大自然和城市的
风景主题，而其他欧洲人则喜欢历史和战争主题。考门特（Bernard
Comment）曾定义了全景画和描述了人们观看全景画的体验：

　　全景画是挂在专门为它设计的圆形建筑墙上连续的、环形的再现
性绘画。它如此真实以至于被误认为现实。走过黑暗的过道和台阶，
使人仿佛进入另外一个世界，然后到达一个被设计隔开观者不使离画

---

① 关于 19 世纪全景画的发生和流行参考了维基百科文章 "panorama"、"panorama
painting"、"Robert Baker" 以及沃尔夫冈·伯恩的著作。（http:// www. Panorama onview.org/
panorama_ history. html）

面太近的围栏环绕的平台。光线是自然的，从顶部照出，但来源被顶部帷幕挡住防止被看见，画面的下端也被围栏挡住。总之，所有一切都被安置的使得观者的视野不被任何东西打断。这就是全景画的看似悖论的性质：一个封闭的空间，却朝向一个不受任何世俗限制的自由开放。[①]

虽然"panorama"一词是巴克首创，但词根却来自希腊语"*pan*（=πav）"，意思是"all"；"horama"（= οραμα）意思是"sight"或"view"，所以全景画的含义是"全部可见之物"。它要超越日常生活的视觉之景，在一个视觉平面中获得更多的空间和物象。如何才能达到这一点呢？它的手段有两点：其一，大尺度；其二，画幅的横向展开。作为流行艺术的 19 世纪全景画尺度都是很大的。巴克的伦敦全景画有 250 平方米，假若高度有 5 米的话，长度也要有 50 米。正是从这种场景的宽广性着眼，现代意义上的全景才被定义为"对于物理空间的任何宽角度的景色或再现，它可以是绘画、素描、照片、电影视频，或者三位模型"。[②]这意味着我们可以超越 19 世纪的标准，把任何表现了大空间的和大场景的图画称之为全景。从这个意义上不难发现，全景不是 19 世纪的独有之物，而是在历史上有其根源。

如果承认古代人的真实标准和现代人有所不同的话，那么公元前 1500 年爱琴海锡拉岛的阿克罗蒂尼舰队壁画就应该是一种全景描绘。[③]在高 40 厘米长达数米的长横幅上描绘了丰富的场景和细节：山峦、海洋、建筑、船队、森林、动物……讲述了一列船队在广袤的海洋上列队出发的景象。中世纪也是一个孕育全景图像的时期，在民族迁徙和宗教朝圣的过程中人们增加了更多与无边的荒野自然面对面的机会。虽然还有拜占庭式的象征和装饰色彩，但哥特式风景的崇山、奇异的扭曲的岩石，体现了中世纪人真实的荒野体验。肯尼斯·克拉克使用了全景画一词赞美了安杰利科的《底比斯风景》（图 5.19）："山峦中充满了各种各样的隐修地图画，这种拜占庭母题在 15 世纪早

---

① Bernard Comment, *The Panorama*, Reaktion Books Ltd, 1999, p. 8.

② http://en.wikipedia.org/wiki/Panorama

③ 见第一章第三节第二小节"19 世纪前荒野风景及类型分析"图 1.11。

图 5.19 | 弗拉·安杰利科《底比斯风景》
（局部）（1410），
30.5 cm × 15.9 cm，
佛罗伦萨乌菲齐美术馆

图 5.20 | 阿尔特多夫《亚历山大之战》（局部）
（1529），158.4 cm × 120.3 cm，
慕尼黑美术馆

期以强烈的热情复活了……其主题给人以无尽的愉悦，是自从劳伦泽蒂（Lorenzetti）以来的第一件风景全景画。"[1] 全景在 16 世纪有加重的趋势。这个时期意大利风景画被细腻而虚幻的风格主义占据，其特点是高的视点、陡峭的山峦、有着河流和海岸的远处前景。在阿尔卑斯山以北，这种特征就更加明显：

> 旅行和探险扩张了世界，几年之后哥白尼就要扩张这个宇宙，从此之后这种扩张就一直存在。其结果可以在那种幻觉的全景画中看到，这种绘画主导了整个 16 世纪的风景画。它们完全不同于波拉尤奥罗（Pollaiuolo）的写实主义全景，因为它们远远不是对瓦尔达诺（Val d Arno）的真实描绘，而是完全想象的，其目的是为了引起情感而非满足好奇心。[2]

《亚历山大之战》（图 5.20）就是很好的例子。无数人物处于宇宙般的宏大世界中，奇幻的天空和层层铺排出去的山峦和无边海洋，仿佛是从地球之外鸟瞰的景象。空间和世界的宏大象征了亚历山大征服

---

[1]　Kenneth Clark, *Landscape into Art*, p. 10.

[2]　同上。

的范围，远远超越了普通人能力所及。也许正是这个原因这幅画才被拿破仑看中，从慕尼黑取走挂在了他自己的居室里。传统全景和崇高审美有关，也是浪漫主义美学的图像展现。全景强调绘画尺度的大，也强调画面空间的大，我们在米开朗基罗、丁托列托、鲁本斯的作品中都能感受到这种特点。从某种意义上来说，全景是和意大利文艺复兴追求的画面秩序相对立的艺术形式。透视在全景中影响相对较小，画家依靠的主要是想象而不是视觉法则。这种想象的全景不仅限于风景画，实际上文艺复兴以来很多宗教画、历史画、战争场面都常采用想象和全景结合的形式。

从上面回顾可以看到，"传统全景"和19世纪"全景画"既有相同点也有不同之处。传统全景虽然也是写实绘画，也希望造成真实错觉，但是其大构图和大空间主要是为了唤起激情或崇高感。所以罗斯基尔采用了"大景"和"有意安排的大场面"（staged pageant）指称文艺复兴之后宫廷生活中出现的风格主义宏大艺术。[1] 相比之下，19世纪全景画更强调真实，它所做的一切观看条件是为了把观者引入到画面中，甚至混淆图像和真实的界限。传统全景和19世纪全景画的不同还在于后者遭遇的特殊历史背景。这是个人价值得到张扬的时代，考门特认为19世纪全景画是对这种个体反映需求的体现："全景画的发明是对一种19世纪特别强烈的需要——绝对控制的反应。它给个体一种幸福的感觉：世界是围绕着他和被他组织起来的；而这却是一个他们被分离于和被保护的世界，因为他们正在从远处观看它。双重的梦想产生了，一个是完全性（totality），一个是占有；这是一种廉价的百科全书主义。"[2] 显然，这种对人与环境关系的沉思也是靠逼真的幻觉实现的。当然，传统全景和19世纪全景有内在的相同点和连续性。甚至可以说，19世纪是对传统全景图像进一步和极端的发展：传统二维平面变成了没有缝隙的三维环形；传统舞台布景的台口取消，人直接进入到了布景的中央；传统的尺幅和画面空间被进一

---

① 比如18世纪歌剧艺术常常需要有建筑和风景绘画作为布景，它"成为一种具有创造宏大奇观效果的重要媒介，因此它不仅能打动视觉，还能占据人的想象力"。（Mark Roskill, The Language of Landscape, p. 155.）

② Bernard Comment, the Panorama, Reaktion Books Ltd, 1999, p. 19.

图 5.21 | 范德林《凡尔赛宫景色》（局部）（1818–1819），
纽约大都会艺术博物馆

步扩大，以至于在视觉比例上和现实世界同一。

　　全景画在美国曾经十分流行。美国早期全景画大多没有流传下来。最早的记录是 1807 年马萨诸塞州展出的舞台装饰家米歇尔·科恩（Michele Felice Corne）创作的《的黎波里之围》（*The Siege of Tripoli*）。历史画家特朗布尔曾经画过尼亚加拉全景，但保存下来的只是两个长条幅构成的草稿。[①] 现在看到的第一个大尺幅圆形全景画是现存于大都会的范德林的法国风景:《凡尔赛宫景色》（图 5.21）。[②] 英国出生的建筑师卡瑟伍德（Frederick Catherwood）在 1838 年到 1842 年期间在纽约展出了英国伯福德（Forbert Burford）描绘的耶路撒冷、尼亚加拉等全景画，并到费城、波士顿、普罗维登斯

①　特朗布尔的全景画草图原稿《尼亚加拉瀑布》现存于纽约历史学会，另有草图存于康涅狄格哈特福德的沃兹沃斯图书馆。
②　范德林在法国时曾和富尔顿（Fulton）接触过。1814 年回国，采用法国古典主义手法创作《凡尔赛宫》全景画并在圆形建筑展览，称之为纽约圆大厅（Rotunda）。后来又画了巴黎、雅典、墨西哥、热那亚、拿破仑战争，等等。影响很大。但是建筑花费太大，入不敷出导致失去赞助。

（Providence）等地巡回展出。[①]1856 年《蜡笔杂志》文章叙述了纽约展出全景画的情况：

我们喜欢这种叫做全景画的艺术。我们有在这个城市展出过的各种各样全景画的美好回忆。它们包括由卡瑟伍德创作的关于罗马、耶路撒冷、岛湾、利马（Lima）等地的风景；还有萨特勒（Sattler）教授的令人印象深刻的"世界景"（cosmoramic），这些我们也许再也看不到了。史密斯的欧洲全景画也很好；每个人都应该去看看海尼（Heine）和韦斯特的中国和日本全景画。我们注意到现在波士顿正在展出耶路撒冷和巴勒斯坦全景画，希望能来这里展出，它属于巴克莱博士（Dr. Barclay）并由他解释，他以前曾在那座有趣的城市居住。[②]

随着全景画在美国流行，它逐渐融入到美国自然感受的表达中。西部扩张使得美国人有机会理解自己国家疆域的宏大，而全景画的大空间和美国自然有着很大的契合性。帕尔默（France Palmer）版画《穿越大洲：帝国西部扩张历程》（图 5.22）很好地说明了这一点。该作品作于 1868 年，正好是美国联合太平洋铁路合拢的前一年。[③]画面采用了高视点，观者仿佛在空中俯瞰；铁路像直线一般由近向远伸展出去，最后与地平线相交；画面强调了地平线的横向扩张的感觉，这些都来自于全景画的启示。如伯恩所说，全景模式发展和美国西部扩张似乎有着某种同步性，"最终，全景风景画模式在美国艺术中的流行如同铁路网的扩张一样达到了同样宽广的范围"。[④]

值得特别一提的是运动全景画。运动全景画（moving panorama）

---

① 由此可见，美国早期的全景画多描绘欧洲风景，采用欧洲风格，或干脆由欧洲画家创作，这种情况和美国艺术的整体情况是一致的。

② Henry M. Sayre, "Surveying the Vast Profound: The Panoramic Landscape in American Consciousness" from *The Massachusetts Review*, Vol. 24, No. 4 , Winter, 1983, pp. 728-729.

③ 该作品的作者为法郎士·帕尔默（France Palmer, 1812—1876）。美国人个体与环境的关系随着西进得以彰显，铁路发展使得美国人体验到美国的宏大空间。1830 年只有 23 英里铁路，1840 年则有 2800 英里，1869 年联合太平洋铁路跨越大陆成功。

④ Wolfgang Born, *American Landscape Painting: An Interpretation*, p. 86.

图 5.22 | 佛罗拉·邦德·帕尔默
《穿越大洲：帝国西部扩张历程》
（1868），石版画，
纽约卡里尔·艾维斯 1868 年出版
（ Currier & Ives ）

图 5.23 | 艾根《古防御工事（有城墙、堡垒、圣物的远景）》
（1850），密西西比全景画，布上蛋彩画，
90 cm × 4,176 cm，圣路易斯艺术博物馆

可以说是美国独创之物。它并陈列在固定的环形建筑里，而是在舞台般平面中展示。很长的画布卷在一个轴上，随着向另外一个轴转动，运动的画面在观者眼前徐徐经过。运动全景画不再提供一览无余的单一景观，而是展示一眼无法看完的无限景色。如同坐在火车里面透过窗户观看风景一样，观者需要靠着想象才能组合成极宏大景色的整体印象。显然，这种空间性和美国人的自然感觉是十分贴切的。这种画在美国的诞生也能说明这一点。

运动全景画诞生在圣路易斯。圣路易斯是密西西比河中部城市，内战之前是美国西部大都会，西部铁路开通之前充当了连接纽约和中部、西部、南部的交通枢纽。19 世纪 40 年代当地人巴拉德（John Banvard）画了宏大的密西西比运动全景画并引起轰动。[①]之后，圣路易斯有出现了多位影响广泛的密西西比全景画家，可惜很多作品都没有流传下来。[②]唯一有作品存世的是一位不知名的画家艾根（John Egan）。他的画作由一系列有单独主题的画面左右连接而成，形制如同电影胶卷。这里看到的是其中一幅（图 5.23），描绘了密西西比河谷古代印

① 据估计纽约等东部城市有 40 万人看过此画，后来到英国展出，维多利亚女王曾到温莎城堡看了该作品。
② 圣路易斯另一位英国移民画家亨利·莱维斯（Henry Lewis），于 1846 年至 1848 年画了更大的密西西比全景画，跨越整个河流，在欧洲展出后也引起强烈反响，画家后来移居到杜塞多夫生活。

第安人的生活环境。画面采用了如画构图，但在中景和远景中试图包容更多的自然景象以表现地域空间的广大。这种画在美国也被叫做运动图画（moving pictures），是电影的早期雏形。从运动全景画的历史可以看出"追求空间的把握"对美国艺术来说是多么重要。

全景画在欧洲曾经受到浪漫主义作家的批评，华兹华斯就是一位反对者。全景画的问题首先在于对视觉的欺骗性。尽管浪漫主义追求"崇高"，但是这种崇高不是全景画那种世俗、廉价的崇高。当沉浸于全景画中，观者不能辨别真假，并以这种虚幻的惊讶为乐趣，对视觉感知的追求超越了艺术更高主旨。更重要的是，全景画用世俗化的方式重新定义了崇高，这更为浪漫主义艺术所不齿。对浪漫主义者来说，崇高是视觉难以企及之物，它存在于想象之中，也存在于艰难的跋涉和奇异的精神之旅。然而，全景画的地形学景色使得每个人花"三先令"就能感受崇高，于是崇高就变成日常生活中的廉价之物、物质化的商品。根据浪漫主义者的观点，崇高从来就和物质主义绝缘，可是全景画用一种世俗和廉价的方式把二者联系在一起，显示对崇高审美的玷污，也是对浪漫主义艺术的威胁。

二、崇高风格大景的民族主义内涵

虽然大景和小景都具有远观和远景特征，但它们也有很多不甚相似的地方，比如有不同的表现对象，表现不同的精神追求和艺术旨趣，因此需要进行分别讨论。描绘大景的画家是很多的，不过最为典型的画家只有三位：丘奇、比尔斯泰特和莫兰，他们艺术生涯的高峰期则分别集中在19世纪50年代、60年代和70年代。这里笔者不拟平均详细地梳理其艺术经历，而是试图分析这样一个问题：其大景的呈现方式是如何表现了各自有别的荒野观念和感觉？

1.《尼亚加拉》

理解美国荒野大景，丘奇的《尼亚加拉》是最关键的一幅作品。其原因是多方面的。首先，它表现的是最具代表性的美国荒野主题之一，尼亚加拉大瀑布。其二，其画面营造摆脱了欧洲和美国传统的双重制约，以一种全新形式表达了美国自然的宏大空间和美国人的自然感觉。其三，社会和评论界对作品有强烈反应，甚至在欧洲特别是英国引起评论，都表明这件风景画对美国民族艺术形成的象征作用。另外，这一作品和之后完成的《安第斯腹地》代表了丘奇本人艺术生涯的高峰。这两件作品具有不同的形式和趣味，这引起了社会的不同反应，从中暗示了荒野大景内在的矛盾：细节与整体，科学和艺术，动荡和宁静，这些矛盾体现了当时美国人逐渐深化的艺术鉴赏力。

这件作品的特殊性首先在于主题。尼亚加拉是位于纽约州和加拿大安大略省之间尼亚加拉河上的世界最大瀑布。这条河是连接南部伊利湖和北部安大略湖的水道，来自北美中部的河水从西南经过尼亚加拉往东北一直流入北太平洋和拉布拉多海，而尼亚加拉瀑布是这一宏大过程中气魄和力量的集中体现。从地图（图 5.24）可以看到，大瀑布被分成两节，中间被公羊岛（Goat Island）隔开。左边（西侧）大

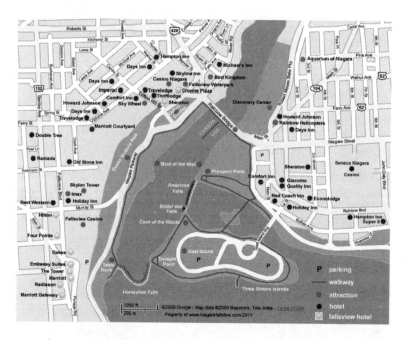

图 5.24 《尼亚加拉瀑布谷歌地图》：马蹄瀑布，美国瀑布，
新娘面纱瀑布；公羊岛和雾中少女岛。

瀑布走向就像一个弧形马蹄形，故称为马蹄瀑布；右侧（东侧）瀑布稍小，在美国境内，因而叫"美国瀑布"。[1]最壮观、最能引发艺术家想象的部分显然是马蹄瀑布，而这里正是美国和加拿大分界线。这座瀑布有 53 米高，790 米宽，在洪流期每秒钟通过的水量有 2800 立方米。它的宏大和力量数百年来就是美洲旅行者惊叹的对象。科尔曾这样描述它带给人的震撼：

> 尼亚加拉！世界的奇观！那里崇高和优美不可分割地融为一体。凝视它，仿佛有一种巨大的虚空占据了心灵，心胸膨胀了，我们变成所见之物的一部分！脚下仿佛有千万条大河喷泄而出，这是最伟大的内陆海的容量。在它的尺度中我们感到了巨大；它永不停息；在它的动力中有不可控制的力量。这就是它的崇高。它的优美在激流变换的色彩中，在冲天的浪花中，在无休止洪流中闪现的无与伦比的彩虹中。[2]

自从旅行者发现这里，尼亚加拉就成为大书特书的篇章，它被看成北美的象征，进而被看成美国的象征。1825 年伊利运河开通，纽约人有了到达尼亚加拉的捷径，这里逐渐变成卡兹基尔之外的另外一个旅游胜地。大瀑布开始出现在旅行插图中，美国画家也开始把这里变成重要的描绘主题。不过，要描绘尼亚加拉瀑布，有一个问题是艺术家不得不思考的：怎样的手法才能表现尼亚加拉力量和空间的宏大？早期画家不得不借用欧洲如画风格，比如前面提到的特朗布尔作品，就把尼亚加拉放到了克劳德式构图中。[3]不过，这种手法不是展现了而是压制了大瀑布的荒野魅力。寻找独特各异的表现方式，以最有效手法展示尼亚加拉崇高之美，逐渐成为风景画家的必修课和艺术水平的体现："对那些美国画家来说，这里的瀑布是一项必需的朝圣之旅和展示其天才和原创性的真正挑战。每一个艺术家都发现了他自

---

[1]　实际上在"美国瀑布"和公羊岛之间还有一个小的岛屿"雾中少女"（Maid of the Mist）和一个更小的瀑布"婚纱瀑布"（Bridal Veil Falls）。其体量很小，实际上可以看作是"美国瀑布"的一部分。

[2]　Graham Clarke, *American Landscape*, II, p. 343.

[3]　见第二章第二节"自然的国家：荒野风景的审美语境"插图:《从英国高处岸上看尼阿加拉瀑布》。

图 5.25 │ 摄影照片：从加拿大一边看马蹄形瀑布，此为丘奇观看所处的位置。

图 5.26 │ 科尔《尼亚加拉远景》（1830），47.9 cm × 60.6 cm，芝加哥艺术学会

己的表现方式，从不同的角度（物质的和审美的）到达它，选择和安置自然景物以便能引导观者进入其独特的景色再现。"① 或者如赫瓦特（John Howat）所说：

> 无数的艺术家都描绘过这里。在 18—19 世纪，这里确实是美国和欧洲绘画中最流行的被奋力描绘的单一主题。这个伟大的瀑布，自从被欧洲旅行者发现，其无休止的宏大就引发了无数的语言和图像的描绘，被作为崇高性和大自然中上帝存在之证明。②

科尔曾在 1829 年到这里旅行写生。他花了很多时间和精力从不同的角度研究大瀑布，至少画了 23 幅素描写生，然后根据写生稿创作了《尼亚加拉远景》（图 5.26）。画家用包容一切的手法把整个瀑布群纳入到画面中。但是这产生了某种奇怪效果：公羊岛被压缩了，三个瀑布紧紧排成一列；瀑布显得狭小和局促。大瀑布迫使画家创造新的构图，近处描绘了象征荒野的丛林和山崖，天边则是变换争斗的乌云和霞光。但是这种构图使瀑布成为暗色背景中封闭的一块空白之色，画面空间不是大了而是更小了。

---

① Judith Hansen O'Toole, *Different Views in Hudson River School,* Columbia University Press, 2005, p.138.

② John K. Howat. *Frederie Church*, Yale University Press, p. 68.

图 5.27 | 上图:《大瀑布》油画，30.5 cm × 88.9 cm，特里萨·海恩兹·凯丽（Theresa Heinz Kerry）女士收藏；下图:《马蹄瀑布》二纸片，油彩，29.2 cm × 99.5 cm，奥拉那州历史遗址，纽约州公园办事处

丘奇同样对尼亚加拉充满了热情。从科尔去世的那一年他就开始去大瀑布写生。1851 年的密西西比河旅行中他匆匆中断赶往大瀑布。1856 年他再次去旅行，画了大量的速写和油画稿，为心目中构想已久的理想画面做最后的冲刺。[①]丘奇似乎意识到这种表现的要害在于什么——是瀑布本身和瀑布内涵的宏大空间和气势，因此对他来说，重要的不是细节而是采用什么样的画面。

我们可以从写生稿理解画家是怎样构思的。《大瀑布》（图 5.27上图）和《马蹄瀑布》（图 5.27 下图）是画家的两幅油画稿。在《大瀑布》中，画家把马蹄瀑布和美国瀑布都画出来了，为此不得不在中间画出了公羊岛。其结果是，长构图对大空间有显著的效果；可是，画面的主题似乎变成了岛而不是瀑布，这是画家试图解决的。那么，能不能干脆放弃岛只画一边的瀑布呢？这种冲动在《马蹄瀑布》中体现出来了：画面更加简洁，消除了一切前景陆地、树木，画面核心是

① 见本章第一节第二小节图表。

天地相交的一条水平线，它冲破两边边框，给人一种巨大的力量感和无边无垠的空间感。《马蹄瀑布》仿佛是灵感突发时匆匆表现的一种感觉。可以看到，为了表现这种宽阔感，画家用了两张平常比例的布纹纸并排起来，对瀑布激流作了详细描绘（上面天空位置是画纸的空白，中间能看出接缝的痕迹）。这种效果是靠着对传统手法的抛弃而实现的。丘奇本人也不知道观众对此有何反应，因此他在工作室展出了这件草稿以便听取别人意见。让他感到欣喜的是，《蜡笔杂志》文章称赞了这一创举：

> 丘奇先生展出了一件尼亚加拉写生稿，它对这一困难主题"宏大和辉煌"的完美描绘超过了我们曾经见过的所有油画。它的角度十分特别……画面没有混杂的周围场景，因此眼睛没有从风景的精神中转移和游离出去。①

这一评价很有可能鼓励了画家。从 1856 年底到 1857 年四月，他把全部精力都用到了正式作品创作中。5 月 1 日作品正式展出，立即引起了轰动（图 5.28）。后来有一位丘奇的崇拜者不无夸张地说，所有美国人都成群结队去看这次展览，有一次他看见至少十多位纽约知名人士同时出现在展厅中。他肯定地说："实际上，纽约每一个人，无论当地人还是外来者，都来看它，这个展览被认为是这个城市艺术年鉴中为著名的事件。"② 纽约展览结束后作品被送往英国，同样引起了强烈反响。英国《泰晤士报》报道说：

> 从来没有画笔尝试描绘过这种景象，从来没有画作能如此消除一切批评的声音。只有丘奇先生画出了如此震撼人心的图景。以一种巨大的勇气和耐心细致的描绘，它使得我们相信，即使如此巨大的景象也不能超越人类模仿的限度。③

---

① John K. Howat, *Frederic Church*, Yale University Press, New Haven and London, 2005, p. 71.

② 同上，p.72.

③ David C. Huntington, *The Landscape of Frederic Edwin Church*, p. 88.

图 5.28 ｜ 丘奇《尼亚加拉》（1857），108 cm × 229.9 cm，
华盛顿柯克兰画廊

塔克曼记载说，拉斯金是在英国最早看到这幅画的人之一，"他指出水上光的效果，说他经常在自然中看到这种光感，特别是在瑞士瀑布中，但是从来没有在画面上看到过"。实际上，"这不可思议的画面视觉幻觉如此完美，以至于这位《现代画家》的谨慎作者到窗口仔细研究了镜片，确信这种彩虹是对阳光的折射"。[1]从英国回来后，这件作品又进行了第二次全国巡回展览。1859 年 12 月到次年 2 月份在波士顿 24 小时展出，有 44 份关于它的展览广告刊登在《文摘》杂志。最后一份广告是"敬告读者"，说："为了满足这个城市对艺术有兴趣的人们的愿望，尼亚加拉在最后两天将露天展出。"[2]

《尼亚加拉》（图 5.28）的成功首先来自特殊的大尺度。其画面高宽分别是 1.08 米和 2.299 米，画幅之大是前所未有的。[3]除了画面的整个长度扩大之外，画面的高宽比也非同寻常，长度是宽度的两倍还多，十分接近现代好莱坞宽银幕电影的比例。但这和古典风景画

---

① Henry Theodore Tuckerman, *Book of Artists, Book of the artists*, p. 371.
② 该作品还被复制成流行的版画销售。该作品在全国巡回展出之后，以 5000 美元的价格卖给了纽约银行家约翰·泰勒（John Taylor）。（David C. Huntington, *The Landscape of Frederic Edwin Church, Vision of an American Era*, p. 89.）
③ 科尔曾经用历史画格式画大幅风景，他的《帝国历程》和《人生的旅程》长度也不过只有 1.58 米和 1.96 米。杜兰德不经常画大画，1850 年他模仿科尔寓言体创作《死亡观》，其长度也只是 1.55 米。

遵循的黄金分割比背道而驰，从而在视觉上产生了异样的感受。[①]如前面所述，丘奇可能受到了全景画影响，这种画都是在长度上扩张的。不过，全景画毕竟是一种大众娱乐的手段，而丘奇作为国家设计院画家，则是要创作代表精英和上层社会的高雅艺术。所以当丘奇的全景式大画出现在人们面前，还是引起了惊叹。这种宏大感还被另外一点加强了：画面舍弃了所有的细枝末节，和马蹄瀑布无关的景象一律排除，画面被瀑布最为激荡的悬崖部分完全充斥。这其实是风景的特写，或者说不是"全景"，而是对自然奇观核心部分的"远景"表现。这种特写实际上是把瀑布的比例更加夸大了，因此只有观者想象力的参与，才能理解面前的瀑布是宏大无垠荒野中的一部分。

除了尺幅、比例和风景特写外，丘奇对传统的颠覆还体现在特殊的观者视角。画面中没有提供观者可以立足之地，这似乎迫使观者处在画面之外或悬浮于半空；可是同时风景的真实感和宏大感又有一股把观者拉入画面的不可抗拒的力量，于是观者似乎在一刹那忘记了自身存在，仿佛与自然的力量和无限融为一体，真正产生了康德所说的"崇高"感的心灵体验，从惊悚和恐惧中突然获得了精神的升华。康德说的是大自然，而丘奇则用艺术创作了不受画幅和传统限制的大自然图像。这意味着，美国的荒野自然找到了一种独立的和内在的表现方式。

2. 丘奇大景和民族主义内涵

丘奇重要性首先在于他对荒野大空间的表达。不过，他的重要性由于美国社会的另外一种精神需求而加重了，那就是19世纪中期洋溢的民族主义诉求。民族主义需要一种文化认同感，艺术在这种认同感的培养中起到了重要作用。在美国学界，哈德逊河画派又称为"民族画派"，就是因为他们表达了美国人共同的自然和社会生活体验。[②]丘奇的风景画无疑在这种民族性表达中起到了一种典范的作用。

学界对民族主义的定义是"在民族国家形成或发展的过程中一种

[①] 电影的"学院比例"标准，或者传统的标准比例是1.37:1。传统风景画的画幅高宽比根据绘画类型如海景画、市景画等也有不同，但基本上在黄金分割比左右移动。

[②] James Thomas Flexner, *That Wilder Image: The Painting of American Native School from Thomas Cole to Winslow Homer*, Bonanza Books, New York, 1962.

属于这个国家的情感和意识"，这种情感和意识上的国家认同感对美国有特别的意义。① 美国是环境、习俗、性情、思想方面有种种不同的移民构成的社会，"他们从各自不同的土壤迁移到这个空虚的空间之中的巨大漩涡"。② 因此，约翰·莫林认为，美国国家主义只是狭隘的宪法意义上的，缺乏任何更加有机意义上的认同。③ 也就是说，紧紧依靠宪法构成一个国家是不够的，除此之外需要其他手段深化这种作为同一民族成员的认同感。显然，美国的大自然起到了促进美国民族情感形成的作用。④ 比如马古恩（E. L. Magoon）当时（1852 年）就阐述了这种观点：美国有多姿多彩的风景，它们创造了个体美国人的性格，也印证了属于一个共同的国家，"大海、山脉、河流、瀑布、森林、大平原以及悦耳的风声，都是我们在一个和谐自然中共同生活的因素和证明……自然景色塑造了在其胸怀中生活的人民的性格，它是最稳固的爱国主义的温床"。正因为这一点，那种以美国荒野为主题的风景画与民族主义情感的联系就是自然而然的了。这种联系不仅被艺术家认可，当时批评家对此也有清晰的认识。1857 年《大都会艺术杂志》文章指出，

在描绘自然的时候，在重构那种我们自己的气候和美丽景色的时候，我们就获得了一种民族主义……在对我们自己土地的热爱之中，每一个反思的心灵都接受了一种民族情感；通过民族主义的热情，我们踏出了通往宇宙之宏大的第一步。⑤

① "nation" 在中文中翻译为民族或国家，实际上是指以一种有着文化认同和政治统一体为纽带组建起来的"民族国家"。这种国家和传统属于君主或某一个领导的传统国家不同，产生与 18 世纪末，19 世纪蓬勃发展。美国独立革命和法国的大革命是这一运动的主要推动力。（Anthony D. Smith, *Nationalism*, 2nd edition, revised and updated, p. 6.）
② Luther S. Luedtke, *Making the Society and Culture: America of the United states*, the University of North Carolina Press, 1992, p. 1.
③ John M. Murrin, "A Roof without Walls: the Dilemma of American National Identity", in Richard Beeman, ed., *Beyond Conferation: Origin of the Constitution and American Natinal Identity*. University of North Carolina Press, 1987, p. 346.
④ 维系民族国家的纽带有多种因素，比如语言、地域、生存环境、历史，等等。（Anthony D. Smith, *Nationalism*, 2nd edition, revised and updated.）
⑤ 参见: essay in *Cosmopolitan Art Journal*, June 1857, quoted from Angela Miller, *Empire of the Eye*, p. 167.

不过，要想使美国风景画成为"民族风景画"并表现民族情感，这还需要艺术家发现独特的美国风景主题，创造独特的艺术形式和语言。安哥拉·米勒曾讨论美国风景和美国民族主义的关系，几乎所有风景画都被给予民族主义解读。在笔者看来，要想在所有艺术家身上找到某种均质的民族主义是不可能的；可能的是，这种表现在某些艺术家身上尤其明显。科尔时代就能看出这种努力，但是其成果最终体现则是以丘奇为代表的世纪中期艺术家。和科尔一样，丘奇同样表现荒无人烟的荒野自然，不过他把民族主义根植于对风景的写实主义再现，并且不断寻找新的主题和表现手法。通过对他不同类型作品的解读，可以领略美国远景风景画作为民族主义绘画的深刻内涵。

第一种表达地方认同感的方式可归为"地标性风景"。这是丘奇的基本创作思路，《尼亚加拉》就是典型的地标性风景。大瀑布不仅具有北美大陆的象征性，其力量和宏大还是美国国家性格的体现。丘奇从绘画生涯一开始就尝试这种地标性绘画，《西岩山，纽黑文》（图5.29）就是一个很好的例子。这件作品描绘的是康涅狄格州纽黑文市西北方向不远处的一座山丘。笔者曾于2011年9月3日途经这里（图5.30），发现这个地区是靠近海湾典型的沿海丘陵和平原地区。地势虽然不很平坦，但也并不陡峭，视野开阔，一眼望去是无边无垠、森林密布的起伏平原。西岩山，一座并不高大的山丘，在这种环境中显得就十分特别，因而成了纽黑文的地标。这里是丘奇的家乡，他显然抓住了这种地貌特征，画面中的西岩山就隆起在平坦宽广的森

图5.29　安德文·丘奇《西岩山，纽黑文》
（1849），66.2 cm×101.6 cm，
新英格兰美国艺术博物馆，
康涅狄格（见彩图）

图5.30　《西岩山图片》（2011年9月3日，）
笔者在纽黑文拍摄的西岩山目前景色

林和草原中央。为了能达到逼真效果，画家还使用了当时新发明的摄影照片。①这件作品细节的真实和场面的宏大在当年的国家设计院春季年度展览中受到了好评，在评价这幅画的时候，《艺术联盟杂志》相信"丘奇将在最伟大的风景画家占据一席之地，他为此迈出了第一步"。②正是由于这件作品，丘奇当年5月份被选举为国家设计院院士，他是7名成员最年轻的一位。③

第二种方式不是对某一特定景点的描绘，而是对一个地区各种风景因素在同一画面中的综合，不妨称之为"综合风景"。"综合"是丘奇常用的表现方式，也是表现大空间的有效手法。我们可以在画家1851年创作的《新英格兰风景》（图5.31）中了解这一点。从作品的名字就可以看出这幅画不是对某一具体地点的描绘，而是画家对整个新英格兰风景特征的想象性的重构，从画面中观者可以看到各种各样的风景要素：近景的野树、道路、行人和马车；中景的池塘、峭壁、河流、瀑布、平原、森林、草场和村庄；远景处的重峦叠嶂、变幻的云朵和天空……所有的一切都和谐地组织在同一画面中，都得到了精细的描绘。从审美上看，画面既有田园的优美，又有陡峭山峦的崇高；有水的宁静，还有云朵和水流的奇幻，却是典型的综合效果。作品完成后丘奇以500美元卖给了艺术联盟，受到了广泛的好评，被认为是画家的"杰作"（chef d'oeuvre），特别是其巨大的"宽广效果"尤其令人瞩目。这件作品在第二年艺术联盟解散拍卖中卖到1300美元，是当时美国画家最高的价格。④

把新英格兰风景融入到一幅画中，使得画面超越地方性的表现

---

① 1839年法国达盖尔银版法摄影术（daguerreotype）发明，很快被萨缪尔·莫尔斯（F. B. Morse, 1791—1872）引入美国。丘奇有时候利用它来帮助描绘细节，最初在《西岩山，纽黑文》得到体现。关于摄影对美国绘画的影响见《摄影影响美国绘画》。(Elizabeth M. Cock, *The Influence of Photography on American Landscape Painting, 1839-1880*, New York University, 1967.)

② John K. Howat, *Frederic Church*. Yale University Press, New Haven and London, 2005, p. 29.

③ 7名院士除了丘奇外，还有罗西特（Thomas P. Rossiter）、弗莱格（Jared B. Flagg）、斯蒂姆斯（Junius Brutus Steams）、埃德温·怀特（Edwin White）、克里斯汀·梅尔（Christian Mayr）以及肯赛特，大多为肖像画和人物画家。

④ 当时肯赛特作品价格最高，而该作品价格是肯赛特最高作品价格的两倍，570美元，这使得该作品成为整个城里谈论的话题。丘奇本人也深表意外，说这个价格太高，这幅画不值这么多。

图 5.31 | 丘奇《新英格兰风景》(1851)，91.4 cm×134.6 cm，乔治·沃尔特·文森特史密斯艺术博物馆

图 5.32 | 丘奇《安第斯腹地》(1859)，168 cm×330 cm，纽约大都会艺术博物馆（见彩图）

从而能表达民族主义内涵。安哥拉·米勒认为，丘奇的《新英格兰风景》为困扰 19 世纪中期风景画家的一个问题提出了解决方案——利用地方风景作为表达民族主义情感的工具：

> 丘奇把他自己所处的地区作为模型，试图把地方性变为民族性。地方性风景要是想实现它的民族性含义的话，它就必须被作为一种综合性的解释，作为一种能够代表更大的象征性整体的物质部分。为了能够成为一种民族性的图像原型，新英格兰风景浓缩了多种风景模式，从左边如画的陡峭前景和岩石，到远处田园的、倾斜的草地和村庄，一直到背景处山峰的崇高。①

也就是说，"综合性"从某种层面上消解了风景的"地方性"，那种地形学的景点特征消失了，虽然画面的细节仍然真实和细腻，但整体的结构和意象则要更理想化，民族主义的含义才有可能得到表达。

这种综合性手法甚至可以超越新英格兰和美国的范围，在其他地域的风景描绘中表现美国的民族情感。丘奇的南美风景画就是很好的例子。前面我们已经了解，在洪堡著作的影响下，丘奇 19 世纪 50 年代曾两次到南美洲旅行写生，其结果是他 1859 年完成的《安第斯腹

---

① Angela Miller, *Empire of the Eye: Landscape Representation and American Cultural Politics 1825-75*, p. 168.

地》（图 5.32）。这件作品的尺幅再一次超过了丘奇本人的记录，达到
3.3 米长。更重要的是，它表现了南美洲极为丰富的景物细节，极为
宏大的空间、充满动力的瀑布、山川、光色和云雾。画家为这件作品
单独做了一个展览，这同样引起了强烈反响。①和《尼亚加拉》一样，这
件作品也被送往伦敦展出。当从伦敦运回时，《大都会艺术杂志》声称，
美国艺术画派不是在形成中，而是已经形成了：

    近来我们的艺术家创作的作品无与伦比，表现在新颖性、表现的
力度、对自然的特征和情绪的精妙的再现。精神的粗犷，性格化的自
由，强烈的个人性，有时候还有某些夸大的效果，它们依然充满同情
和感觉，对自然的欣赏如此细腻，充满和谐，如此理想能使得热情主
义者满意。我们人民的信心、自由、慷慨、雄心壮志在艺术中得到了
表达。它现在在国外和国内都理应获得认可和赞赏。②

    评论者在这里没有谈及南美洲题材，而是强调的画面的力度、粗
犷、雄心。用安哥拉·米勒的话来说，《安第斯腹地》从整个美洲的
范围寻找到了属于美国的一种根本特征——"荒野"："他剔除了引
起特定联想的景物，选择那些从整体上表达美国纯粹荒野特性的题
材……通过强调美洲景色荒野性，丘奇把他的隐秘的对话从地区之间
转移到美洲和老世界之间。"③不过，这种综合风景并不总是受到好评。
和《尼亚加拉》相比，这件作品虽然画幅更大，内容和细节更多，甚
至包含了画家对洪堡的仰慕和对科学真理一丝不苟的表现，但是受到

---

① 1859 年，弗里德里希·安德文·丘奇在纽约百老汇大街的工作室完成并展出了《安第斯
腹地》。经过精心布置，画室改造成剧院效果。这一展览获得了巨大成功。各大报纸争相报道，
成百上千的观众挤在入口处等着购票入场，以至于警察不得不维持秩序。爱默生声称这是他所
见到过的最杰出的创造。芭芭拉·拉希特断言，《安第斯腹地》成为整个 19 世纪美国绘画最著
名的绘画作品。一个评论家说，他可以把此画中的每一样植物看成是科学的名副其实的样本。
丘奇试图向观众展示安第斯山的真实情境和科学的精确性。马克·吐温对此惊叹不已，透过观
剧眼镜，他能辨别路边的花草和树上的叶片，甚至最细微的物体都描绘出了清晰的特征。欧文
称该作品"宏大的效果和精微的细节兼而有之"。

② Sarah Burns and John Davis, *American Art to 1900, A Documentary History*, p. 464.

③ Angela Miller, *Empire of the Eye: Landscape Representation and American Cultural Politics
1825-75*, p. 203.

的争议也比前者多，主要的问题就在于这种综合性。①

第三种表达方式是前面提到的"前景"（Prospect）。前面曾谈到"前景"概念及其表现民族主义观念的作用。虽然它不是美国画家的独创之物，但在这里无疑得到了充分的利用。科尔有不少作品都具有前景特征，丘奇则是这种模式更广泛的使用者，其最精彩表现是画于 1860 年的《荒野的黄昏》（图 5.33）。这是辉煌和壮丽的荒野景象，夜幕将要降临，近处的山林和蓝天都被夜晚的阴冷笼罩。然而，正是远景中的落日，那金色阳光依然放射出余晖，天空的血红色云层把河谷的宁静水面染红了，颇有"泣血残阳"的意境，画面充满了荒凉、孤寂和悲壮之气。丘奇的朋友柯蒂斯（George William Curis）在《哈伯周刊》撰文说，在作品中能够发现一种纯化了的"原始孤寂的深刻情感"。②这种情感和美国的国家情感也是相关的。考虑到这是一个特殊时期——美国内战的前一年，克雷文（Wayne Craven）说："除了作品的自然主义效果，这件作品依然是耐人寻味的：艺术家的目的是不是为了赞美美国的纯粹的单一的荒野呢？它是一种文明进步过程中伊甸园终结的隐喻吗？或者，它是不是暗指美国曾经经历的辉煌时代的结束？"③

第四种民族主义表现方式则是"历史象征风景"。用风景画委婉地表达画家对历史事件和社会生活的态度，把风景画上升到历史画的层面，这是科尔一贯坚持的主张，丘奇也继承了这种原则。画于 1862 年的《科多帕西》（Cotopaxi）（图 5.34）就是这种风景的典型体现。画面题材来自画家南美旅行时期看到的科多帕西活火山，但是在这件作品中火山具有了历史性的含义，它让人情不自禁地想起当时

---

① 比如，1864 年《论坛报》（Tribune）文章批评："在比尔斯泰特的落基山脉对面挂着《安第斯腹地》，很多人认为是丘奇的最好作品。我们对此不敢苟同……如果他没有在一所差学校训练过，其结果比他目前要好得多。这不是一件好作品，因为他没有一种有价值的描绘动机，而是一种不连贯的偶然拼凑。他的观念里没有任何真理，被蹩脚地表现出来的只不过是一种惊人的、耸人听闻的效果。"该文章赞扬尼亚加拉："远比《安第斯腹地》要好，美国人最伟大的风景画是《尼亚加拉》。这件作品似乎穷尽了艺术家的能力，因为它没有后来者……遗憾的是，从此之后他只是增加了一件遗憾又一件遗憾。"（David C. Huntington, *The Landscape of Frederic Edwin Church, Vision of an American Era*, p. 273.）

② John K. Howat, *Frederic Church'* Yale University Press , 2005, p. 100.

③ Wayne Craven, *American Art: History and Culture,* McGraw Hill companies, 1994, p. 209.

图 5.33 丘奇《荒野的黄昏》(1860)，
101.6 cm × 162.6 cm，
纽约大都会艺术博物馆

图 5.34 丘奇《科多帕西》(1862)，121.9 cm ×
215.9 cm，底特律艺术协会

刚刚爆发的南北内战。火山爆发产生的浓重烟雾遮盖了阳光，一片充满了希望的蓝天现在笼罩在阴沉的烟雾中。近景中一条呼啸的大河从中间奔腾而下，把整个大平原一分为二。画面的地平线也几乎处于高度的二分之一处，同样也是一种分裂的象征。画面充满了风景要素的分裂和对立以及画面的忧郁和气氛。现代学者一般把这件作品看成是美国内战时代社会状态和情绪的隐喻。米勒指出：

> 通过赋予《科多帕西》以社会的象征主义，他试图建立与历史画相抗衡的风景画（类型）。画面中每一种因素都承载着特定的道德价值……两种自然现象（日出东方和火山爆发）的并行对抗和国家舞台南北之间社会、道德、军事的对抗遥相呼应。从 19 世纪早期，火山爆发就被比作轰炸和炮火齐鸣，同时他们的烟雾和火焰让人想起战争的恐怖。太阳被遮蔽只是暂时的；他的光穿越周围的昏暗，把其光亮反射到中景的湖面上。风景的绿色则证明了复兴的力量。[1]

考虑到内战时期的社会背景，这种象征所表达的民族主义确实到了最困难的时候。不过也正是在这个时候，丘奇反而更直接和强烈地在风景画中传达国家观念和社会情感。对当时的人来说，画面更多是忧郁的，充满了深重的悲情色彩。比如布莱恩特就把它联想到基督教

---

[1] Angela Miller, *Empire of the Eye: Landscape Representation and American Cultural Politics*, p. 133.

的《启示录》，是上帝要对国家和世界实践他的末日审判。[①]值得注意的是，这种丰富的情感体验和混杂的内涵是画家采用新的表现语言实现新的表现力之后获得的，那就是色彩。从19世纪60年代开始丘奇画面中的色彩感觉愈加强烈，而对物象细节的描写则有减弱的趋势，这种趋势到了70年代则更加明显。同时，随着色彩的强化，画面的感受性也越来越强，而荒野自然的感觉则在逐渐消退。这种现象有着深刻的审美和艺术转型的根源，本书第六章将对此作具体讨论。

3. 落基山画派和西部荒野

落基山画派一词来自艺术史家弗莱克斯纳。1962年，他用该词概括一些专门用大画幅描绘落基山景色的画家，代表人物有比尔斯泰特、希尔（Thomas Hill）、基思（William Keith）、莫兰以及魏玛（Charles Wimar）。[②]巧合的是，这些画家都生于欧洲，并且经过专业训练，这和丘奇是不同的。这里研究的重点不是评估落基山画派的民族性，也不是细数画家生平，而是试图回答：落基山画派怎样表现了西部荒野？这个问题可以从下面几个方面进行讨论，其一，西部荒野的典型性和特殊性；其二，落基山画派与西部探险之间的关系；其三，落基山画派风景画的"崇高"特征与欧洲艺术的密切关系。考虑到比尔斯泰特的重要性和典型性，我们可以主要以他的艺术创作和作品为例展开讨论。

从地理分布来看，落基山画派画家的作品其实并不仅仅局限于落基山脉地区。从图中可以看到（图5.35），落基山脉是纵贯北美西部的最主要山脉，北部一直到达加拿大西北的育空（Yukon）地区，往东南则延伸到美国南北的新墨西哥州。在美国境内深受该山脉影响的

---

① 参见: letter, Bryant to Richard H. Dana, 1865, Biography of Bryant, 2:228, quoted from Angela Miller, *Empire of the Eye*, p. 135.

② 托马斯·黑尔（1829—1908）以描绘约塞美蒂风景闻名。1841年来自英国伯明翰，1861年到旧金山，画肖像和西部风景。之后曾到巴黎，最后回到旧金山定居。威廉·基思（1839—1911），生于苏格兰，1850年移民到纽约，1859年到加州定居。曾短暂到慕尼黑和杜塞尔多夫学习。和约翰·穆尔交厚，与因尼斯相识。善于以巴比松风格画西部风景。查尔斯·魏玛（1828—1862），生于德国，1843年到圣路易斯。与印第安人交往并以此为题材。1852年至1956到杜塞尔多夫学习，之后回密苏里，描绘西部题材，特别是画印第安人的生活场景。

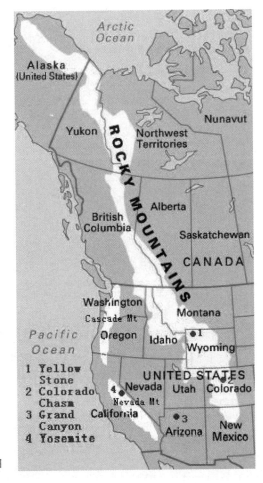

图 5.35 | 落基山脉分布图

州被称为"山地州"（Mountain States）。^①这并不是西部唯一的山脉，其实在西部沿海地区还有一条南北走向的山脉，北部为华盛顿州和俄勒冈州的卡斯卡兹山脉，南面为加利福尼亚州的塞拉内华达山脉。在这条山脉和落基山脉之间形成了极为广大的高山盆地区域，而被西部画家描绘的最重要的景点则是分布在这片广阔的土地上。比如图中所

————————

① 所谓"山地州"包括 8 个州：蒙大拿（Montana）、爱达荷（Idaho）、怀俄明（Wyoming）、内华达（Nevada）、犹他（Utah）、科罗拉多（Colorada）、亚利桑那（Arizona）和新墨西哥州（New Mexico）。

示，黄石公园是在落基山，而知名的约塞美蒂则是在内华达山脉，而大峡谷则是处于两座山脉之间更靠近内华达山脉的亚利桑那州的荒漠地带。

上述西部山脉占据的高山地区构成了地理学意义上美国真正的荒野。这里是美国最不适于人生存的荒野地带。高山盆地遍布着寸草不生的原始荒漠；这里有极端的温差，地形险峻恶劣，冬季漫长，很多地方甚至终年积雪。[①] 由于这些原因，这里很难适合人居住，因而避免了文明对它的过早侵入。其实，直到 1850 年，大多数西部山脉还是荒无人烟的地区。欧洲的阿尔卑斯山脉之所以容易成为审美的对象，是因为它在分布上的集中性，山脉南北距离城市都不远，因而荒野成为人力能及之地。落基山和内华达地区则不同，它们和东部沿海文化中心之间隔着无边无际的大平原。这对艺术家没有吸引力，即使能穿过平原到达西部山区，也会面临生存的危险。形势改变是在 1849 年。加利福尼亚发现黄金的消息很快引发了一场持续的"淘金热"，加利福尼亚沿海成为人群聚集地，除了海洋路线外，东部移民者开发了著名的"加利福尼亚小路"，从密苏里河跨越落基山，沿着河道和山谷辗转到达这里。这条小道为西部山脉荒野进入艺术家的视野创造了条件。

从某种意义上来说，落基山画派的出现是西部扩张和西部探险的结果。如前面所讨论的，美国 19 世纪历史可以说是西部扩张的历史。建国之后的美国不满足于东部沿海的狭长地带，很快就投入到西部扩张的运动中。[②] 为了对西部加深了解，为了服务于军事扩张、殖民垦荒、勘探经济资源等目的，美国政府组织了很多次大规模的西部勘探活动。这些活动有着政府的军事和物资支持，有着详细规划的路线和安全保障，提供了比个体旅行更为可行的进入西部荒野的途径。而落基山画派画家的西进就是借助这种活动实现的。比如比尔斯泰特

---

① 内华达夏季的温度夏季最高能达到 52 摄氏度，晚上最低则能达到零下 46 摄氏度；怀俄明以北的黄石地区地形复杂，火山、激流、峭壁、野兽遍布，危险重重；这里有漫长的冬季，很多地方终年积雪，平均厚度达到 38 厘米以上。

② 相关论述见第二章第一节第三小节。

1859年的第一次西部旅行写生就是跟从了著名的"兰德探险队"；[①] 托马斯·莫兰 1871 年的西部之行则是跟从了由 50 人构成的前往黄石地区的"海登地质勘探队"。[②] 当然，除了这种客观上的支持，更重要的还是美国艺术家天生具有的一种冒险精神。正如塔克曼所说：

> 冒险是美国艺术家生活中的一种充满了强烈热情和兴趣的因素。从奥杜邦独自一人在森林中的漫游，到丘奇在安第斯山脉的朝圣；或者布拉德福德在拉布拉多海岸冰山下面的追寻，他们的记录充满了拓荒者的雄心和艰苦的探索。[③]

比尔斯泰特的两次旅行是画家冒险经历的生动写照（图 5.36）。图中显示了比尔斯泰特两次西部山脉旅行的线路图。可以看到，第一次跟随兰德探险队只是沿着北普拉特河（Platte）到达怀俄明就返回了。更艰险和漫长的是第二次画家和朋友一起的私人探险。从内布拉斯加就从南普拉特河支流逆流而上转道去了科罗拉多，到达了这里知名的派克峰，然后绕到怀俄明进入征战不断的犹他地界，经荒凉而漫长的内华达盆地，穿越塞拉内华达山脉到达了加利福尼亚平原，然后沿着圣礼河（Sacrament River）北上进入俄勒冈，一直到了华盛顿地界知名的胡德山（Hood）、达尔斯山（Dalles）、圣海伦斯山（St. Helens）、亚当斯山，然后经海路南下到旧金山。在这里，他们沿着圣华金河（San Joaquin）到达了约塞美蒂，然后回到太平洋沿岸南下绕回。整个路程从 3 月份出发一直到 8 月份，持续了半年时间。中间不仅经历了许多密林幽谷、野兽出没的无人区，而且还经过了曾经发生过种族冲突和杀戮的印第安人、摩门教以及东部移民混杂居住的地带，危险的阴影一直伴随着旅行者。

---

① 弗里德里克·兰德（Frederick W. Lander）是一名从事市政工程设计的部队军官，受美国政府雇佣，他西部之行的目的是为了建设跨大洲铁路而寻找和选择一条通往太平洋海岸的道路。

② 斐迪南·海登（Dr. Ferdinand Vandeveer Hayden, 1829 –1887），是一名地质学家，美国国家地质勘探局的主管，这次勘探的目是对黄石地区作科学考察。这次考察结果和莫兰的黄石风景画促成了美国第一个自然保护区的建立。

③ Henry Theodore Tuckerman, *Book of Artists,* p. 389.

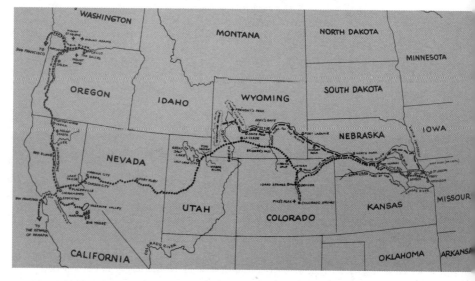

图 5.36 | 比尔斯泰特西部旅行写生路线，1859 年和 1863 年，摘自 *The Art Bulletin*，
1964 年 9 月。

　　比尔斯泰特的旅程跨越了西部最重要的两座山脉和之间的荒凉原
野，所以他印象中的西部是丰富多彩的，有高山，也有平湖；有草原，
也有荒漠。不过，所有西部景色的总体特点无疑则是"宏大的荒野景
观"。如何表现这种景象？从比尔斯泰特的作品我们看到，他同意采
用富有浪漫主义意味的想象和组合的特点，但是他的想象力和组合的
方式与丘奇则十分不同，从他的作品中我们可以发现这一点。

　　《落基山脉，兰德峰》（图 5.37）描绘的是怀俄明境内的一座山
脉。1859 年比尔斯泰特跟从兰德探险队第一次西行过程中见到了这
里的景象，回来后画了此画。1862 年，兰德上尉在内战中死去，比
尔斯泰特为了纪念他，给这座山峰取名为兰德峰。图 5.38 是兰德峰
的实地照片。从中可以看出，虽然这座山峰在周围环境中确实高出一
筹，但是照片效果和比尔斯泰特所描绘的景象可以说完全是两码事。
油画中显示的空间和景象远远大于照片中的景象，虽然前景的草场并
不很大，但大空间在远景和中景山脉中却一览无余：重峦叠嶂，山重
水复，主峰耸入云霄，令人叹为观止。这显然不是对现实视觉对象的
再现，而是画家对所见风景要素的重新构造。塔克曼曾这样评价这幅

图 5.37 ｜ 比尔斯泰特《落基山脉，兰德峰》
（1863），186.7 cm × 306.7 cm，
纽约大都会艺术博物馆（见彩图）

图 5.38 ｜ 苏打湖和兰德峰照片
（Soda Lake and Lander Peak）

作品：

　　其精确的细节被所有那些到过这个地区的人认可；这个景色的新奇和宏大，和这幅画用于处理山脉宏大性的虔诚和力量，他们的形式和结构，树木的特征以及崇高空气透视，使得这幅画成为第一件对宏大和远距离风景的绝妙再现。[1]

　　从崇高大景和想象重构来说，比尔斯泰特达到的效果完全可以和丘奇媲美。因此当作品在 1864 年展出的时候，评论者认为丘奇遇到了强有力的竞争对手："现在，广受公众青睐的丘奇出现了一位竞争者，比尔斯泰特。"[2] 显然比尔斯泰特的风景是丘奇宏大风景风格的进一步发展。但是，对比一下画面效果就会发现他们之间也有很多不同。从《落基山脉》可以看到，比尔斯泰特画面几乎是由两部分组成的：近景和远景。近景是一片浓重暗色，如同笼罩在阴影中一般，而远景则是明亮的色调，仿佛被薄雾或面纱覆盖了一样，历史学者称之为"空气透视"之法（aerial perspective）。正是由于这种强

---

[1]　Henry Theodore Tuckerman, *Book of Artists,* p. 389.

[2]　在芝加哥展览中，这件作品以 2.5 万美元的价格卖出，远远超过了几年前丘奇《安第斯腹地》售出时候的 1 万美元的价位。（Gordon Hendricks, *Albert Bierstadt: Painter of the American West*, Harry Abrams, Inc. 1974, p. 144.）

烈的对比，使得画面产生了宏大的空间感和深度感。和照片比较就会发现，这只是一种"手法"，而非真实的视觉体验。相比之下，丘奇很少采用这种夸大的虚实对比，实际上他的后景山峰常常是画面的主角，前景则相对简略。另外一个特征是，这件作品主要依靠的不是色彩而是明暗。画面的前景草地、中景森林和远景山脉形成了灰黑白的明暗结构，每一部分都好像在用单色塑造物象，因此画面虽然真实但似乎却显得清冷和单调，这和丘奇崇尚的五彩斑斓的天空云霞是完全不同的。

比尔斯泰特风格和他的艺术经历有关。他生于德国索灵根（Solingen），幼儿时代跟从父母来到马萨诸塞州新贝德福德（New Bedford）；更重要的是他从 1853 年开始有四年时间回到德国杜塞尔多夫学习绘画和到欧洲各地旅行写生，这对他的艺术语言和观念产生了巨大的影响。阿尔卑斯山的崇高雪山，意大利的优美平原都成为他脑中挥之不去的影响。因此当他来到怀俄明面对美国的荒野景观的时候，心里涌现的依然是对欧洲的回忆："这儿的山十分完美；如果从平原上看，他们就像伯尔尼（Bernese）的阿尔卑斯山；它们的花岗岩结构和瑞士山脉相同，陡峭的山峰白雪皑皑，耸入云霄；杨树林、数种冷杉和松树排列在河岸上；一簇簇的岩石魅力十足；印第安人的生活和百年前一样，现在正是描绘他们的时候；山峦的色彩如同意大利；起伏的大平原覆盖着鼠尾草和不同的灌木丛，溪流边上有成排的柳树。"[①]这种联想使得比尔斯泰特所描绘的西部山脉和阿尔卑斯山不分彼此，正是由于这一点，弗莱克斯纳才戏称如果画面中没有野牛和印第安人，他的风景完全可以称之为瑞士风景画。当时的评论者已经意识到比尔斯泰特艺术中的欧洲基因，比如塔克曼就把其风景画称为对杜塞尔多夫画派历史画的挪用：

如同洛伊策（Emanuel Leutze）的历史画，比尔斯泰特是杜塞尔多夫画派在风景画中的真正体现者。知识性可以说是这一画派画家的特别倾向；和所有的德国艺术家一样，他们在形式和构图方面都是优秀

---

① 见比尔斯泰特 1858 年 7 月 10 日笔记。（Henry Theodore Tuckerman, *Book of Artists*, p. 389.）

的工艺师、专家，但是色彩却常常生硬和干燥；他们富有思想，但缺乏西班牙和意大利画派的感受性因素……比尔斯泰特成功的原因之一是，杜塞尔多夫风格在这里是新奇的，尽管在海外十分熟悉。①

　　弗莱克斯纳从这几个方面讨论了他的特点和弱点。其一，没有把握气氛、地质学、叶簇的当地细微特征，因此并不能表现出真实的地方风景特征。相反，他喜欢的是夸大自然母题，通过特定手法创造宏大的视觉效果。其二，他和丘奇一样也喜欢戏剧性的光线效果，但是他的效果却不是来自自然观察和写生，而是画室构造的结果。这种构造之法，也是一种源自杜塞尔多夫画派的手法。比如前景人物或动物得以精细描绘，前后景的对比，都属于这种手法类型。其三，他的色彩也不是观察到的，而是用某些法则构造的。②总而言之，在弗莱克斯纳看来，比尔斯泰特的艺术从内容到形式都远离了哈德逊河画派的特征，不是真实于自然，而是依从于法则和德国传统。

　　1864 年之后，这种人为性随着比尔斯泰特名声日隆也日趋明显。画家似乎只是为了创造惊人的大场面和大空间以博取观者惊叹，但是场面真实性却越来越差。比如 1867 年《约塞美蒂隆丘》（图 5.39）画幅达到 5 米以上。画面看上去有一种宏大和极度深远的感觉，这种效果是通过前后层次和母题的对比造成的。最重要的对比依然是近景平地和中景从天而降的瀑布和悬崖，这种巨大反差使人产生高不可攀的感觉。而远景处隆丘则处于空气透视的虚无朦胧之中，以便造成深度感觉。色彩同样十分简单，天空的光线是一种刺目的白光，山峰则是朦胧的银灰色，近景的草地则是缺乏变化的绿色。虽然这种大效果具有视觉上的震撼力，但如果和 1863 年的《落基山脉》相比，就会发现那种具体感和厚重感越来越少了，画面更单薄了。这件作品展出后，在惊叹、赞美的同时也隐含某些疑惑和批评。费城的报纸称赞该作品是"在这个国家见过的最好的风景画"。③《而阿尔比恩杂志》

---

① 　Henry Theodore Tuckerman, *Book of Artists,* p. 392.

② 　James Thomas Flexner, *That Wilder Image: The Painting of American Native School from Thomas Cole to Winslow Homer.*, pp. 296-297.

③ 　Gordon Hendricks, *Albert Bierstadt: Painter of the American West,* Harry Abrams, Inc. 1974, p. 165.

图 5.39 | 比尔斯泰特《约塞美蒂隆丘》（1867），294.6 cm × 502.9 cm，
佛蒙特圣约翰斯伯里图书馆（见彩图）

（*Albion*）文章评论说：

　　一眼看去，观者被景色所描绘的绝对宏大占据，只有在重复观看之后，判断才不被偏见所蒙蔽，才能更加清醒地看清这件作品实际上是一幅精巧构造之作。我们不能断言这里有多少理想化，或者说在这令人印象深刻的画面中有一种自然诗的因素。尽管给出了一些真理，有一些令人惊叹的技巧，但是它却包含了这个画家曾经学习过的画派的太多生硬的东西。①

　　尽管如此，比尔斯泰特对表现美国荒野的贡献也是不可抹杀的。他第一次全面和强烈地向纽约和新英格兰人展示了西部大自然的宏大和瑰丽，把西部荒野引入到美国风景画家的表现范围，在美国进一步

---

① Gordon Hendricks, *Albert Bierstadt: Painter of the American West.*, p. 164.

发展了"荒野审美"的趣味和艺术表现。实际上，即使他的大画幅风景也是内战前后美国社会审美趣味的体现。《约塞美蒂隆丘》是1866年左右他所接受的一系列官方订件的一部分，从公众或者官方角度来理解，他的作品因其空间和景色的宏大性十分适宜在公众建筑中悬挂，是美国国家精神的绝佳体现，因而是19世纪美国民族主义审美价值的生动注脚。

　　另一位值得一提的"落基山画派"画家是托马斯·莫兰。比尔斯泰特和莫兰形成了有趣的类似又有区别的映衬关系：二者都生于欧洲然后移民到美国，他们的艺术都深刻受到了欧洲艺术的影响，都以表现空间宏大的西部山脉为主题，作品都曾被政府购买和收藏，成为西部风景和国家艺术的代言人。不同的是，前者活跃于19世纪60年代，莫兰则崛起于70年代；前者求教于德国杜塞尔多夫，后者则学习透纳。从1873年的《科罗拉多大峡谷》（图5.40）可以了解莫兰风景画的特征。[①]大峡谷的特点可以说是大空间景观的生动写照。一方面它发生在一望无际的高原之上，这决定了大峡谷外部空间的宏大性，由于没有山峦阻挡，在视觉上有一望无尽的感觉。另一方面，大峡谷本身则是悬崖绝壁耸立密布，峡谷幽深，河流奔腾，具有极为崇高和壮丽的审美特征。莫兰绝妙地把握了这种效果。画面中的远处断断续续的地平线和进程平台形成的水平线加强了空间的广阔感觉。将近4米的大画幅可以容纳无数的陡峭山峦。特别值得注意的是画家还描绘了天空升腾的云朵和峡谷之间缭绕的云雾，很明显是画家主观想象的产物，也是对透纳浪漫主义风景感觉的一种体现。当鲍威尔本人看到这幅画的时候评价说：

　　只有强劲的手臂才能挥动画笔完成这件作品。莫兰真实表现了大峡谷的形式、色彩以及云雾的深度、宏大、遥远，不过，他的画并不只是为了讲述真理。前景中忧郁的阴影，远处的光芒，从深沟中升腾而起的巨大云团，隐藏在悬崖和裂谷中的雾气，所有这些都有机的组

---

① 科罗拉多大峡谷位于亚利桑那州，是发源于科罗拉多州的一条大河长期冲刷腐蚀下在落基山西部凯巴布高原上形成的地理奇观。

图 5.40 | 莫兰《科罗拉多大峡谷》（1873），214.3 cm × 367.6 cm，
华盛顿史密森美国艺术博物馆（见彩图）

织在一起，构成了最为宏大和生气勃勃的图像 ①

　　实际上，19 世纪 70 年代风景画已经开始发生改变，哈德逊河画派到了尾声，表现主观感受、强调色彩表现力、淡化荒野特征的法国风景风格开始影响美国画坛。在这种背景下莫兰的崇高荒野风景被国家收藏，这意味着宏大风景的民族主义内涵已经成为美国人风景美学的一种观念。正如莫兰晚年回忆自己的艺术历程时候说的："在艺术中有一种国家主义是毋庸置疑的。艺术产生于画家对他自己生存环境的理解和热爱，一个外国人是不可能在内心中充满其他国家大自然的精神气质。"② 这一点正是莫兰和比尔斯特特的不同之处。后者心灵中挥之不去的欧洲情节和风景印象限制了他对美国荒野景观的理解，而莫兰则把自己的艺术真正变成了美国人的艺术。不过即使如此，他们对宏大空间的创造都触及了美国人自然体验的核心之处。

①　http://www.isu.edu/~wattron/OLMoran2.html

②　http://www.pbs.org/wgbh/amex/canyon/peopleevents/pandeAMEX04.html

三、透光风格小景和超验主义文化

世纪中期美国荒野审美在"远观"和"远行"的自然体验中形成的"大空间"意象不仅仅体现于丘奇和比尔斯泰特等人的大画幅风景画，还体现于画幅相对偏小的透光风格风景画。如前面所述，这两种风景形态不仅仅是画幅大小的区别，还包含有审美趣味和内在精神含义的区别。相比之下，大景以一种喧嚣和动荡的气势表现了崇高审美特征，这种特征被用于美国上升时期民族主义的象征物；而小景则以一种宁静和内敛的笔调表现了超验主义内涵，它与美国的宗教和哲学有着不解之缘。对本研究来说，两个特别值得关注的问题是，小景是如何表现了美国荒野的大空间？应该如何对这种风景作超验主义的解读？从某种意义上说，透光小景是要超越自然的物理表象，追求风景的超验含义，它实际上是美国荒野风景画发展的最终结果。

1. 超验主义与透光小景

透光风格小景的特征前面已有所涉及，但它的审美内涵尚没有作专门讨论。透光小景有多种属性，本研究中涉及的概念如远景、小画幅、大空间、荒野、崇高、清教神学、超验主义等概念在透光风格小景中皆融为一体，对这些问题美国学者从不同的角度均有所涉及。笔者试图从荒野远景出发对此重新梳理，在如下几个方面论述。首先是超验主义的视觉含义，它本身就包含着大空间和远景的特征。然后是超验主义的来源：如果说荒野大景是"崇高"的，那么这种超验性与崇高性有何关系？最后分析透光小景的特征："宁静"和"开阔"，这种特征需要特殊的画面构图和营造方式。

透光风格研究专家威默丁曾这样概括美国荒野、光、大空间、美国清教宗教传统以及超验主义之间错综复杂的关系：

美国荒野明显的、精神的美丽——美国之光的魅力，从欧洲最早的殖民者跨越大西洋的时候就感觉到了。几乎从一开始就融入了一种真正的巨大空间（先从海上然后从陆地上）、西部落日的金色光芒以及新大陆精神和物质的含义。因此西边发光的地平线承诺了这个世界的金色希望。在人的世界呈现的救赎和神圣意识被清教神学激发起来，然后被超验主义复活了。[1]

根据学术传统，本文采用了"透光风格"一词指称这种小画幅风景画。不过，透光一词容易引起误解，因为我们强调的是空间而不是光。[2] 从光的角度来区分小景和大景就把真正的问题隐藏了，美国美术史界围绕着透光风格引发的多次辩论就是由于这种划分角度造成的。大景画家同样重视光和色彩，对光的重视和对审美趣味的重视是两码事。问题的关键不是光而是空间。要用最简洁的语言概括透光风格小景的特征的话，两个词最为合适：宁静和开阔。威默丁提出，巨大空间是早期殖民者的自然体验，它融入了美国清教神学和超验主义哲学。这种观点为思考透光小景的内涵提供了线索。

超验主义是 19 世纪 30 到 40 年代在新英格兰地区在清教神学基础上发展起来的一种哲学观念。虽然其目的不是宣扬自然美学，但是在对自我超越的解释中描述和赞美了人的自然体验，把"宁静"和"宽广"的大自然看成是获得超越和神圣性的圣所。[3] 当用超验主义为透光风格做注解的时候，诺瓦克引用了爱默生的一段话，这段话出自《自然》中的一段文字：

> 站在空旷的大地上——我的身心浸润在愉悦的空气里，被提升到无限的空间中——所有低劣的自我主义都消失了。我变成了一个透明的眼球；我什么都不是；我能看到一切；宇宙存在的洪流穿透了我；我是上帝的一部分……在荒野之中，我发现了某种比在大街和村镇上更

---

[1] *American Views : Essays on American Art* , p.69.

[2] 就字面意思来说，luminism 指和"光"有关的风格，其字根 lumi- 来自拉丁文 *lumen*，即 light。因此，在日常用语中人们可以把任何突出"光"的艺术，比如印象派、安塞尔·亚当斯的摄影、现代灯光艺术等等统称之为 luminism，或称"光的艺术"。2010 年版本《大英百科全书》对这种绘画的形式特征解释是："画面光滑圆润，色彩清冷而透明，精微的细节描写，物象被光线映照；天空常常占据构图一半以上。"参见笔者论文："透光风格：一种美国风景画概念的学术史考察"，载《美术》，2011 年第 3 期。

[3] 超验主义的目的是为了反对普遍的社会和文化状态，特别是哈佛大学的理智主义（Intellectualism）和一神论（Unitarian）神学，认为人和自然的本质都是好的和善的，社会和宗教组织是堕落的根源，人只有自我依赖自我独立才是最高的。

加可爱的事物和更加内在的本质。在风景的宁静之中，特别是在远处的地平线中，人们看到了某种和他自己的本性一样美丽的东西。[①]

《自然》有很多这种关于地平线、宁静、远观的叙述："正是这种无边无际的大海图像，或者是其叙利亚夏日的慵懒，越来越敲响我们思想意志力的心弦，为我留下的只有永恒的观看、永恒的宁静和永恒的感动"；"眼睛的舒适需要一种地平线，有了它我们将永不疲劳，只要我们能够看到足够远"；"在地平线上有一种品质，只有那种能综合所有部分的人的眼睛才能够拥有它，那就是诗人"；"我所见到的每一次落日都激发我去遥远的西方，到达太阳降落的地方。它每天都往西方迁移，吸引着我们跟从它而去。他是这个国家都效仿的伟大的西部先驱。我们整夜都梦想西部地平线上的起伏山峦，尽管它们也许只不过是被阳光镀金了的蒸汽。"[②]他所理解的自然比文明社会更加纯粹和完美，这和美国风景画家"原始伊甸园"的景象是一致的。爱默生特别强调了这种自然的荒野特征，它的"无限空间"和"宁静"。不仅如此，在他看来这种荒野是使人理解自己本性和上帝精神的理想所在，人所需要的是一种新的感知方式：走进自然，人与自然融为一体，在融合中消失了自我，人因而变成自然的一部分。空间与宁静有何关系？鲍威尔指出："宁静是沉思的状态，强化沉思性观念需要一种对空间的强调。"[③]虽然在蜗居和文明的环境中也可以进行沉思，但超验主义追求的是人与自然对话和交流的沉思，其目的是通过大自然的"无限"和"宁静"获得对超验精神的领悟，因此只有在大空间荒野中才有可能实现这一点。

超验主义作家梭罗同样也赞美荒野自然的"宁静"和"辽远"。他曾这样宣称："平静！安宁！没有风的时候在湖面上有一种宁静……这就是我们想要的。宁静会使我们获得心灵的健康和纯净，不是通过鸦片，而是通过无意识地遵循存在的法则获得这一种心灵的状

① R. W. Emerson, *Nature*, Boston & Cambridge: James Munroe & Company, 1849, p. 8.
② R. W. Emerson, *Nature,* pp.8-12.
③ Earl A. Powell, "Luminism and the American Sublime", in John Wilmerding, *American Light*, p.72.

态。于是我们变成了如同宁静湖水般的最纯洁的晶体，无需努力我们在自身就能获得生命的深度。仿佛经历了世界中的一切，并携刻在我们的心灵深处，并如此的清晰！"① 在梭罗看来，宁静能让人获得心灵的健康和深刻，恰如他坚持的"荒野"是人类和文明的营养品一样。有趣的是，梭罗提出"远行"和"远观"获得远景的重要性："在思想的空间中能够到达大地和湖海的边际，在这种空间中人类来来去去。这种风景只存在遥远之地，最深刻的思想家是那种最远的旅行者。"② 威默丁解释说，在 19 世纪中期，"远景，无论是物质的还是精神的，是这个时期自然意象的重要因素。在散步的时候梭罗呼吁爬上一棵树来提高我们的视点，以便看到更加宽广和遥远的景色。值得一提的是，透光风格画家从不寻常的高视点找出远景"。③ 这种阐释很准确地说明了"辽远"或"大空间"的视觉和自然体验的根源，和远景的内涵是一致的。

超验主义是一种综合的审美观念，它融合了宁静和崇高，辽远和切近，这和透光小景也有高度的契合。

超验主义源自欧洲的神学和超验哲学传统，并在美国语境中得到转化。诺瓦克把欧洲崇高观念称为老的"浪漫—哥特式崇高"（Romantic-Gothick Sublime）。这种崇高是由伯克定义的，他把它理解为恐惧、阴暗和威严。在风景中崇高主要表现在宏大的山景，体验崇高需要一种主体审美性的反应。在大自然面前，观者自身如此渺小从而引发恐惧感，只有通过心灵对无限的暗示，联想起神圣和上帝，人才能把恐惧转换成对超验精神的赞美。19 世纪，这种崇高延续下来并进入美国。在世纪前期美国很多风景画和文学作品中，我们都能看到这种崇高观念的艺术体现。崇高观念之所以能被美国接受，是因为作为概念和意象它与美国荒野有很大的契合关系。"首先被未开化的东部荒野滋养，然后被威严的西部疆域孕育。其特征可以在哈德逊河画派很多作品中看出来。"④

---

① Laurence Stapleton, ed., *Henry David Thoreau, A Writer's Journal*, New York, 1960, p. 38.

② John Wilmerding, *American Views: Essays on American Art*. Princeton University Press, 1991, p.72.

③ 同上。

④ Barbara Novak, *Nature and Culture: American Landscape and Painting*, p.15.

实际上，崇高观念在某些方面也包含有超验主义的因素。崇高的宏大性和无限性与超验主义是一致的。伯克甚至还提出，微小在某种程度上也会产生崇高感，这和爱默生把自然看成是静谧之音类似。这种一致在康德理论中更加突出。康德提出了"超验"的概念，虽然和超验主义含义并不同，但对后者无疑是重要的启发。爱默生则主要通过柯勒律治和斯韦登伯格（Emmanuel Swedenborg）理解康德，不过他明确地承认对康德的认可："那个人（康德）思想的极其深刻性和精确性使得他的术语在美国和欧洲都大为流行，以至于任何属于直觉类型的东西都被时髦地叫做'超验'的。"[①]

崇高含义在融入美国文化的过程中逐渐发生改变。诺瓦克提出了"基督教化的崇高"概念，说崇高在美国：

> 被吸收进宗教的、道德的，经常还包含民族主义的自然概念之中，起到了修辞性掩护（rhetorical screen）的作用。老崇高是一种绅士保守的、贵族浪漫主义思想的反映。基督教崇高则是每个人都能获得的，是民主的、资本主义的，因而其社会影响就更广泛。于是，崇高含义的变化就内在地把风景变成某种作用于美国人思想的力量，加强了风景艺术家作为社会有用成员的身份。[②]

诺瓦克说的是世纪中期宏大风景画风格。但是，这种自然、国家、上帝融为一体的观念同样也适用于透光小景。透光小景传达的这种基督教观念不是传统的中世纪宗教，而是具有民主色彩和美国本土化的新教，即清教。新英格兰的清教传统深刻地融入到美国社会的方方面面，美国的民族主义和国家都被赋予宗教色彩。清教在 19 世纪新英格兰文化中转变成为超验主义神学，一种更加内在和微妙的自然神学。它强调在个体和自然之间直接建立联系，从而用直觉直接体验上帝精神的神圣性和崇高性。由此可见，超验主义是综合的，它内在地含有对崇高的诉求。

① Ralph Waldo Emerson, *The Transcendentalist,* from: Ralph Waldo Emerson, ed. Stephen E. Whicher, Boston, 1960, p. 198.

② Barbara Novak, *Nature and Culture,* p. 33.

正是由于这种综合性，透光小景通过超验主义也委婉传达了民族主义观念。①如果说崇高大景表达了乐观的民族主义意志的话，透光小景表达的则是对民族主义的反思和忧虑。透光风格出现于内战前后，内战造成了国家分裂、深刻的灾难、心灵的创伤。早先的激情和扩张似乎变成了虚幻回忆，现在整个社会遭受的深重痛苦和反思反而变得愈加真实。透光小景的阴郁、深邃和宁静可以说是这种社会动荡之后复归虚无的生动体现。透光小景在反思民族主义的同时，也意味着对它的消解。美国人对民族主义失去信心，荒野的民族主义象征性趋于衰亡。不过，这种新的荒野图像把自然体验转向了新的方向：从大自然的冥思中直接获得崇高和神圣的体验，现在，自然神学开始恢复它的价值。

正因如此，透光小景的宁静就并不意味着纤弱，而是在宁静和微小中暗含宏大和无限。表面上看，透光之宁静和崇高之壮丽十分不同，似乎意味着透光小景难以表现崇高之美。透光风格的研究者曾经认同这种观点。②但是，随着研究的深入，透光风格"小"和"大"之间悖论性的组合逐渐得到了认同。现在学界基本认同，透光小景借助一种委婉的手法传达了大的观念，不仅仅是风景空间之大，还在于它追求的超验精神境界之大。当主体穿越心灵和物质的屏障融入自然，心灵得到了极大的提升，从而获得了神学追求的神圣体验的崇高感。③

宁静能够到达无限和神圣，这既有传统原因，也有美国人自然体验的原因。基督教从中世纪就懂得在宁静中理解上帝和无限。比如

① 关于透光风格和民族主义的关系，可以参见安哥拉·米勒的的分析。她称之为"女性化的风景"，用内战和社会转型解释其意义。本书认可这种观点，但是认为从超验主义理解更为恰当，因此对"民族主义和透光风格"关系的讨论没有展开讨论。（Angela Miller, *Empire of the Eye,* p. 243.）
② 鲍尔 1954 年论文首次提出了透光风格的概念。他认为："美国民族性的透光风格引导写实绘画从莱恩和海德的描绘性写实主义走向温斯洛·霍默的视觉写实主义。"按照他的观点，这种风格被忽视是因为走了一条和崇高大景流行风格不同的道路。（John I. H. Baur, "American Luminism: A Neglected Aspect of the Realist Movement in Nineteenth-Century American Painting", from *Perspective USA,* autumn, 1954, pp. 90-98.）芭芭拉·诺瓦克同样质疑崇高大景，超验小景被推为民族艺术。（Barbara Novak, *American Painting of the Nineteenth Century,* Oxford University Press, 2007, p. 29.）
③ 诺瓦克后来的写作以及其他学者如鲍威尔的研究中，崇高和超验主义的关系得到重视，后者逐渐被理解为前者在美国语境中的一种变体和发展。

神学家麦斯特·艾克哈特（Meister Eckhart）从反对教会的立场提出上帝精神存在于个体精神之中，他强调"超然"，人要放弃自我和任何东西，通过这一点和"神圣自然的纯粹性"获得到达上帝的途径。[①]这种"超然"和在自然中到达神圣和纯粹的观念与 19 世纪的超验主义十分接近。艾克哈特被德国理想主义重新发现，爱默生也曾读过他的作品。可以算是超验主义的某种传统根源。

　　"宁静"在美国风景画中是和超验主义同时发生，重要的不是传统或者二者之间的影响，而是源自美国人真实的荒野体验。如前面所说，美国自然是多样化的，有崇高和动荡的高山云水，也有静谧的湖泊沼泽。甚至可以说，和西部山脉相比，东北部的新英格兰（特别是沿海和湖泊地区）主要特征并非崇高和动荡而是静谧和平坦。科尔在其 1835 年的文章中就提出了湖泊的宁静之美："这种湖泊带给人一种我们很少感觉到的崇高情感。这不是说那种陡峭的悬崖、辨识不清的幽深森林或者深不可测海水；而是说岩石、树木和水，充满了宁静的精神，自然宁静的能量激发了灵魂到达最深刻的程度……我并不是说那些湖泊总是宁静的，但是那种宁静是他们最重要的特征。有时候他们会有十分不同的表现，但是在那些景色中最丰富的音乐是那些被自然优雅之手弹响的音乐。"[②]

　　正是在这种意义上，鲍威尔（Earl A. Powell）认为传统的崇高概念开始具有了"无限"和"宁静"的含义："19 世纪早期这种崇高含义被扩展了，它开始能包容那种人在沉思无边的全景画的时候，和那种强调空间、无限和静谧幻觉的明媚风景的时候，所产生的精神宁静的感觉。"[③]超验主义哲学解释了这种艺术上"宁静"与"无限"的主观和神学根源，那就是人走进自然，体验自然的辽阔和无限，在人与自然的融合中获得一种超验的情感：

---

① 麦斯特·艾克哈特（Meister Eckhart, or Eckhart von Hochheim, 1260 – 1327），德国神学家、哲学家、神秘主义者，后被教皇约翰二十二世视为异端。

② Thomas Cole, "Essay on American Scenery", from Graham Clarke, *The American Landscape*, II, p. 337.

③ John Wilmerding, *American Light: The Luminist Movement 1850–1875*, p. 69.

崇高体验在这种融合中被转换，它通过一种新的风景形式表达出来；传统的崇高自然被一种超验的崇高感受提升了，这是一种根植于人对时间和空间内在感知的感受。于是，一种沉思性的自然景色替换了恐惧和壮丽，这就是透光主义艺术。这种艺术是一种深刻的现实主义，绝对的宁静在构图中占据一切，并与色彩之光产生共鸣。[①]

这里可以拿肯赛特《乔治湖》（图5.41）说明这种题材和风格特征。前面讨论远行和大空间时已经谈到了乔治湖代表的东部水域透明、清澈和宁静之美。肯赛特无疑是这种荒野特征的传达者。观者在他的风景中进入一个超尘脱俗的透明世界。原本普通的水泊和岛屿现在变的仿佛不再真实，镜子一般的空气和水面涤荡了所有的污浊和骚乱，变得如此纯洁和透明。清晰的山和岩石的轮廓线仿佛是抒情的旋律围绕着一动不动的水平线展开。没有强烈光照的明暗对比，也没有复杂的色彩变化，在均匀的阴郁光线中形象如剪影一般单纯。画面中没有人迹，人要想进入画面就要忘记自己的存在，把自我融入到山水之中，而这正是超验主义审美的本质。正如塔克曼评论的，他的作品展示了一种罕见的纯粹感受，一种精确和优雅，一种和谐，完美地与表现主题结合。[②]

通过上述分析，可以归纳出透光小景的几种特点。画幅：相对较小。小画幅有助于摆脱想象性的重构，以便表现大自然特定空间中的特定景象。主题：水面和天空占据画面主要位置，有助于传达空旷的空间感和纯净感。光线：均匀的冷色调光照，以避免强烈明暗和冷暖对形象的切割和情绪的跳跃。结构：水平线（如水平线和地平线）具有极端重要性，以产生辽阔的空间感和宁静的形式感。需要注意的是，透光风格有一个发展变化的过程。如斯特宾斯的划分，透光风格小景有两个时期，前期1855年到1865年之间的特点体现在形式和结构上，后期1865年到1875之间则体现在色彩上。因此，这里讨论"远景"主要说的是前期表现，这个时候无论大景还是

---

① John Wilmerding, *American Light,* p. 72.

② Henry Theodore Tuckerman, *Book of the Artists*, p. 511.

图 5.41 ｜ 肯赛特《乔治湖》(1869)，112.1 cm × 168.6 cm，
纽约大都会艺术博物馆

小景都具有大空间和精细的细节描写。到了后期，所有的风景画都
开始强调色彩，这意味着荒野表现主观化的趋势，这正是最后一章
要讨论的。

2.透光小景的表现方式

透光小景在形式和母题上有类似特征，但是个体画家有自己独特
的处理方式。这种独特性被下列事实加强了：不像大景受到时尚和
传统影响，小景画家更倾向于选择自己喜欢的主题和表现方式。因
此在描述透光小景的表现方式时，最恰当的办法是从个体出发，在
对具体作品的讨论中发现其个性和共性。这里要讨论的主要有三个画
家：肯赛特、莱恩和海德，同时参照同时代其他具有相关和类似风
格的艺术家。

前面研究近景时曾谈到肯赛特的一些作品，那是在杜兰德影响下
描绘的森林内部和岩石景色。实际上，肯赛特艺术远非单纯：他的艺
术生涯受到了各种来源的不同艺术观念和手法的影响，其风景画风格

和样式也一直在发展变化中，我们甚至可以从这种变化看到当时美国风景画趣味的转变。在 19 世纪 40 年代欧洲求学的时候，他用版画和油画模仿古代大师技巧，描绘意大利风景；1847 年回到纽约后开始跟从杜兰德到大自然中作近景研究。不过，当丘奇的《西岩山，纽黑文》、《新英格兰风景》获得巨大成功的时候，肯赛特也深受影响开始创作大空间风景画。比如 1851 年的《从北康威看怀特山》，其风格和丘奇就十分相近，表达了新英格兰山脉和平原开阔宏大的空间感。当然这种感觉是当时大多数美国风景画家都具有的。1844 年还在欧洲时他就抱有这种情感："我希望回到祖国的大自然中，那里充满了如画、宏大以及优美。我期待回到她那几乎没有边际的疆域里，在她伸展开的宽博手臂中，醉心于那辽阔的令人惊叹的风景中。"① 他希望在艺术中实现这种理想，为此，从 50 年代中期开始肯赛特风格开始发生变化了。他逐渐放弃了单纯的近景描绘，而是把岩石和树木放到开阔的背景中。画面常常描绘大片的海面，空间宁静而开阔，光线受到重视，形式、色彩和构图更加单纯。这些作品最具有代表性的有 1858 年的《什鲁斯伯里河》（图 5.42）、1864 年的《舰队开出巨岩》和《乔治湖》。

这些作品需要从客观和主观两个方面理解。一方面，画家把兴趣从山景转向水景的表现；另一方面，这是画家追求大空间的开阔和宁静趣味的结果。什鲁斯伯里河位于新泽西沿海，是由一道狭长的海湾半岛以及海岬包围在内的湖港区，这种景观既有辽远的大海空间，又有着宁静的湖泊性格。肯赛特准确把握了这种性格。画面中水面如镜，画面被大片的天水一色占据，深色海岬和右边角落的水草沿水平线展开，静静而孤立，进一步加强了画面的空旷和孤寂感。在景色的纯洁和透明中，静寂产生了一种诗意的情调，这被当时评论者看作一种宁静和甜美：

很久以来，肯赛特先生就被看成一位在处理宁静和甜美主题方面最成功的艺术家。他作品的单纯和真诚一直被批评家和艺术家称道，这些

---

① 参见: letter: *Kensett to Elizabeth Kensett*, 16, December 1844, Kellogg Collection, quoted from John Paul Driscoll & John K. Howat, *John Frederick Kensett: An American Master*, p. 62.

图 5.42 ｜ 肯赛特《什鲁斯伯里河，
新泽西》（1859），47 cm×77.7 cm，
纽约历史学会

图 5.43 ｜ 哈塞尔廷《纳罕特岩石》
（1864），55.9 cm×100 cm，
拉诺藏品

作品具有感觉的柔和与文雅，色彩的微妙，在描绘特定自然主题方面具
有自由的手法和个体特征。[1]

　　或者如柯蒂斯所说，他的作品是一种自传式的，"因为它们展示
了一种忠诚，文雅，自然的甜美宁静……他的阳光使得一切都软化和
和谐"。[2] 得利斯科尔（John Paul Driscoll）把这种风格称之为"和谐
的崇高"，认为它通过高度的简化，用单纯的接近抽象的形式组合表
达了诗性的深刻之美。[3] 或者如肯赛特自己所说，"从那种看似贫乏的
往往被人忽略的单纯中获得知识和力量的单纯性"。[4] 这种对单纯性、
宁静、诗性的追求体现出风景画发展的新方向，和 19 世纪中期追求
真实科学、强烈对比、动荡构图的倾向逐渐背离。这个过程正好发生
在内战前后，或者说从 50 年代后期到 60 年代中期。巧合的是，以
海景知名的哈塞尔廷正是在这个时期在美国生活和创作（从 1858 年
到 1866 年之间）。由于受杜塞尔多夫画派的影响，他的作品和比尔
斯泰特一样强调明暗造型，和动荡夸张的构图，不过从他 1865 年的

---

① 这是塔克曼引用的当时一位评论家的话。（Henry Theodore Tuckerman, *Book of Artists*, p.
512.）

② James Thomas Flexner, *That Wilder Image: The Painting of American Native School from
Thomas Cole to Winslow Homer*, p. 171.

③ "From Burin to Brush: the Development of a Painter", from John Paul Driscoll & John K.
Howat, *John Frederick Kensett: An American Master*, p. 46.

④ John Paul Driscoll & John K. Howat, *John Frederick Kensett: An American Master*, p. 99.

《纳罕特岩石》（图 5.43）可以看出，画家同样喜欢开阔的空间和岩石宁静坚韧的性格。为此他不得不在动荡和宁静、大景和特写之间寻找平衡。于是，变幻的云朵和飞腾的浪花都被控制在局部范围内，而视平线、单纯的水面和岩石表面得到了突出强调。

莱恩是透光小景最典型的体现者。他是土生土长的民间画家，除了偶尔的短暂旅行，一生都在格罗塞斯特居住。[①] 由于没有接受过正规训练，他早期作品有民间艺术的特点，如线条描绘和平面装饰性。正因如此，塔克曼在《艺术家之书》中竟没有提到他的名字。其次，莱恩是典型的新英格兰人，家乡在波士顿的沿海乡村格罗塞斯特。他不仅熟悉沿海风景，也天生具有超验主义的情趣。尽管没有证据表明受到了爱默生或其他超验主义作家的影响，但他了解东部的清教传统，而且超验主义和东部宗教的自然感觉和沿海地区的自然风貌也有内在关系，这是他通过直觉能体验到的。其三，光的特点。莱恩从来不用欧洲古典绘画的明暗造型，他的形象只强调剪影一般的效果。光来自画面局部，或者天空，或者物象本身，并且均匀弥漫于画面，是典型的透光风格。其四，莱恩以海景为主题，也正是在 19世纪 50—60 年代中期发展到了透光风格的状态。他的透光小景尺幅很小，但构图、光线、细节描绘显示出"开阔"和"宁静"的典型特征。实际上，当学者为透光风格下定义的时候，就是拿莱恩的风景画为样本的。

对比两件作品可以看出莱恩的风格变化。早期《纽约港》（图 5.44）画幅较大，表现的是海面上忙碌的大小船只进出的场面。这种题材和表现形式暗示了莱恩和透光风格的欧洲来源：荷兰海景画。1842 年英国画家罗伯特·萨尔蒙（Robert Salmon）来到波士顿，他的海景画来自荷兰传统，通过苏格兰变体发展而成。他喜欢描绘各种各样的船只和时而平静时而动荡的开阔海洋。威默丁认为萨尔蒙也曾

---

① 据了解，莱恩幼儿时代（18 个月的时候）在使用秘鲁苹果的时候由于曼陀铃（jimsonweed）中毒导致腿部麻痹症，后来一直没有恢复，这在客观上限制了他的旅行范围。威默丁认为莱恩曾到过纽约、巴尔的摩、缅因、康涅狄格的诺维奇（Norwich），有可能到过华盛顿特区，加拿大的新布伦维克（New Brunswick）。（Barbara Novak, *American Painting of the Nineteenth Century*, p. 251, note 1.）

图 5.44 ｜ 莱恩《纽约港》（1850），
　　　　　91.4 cm × 153 cm，波士顿美术馆

图 5.45 ｜ 莱恩《布拉斯礁石，布拉斯湾》
　　　　　（1864），26 cm × 38 cm，
　　　　　拉诺藏品

在波士顿的彭德尔顿印刷公司（Pendleton's）工作过，并在绘画上给莱恩指导。诺瓦克补充道，荷兰风景画在当时美国博物馆和私人收藏中并不罕见。[①]这都能证明莱恩早期海景画与荷兰海景画之间的渊源关系。

　　这种关系意味着什么？这说明美国在继承欧洲传统时其实有两条线索，其一是官方和学院喜欢的意大利南欧传统，其二则是民间接受的欧洲北方荷兰传统；前者的中心是纽约，后者的中心则是波士顿。从这个角度来看，美国荒野大景和小景的关系就转化成了南欧和北欧传统的关系。对此我们暂时不加评论。不过这种线索提供了一个有价值的参照系，通过对比莱恩早期的海景画和萨尔蒙或者荷兰海景画可以看出，虽然画面都具有大海的辽阔空间，但是莱恩改变了后者动荡的因素：欧洲人喜欢的天空是云彩纵横变换的，莱恩的云朵几乎不见痕迹；欧洲喜欢起伏咆哮的海浪，莱恩的大海则水平如镜；欧洲人的船帆被风鼓动胀满，莱恩则把它们描绘成黑白灰交错的平面。显然，这是一种波士顿宗教般的平静，而不是荷兰人雄心勃勃的海上霸权。在形式上，莱恩所描绘的船只具有数学般的精确性，安德鲁斯（Lisa Andrus）称之为"设计"和"度量"，认为这是透光主义源自地形学传统的体现。[②]不过，笔者倾向于认为，莱恩之所以没有舍弃地形学

① Barbara Novak, *American Painting of the Nineteenth Century,* p. 92.

② John Wilmerding, *American light,* p. 40.

传统，是因为这种精细的描画为图像带来了独特的美感：通透、清澈，和一种在审视和细腻勾勒过程中产生的深沉和凝重的感觉。

1864 年的《布拉斯礁石》（图 5.45）是莱恩艺术成熟期的代表，和早期的海景画相比，这件作品发生了很多重要的变化。首先是小画幅和大空间：画面只有 38 厘米长，但是却具有极为深远的空间和宁静气氛。这种效果是通过画面形象的精心选择和营建产生的：水面如同镜子一般反射着天空纯净的蓝色；大片的天空占据了将近三分之二的画面，空旷而辽远；有趣的是形象选择，画面的主题是前后重叠的几层色彩洁净且形态奇特优美的礁石，它们沿着水平线排列开去，如同凝滞的音符诉说者大自然的内在音律。唯一暗示人的痕迹是破旧的小木船和斜插的桅杆，它们静静斜倚在海滩上，给人一种悠远的时光联想。在对透光风景的解读中，学者们倾向于认同"全景模式"对其产生的影响："由于天空和光效果的重要性，全景风景画成为透光风格画家的首选构图模式，海景和沼泽代替了山景成为主要的主题。"[1]诺瓦克曾考证莱恩的作品《格罗斯特的多利夫水湾》来自一件类似全景画的素描稿。她认为，透光风格对全景模式的使用同样是为了获得宏大的空间，但是这种大空间具有别样的审美趣味：

全景画家喜欢用巨大画面表现美国空间的宏大，而透光风格画家则喜欢创作小幅画，在其中令人信服的空间来自其广阔的幅度及其梦幻般的效果，这种效果来自画面的比例关系和画面结构中的部分的拉力。进入这种浓缩的空间，我们感觉到自己的身体也被压缩了，就像爱丽丝一样，在透光风景画有限和无限的世界中漫游。[2]

显然，全景模式有助于透光风格画家获得这种无限和梦幻感的大空间。莱恩的全景因素是隐含的，海德风景画就明显是对全景画模式的借用。海德是一位性情和画风怪异的透光风格画家，但他在哈德逊河画派圈子中生活，因此不可避免会受到"全景"模式的影响。[3]他

① John Wilmerding, *American light*, p. 39.

② Barbara Novak, *American Painting of the Nineteenth Century*, p. 92.

③ 海德和丘奇有很好的私人交往，二人曾在纽约十大街工作室共同使用一个画室。

图 5.46 | 海德《森英海滩，马萨诸塞州曼彻斯特》（1862），63.5 cm × 127 cm，马德里蒂森博内密斯扎美术馆（见彩图）

图 5.47 | 海德《阳光和阴影，纽波利沼泽》（1871–1875），30.5 cm × 67.3 cm，华盛顿国家美术馆

的《森英海滩》（图 5.46）和《阳光和阴影》（图 5.47）都采用了和丘奇《尼亚加拉》类似的宽构图。地平线得到了强调，无论是空虚和流动的天空、云彩和海水，还是实在的草堆和树丛，都十分单纯和完整。画家强调的是它们所占据空间的宏大性，这种辽阔通过画面中细节如礁石、草堆、动物的刻画得到了对比和强化。不过，海德的性情和艺术中有一种十分矛盾的东西。他到纽约的时候已经 40 岁了，《安第斯腹地》的成功刺激着他转向风景画，也随着时尚到怀特山和乔治湖写生。然而，山景并不能发挥他的才能，他所喜欢的是低矮、平坦的沼泽和湿地。这种风格在市场上并不受欢迎，当丘奇作品卖到数千美元的时候他的作品却只能卖到 60 美元。即使绘画技术逐渐成熟，他也始终没有获得国家设计院的院士资格，甚至被拒绝加入世纪俱乐部。他性格古怪，离群索居，很难适应社会名流的社交场合。不过奇怪的是，他对当时艺术界的明星——丘奇态度却特别好，两个人也保持了持久的友谊。了解这些背景对理解海德的艺术十分有帮助，因为他的绘画实际上是一种和个体体验有密切关系的艺术。

从其作品可以看出他被冷落的根源。首先我们能看出这两幅作品和哈德逊河画派的亲缘关系：大空间和全景构图很明显有丘奇的痕迹。《森英海滩》（图 5.46）左边礁石的描绘中具有哈德逊河画家的精确性，天空云朵的描绘也和丘奇一些作品中的效果类似。《阳光和阴影》（图 5.47）中的强烈光线和草堆的明暗效果也是哈德逊河画家常用的。尽管有这些相似因素，但是其整体上的审美趣味却十分不同。两幅作品描绘的都是东部沿海风景，画面在辽阔和单纯中透着某种宁静和气息；由于没有起伏的山峦，画面显得平淡无奇。我们还能从两幅作品的不同看出画家风格的发展：从早期接近哈德逊河画派到越加接近透光风格——画面宁静感和小画幅大空间模式在后期画面中都加强了。把这种艺术特征和纽约的审美趣味加以比较，就容易理解海德所处的境遇了。实际上，透光小景和崇高大景在公众接受方面有着地方上的区别，前者更多的是东部新英格兰的，后者更多的是西部纽约的。莱恩在波士顿的成功和海德在纽约的默默无闻是这种趣味差别的生动说明。虽然肯赛特在纽约有一定的名望，但他的风格是在不断地变化，他不只是画透光风格，实际上他在前期闻名于纽约画坛是由于他先前的意大利风景、杜兰德式的近景写生以及丘奇式的新英格兰大景，再者他活跃和积极的社交能力也对他的知名起到一定作用。

即使如此，我们发现无论在纽约还是在波士顿，从内战前后都开始发生某种趣味的变化。虽然崇高大景依然让人惊呼，但是公众逐渐接受和喜欢宁静风格，正如超验主义哲学逐渐被公众理解并流行一样。另外一个变化也在发生，正如我们在丘奇、海德、莱恩、吉福德作品中发现的一样，色彩在逐渐被强调，主体的感受也在得到表现，同时过去的科学一般严格的细节在逐渐消弭。伴随着这些变化有一个根本的因素：荒野在逐渐消失，荒野在从一种客观现实变成一种主观情绪，这是本研究最后一部分要讨论的。

第六章

荒野消殄：
自然体验的主体化

> 对野性、陡峭、宏大和险峻的喜爱只
> 是一种嗜好，注定会让步给新的趣味：优雅
> 的壮丽，高雅的崇高，轻盈的辉煌，覆盖
> 着柔嫩和优美的鲜花，它们和崇高山脉的
> 壮丽风景伴随在一起。
>
> ——托马斯·金[①]

荒野消殄是美国社会工业化和现代化
进程的必然结果。美国内战之后，整个社
会的生活方式和文化观念都在发生重大的
变化。一方面，内战前那种轰轰烈烈的民
族主义进程变得暗淡了。荒野中的战争和
屠杀为那种作为民族主义象征的神圣、纯
洁的荒野之美涂上了阴影。另一方面，美
国进入到快速的工业化进程中。城市迅速
扩张，美洲大陆自东到西已经被铁路连接

---

① Thomas Starr King, *The White Hills: Their Legends, Landscape, and Poetry*, Boston: Crosby, Nichols, Lee, 1860, p. 6.

到一起，太平洋铁路开通使得荒野成为人人可及之地。中部大平原已经被全面垦荒，文明不再是荒野围困下的星星之火，相反，荒野面临着逐渐被现代文明蚕食和吞噬的境地。美国历史上文明和荒野对峙的局面一去不返了，历史学家特纳的"边疆理论"，在呼吁人们荒野的价值的时候，其实也正好总结了世纪末美国荒野逐渐消隐的情境。总之，工业化和文明的扩展深刻改变了大自然，荒野正变成宜人的、文明化的景观。荒野消隐首先就是这种"荒野自然"的消退，"荒野审美"将要变成无源之水。

伴随着这种荒野消隐的态势，美国艺术对风景的表现也开始发生深刻的转型。哈德逊河画派逐渐衰退，更重要的是世纪前期和中期曾流行一时的"荒野"趣味在逐渐衰退。文明化的风景开始频频出现在艺术家的笔下。城市街道、怡人的公园、繁忙的码头、煦暖的海滩，逐渐成为艺术表现的主要对象。审美观念在转型，风景画表现形式也在发生变化。前期一丝不苟的物象细节逐渐被抛弃了，形象被软化、消解，代之而起的是强调光色印象和带有笔触感的绘画性。

尽管文明逐渐成为新艺术的主题，不过还要注意到，作为影响了美国人几个世纪的"荒野"性格不可能在短时间消失殆尽。对世纪末的审美趣味来说，风景是不是"荒野"变得不再重要，重要的是大自然在观者视觉和心灵中产生的意象及其蕴含的主体情感。实际上，19世纪末依然有某些画家试图在新的风景图像中表达潜在的荒野意味，或者可以这么说，即使在文明化的风景中也依然存留有某种主观化的荒野情感和意境。为此，本章将分析荒野消隐背景下美国文化发展的总趋势，并讨论荒野在几种新的风景图像中的委婉表现及其内在的微妙含义。

一、艺术转型：荒野风景画衰退

荒野消隐有客观层面上的含义，它指的是美国"荒野自然"在19世纪后期迅速文明化过程中被文化侵占和消退；也有主观和审美层面上的含义，指人们对荒野的价值观念和审美趣味的减弱。这个时期自然保护运动的兴起可以说是对这种现实的反应：当荒野需要保护的时候，意味着整个社会对它的漠视和它受到的威胁都到了很严重的地步。而哈德逊河画派的衰退，则是这种荒野审美趣味遭受威胁的典型表现。

荒野风景画的衰退首先可见于学者对 19 世纪后期艺术转型的讨论中。回首内战之间的美国风景画，虽然表现形式和观念也在更新和变化，但整体上风格和样式是比较统一的。写实、细腻、表现荒野主题、通过大空间表达美国人的自然感觉，可以说是这个时期作品的共同特征。内战之后情况发生了很大变化。早在 1875 年国家设计院年展之际，当时的评论家库克（Clarence Cook）宣称："我们正处于一个变革的时代。"① 玛格丽特·康拉德（Margaret C. Conrads）用这句话做了她 2000 年一篇论文的标题——"处于变革时代：19 世纪 70 年代纽约艺术出版物和国家设计院年度展览"。文章中他讨论了美国艺术转型，并对其原因做了明确说明：

> 开始于 70 年代的美国艺术转型是众所周知的。至内战结束，曾经占据了统治地位三十多年的哈德逊河画派开始衰退了。没有单一的审美趣味代替它。由于对欧洲艺术不断扩张的认识产生各种各样的新原则。英国的拉斯金和拉斐尔前派以及英国的学院派绘画；法国的巴比松和学院派；慕尼黑艺术学院和在该城市如威廉·莱布尔（Whilhelm Leibl）等艺术家工作室产生的更加激进的艺术；（西班牙）马里亚诺·福图尼（Mariano Fortuny）及其追随者；以及唯美主义和装饰运动，所有一切都对美国艺术的发展产生了重要的影响。由此，各种艺术模式的扩张成为 19 世纪 70 年代美国艺术的重要特征。②

康拉德把这种转型概括为从内战前哈德逊河画派的"统一风格"

---

① Margaret C. Conrads, "In the Midst of an Era of Revolution: The New York Art Press and the Annual Exhibitions of the National Academy of Design in the 1870s", in David B. Dearinger, ed., *Rave Reviews: American Art and Its Critics, 1826-1925*, National Academy of Design, N.Y., 2000, p. 92.

② David B. Dearinger, ed., *Rave Reviews: American Art and Its Critics, 1826-1925*, p. 93.

转变为新艺术的"多种风格",这些新艺术则是欧洲各种艺术风格和流派影响的结果。这种看法是从他考察的国家设计院年度展览作品中得出的:"学院展览突出表现出来的剧变乃是美国艺术中发生的更加根本性变化的一部分。这一变革过程的高潮在 1867—1880 年之间,在学院展览馆墙壁上集中展现出来。"①

这种观点,甚至比这更激进的看法在艺术史中并不罕见。比如,1907 年查尔斯·卡芬(Charles Caffin)在《美国绘画的故事》中也指出了美国内战前后艺术的显著不同。他把哈德逊河画派看成是"稳固的"、"前现代"的,认为除了技术问题之外,"在早期风景画和现代艺术之间有一条尖锐的分界线",他把前者看成一种对自然描摹的客观态度,而现代艺术的特征则是"情绪的表现"和"细节的融合"。②再如,1974 年理查德·波意尔谈到 1855—1875 年之间绘画风格的变化,说:"从透光风格到印象主义没有平稳的转换,没有本民族艺术的进化;实际上,在 70 年代和 80 年代艺术之间有一个骤然的断裂(sharp break)。"③或如 1987 年亨利·亚当斯所说:"内战之后,哈德逊河画派那种扩张式的景观被一种更加内省式的视像代替……这一转变具有更宽广的意义,它不只是标志了美国绘画的改变,而且标志了更大的美国文化发展潮流。"④关于 19 世纪 70 年代前后两种风景画的不同风格的论述,还有 2009 年伯恩斯(Sarah Burns)和达维斯(John Davis)的讨论:"镀金时代的风景画崇尚的是诗意气息和主观性,这替代了哈德逊河画派地形学的精确性和对主体自我痕迹的抹除。法国巴比松绘画成为新观念的宝藏。"⑤

学者们对艺术转型的讨论涉及了两个方面的趋势:前期哈德逊河画派的衰退,和后期新绘画风格的兴起,并把前者发生的原因归之于后者。本书不这么认为。相比之下,前者恐怕是整个转型发生的关

---

① David B. Dearinger, ed., *Rave Reviews: American Art and Its Critics, 1826-1925*, p. 93.

② Barbara Groseclose, *Jochen Wierich, Internationalizing the History of American Art,* the Pennsylvania University Press, 2009, p. 63.

③ Richard J. Boyle, *American Impressionism*, New York Graphic Society, 1974, p. 50.

④ Henry Adams et al., *John La Farge*, Abbeville Press Publishers, 1987, p. 30.

⑤ Sarah Burns and John Davis, *American Art to 1900: A Documentary History*, University of California Press, 2009.

键。欧洲现代主义绘画固然会对美国艺术产生影响，但是美国人之所以能接受欧洲艺术，更重要的是一个内在动因：对本民族绘画信心的衰退。正如 1868 年《邮报》（ *Mail* ）文章指出的：

> 丘奇、比尔斯泰特及其同路人已经为美国艺术做了他们所想做的一切。他们的才华已经被感受到，他们的影响，无论是好还是坏，已经在发生……他们的职业生涯是今天还是明天被遗忘，美国艺术对此没有兴趣……只有年轻人，那些有着艺术才华的年轻人，才是未来发展和进步的希望。[①]

这种话语明显流露出对丘奇和比尔斯泰特价值的怀疑，也暗示出社会对这种曾经流行的艺术的兴趣在下降。那么，他所说的年轻人承载的艺术希望是什么？宏大荒野风景画之所以要退出艺术舞台的理由是什么？我们可以从国家设计院的年度展览及其评论中寻找答案。

国家设计院的年度展览可以说是美国主流艺术趣味的晴雨表。在 19 世纪 50 和 60 年代，以哈德逊河画派为代表的宏大风景一直占据着展览的核心地位，这种艺术也是主流媒体评论和阐释的对象。然而这种价值标准在内战后逐渐发生了改变，70 年代见证了这种艺术迅速衰退并被新的艺术取代的过程。比如 1870 年的展览中，比尔斯泰特的《塞拉·内华达山脉》不仅没有引起欢呼反而受到很多批评，评论者的主要矛头指向了那种不自然的、人为的宏大本身。丘奇的《晚霞余晖》（ *The After Glow* ）（图 6.1 ）则受到了正反两种评价。[②]画面效果保持了丘奇一贯的"远景"模式，表现荒野大自然的宏大空间和具有启示录含义一般的落日光照，这种效果对观者来说已经十分熟悉了。从某种意义上说，这件作品也许意味着哈德逊河画派宏大风景"最后的辉煌"，因为正是从这一年开始，评论家和艺术家的兴趣开始从这里转移出去。吉福德受到了特别关注，可以说是这种转移的一个

---

① David B. Dearinger, ed., *Rave Reviews: American Art and Its Critics*, p. 94.

② 该作品构思来自一件写生稿《牙买加落日》（ *Sunset Jamaica* ），前景中增加了一些想象的要素，比如坟墓、十字架和废墟，等等。据学者研究，这件作品可能是为了纪念他的妹妹，夏洛特·丘奇（Charlotte）于 1867 年 1 月去世。后来丘奇父母购买了这件作品。

图 6.1 | 丘奇《晚霞余晖》(1867)，
79.3 cm × 123.7 cm，
纽约州公园事务处，
奥拉那历史遗址

图 6.2 | 桑福德·吉福德《圣乔治奥》
(1869)，67 cm × 133 cm，
纽约私人收藏

证据。这次展览中受到特别关注的是吉福德的一件描绘威尼斯的风景画《圣乔治奥》(图 6.2)。圣乔治奥 (San Giorgio)，或称"圣乔治奥马焦雷"(Maggiore) 是位于威尼斯东南部海上的一座小岛及其岛上的修道院建筑。[①] 当然，画面的宽构图、大空间、水平线依然具有前者的全景特点，但是这件作品所具有的新特征则更加令人关注：画面描绘的不是山景而是海景；不是原始荒野，而是大海与人造建筑的奇特结合；画面不再构造动荡热烈的崇高感，而是专注于宁静的诗意和沉思；画面没有强烈的明暗和光色对比而是溶解在棕红色的高度和谐中。正如《世界杂志》(The World) 的评论：

这次展览中再也没有其他作品具有如此完整全面的审美观念了。它的统一性使得色调十分完美和明了。作品主题没有技术的困难，平静的水面和建筑物倒影本身并非能够吸引艺术家的题材，但是这些看似平凡的事物被艺术家覆盖上了一层生命的色彩，使用有限材料却达到深刻的效果。其结果是，《圣乔治奥》就像南方阳光一样在这冰冷的大理石上燃烧。[②]

吉福德并不是世纪末新艺术的代表。他的艺术可以看作哈德逊河

---

① 该岛因岛上的建筑"圣乔治奥马焦雷教堂"(Church of San Giorgio Maggiore) 而知名，1566 年由帕拉迪奥 (Palladio) 设计。

② David B. Dearinger, ed., *Rave Reviews: American Art and Its Critics,* p. 95.

画派对欧洲新艺术影响作出的一种主动回应。他的画面可以说新和旧的因素兼而有之：大空间、精确的细节和地形学特征依然在保持，同时色彩、情感、内在体验开始控制画面整体气氛。从这个意义上来说，吉福德代表了哈德逊河画派内部的分化，和一种自身逐渐走向解体的趋势。

在这之后，国家设计院年展开始出现更多转型的迹象。

1872 年风景画数量迅速减少，丘奇和比尔斯泰特等艺术家很少或没有作品出现，风俗画增多，温斯洛·霍默开始受到评论的关注。1874 年则围绕着一件外国作品发生了争执。① 作品本身含义并不重要，重要的是展览引发人们思考一个问题：如何对待欧洲艺术？如何看待它们对美国本民族艺术的影响？对欧洲当代艺术的接纳意味着美国艺术界开始接受新的审美趣味和价值标准，哈德逊传统模式必然会最终让位给新的艺术。

这种对新艺术和标准的讨论在 1875 年到 1878 年的展览中全面表现出来。1875 年展览主角是来自慕尼黑训练的画家作品，这正是库克宣称变革发生的一年。② 虽然批评家对慕尼黑风格评价多样，但是总体上都支持学习国外当代艺术。1876 年的展览中开始出现受过巴黎训练的艺术家作品。③ 随着德国和法国不同风格艺术的出现，1878 年展览成为本国和外国，传统和当代争奇斗艳的艺术竞赛场。④ 绘画的"民族主义"价值观逐渐暗淡下来，因尼斯和霍默十分明显正在脱离传统哈德逊河画派的轨道，本族和外族艺术实际上有融合的趋势。

---

① 丹麦艺术家奥特斯特·申克（August Schenck）递交了《迷失：奥弗涅纪念》（Lost: Souvenir of Auvergne），描绘了一群羊遭遇到大风雪在路上迷失的情景。

② 比如威廉·蔡斯（William Chase）、大卫·尼尔（David Neal）、托托比·罗森塔尔（Toby Rosenthal）、弗里德里希·布里奇曼（Frederick Bridgman）、怀亚特·伊顿（Wyatt Eaton）、埃德加·瓦德（Edgar Ward）等人的作品，上述画家多吸收了印象派风格。

③ 比如爱德华·莫兰（Edward Moran）、查尔斯·米勒（Charles H. Miller）、丹尼尔·奈特（Daniel Ridgway Knight）、霍文顿（Thomas Hovenden）、伊诺克·佩里（Enoch Wood Perry），等等。

④ 1877 年展览引起了强烈骚动。引起反响的作品有蔡斯的土耳其主题，和沃尔特·舍尔劳（Walter Shirlaw）的《巴伐利亚高原上剪羊毛》，都代表了慕尼黑风格。法国回来的有伊顿的《收割场景》等。本国画家霍默的《回应号角》和因尼斯的《秋日》被高度评价。1878 年出现了一个新的艺术组织：美国艺术家协会（Society of American Artists），同时这一年也是巴黎博览会举行的日子。

图 6.3 ｜ 丘奇《热带雨林的早晨》（1877），尺寸不详，华盛顿国家美术馆

评论者已经明确认识到哈德逊河老画派和现在产生的新艺术之间的差别，称之为"代际"之间的断裂：

所有关心和思考艺术的人，及其有意或无意间关注的艺术，大体上可以分成两类：模仿的或理想的，逻辑的或感觉的，理性的或诗性的，精确的或自由的，复制的或制作的，确定性的或暗示性的，再现的或幻觉的。老画派属于基于模仿、片段真理、理性、确定、正确的复制确定之物；而新的趋势是基于抓取事物的隐含之意，以便表达感觉、美丽和诗性[①]

在这种革命性的气氛中，荒野风景画的命运已经昭然若揭了。1877 年展览中丘奇递交了《热带雨林的早晨》（图 6.3）这是一件具有透光风格宁静气质的风景画，描绘的是热带雨林地区清晨时刻湖泊的水面景色。丘奇试图继续强调他的荒野主题，这里没有火车，没有人类居住的痕迹，只有幽深的空间、神秘朦胧的气氛，和近景处对热

① David B. Dearinger, ed., *Rave Reviews: American Art and Its Critics*, p. 99.

带植被耐心的精雕细琢。然而这种遥远的荒野之美对新一代艺术家和批评家已经没有意义了。年轻作家詹姆斯（Henry James）看到此作品时说："何不把这件令人愉悦的热带景色看成是一件美丽的图画，权且凑合着看一看呢？"① 这种暗含讥讽的语调可以说是对荒野风景边缘化的生动注解。

二、荒野文化和艺术观念的变迁

1. 荒野的文明化和意义消解

关于荒野风景衰退和艺术转型，学者们一般从内在和外在两个方面做出解释。南北战争可以说是对既有价值和审美观念的重大冲击，国家分裂和战争屠杀使得人们对那种崇高大景所蕴含的雄心勃勃的国家主义产生了怀疑。包含客观主题和集体价值的荒野图像不再被欣赏，艺术逐渐把注意力从外在转移到内心，以满足更加主观和个体性的表现。正是这个时候，欧洲现代艺术提供了可以替代的形式。德国慕尼黑学院、法国巴比松画派、印象主义、英国的唯美主义，等等，都成为美国艺术家学习和利用的资源。这些不同的艺术手法和观念在美国艺术中得到了奇特的综合，产生了一种整体的风景画倾向：描绘逐渐被文明化了的自然，用光和色彩表现艺术家个体的主观感受。

上述解释无疑可以为战后美国风景的发展走向找到线索，不过它忽视了一个关键的问题，那就是"荒野"在转型中扮演的角色。荒野现实和观念的转变是艺术转型的内在因素：原始荒野在工业化和城市化的压力下衰退，荒野审美和价值在现代文明的扩张中被人们遗忘。甚至，荒野本身的含义也在发生变化：难道荒野不可以作为一种心灵深处的情感加以理解吗？克罗恩的解释很准确地表达了这种新的荒野观念：

---

① Barbara Babcock Lassiter, *American Wilderness: The Hudson River School of Painting*, p. 151.

野性，不同于荒野，可以在任何地方看到：在看上去被驯化了的麻省田野和林地，在曼哈顿路边上的缝隙，甚至在我们自己身体的细胞中。正如施耐德（Gary Snyder）所说的，一个具有清澈的心灵和开放的思想的人可以在世界上的任何地方体验到荒野。这实际上是一个人自我意识的品质。这个星球是一个野性之地，并且将永远如此。[①]

虽然克罗恩讲这段话的时候已经是 20 世纪，不过，回头看 19 世纪后期，这段话所传达的"主观荒野"观念十分符合那个时候美国风景画家的心态。可以设想，当客观荒野逐渐文明化和走向消亡，另外一种荒野——心灵的荒野却在增长了。美国画家使用欧洲绘画性的手法和光色技巧取代精雕细琢的写实传统时，他们要表现的不是单纯的视觉印象，而是包含着某种内在的荒野情感和体验。所以在 19 世纪后期的美国风景画中，荒野不是完全消失了，还意味着主观化了，光色化了。

1964 年，也就是美国政府《荒野法案》正式颁布之际，列奥·马克斯的著作《花园中的机器：美国的技术和田园理想》出版。[②]令人惊讶的是，他用"田园"一词而不是"荒野"概括美国人的自然感觉。19 世纪前期"荒野与文明的对抗"在列奥·马克斯笔下转换成了"田园和工业技术之间的对抗"。这显然是对 19 世纪后期内战之后美国社会的生动描述。首先我们承认，欧洲人自古希腊以来的田园理想对美国人也是一样的，殖民地时代就是希望在新大陆发现那种理想。但是，这种理想被荒野现实打破。面对荒野，理解荒野，改变荒野是美国人生活的主要内容，一直到 19 世纪中期，荒野还是美国社会发展面对的重要现实。不过与此同时，文明的发展使得荒野迅速缩减，工业城市日益扩张，在荒野和城市文明之间出现了大片的农村或农业景观，它使得美国人重新拾起古老的田园理想，马克斯称之为半原始主义，或中间地带：

[①] William Cronon, "The Trouble with Wilderness: Or, Getting Back to the Wrong Nature", from *Environmental History*, Vol. 1, No. 1, Jan., 1996, pp. 24-25.

[②] Leo Marx, *The Machine in the Garden: Technology and the Pastoral Ideal in America*, Oxford University Press, 1964, 2000.

田园理想有两个脆弱的边界：一个是罗马，另一个是沼泽荒野。这是一个提泰罗斯（Tityrus）① 能够免于城市和荒野双重焦虑和剥夺的地区。尽管他能不受复杂文明的压迫，他也不是大自然暴力和迷潭的牺牲品。他的心灵已被文明化，他的天性得到满足。生活在农村快乐的绿洲，他享受着两个世界的福祉——精致的人间秩序和自然的自发单纯。维吉尔曾例举田园隐居的快乐：和平，休闲，经济的富足。获得此福祉的关键是提泰罗斯和自然环境的和谐。这是一种平静的伙伴关系。在田园社会中自然提供了牧人的需要，甚至替他做了所有的工作……因此，田园理想是洛夫乔伊所说的半原始主义的体现者；它，以一种超验的关系，位于文明和大自然对抗力量之间的中间地带。②

在马克斯的概念中，中间地带和田园是对等的，这其实是在美国 19 世纪语境中为田园设定了新的含义。③ 维吉尔的田园是原始的、理想的古典观念，而 19 世纪美国的中间地带则是文明对荒野改变产生的结果，"在一代人的生命过程中，农村的、主要是荒野的风景被转型进入这个世界最有生产力的工业机器的社会。很难想象还有比这种环境发生的现实更深刻的价值和有意义的矛盾。它对我们文学的影响被那种突然进入风景中的机器形象暗示出来"。④ 无论采用中间地带还是田园理想，这都意味着"荒野"在人们的生活中已经不再真实，真实的是处于荒野和城市文明之间的中间状态：农村，农业风景，森林被砍伐，工业机器在田野中咆哮。

加斯特的《美国进程》（图 6.4）可以说是美国西进运动中整个社

① 提泰罗斯（Tityrus），是维吉尔《牧歌》中的牧人，或者是诗人本人的隐喻。

② Leo Marx, *The Machine in the Garden: Technology and the Pastoral Ideal in America*, p. 28.

③ 他在美国 19 世纪后期文学（如马克·吐温、杰克·伦敦等人的作品）中发现了一种主题：田园理想和由机器技术带来的快速横扫一切的转型。在文学中常常出现这种意向，花园中的机器。例如，1885 年马克·吐温的《哈克贝利·费恩历险记》（*Adventures of Huckleberry Finn*），花园是木筏，及其是打碎前者以及哈克和吉姆自由和独立的汽船。当木筏往南方漂移，进入奴隶领土，很明显它的存在不可能长久。就像梭罗的木屋，代表了离开社会，不受限制的自由，和与田园理想相联系的富裕。它代表了自从发现以来投放到美国风景上的所有富足、自发、幸福。而汽船代表了社会现实闯入这个梦想，不只是奴隶制的现实。它是机器技术与田园理想对抗的象征。

④ Leo Marx, *The Machine in the Garden: Technology and the Pastoral Ideal in America*, p. 342.

| 图 6.4 | 约翰·加斯特《美国进程》(1872)，布面油画，45.1 cm×54.6 cm，洛杉矶美国西部博物馆（另见图 2.5） | 图 6.5 | 因尼斯《拉克万纳山谷》(1855)，86 cm×128 cm，华盛顿国家美术馆 |

会和自然变迁的缩影。天空中飞翔的女神使得画面有点浪漫色彩，不过大地上展现的情景却是十分真实的。位于左侧的森林、野牛、印第安人被赶出画面，登上舞台的是右侧的农民、商人、马车，尤其是隆隆前进的火车。田地被耕种，河流成为交通枢纽，路边竖立起村舍和建筑。因尼斯的《拉克万纳山谷》（图 6.5）也颇具代表性。[①]画家呈现的是森林被砍伐殆尽的、布满了树桩的原野山谷景象，火车机头从远处驶来，喷发出的白色烟雾让人仿佛能听到机器的轰鸣。显然，荒野自然的原始景观已经被改变了。有趣的是，和荒野保护者以及超验主义哲学家不同，这两幅作品对荒野失去似乎都没有表现出多少忧虑。加斯特对文明进程显然是乐观主义的，荒野消隳对他来说是文明的雄心和美国国家力量的体现。因尼斯描绘的漫山树桩虽然常常刺痛现代人的心灵，但画家本人对文明的态度实际上是乐观的。内战之前他曾以哈德逊河画派成员的姿态描绘荒野风景，但是内战后趣味转向了田园和农村，即他自己所说的"文明风景"："文明风景尤其能够传达人类情感，因此我更喜欢这种风景，并且认为它要比那种野蛮的和未被驯化的自然更加值得描绘。"[②]文明风景不是因尼斯的独创之

---

① 列奥·马克斯使用了这幅画作为其著作《花园中的机器：美国的技术和田园理想》的封面，认为这幅画生动体现了"花园中的机器"主题。

② Adrienne Baxter Bell, *George Inness, Writings and Reflections on Art and Philosophy*, Braziller, George Inc. 2007, p. 68.

物。无论欧洲、英国还是美国，19 世纪后期的风景画都表现出对文明风景的逐渐上升的趣味。这种风景趣味的转变从一个侧面表明荒野大自然的消隳和生存环境的改变。

除了荒野在衰退，还有一个值得注意的方面是：在内战影响下荒野的含义也在某种层面上发生变化，其中最重要的恐怕就是荒野的国家主义价值观受到质疑。对此可举例说明。内战结束之际，温斯洛·霍默曾创作了一幅引起社会强烈反响的作品《蔑视：彼得斯堡诱敌射击》（图 6.6）。这是一幅关于内战的作品，画面描绘了在荒野中发生的战争：为了便于厮杀，战场上原有的森林已经被砍伐殆尽了，在壕沟和田野中密布着无数大大小小的树桩。在这里，"原始"蛮荒被改变成"荒凉"的荒野，空旷中透射出死亡威胁的沉寂。文明的残酷和荒野的冷漠融为一体，形成了一种令人触目惊心的、怪异的荒野景象："……这种风景不被人熟悉但可以预测——被战争毁坏了的疆域。这里环境含义的模糊性超过了科尔。森林被清除以便于人类杀戮而不是安居，这件作品利用了一种树桩和坟墓之间的恐怖类

图 6.6 温斯洛·霍默《蔑视：彼得斯堡诱敌射击》（1864），木板油画，
30.5 cm × 45.7 cm，底特律艺术学会

比。"① 在长达 4 年的战争中，美国东部阿巴拉契亚山脉附近的广漠原野变成了战场，那种美国人曾引以为豪的荒野的民族主义象征现在变成了自相残杀的场地，无怪乎荒野价值在艺术家和大众心目中会如此快速地贬值。

2. 光色倾向和欧洲根源

1895 年，印第安纳画家奥托·斯达克（Otto Stark）分析了内战后美国风景画发展，他用"色彩倾向"概括了此时出现的各种绘画方法。比如他把受慕尼黑画派影响的绘画称为"黑色运动"；把受法国巴斯蒂安·莱佩吉和法国现实主义影响的美国绘画称为"灰色运动"；② 再如"高调运动"（high key），则是指试图在调色盘中达到纯白效果的绘画;③ 还有印象派的"彩色运动"。④ 虽然对色彩运动和时间分段过于简单，但他的分类准确说明了内战后美国绘画的一个重要特点:"光色倾向"。从概念上来说，"光色"和"荒野"是两种不同层面的概念，前者是表现语言，后者是风景的题材或主题，二者并不存在对立或对应关系。哈德逊河画派的荒野风景并不是没有光色，只不过精确和细腻的造型要求压制了光色的独立表现，光色屈从于模拟大自然的客观色彩、明暗和光影效果。这种以造型为中心的光色观念在内战后发生了改变。"光色倾向"要旨在于，光色要放弃为造型服务的意图，转而发现光色本身的价值和表现力。不过，仅仅从美国艺术语境理解这种倾向并不能发现它的深层含义。如果把目光放得更远，就会发现"色光倾向"其实是对古典的背离和对个体原始能力的发现和回归。显然，这种含义就和本章要谈的荒野情境或主体的"心灵野性"建立了联系。

从绘画史角度看，19 世纪出现的这种强调色彩表现力的倾向是

---

① Barbara Groseclose, *Nineteenth-Century American Art,* Oxford Paperbacks, 2000, p.136.

② 巴斯蒂安·莱佩吉（Jules Bastien-Lepage，1848—1884），法国写实主义画家，其代表作有《割晒干草》（奥赛博物馆）、《圣女贞德》（大都会艺术博物馆），等等。

③ 这种绘画以特沃赤曼（John Twachtman）晚期的风景画为典型。

④ Bruce Weber; William H. Gerdts, *In Nature's Ways: American Landscape Painting of the Late Nineteenth Century,* The Norton Gallery of Art, p.7.

对古典"形色关系"法则的一种背叛。古典绘画一直重视造型，把色彩看成是造型的附庸。自从 16 世纪卡拉契兄弟创建美术学院，这种观念就在学院教学中保持了下来。比如，法国学院的艺术纲领就把形放到极重要的地位上："为了纠正自然，就要研究古典雕刻；为了理想美，首先要重视构图；素描比色彩重要，素描支配色彩⋯⋯"①直到 19 世纪，不少学院画家一直保持着对形的重视。如安格尔就坚定地维护素描在绘画中的决定地位，认为"素描是艺术作品取得真正的美和正确的形式的唯一基础，一幅画的表现力取决于作者的丰富的素描知识"，甚至说"线条就是一切，一切决定于形式"。②然而这种在学院绘画中占统治地位的观念却逐渐受到质疑和挑战。一个很好的例子就是对古希腊和罗马艺术的考古发现。19 世纪考古表明，古希腊建筑和雕塑都曾经被鲜艳和明亮的色彩装饰和覆盖；更早期迈锡尼和克诺索斯废墟中艳丽色彩的发现进一步证明了这一点，这些发现"更加决定性地显示了文艺复兴和新古典主义美学的死亡"。③不仅仅如此，19 世纪风景画家重视色彩还和对东方艺术、民间艺术、原始艺术的发现有关。这些在过去不登大雅之堂的、大红大绿的艺术曾经是粗俗和品味低下的同义词，但是当新古典主义被证明不过是对古典艺术的历史性误解，这些低等艺术的价值和生命力再次迸发出来。艺术家们发现，色彩不仅仅是一种古已有之、超越了国界的艺术语言，还是表现人的视觉感受和内在情感的有效工具。④而在 19 世纪语境下，色彩还起到了对新古典主义法则解构的作用。梅尔维尔曾这样概括色彩

---

① 杨身源、张洪昕编，《西方画论辑要》，江苏美术出版社，1990 年，第 165 页。

② 安格尔著，朱伯雄译，《安格尔论艺术》，广西师范大学出版社 2004 年第一版，第 29 页。

③ John Gage, *Color and Culture: Practice and Meaning from Antiquity to Abstraction*, University of California Press, 1999, p. 11.

④ 从文艺复兴开始，威尼斯画派、巴洛克绘画、罗可可艺术、荷兰风景、浪漫主义，都以不同的方式赋予色彩以生机活力。文艺复兴作家多尔齐说："当一个画家有能力再现肉的真实色彩和一切物体的真实质感时，他的画就活了。"18 世纪法国沙龙的评论人狄德罗说："素描赋予人与物以形式，色彩则给它们以生命。它好象是一口仙气把它们吹活了。""一幅画上，最引人注目的莫过于色彩的真实，"狄德罗第一次总结了古典写实绘画的色彩问题，提出通过观察自然寻求真实色彩的观点，"真正伟大的色彩家应该是采取大自然的色调，采取受到强烈光线照耀的物体的色调，并善于使画幅上的一切显得和谐。"这为巴比松画派和印象主义绘画埋下了伏笔。参见笔者论文"形色之辨：历史嬗变及其美学意义"，载《美术学刊》，2010 年第 4 期。

的解构性:

> 绘画中的色彩运动是一种属于或关于解构主义的运动。如果解构主义在某种意义上可以让人十分轻松地阅读从文艺复兴开始以来的德·皮勒、哥特和谢夫勒(Chevreul)的色彩文本,要真实地谈论色彩本身的呈现和作用就要难多了。这倒不是因为色彩机理是难以言传的,而是因为它的讲述本身就是艺术品及其历史。[1]

这种观念为理解 19 世纪后期美国风景画的光色倾向提供了很好的线索。虽然美国没有法国意义上的学院传统,但基于国家设计院的哈德逊河画派对美国艺术来说充当了某种被解构的对象的作用。19世纪初期曾经反抗欧洲传统如画和理想风景模式的荒野美学,到了19 世纪中期发展了一种具有沙龙或官方特征的宏大荒野风景模式:对大自然确定地点的描绘、对科学性确定知识的表现和对确定的全景模式的借用,这种流行风格被艺术家和社会逐渐熟悉和固化,并在荒野消隐的背景中丧失了生命力。在寻求新的艺术道路中,光色倾向显然充当了某种解构的作用。

由于上述原因,光色倾向对哈德逊河画派风格的解构既是本国艺术内在转型的要求,也是受到欧洲艺术发展整体趋势影响的结果。不过欧洲各国的 19 世纪艺术发展是很不相同的,因此对美国和他们之间的关系应该进行具体的讨论。如康拉德和斯达克所说的,对内战后美国风景画产生影响的欧洲风景流派有巴比松画派、慕尼黑风格、印象主义以及英国的唯美主义和装饰运动。不过值得注意的是,由于他们对待造型和色彩关系的不同态度和处理手法,美国艺术家对它们的接受程度也有所不同。首先我们可以先列一个简表,以便直观了解这些艺术风格出现的时间及其相互之间的对应关系。

19 世纪欧美风景画风格、运动和流派对照表:

---

①   John Page, *Color and Meaning: Art, Science and Symbolism*, Thames and Hudson, 1999, pp. 7-8.

	英	法	德	美国
1830s-1840s	透纳；康斯泰布尔	巴比松画派	杜塞尔多夫学院 1840s	哈德逊河画派第一代
1850s-1860s	拉斐尔前派	法兰西艺术学院及其沙龙展；印象主义早期	杜塞尔多夫学院 1850s	哈德逊河第二代；前期透光风格
1870s-1880s	唯美主义和装饰运动	印象主义	慕尼黑学院	后期透光风格；色调主义

从表中可以看出，斯达克所提及的慕尼黑画派是在 19 世纪 70 年代，而法国的外光主义则要追溯到 19 世纪 30—40 年代的巴比松画派，同时英国绘画也经历了从透纳的浪漫主义到拉斐尔前派和唯美主义的转变，其中的发展关系是十分复杂的。如果考虑到美国画家和它们的接触历史及其对美国绘画的影响，情况就更复杂了。不过可以肯定的是，梳理这些关系对于理解美国世纪后期的色光倾向将十分重要。

对美国风景画影响最早也最深的要算是巴比松画派了。它发生于 19 世纪 30 到 40 年代，正好是哈德逊河画派上升时期。虽然这个时期美国画家主要接受的还是英国康斯泰布尔、透纳、拉斯金的艺术和理念，不过巴比松内在地包含了现实主义的绘画原则，它最初是要以一种真实态度观察和表现自然及农村生活，因而具有和哈德逊画派画家联姻的可能。巴比松画派是把写实原则、光色效果和主题情感结合起来的艺术：

> 他们描绘农村风景，人的家园。艺术家关注自然赋予我们主体的情感效果，把艺术看成是一种能与观者交流这种感情的媒介。他们把风景沐浴在半光亮的早晨、傍晚，或阴郁的天气，常包含有一种忧郁情绪。他们关注的是气氛效果、附属的形式和细节以及微妙而和谐的安排。①

---

① Peter Bermingham, *American Art in the Barbizon Mood*, Smithsoinan Institution Press, 1975, p. 11.

这种光色对内在情感的表现力，恰恰是哈德逊河画派缺乏的东西，因而随着荒野风景画衰退，越来越多的美国画家开始接受巴比松画派的影响。美国最重要的巴比松风格学习者可推二人，一个是威廉·莫里斯·亨特，一个是因尼斯。①他们分别在 1852 年和 1854 年接触这种风景画，不过却走上了不同的道路。亨特是这种风格的忠诚学习者，他回国后在波士顿开设了画廊和工作室，通过教学和展览宣传和推广了这种艺术，并影响到了如拉法格和霍默这样的艺术家。②相比之下，因尼斯则走向了一条独立和创造性的道路。巴比松的色彩和技法只是他利用的工具，他的艺术则是要表现他独特的具有美国特征的自然体验和宗教情感。

有一个例子生动说明了巴比松画派对美国绘画的影响。19 世纪中期哈德逊河画派的艺术原则主要是在英国艺术和拉斯金理论影响下形成的。而由斯蒂尔曼（William James Stillman）开创的《蜡笔杂志》(1855—1861) 对宣传拉斯金风景美学起到了关键性作用。然而正是这位拉斯金的信徒，在 1861 年写信给查尔斯·诺顿谈到自己的切身感受：③

　　这个冬天我仔细研究了法国画家，特别是卢梭的作品。他就像特罗容一样让我深受教育。我正在了解色彩是什么，如何获得它，我相信你会发现我在色彩和空气特征方面进步很多了。我现在很遗憾去年在英国学习以及夏天与拉斯金在一起的经历。这位英国艺术家对绘画本质几乎一无所知，我确信拉斯金在所有实践问题上本质是错误的，他的建议和指导对一个年轻艺术家来说是最坏的教导……④

① 更早的学习巴比松风格的人有艾伦·盖（Winkworth Allen Gay），他在 1847 年跟从特罗容学习；威廉·巴布考克（William P. Babcock）在 1849 年到巴比松，并成为米勒的好友。
② 亨特通过在波士顿的教学影响了不少画家，比如爱德华·班尼斯特（Edward Bannister）、弗朗克·柯里尔（J. Frank Curier）、丹尼斯·邦克（Dennis Miller Bunker）、温斯洛·霍默（Winslow Homer）、查尔斯·达维斯（Charles Harold Davis）、J. 科尔（J. Foxcroft Cole）、J. 布朗（J. Appleton Brown）、托马斯·黑尔（Thomas Hill），等等。
③ 查尔斯·诺顿（Charles Eliot Norton, 1827—1908），美国知名的学者、作家、编辑、演讲家，与当时知名作家如爱默生、拉斯金、朗费罗等交往甚厚。他翻译了但丁的《神曲》，并撰写了很多艺术评论。
④ Peter Bermingham, *American Art in the Barbizon Mood*, p. 47.

　　斯蒂尔曼是当时罕见的试图从理念上为美国风景画发展寻找解释和方向的作家。从《现代画家》的崇拜者到严厉批评者，他的趣味经历了从英国艺术到法国艺术的重大转变，这种戏剧性变化是让人吃惊的。当然，他对巴比松色彩表现力的接受所传达出来的不只是个人趣味的转变，而是暗示了 60 年代开始的美国风景画光色倾向的发端。虽然生于并卒于英国，因尼斯对英国艺术同样也不怀好感。他曾经说，透纳的《奴隶船》是"所见过的最为可憎的哗众取宠之作"。①他也不喜欢拉斐尔前派，称他们的弊病在于那种英国式的"关于绝对精确性的假定"。②

　　不过，英国艺术也并不是一成不变的。因尼斯所批评的拉斐尔前派本身就是对英国学院绘画缺乏生机的造型法则和色彩技法的反叛，雷诺兹由于使用过量沥青色导致污泥般的黑色调，这尤其被拉斐尔前派所诟病。拉斐尔前派的意图是发现早期文艺复兴（其实是中世纪艺术）的价值，从而创造一种自由的、表现内在体验和情感的现代艺术。其中罗塞蒂、琼斯和莫里斯的艺术后期朝向更强的装饰性、平面性和形式感发展，预见了装饰艺术和唯美主义的趋势。③

　　巧合的是，英国唯美主义绘画的代表惠斯勒，同时也是一位美国画家，并和因尼斯一道被看作美国色调主义风景画的代表。这种关系实际上是美国艺术和英国艺术亲缘关系在世纪末的进一步发展。从米莱斯（John Everett Millais）《清冷十月》（图 6.7）到惠斯勒的《夜曲：蓝色和银色—切尔西》（图 6.8）可以看出英国风景画在 19 世纪70 年代正发生的巨大变化。前者是拉斐尔前派风格的风景画，它对

---

① Diane Chalmers Johnson, *American Symbolist Art: Nineteenth-Century "Poets in Paint", Washington Allston, John La Farge, William Rimmer, Goerge Inness, and Albert Pinkham Ryder*, The Edwin Mellen Press, 2004, p. 68.

② Adrienne Baxter Bell, *George Inness: Writings and Reflections on Art and Philosophy,* New York: George Braziller, Inc. p. 63.

③ 拉斐尔前派（Pre-Raphaelite），1848 年由威廉·霍尔曼·亨特（William Holman Hunt）、米莱斯（John Everett Millais）、罗塞蒂（Dante Gabriel Rossetti）建立。主要信条有：表达真实思想，研究自然，用心体会早期艺术，反对传统教条，等等。迷恋中世纪艺术的精神性和创造性，同时又遵循写实主义，这两种观念后期出现分化。罗塞蒂、琼斯（Edward Burne-Jones）和（William Morris）莫里斯更偏向前者，而亨特和米莱斯更偏重后者。琼斯和莫里斯后来转向装饰艺术。

图 6.7 | 米莱斯《清冷十月》(1870)，
55.5 cm×73.5 cm，
劳埃德·韦伯勋爵收藏（见彩图）

图 6.8 | 惠斯勒《夜曲：蓝色和银色—切尔西》
(1871)，
50.2 cm×60.8 cm，泰特美术馆（见彩图）

河滩树丛的诗情表现是英国式的，但对细节一丝不苟的描绘和哈德逊河画派十分接近。惠斯勒的艺术实现了对细节的革命，画面高度单纯化，已经预见了 20 世纪抽象绘画的特征；画面意境是对自然感受的传达，同时近于单色的蓝色调结构具有装饰绘画的冷静和理性。"为艺术而艺术"是唯美主义的口号，其矛头直指拉斯金艺术观念中不厌其烦的科学和道德说教。1877 年惠斯勒和拉斯金对簿公堂，这场唯美之争可以说是这一艺术转型极为生动的象征。[①]因尼斯并不喜欢英国唯美主义和装饰艺术的冷静，但拉法格则是不遗余力在美国的彩色玻璃绘画中引入这种艺术的实践者。无疑，英国 19 世纪后期绘画对色彩视觉效果和心理效果、象征性和装饰性的双重重视对美国色调主义是一种重要的参照。

除了英国唯美主义和装饰艺术之外，19 世纪 70 年代是慕尼黑画派和印象主义对美国风景画交错产生影响的时期。美国画家除了参加德国和法国的学院和艺术社团，还建立了美国画家的群体和聚居地，最为知名的是慕尼黑普灵村（Polling）、法国的布列塔尼（Brittany）和吉维尼（Giverny）。美国画家到慕尼黑有某种偶然性，这源自弗朗

---

① 1877 年，约翰·拉斯金对惠斯勒作品《黑色与金色下的夜曲：坠落的烟火》作出批评，称之为"朝公众脸上泼一盆颜料"。惠斯勒以诽谤罪起诉拉斯金，要求赔偿 1000 英镑的损失费。他最终被判得到四分之一英国便士，他将这枚硬币挂在表链上作为纪念品。

克·杜威奈克（Frank Duveneck）的个人经历。①虽然生于肯塔基，他本人是德国人后裔，生活在德国移民社区中，通过这种关系他有机会在 1869 年到慕尼黑学院学习。19 世纪 70 年代初他的作品在波士顿展出并引起关注。1878 年他在普灵村办了一所学校，这吸引了约翰·特沃赤曼（John Twachtman）等一批学生到此学习，于是形成了美国画家聚居区和所谓的德国巴比松画派。②实际上慕尼黑画派是从巴比松风格向印象主义的转型状态。虽然杜威奈克本人主要画人物，但圈子里特沃赤曼、切斯（William Merritt Chase）等人喜欢风景，他们受到的很多影响来自慕尼学院的黑威尔海姆·莱布尔（Wilhelm Leibl），而他与法国巴比松画派、库尔贝、印象派有着密切的联系。③1869 年，库尔贝到慕尼黑访问和展出作品，他的直接画法（alla prima）给人以深刻印象，莱布尔开始使用疏松的笔触、厚重的颜料作画。同年年底他到巴黎访问，在那儿居住了九个多月，和马奈开始有所交流，印象主义使用新鲜色彩直接作画的方式开始影响到他的艺术。从柯里尔（J. Frank Curier）《有桥和房舍的风景》（图 6.9）可以看出慕尼黑风景画特点。画家主要使用稍微带绿色和棕色味道的黑灰色描绘日常乡村和小树林风景。柯里尔和杜威奈克试图将这种风格引入美国，不过效果不大。虽然这种疏松和自发笔触给美国画家某种启发，但其写实主义观念、对日常琐屑生活的描写，特别是色彩的匮乏和当时美国社会的心理要求相去甚远。由于这个原因，曾在慕尼黑学习的特沃赤曼和切斯在后来都转向了印象主义，在对美国风

---

①　弗朗克·杜威奈克（Frank Duveneck, 1848—1919），肖像和风俗画家，采用深色的、笔触强烈的绘画性手法。1869 年到慕尼黑皇家学院学习，在威廉·莱布尔（Wilhelm Leibl）和库尔贝影响下形成了强烈的写实手法。他的这种风格在后期有所缓和。

②　慕尼黑美术学院由巴伐利亚的约瑟·马克西米连一世（Maximilian I Joseph of Bavaria）建立于 1808 年，又称为皇家美术学院，是德国最早的和最重要的艺术学院之一。1876 年，美国画家在巴伐利亚阿尔卑斯山慕尼黑南 35 英里山村，该村称为德国巴比松画派，被慕尼黑画家称为美国画家村。最著名的美国画家有杜威奈克和柯里尔（J. Frank Currier），其他还有切斯、特沃赤曼（John Twachtman）、利特（Louis Ritter）、斯蒂尔（Theodore Steele）、米肯（Lewis Henry Meakin）。

③　虽然当时慕尼黑学院的知名教授是卡尔·皮罗迪（Karl von Piloty）和威尔海姆·迪尔兹（Wilhelm von Diez），但前者主要画历史画，后者则画插图人物。美国画家有独立的社团和活动，喜欢到大自然中画风景，受莱布尔影响较大。

图 6.9 │ 柯里尔《有桥和房舍的风景（局部）》（1884），25 cm × 45 cm，
辛辛那提美术馆

景的描绘中创造出了新的艺术形式。

　　相比之下，印象主义对美国艺术的影响更为深远。卡萨特在巴黎加入了法国印象派圈子并成为一名重要的成员，更重要的是她积极推介美国人收藏法国印象派的作品，为促进这种趣味的流行起到了积极作用。除了卡萨特，还有一些坚持用印象主义方式作画的画家，比如美国画家在布列塔尼和吉维尼的画家群体，还有 19 世纪 90 年代逐渐转向印象主义风格的切斯、哈萨姆（Childe Hassam）、朱利安·威尔（Julian Alden Weir）等。①美国人对印象派的接受不只是被动的。在笔者看来，除了这种外在影响，美国艺术对印象主义的接纳，更重要的在于内战后美国艺术家色彩观念发生了重大改变。

　　这种改变的体现就是美国风景画的"光色倾向"。美国需要印象主义启示以改变画家常常描绘的昏暗天空和阴郁效果，正如 1888 年《艺术交流》（Art Interchange）杂志提出的批评："经历了十年发展，

① 约翰·布瑞克（John Leslie Breck）和梅特卡尔夫（Willard Metcalf）在 1887 年到吉维尼（Giverny）旅行，得知莫奈在那里写生，于是决定到那里居住。随后美国画家到此聚集，包括布瑞克本人、梅特卡尔夫、西奥多·罗宾逊（Theodore Robinson）、温德尔（Theodore Wendel）、布雷布鲁斯（William Blaibruce）、里特尔（Louis Ritter）。直到 19 世纪 90 年代有的画家才回到美国。

我们的风景画依然把自己限制在色调和明暗的有限而单纯的安排中，除了优雅的悲痛或微弱的忧郁，什么都表现不了。"① 这种批评针对的主要就是本土艺术家色彩表现力的匮乏，这种感受是在印象主义风格流行时产生的。内战后美国众多画家到法国学习，当时在巴黎引起关注的印象派观念和色彩必然会对他们产生影响。② 19 世纪 80 年代纽约开始出现重要的印象主义作品展览。③ 虽然印象主义技巧并没有系统被论述，但通过作品观摩，人们能够逐渐理解那种明亮、丰富的光色效果的技巧来源：短而重的笔触厚涂、色彩并置和依靠视觉的色彩混合、暗部的补色而非黑色、湿湿混合和软边效果，等等。这些手法逐渐融入到美国风景画家的表现语言中。

美国学者大卫·克利夫兰（David Cleveland）用"色调主义"（Tonalism）概括 19 世纪 80 年代以后到 20 世纪初美国绘画的趋势。他指出："19 世纪 70 年代后期和 80 年代早期，数百位美国艺术家回国，他们来自巴黎、慕尼黑、伦敦以及（法国）布列塔尼的美国艺术村。他们很快打破了哈德逊河画派的垄断。内战的死亡钝化了民族主义的自豪感。新艺术家以其技术而自豪，决定革新停滞的美国艺术。他们从 19 世纪 80 年代展现头角，到 1900 年变得极为流行，在第一次世界大战之前一直是最为有影响和重要的艺术运动。"④ 这种艺术运动就是他所说的"色调主义"。在他看来，这种艺术首先是在欧洲艺术训练和影响下产生的，然后，美国艺术家将它用于表现世纪末美国社会的民族情感：

最好的色调主义画家触及了一种堕落前的纯洁，染上了某种孤立、

---

① Bruce Weber, *In Nature's Way: American Landscape Painting of the Late Nineteenth Century*, p. 14.

② 据估计，19 世纪后期有上千名美国艺术家在巴黎学习。如小说家亨利·詹姆斯在 19 世纪 80 年代所说："当我们寻找美国艺术时，发现它主要在巴黎。当我们在巴黎之外寻找它时，我们在这种艺术中看到的也是巴黎。"（David Bjelajac, *American Art: A Cultural History*, Laurence King, 2000, p. 265.）

③ 1886 年，巴黎画商保罗·杜兰德·鲁埃尔（Paul Durand-Ruel）在纽约组织了最早的一次重要的印象派展览。

④ 涉及的艺术家有乔治·因尼斯、亚历山大·维安特（Alexander Wyant）、J. 墨菲（J. Francis Murphy）、德怀特·特莱恩（Dwight Tryon）以及查尔斯·伊顿（Charles Warren Eaton）、惠斯勒，等等。（David A. Cleveland, *A History of American Tonalism*, p. xiii.）

理想主义、向往过去的农业社会价值观，这种价值观在快速工业化和城市增长中正在消失。那种由色调主义风景画唤起的情绪的、忧郁的情感，充满了秋日的、落日的、夜景般的主题，和内战的恐怖紧密相随；而重建失败，对经济繁荣和萧条的焦虑以及达尔文的怀疑论更增加了流离失所的弦外之音，这些情绪一直萦绕于记忆中。这种色调主义风格——诗性的，暗示的，精神的，深刻个体性的，在当时可谓无处不在，它以一种令人愉快的力量抓住了整个社会的想象力，以至于它可以被看成一种世纪之交的决定性的美学。[①]

从描述中可以看出，和19世纪中期哈德逊河画派一样，色调主义也是一种具有美国本民族审美特征的艺术，是美国艺术家在世纪末创造的一种新的民族绘画形式。固然，这位作者扩大了色调主义的范围，几乎把世纪末各种风景画都包容在内，但他的描述准确说明了世纪末美国风景画的审美倾向和表现内涵：浓郁的色调、深刻的情感，它们伴随着美国社会的重大转型，以一种新的绘画追求"光色倾向"，传达了有别于世纪前期蓬勃而喧嚣的美国社会的一种新的气质：抒情、忧郁、内敛的精神追求。

三、世纪末的荒野余绪

荒野消赊和光色倾向对内战前流行的荒野风景画是严重的冲击。然而，这就出现了一个新的问题，美国风景画从此和荒野真的不再相干了吗？问题显然没有这么简单。一方面，荒野自然的文明化及含义衰变确实使得它的艺术表现失去了存在基础；另一方面也应认识到，假如说我们可以超越现实和客观的层面理解荒野，那么它可以继续在新的艺术和精神层面得以保存。正如前面提及的，克罗恩提倡"野性"而不是"荒野"，这种野性是无处不在的根植于人们心中的价值

① David A. Cleveland, *A History of American Tonalism: 1880-1920,* Hudson Hills Press, Llc. 2010, p. xiii.

观。荒野价值对美国文化的重要性也被美国学者和思想家提出。比如，梭罗坚信荒野是一个民族创造力和活力的根源。西奥多·罗斯福认为，"美国民族形成于荒野的艰难生活中"，因而保持根本的边疆品格，才能使美国保持先驱者的价值观。不少学者认为，19世纪末海外艺术的影响导致了民族风景画的终结，因为"真正的艺术要求艺术家在土地中生活，是人与环境交融产生的东西"。[1]艺术史家约翰·麦考伯雷对美国艺术的看法是，它依据的不是被人类控制的土地，而是"无所不在的、荒无人烟的风景"，是"充满活力的空虚"，是"令人敬畏的广大、纯洁和希望"。[2]这些观念不是空穴来风，而是对美国人几个世纪以来自然体验和生存感觉的概括，这种融入了美国人性格中的体验和感觉不会随着内战的结束烟消云散。实际上，如果分析一下19世纪末美国风景画就会发现，尽管新的绘画更多地表现人居和文明的环境，尽管对光和色彩的强调消解了自然物象的具体性，但是荒野的感觉、荒野的痕迹依然常常在风景画家的笔下闪现出来。

为了能概要描述内战后风景画发展趋势和其中包含的荒野因素，笔者打算举三个案例以便从不同的层面讨论同一个主题。

第一个案例是透光风格画家吉福德。吉福德的艺术代表了透光风格在内战后的一种新的发展趋势：从内战前的清晰和宁静，转变到后来的朦胧光感。这种光感显然不是欧洲印象派和巴比松的丰富的色彩和光影，而是美国风景画早已有之的均匀撒播、穿透一切的精神光芒。理解这一点对于从整体上把握内战后美国风景画发展是很有价值的，因为吉福德作为一个典型，意味着哈德逊河画派本身表现方式的分化和变化，荒野大景到色调主义并不是骤然断裂，透光主义已经在昭示这种方向了。第二个案例是因尼斯。他被克利夫兰拿来作为色调主义的典范，这意味着因尼斯在19世纪后期表现美国新的自然感觉方面的典型性。这位画家的经历和艺术创作与哈德逊河画派、巴比松风格、英国唯美主义、内战后波士顿兴起的斯威登堡神学都有密切关系。更重要的是，他一方面宣称"文化风景的价值"，一方面在成

---

① *Cranbrook: Life Exhibition of Contemporary American Painting*, Cranbrook Academy of Art, 1940.

② John McCoubrey, *American Tradition in Painting*, University of Pennsylvania Press, 2000, pp.19-23.

熟时期作品中依然保持着美国荒野宏大、无限的空间感和神圣感，可以说是荒野主观情境的完美阐释。第三个案例是温斯洛·霍默。霍默艺术具有鲜明的个体性，又具有极强的典型性。他坚持写实主义，一般被看作风俗画家，他主要创作以人物为主的版画、水彩和油画；他年轻时代没有接受专业训练，多少带有民间艺术家的气质；除了两次到巴黎和英国短暂停留之外，他再也没有出国旅行和学习的经历。不难理解，在色调主义盛行的世纪末，他的写实性和民族性在表现美国人的真实自然感觉方面是一笔财富。这里当然不是对霍默的全面研究，笔者关注的是他的一批风景画作品。这些作品是他生命后期在缅因隐居时画的极有特点的风景画，以一种特写式的镜头描绘海浪的狂暴和陡峭尖锐的悬崖绝壁。虽然没有哈德逊河画派的宏大空间和辉煌山水，但霍默在自然角落中发现了一种属于荒野性格的原始、狂暴的力量。

首先来看吉福德。

吉福德在 1880 年创作了《十月的卡兹基尔》（图 6.10），这件作品可以说是内战后透光风格发展趋势的生动说明。画面既没有表现沿海沼泽和内陆湖泊，也没有表现哈德逊河画派流行风格的高山大川，而是描绘了卡兹基尔山谷，一种以中央空虚为主题的形象。观者站在近处的平台上远望，视线可以沿着蜿蜒的谷底进入远方，大自然不是泰山压顶般的征服和傲慢，而是虚怀若谷般的引导和庇护。虽然描绘的仍然是科尔、丘奇、肯赛特曾经写生的地区，但吉福德传达的却是内战后人们寻求安慰和护佑的心理需求。当然，这件作品更值得注意的是它的光和色彩。整个画面被一种棕红色的光线笼罩，天空透着紫红，山谷的乳黄中略带灰绿，这是一种温暖但不热烈的、明媚然而略带酸楚的色彩，暗含着难以言传的意味和气息。在光的作用下，树叶和远处山峦仿佛都被溶解了，物象本身不再重要，重要的是笼罩一切的色彩和气氛。学者们称吉福德代表了一种"气氛的透光风格"（Atmospheric Luminism）。关于这种气氛的作用，安哥拉·米勒说：

不再是丘奇辉煌的、歌剧般的空间，新的透光风格强调亲密性和

图 6.10 │ 吉福德《十月的卡茨基尔》(1880)，60 cm × 50 cm，
洛杉矶县立艺术博物馆

直接性。观者不再通过充满情节的叙事寻找意义，而是沉浸于光、空
气、色彩的拥抱中。气氛的透光风格向其观者表明，风景已经被制服
了。前面不再有征服，只有一种更深刻的自然向文化的转换。①

　　吉福德对光的重视和欧洲影响有关。早在 1855 年他就曾到欧洲
旅行，巴比松画派和透纳对光色的重视给他留下了深刻印象。他尤其

① Angela Miller, *American Encounters: Art, History, and Cultural Identity*, p. 266.

赞赏法国画家为了达到"完整效果"而放弃完成性和细节的方式。在给《蜡笔杂志》的信中他说:"统一性是最为重要的;无论作品画的是什么,让我们获取统一、连贯与和谐。"① 显然,吉福德作品中无处不在、融化万物的光线就是这样一种统一性的力量。不过作为美国式的对光的表现,他的光色描绘和巴比松、印象派的光色是不一样的。法国现实主义风景画表现视觉上的阳光,其画面辉煌效果不是靠光本身的力量,而是依靠光所唤起的大自然物象鲜活的色彩:葱茏的绿叶、瓦蓝的天空、清澈湛蓝的河水以及光线映照下树木强烈的造型力量。印象派的光也是视觉性的。虽然物象的坚实造型被减弱甚至放弃了,但色彩却是视觉对阳光下大自然的瞬间的、直接的感知。与此不同,吉福德代表的透光风格追求的却是精神之光,它不是照亮物象而是要溶解物象,光仿佛有一种神圣的精神力量。爱默生曾经讨论过这种光的精神性:

    人在孤独时可以仰观天上的星辰。那些上天世界发出的光线弥漫于它和它所触及的事物之间。在这种光芒中气氛变得透明了,在神圣的大自然躯体中,光使人感受到一种崇高的永恒的存在……星辰唤起了崇敬,因为他们永在却难以企及;不过在他们的影响下,大自然在心灵中产生了一种亲切的印象……这样讨论自然,我们心中产生了一种极为不同的但最为诗性的感觉。②

    爱默生赞美的是星辰之光而非阳光。根据他的理解,阳光只能照亮成人的眼睛,只有儿童的心灵才能感觉到它。但是星辰却不一样了。那种清冷的、幽暗的、弥漫世界的光能让每一个人感知到神圣和崇高。就字面意思来说,"Luminism"中"光"的含义是"冷光"、"夜光",是在暗的冷的环境和背景中发出光芒;类似的,"luminescence"指的是"一种自身能产生光的物质的能力"。因而,

———————————

① Kevin J. Avery and Franklin Kelly, *Hudson River School Visions: The Landscape of Sanford R. Gifford*, p. 11.

② Ralph Waldo Emerson, *Nature and Other Miscellanies*, Humphrey Milford ; Oxford University, 1922.

透光风格实质上并非单纯由光照而产生光亮，而是"包括空气在内的任何物质均可导致的穿透黑暗的光"，这显然不是印象派的客观的感知之光，而是艺术家创设的来自心灵的精神之光。透光风格的意义正在于此。虽然吉福德等画家描绘的是日光，但他们笔下的日光具有某种星辰的特征，如诺瓦克概括的，"透光风格光的倾向是冷的而非热的，硬的而非软的，触觉的而非流动的，平面的而非在大气中散开的。透光之光以一种与大气光线不同的频率发射，闪烁，弥漫"。① 诺瓦克只是描述了透光之光与日常大气中光的不同，实际上如我们所分析的，透光画家是以星辰之光描绘日光，以获得爱默生所说的崇高感和神圣性。光的神圣性是理解"气氛的透光风格"的关键。虽然这种绘画失去了荒野大景的清晰性和宏大性，但是光的统一性与和谐感能够使人获得一种"崇高而永恒"的感觉，这是荒野自然内在精神性的本质特征。

再看乔治·因尼斯。

如果说吉福德以一位透光风格画家的身份被划入哈德逊河画派的行列，因尼斯的身份则显得更加复杂。他早期显然遵循了哈德逊河画派的道路，但是自从19世纪中期开始到欧洲游学，他的艺术发展轨迹开始发生根本性的变化。有时候他被看成美国巴比松风格画家，有时则被归入象征主义，甚至印象主义，更多地时候则被看成一位色调主义画家。这种归类的困难在于其艺术和人生经历的复杂性。因尼斯艺术风格独特、名声显赫且饱受争议。② 一方面他深居简出，特立独行；另一方面又是狂热的演讲者，不浪费任何场合滔滔不绝地宣讲自己的艺术、哲学甚至政治观念。他的艺术经历似乎与当时各种流行艺术都有关，但令人吃惊的画面效果却难以用任何一种流派命名。其绘画风格不断发生变化，从和传统千丝万缕的联系，到极端的单纯和表现性，最终创造了与神秘的精神世界息息相关的心灵风景幻象，被认为暗示了

---

① John Wilmerding, *American Light: The Luminist Movement, 1850-1875, Paintings, Drawings, Photographs*, p. 25.

② 因尼斯绘画风格和艺术理念在19世纪受到的广泛争议，对此当代美国学者蕾切尔·戴露（Rachael Ziady Delue）有详尽叙述，他称之为"the struggle of vision"。Rachael Ziady Delue, *George Inness and the Science of Landscape*, the University of Chicago Press, 2004, pp. 7-12.

20世纪美国现代绘画的前景。无疑，因尼斯在写实和抽象、再现与表现之间的跋涉历程以及他那种独特的具有诗性和神学特质的风景意象，与当代中国风景画家的艺术境遇颇有契合之处，确实是19世纪末美国风景画家精神状态的生动体现。

这里讨论因尼斯的案例试图解决一个核心问题：他的"文化风景"主题是如何表现了荒野情感和精神？因尼斯被归入巴比松画家的一个原因恐怕和他描绘田园或者农村风景有关。如前面所说，画家本人也曾明确地表达他对"文化风景"而非"荒野风景"的兴趣。笔者认为，这种倾向既和他的生活背景有关，也和他的艺术态度有关。因尼斯绘画多以农村场景为主题，如牧场、榆树、农舍，等等，这和他的童年经历是有关系的。1825年他出生于美国东北部纽堡一个普通农场主之家，在纽约附近和新泽西的纽瓦克的农村度过童年。在历史上，纽瓦克最早是在1666年由来自纽黑文的清教殖民者建立的。它处于纽约到华盛顿的必经之途，和纽约一样，这里在19世纪经历了快速的商业和工业化发展。即使在农村，原始的荒野景色也早已很难看到了。因尼斯在遍布草地和农业景观的乡村长大，这种经历对他审美趣味追求产生了深刻影响，使得他的艺术一开始就有别于当时盛行的高山大川和精细写实，而是倾向于描绘具有抒情色彩的乡村景观。40年代他在纽约做学徒的时候，荒野大景还没有形成气候。而50年代和70年代因尼斯有两次到欧洲旅行，则进一步强化了他对田园风景的信念："我在（英国）国家博物馆看到悬挂在透纳旁边的克劳德作品时，它把透纳击打得粉碎，我仿佛看到一个伟大的、真诚的心灵。"① 他把卢梭、杜比尼、科罗看成是最好的风景画家，认为他们"把握了并几乎近于完美地表现了自然界中事物之间的关系"。② 不过，从内战后因尼斯的作品发展来看，他的田园兴趣的意义是对早先荒野风景画的对抗。他不只是泛泛地反对"野蛮的"、"未驯化的"荒野主题，而是反对那种"知识呈现"、"物质精确性"、"科学正确性"。在他看来，对于艺术来说，人性、个体内在的生命力、创造力才是最为

---

① Aderenne Baxter Bell, *George Inness: Writings and Reflections on Art and Philosophy*, p. 15.

② 同上，p. 62.

重要的：

艺术的伟大不是呈现知识或物质精确性，而是传达那种自发的、不加犹豫和畏惧的本质生命力……这种生命的创造力不依据法则，而是创造法则……最高的艺术要沉浸在完美的人性情感之中……每一个艺术家，无需参照外在自然，只要真实地表现在大自然中唤起的观念和情感，就是对他自己精神的发展，也是对于人类精神的恩惠。[1]

从因尼斯对内在精神和情感不厌其烦的宣称中可以看出，他不是反对表现大自然，而是要将大自然精神人性化和主体化。可以想见，美国荒野的宏大空间和崇高感在人性化和主体化的过程中会转换成一种精神的无限性、自由性和神圣性。通过因尼斯不同时期的两件作品我们可以看到这一点。第一幅作品是创作内战之后的《和平与富饶》（图6.11）。内战期间为了躲避战争，因尼斯到马萨诸塞州的梅德菲尔德（Medfield）居住，战争结束后他搬到伊戈斯伍德（Eagleswood），一个靠近海边的新泽西乡村。西考夫斯基曾谈到这幅画，考虑到内战后的特殊时期，认为画家"必然会有意无意地赋予画面一种寓说性的含义：战争后重返和平和富饶"。[2]更值得一提的是塔克曼的说法。他在《艺术家之书》中描述了自己是如何被这幅画吸引的，不是因其寓说性含义而是因其令人沉迷于其间的美国大自然的感觉：

那儿是一片极其宽广的绿色平原，前景有高傲而优雅的榆树树丛、谷物成熟的厚重的田野、点缀其间的收获者以及远处的山峦——一切都沐浴在阳光中，如此真实、新鲜、可触、生动……[3]

虽然荒野自然已经被改造成农业田园，但那种宏大的空间感，人的视觉在其中感受到的自由、高傲和满足却依然存在。更重要的是，这种现实的景观在"光"的作用下主观化和精神化了。画面中央榆树叶簇后面的天空被画家有意强化了，变成了一团四散的、笼罩世界的金

① Aderenne Baxter Bell, *George Inness: Writings and Reflections on Art and Philosophy*, p. 80; p. 67.

② Nicolai Cikovsky, Jr. *The Life and Work of George Inness*, p. 195.

③ Henry Theodore Tuckerman, *Book of Artists, Book of the Artists: American Artist Life*, p. 529.

图 6.11 | 因尼斯《和平与富饶》(1865),
197.2 cm × 285.4 cm,
纽约大都会艺术博物馆

图 6.12 | 因尼斯《修士》(1873),
97.5 cm × 163 cm,马萨诸塞州菲利普学
院爱迪生美国艺术画廊

色光芒,原来的透明天空仿佛变成实体,充满着爱默生所说的神圣的诗性力量。这种神圣的精神性一方面得益于因尼斯对"光色"表现力的发掘,另一方面则有赖于他自 19 世纪 60 年代开始对当时流行的宗教哲学——史威登堡主义(Swedenborgianism)的迷恋。①

因尼斯是在 1863 年伊戈斯伍德写生期间开始接触史威登堡神学的。当时他邂逅了曾在意大利结识的画家裴吉(William Page),在其热烈引荐下开始接受这种神学。史威登堡认为,自然和精神之间存在一种沟通,天堂和人间两个世界也有着某种联系;由于精神世界是非物质的,因而自然世界的本质也是非空间性的。也许正因如此,因尼斯开始把物体描绘成介乎视觉的确定形式和精神的虚空之间的状态。这种宗教性追求在 19 世纪 70 年代开始变得更加明显,1873 年的《修士》(图 6.12)就是很好的例证。树木被画家改造成华盖般的巨大剪影,形成了与地平线平行的画面分割线,在瑰丽的金黄色天空对比下放射出穿透灵魂的力量。一个身穿白袍如同东方哲人般的修士在近景的暗影中逡巡。如何解释这种强烈的形式感及其蕴含的情感力量?实际上,画家是在新的审美意象中把美国原始的"荒野体验"和宗教精神融为一体。在水平方向上变形、拉长的树木和地面的水平结构不仅仅是宏大荒野空间的延续,还是自然宗教的容纳万物的内在力量。

① 这种哲学因其创立者科学家和神学家伊曼纽尔·史威登堡(Emanuel Swedenborg)而得名。
(Eugene Taylor, "The Interior Landscape: George Inness and William James on Art from a Swedenborgian Point of View", *Archives of American Art Journal*, Vol. 37, No. 1/2, 1997, p. 2.)

晚年因尼斯经常用宗教类比他的艺术。1894年《纽约先驱报》(*New York Herald*) 以《艺术作为宗教》为题报道了对因尼斯的采访：

> 作为我国当前最伟大的风景画家，因尼斯先生依然坚信艺术是他的宗教，他用画面描绘了他的神学，以满足他的具有分析能力的内在精神。不是通过寓说体人物画，而是走进大自然从中获得自然的上帝和来世的理论。[1]

从某种意义上，因尼斯的自然神学可以说是精神化了的荒野神学，美国文化中的荒野感觉在世纪末的风景画中传达了某种如同吉福德空虚山谷般的精神保护和休憩之地。

80年代之后，因尼斯艺术进入了典型的色调主义时期。早期的清晰性开始减弱，和透光风格有姻亲关系的强烈光芒也在减弱，画家逐渐放弃空旷的原野空间，开始描绘更加亲密的大自然心灵意象。画面中似乎更加减少了荒野元素，不过我们在画家创作方式中发现了另外一种精神的"野性"——画家创作过程中的亢奋和痴迷，这种癫狂状态和他构图过程中的一丝不苟形成了鲜明对比。据因尼斯的儿子回忆："画画时父亲几乎处于白热化状态，激情、动荡，我见他有时候就像疯子，光着膀子，大汗淋漓，充满着表达的热望。可是，作品一旦完成对他就没意义了，他对它们毫无兴趣。"[2]让人惊讶的是，他对老因尼斯画面构图的叙述却是完全两样：极为小心地用碳棒或铅笔勾画物象的形式，精心安置每一个细节的确切位置，前期精心细腻的构图过程和后期狂涂乱写的绘制过程产生了巨大反差，这也激起了研究者的兴趣。这种精细与狂放、宁静与激情兼而有之的创作方式在因尼斯晚年作品中展现无遗。他1893年的作品《苍鹰的家园》(图6.13)就是一例。在朦朦胧胧的画面之中，树干的位置清晰可辨，前者（朦胧）的感受性和后者（位置）的理性形成了强烈的对比。树干的数量和位置显然经过仔细的权衡，其平行、疏密的变化显现出音乐般的

---

① Aderenne Baxter Bell, *George Inness: Writings and Reflections on Art and Philosophy*, George Braziller Publishers, 2006, pp. 87-88。

② 同上，p. 159; p. 170.

图 6.13 | 乔治·因尼斯《苍鹰的家园》（1893），
76.2 cm × 115.2 cm，芝加哥艺术学会

节奏感。根据研究，这种数学般的精确性和象征意义也是史威登堡哲学的内容之一。如乔治·谢尔登（George Sheldon）评论的："几年来他一直研究数字的科学——来自史威登堡哲学，他的很多手稿都表露出对数字象征意义的兴趣……"①但是，这种抽象性和象征性并没有改变晚年画面整体上的狂放和随意，只不过它们都统一在画面强烈的气氛和色彩之中了。正如画家自己所说的："画家的自发运动要被统一性控制，因此我发现，和画家技术完美相对应的是他画面的统一。"②

　　无论这种精确性来源何处，因尼斯晚年画面抽象性和自发性的奇妙组合暗示了美国现代艺术和荒野体验的两种传统。抽象形式的宁静之美和象征性的神秘含义曾经是美国透光风格小景孜孜以求的趣味；

① Diane Chalmers Johnson, *American Symbolist Art: Nineteenth-century Poets in Paint*, the Edwin Mellen Press, 2004, p. 72.
② 同上，p. 76.

狂放的作画状态和哈德逊河大景的动荡与逼迫颇有类似之处。有趣的是，这两种品质还可以在 20 世纪美国现代主义艺术中看到。比如那种宁静的秩序和抽象主义、极简主义颇有相同之处。而其近乎疯癫的作画状态让人情不自禁地想起 20 世纪 60 年代的杰克逊·波洛克。显然，哈德逊河画派从荒野写生主义发展到 20 世纪的美国现代艺术过程中，虽然表现主题和画面形式发生了很多变化，但它的某种内在精神品质却一直保存，特别是动荡和宁静、宏大和精微兼而有之的荒野感觉。这种品质和发展线索在因尼斯艺术和生涯中十分清晰，可以说因尼斯的艺术生动呈现了美国绘画从传统到现代形态的转型期的内在矛盾和精神特质。

最后我们把目光转向霍默。

关注霍默是因为他用一种与世纪末光色倾向有所不同的方式表现了荒野：以朴素的现实主义手法寻找美国人生活中逐渐失落的荒野景观。霍默是以风俗画家的角色被批评家注意的。他描绘美国从内战到世纪末的社会场景，从战争场景到普通美国渔民和农民的日常生活；描绘各种各样的人物和性格：儿童、少女、渔民、士兵；他把人物放置到各种各样的环境中：草地、农场、树荫、海岸；他的艺术可以说是普通人生活的百科全书。然而从 19 世纪 80 年代末开始，画家的兴趣突然从人物和社会转移到大自然，描绘了一批具有强烈荒野特征的海浪和海岸风景。[①]一开始，他的关注点是人与大海的关系：渔妇和孩子远望大海等候出海归来的丈夫；英勇的汉子在波涛中奋勇挽救溺水者；渔船在大海中搏击海浪，英勇前行……可是，随着画家兴趣改变，人物逐渐变得不重要甚至在画面中隐没了，画家兴趣越来越集中到狂暴和荒野的大自然本身。我们可以看一下他在 19 世纪 90 年代画的《缅因云崖》（图 6.14）和《观看浪花——巨浪》（图 6.15）。画面表现的是海岸风景中性格完全不同的两种力量的对抗：汹涌澎湃的

---

① 这些油画作品总共有 15 幅左右，画于缅因海岸的普拉兹海峡。19 世纪 60 年代末他曾画过这种题材，1883 年还用水彩画过，之后不断画这种海岸景色直到 1909 年。这种海景和岩石画代表了他艺术的新阶段。尽管当时风景画极为流行，但其作品挑战了流行的模糊的、巴比松影响的风景画，这种风景画主义是情绪的而非现实世界的。霍默风景是一种美国传统早就有的海浪暴风雨风景画的一种分支。

图 6.14 ｜霍默《缅因云崖》（1894），
76.5 cm × 97.2 cm，
华盛顿美国国家艺术博物馆

图 6.15 ｜霍默《观看浪花——巨浪》（1896），
61 cm × 97.2 cm，纽约州卡纳卓里
（Canajohaie）图书馆和美术馆

海浪和巍然屹立却又饱受摧残的坚硬礁石。前者强调的是普拉兹海峡
（Prout's Neck）地标性的海岸岩石景色，磨损了的岩石是大海与岩
石之间暴力斗争的结果。这种感觉被粗重的笔触加强了，颜料的直接
涂抹统治了一切，颇有库尔贝的风格特征。后者主题则是洁白然而暴
烈的海浪，腾空而起的浪花迎面扑来；画家惯常描绘的与大海抗争的
人物现在变成了这种自然力量的观看者。霍默的普拉兹海峡风景画显
然是对美国荒野自然内在的野性力量的生动表达，正如学者弗里德里
克·莫顿（Frederic W. Morton）所评价的：

> 霍默的作品中有一种粗犷的、坚硬的、甚至提坦神一样的东西。
> 单纯宁静的感性魅力对他丝毫没有吸引力。他是一位永恒的大海画家，
> 然而他从来不表现那种反射云彩和船帆的镜子般水面的优美。他的大
> 海是水的荒野，表现了暴烈的力量、神秘和险境。他是风景画家，但
> 他的风景让人想起新世界的原始森林、冷酷的山岭和峭壁。[1]

如果我们回想一下世纪中期丘奇的崇高大景和莱恩的宁静海滨就
会发现，霍默其实是在莱恩风景题材中发现了丘奇的动荡和崇高，这

---

[1] Frederick Morton, "The Art of Winslow Homer", Brush and Pencil, April 1902, quoted from
Sarah Burns and John Davis, *American Art to 1900: A Documentary History*, p. 587.

种品格只能存在于海浪的狂暴和礁石的坚硬之中。丘奇也曾经在缅因
海岸描绘巨浪和峭壁，这继承了早期科尔的浪漫主义情怀，因而霍默
的海浪风景并非独创，而是对美国风景画曾经有过的传统的继承和复
苏。当时的评论家把霍默的风景称之为美国式的，是美国人荒野性格
的表现，其原因正是因为这一点。正如现代学者所评论的："根据爱
默生、梭罗的思想和哈德逊河画派的艺术，没有什么能比这个国家的
山脉、瀑布、海岸更具有美国独特性的象征意义了。批评家把霍默的
普拉兹海峡风景看成是美国性格无懈可击的确证。在一个正在发生广
泛的社会和技术转型的时代，再也没有比纯洁的自然更确实和持续性
的美国象征了。他的海浪图画很少受到外国影响，具有男性的雄浑、
巨大和真实……霍默的海浪风景因此恰好和批评家对一种新的美国艺
术画派的期待吻合。"[1]

　　不过，霍默风景还具有和前人不同的表现方式和时代含义。霍默
不是在创作流行的艺术，而是以隐居者的心态表现一种隐含在美国人
内心深处的秘密情感。从整体上来看，荒野风景画在 19 世纪末已经
不再流行了，欧洲的巴比松风格、慕尼黑风格、印象派风格以及本
国的色调主义夹杂在风俗画的洪流中甚嚣尘上，田园的或者说文明
化了的生活景观成为表现的主要题材，不是荒野而是优雅、抒情的
诗性情调逐渐变成艺术的主题。在大城市的喧嚣和田园生活的闲适
中不可能发现和表现荒野。霍默意识到了这一点。为了能够重新体
验这种久违了的情感，他选择了遁世隐居。霍默是在 1882 年从英
国回到美国后作出隐居决定的。在英国农村的生活和艺术创作改变
了他的艺术方向，回到纽约不久他萌发了"一劳永逸地离开纽约"
的想法。[2]不久他在缅因普拉兹海岸建起了房子，虽然偶尔有家人陪
同，但大多数时间处于一个人孤独的隐居生活中，一直到去世。他
和梭罗一样离群索居，厌恶来访者；他的陪伴者是荒凉的大自然，
和偶尔路遇的猎人、渔夫和旅行者。显然，他的艺术是这种荒野生
活的产物：

---

[1]　Randall C. Griffin, *Winslow Homer: An American Vision*, Phaidon Press Limited, 2006, p. 67.

[2]　同上，p. 123.

没有人为的美化，没有殿堂的规矩，没有下午茶，也没有俱乐部的流言蜚语。上帝是他居住地的君王，他的艺术真实描绘了生存世界的无限奇观。我们能强烈地感觉到，他给予观者的只不过是这位大师及其身边大自然的强力、个性、和伟大。①

只有在偏远海岸的孤独生活之中才能找回美国人的荒野感觉，这从一个侧面反映了荒野在世纪末走向消隳这一趋势。可是，荒野海景画为霍默赢得的巨大声誉也同时证明了荒野情感是美国人心灵深处难以割舍的持续体验和情怀。正如格里芬（Randall C. Griffin）概括的："霍默远离当时社会的隐居生活，显示出他把自己设定为一个在严酷和原始地区的自由自在的浪漫主义孤独者。以其生动的想象力和深刻而真实的地方感，他重新赋予疲倦了的传统（体验）一种活力——这是他最伟大的成就。"②

从内战之后到世纪末，虽然有种种迹象表明荒野风景画及其保护的荒野感觉仍然存在于美国人的艺术和心理结构中，但是 19 世纪中期那种典范性的哈德逊河画派终于还是一去不复返了。1895 年国家设计院年度展览中，一位批评家的综述生动地概括了这样一种艺术发展的必然性规律：

首先我们不得不承认，老画派现在对我们的含义已经和十年前完全不同了。那些已经老的、现在已经死了或者完全退出竞赛的画家，他们属于艺术史家的研究范围，而不属于当前事件的编纂者……画家的世界在运动，当前处于最为新奇的事物十年之后无疑会变成老的故事。③

---

① William Howe Downes and Frank Torrey Robinson, *Later American Masters*, *New England Magazine*, 14, April 1896, quoted from Sarah Burns and John Davis, *American Art to 1900: A Documentary History*, p. 587.

② Randall C. Griffin, *Winslow Homer: An American Vision*, p. 185.

③ Bruce Weber; William H. Gerdts, *Nature's Ways: American Landscape Painting of the Late Nineteenth Century*, p. 19.

余论：文化—艺术—荒野

　　从概念上看，文化和荒野内涵迥异。柯林斯大辞典给文化（civilization）两个含义：具有自身组织和文明的人类社会；具有高水平社会组织和舒适的生活方式的文明状态。两个含义都说明，文化是人组成的社会和人化的生存环境，意味着对原始蛮荒的脱离。因此，荒野和文化实际上是两个对立的概念。从这个角度说，"美国文化中的荒野"甚至"美国荒野文化"是难以成立的。正是这个原因，美国当代社会的景观美学、生态美学、自然保护理论，甚至国家公园的原则，越来越受到分析哲学家的质疑和争论。正如1996年威廉·克罗农说，我们应该关注自身而非荒野，荒野具有反文化性，把荒野视为人的家园，迷恋和寄希望于原始景观和非人的遥远荒野，是一种虚幻的错误。[①]2004年，

① William Cronon, "The Trouble with Wilderness: Or, Getting Back to the Wrong Nature", see *Environmental History*, Vol. 1, No. 1, Jan., 1996, pp. 7-28.

艾莉森·比耶雷提出美国《荒野法》设定荒野作为"非人的存在"的虚假性，这种原则导致 1988 年黄石公园大火蔓延失控，公园专家约翰·瓦雷（John Varley）听任"公园生态系统完成再生和更新"的自然循环理论受到质疑和批评。① 荒野美学只是一种理想，现代社会文明已经无处不在，人们越来越发现，当代社会无论是寻求一种真正的荒野大自然，还是构建一种真实的荒野文化，都难以实现了。

不过，上述悖论和困难在艺术中能得到有效避免。风景画描绘的是一种理想化的荒野，自然是一种人为的景象；风景画本身也是一种人为之物，是文化不可或缺的部分。在荒野风景图像中，我们讨论的不是我们现实的生存，而是特定历史条件下的精神的存在。这就是本书从风景图像介入美国文化荒野观念的价值：从艺术史的视角，探究了美国荒野文化的核心问题，但消除了景观和生态荒野概念上的悖论。

风景图像的讨论涉及对风景画形式、画面构成、历史背景、文化语境的深层探究。对荒野进行概念的和历史的梳理是文化讨论的基础。而对风景图像的分析中，笔者试图以典型案例做细致的发掘，通过结合美国学术史的联系和比较，发现图像的文化内涵。根据这个思路，本书梳理了荒野的美学、艺术、宗教的历史渊源，为讨论美国荒野奠定了基础。作为美洲大自然和民族文化观念的呈现者，美国荒野风景从托马斯·科尔开始，经过杜兰德的近景，丘奇、比尔斯泰特和莫兰等人的荒野大景，同时还有莱恩、肯赛特等人的透光风格小景，然后在世纪后期出现光色和主观化倾向，经历了形态各异、跌宕起伏的发展历程。研究发现，这些风景画形式表达了荒野微妙变化的含义，比如宗教的神秘性、客观的实体性、空间的宏大以及精神的神圣和野性。同时，这些含义表达了微妙有别的荒野态度：恐惧和膜拜兼而有之的宗教感、走进和欣赏荒野的亲密感、在荒野中远游和精神提升的超越感，以及在工业文明中对原始荒野自由野性的回归和向往，等等。

固然，这项研究主要针对欧洲和美国的艺术，但其最终目的则是

---

① Alison Byerly, *The Uses of Landscape: The Picturesque Aesthetic and the National Park System*.

获得荒野观念和风景艺术的一般性理解。荒野和风景画关系研究暗含着对人类存在方式的沉思和表达："人与自然"的关系。这种关系是人类普遍面对的生存状态，是需要阐释的共同命题。通过研究，笔者曾经关注的一些问题逐渐得到了解决，现概括如下。

一、文化荒野观念

如前所述，在现代人面前，大自然景象无一不打上人的烙印，因此"荒野"就设定了一种否定人影响的存在。无疑，这种存在是一种设想，是不真实的；但是这种不真实的设想却是有价值的，因为根据它人们可以反思现实的文明生活，去缅怀那些被文明消解了的然而却有价值的东西，比如生命的自由和纯粹、原始动力、宇宙的永恒和神圣。这种反思不独为欧美所有，中国也同样存在。中国古已有之的隐遁自然的哲学和宗教、山水文学、绘画和美学，都体现出对荒野大自然的敬仰和遵从。

这种反思在当今社会显得更加严肃同时面临更多挑战，这是因为文明以不断加速的方式消除荒野。打开"google-earth"不难发现这一点，除了极地和海洋，地球上的景观已经被人类改变很多了。但是我们无法客观确认文明和荒野的相对价值：一方面，现代文明的发展把荒野看成是资源和改造的对象；另一方面，人们无法想象在完全失去了荒野之后，文明存在的形式和意义会是怎样。艺术家会思考这些问题。我们可以发现，对荒野的表现不仅存在历史中，直到现在依然存在。艺术家们不仅描绘原始的自然，还描绘作为文明废墟的荒原，科尔对"荒野—文明"二元关系的思考一直没有消散。虽然这个问题难以有终极答案，但这篇论文对荒野问题的发掘有助于我们从人类生存的角度理解艺术；对绘画来说，风景表现是要让我们体验和感受那些文明社会里难以企及的价值，那些价值对于人本性的存在本来并依旧是十分真实的。

二、荒野的风景艺术表现

风景图像何以表现荒野？这个问题和历史上"如何在风景画中表现田园"的问题基本类似，但是解决之道却十分不同，其原因就在于荒野所包含的内在品质："非人"性和"无限"性。田园是人性的和有限的：在最基本的层面上，它无非是为了人的存在而构想的某种理想化的生存空间。17世纪的理想风景就是这样一种风景画，它首先考虑了人的需要，空间的设计满足于画中人的生存和观众游览娱乐的心理需求。并且，把画面看成是镜子、窗户、剧场的观念，和画面本身的有限性是一致的。

可是，这些因素在荒野风景画中消失了，因为荒野风景画一方面不得不利用画面的有限性，另一方面却要表现无限的空间；一方面不得不依赖艺术家的心灵和手段，另一方面却要表现超越人存在和想象的自然。那么，荒野图像应该如何表现？对此不可能有统一的答案。艺术家对此的解决是：采用个性化的手段，在有限性中暗示无限性，依靠人性传递神和自然的信息。因此我们可以看到历史上出现的各种形式的荒野风景画，都充满了强烈的个性化特征。16至17世纪的格列柯、鲁本斯、伦勃朗、洛萨就是很好的例子；18至19世纪的考泽斯、透纳、弗里德里希、库尔贝等则在个性化表现中体现出民族性的特征；美国荒野风景画也是如此，19世纪美国风景画出现了多种观念和形态，也是荒野表现内在矛盾造成的结果。为此，荒野风景画常常不得不利用理想风景和田园风景画提供的手法，采用在某些方面改变、超越、打乱古典秩序的方式产生新的图像。"如画"、"全景"风景模式都是这样的例子。它们都有历史根源，或者来自古典风景，或者来自民间或北欧传统，不过在19世纪它们都被艺术家借用来表现荒野。但是，19世纪荒野风景画毕竟有自己的时代特征，因此它们也有自己的表现方式和描述方式，这对于美国风景画来说更是如此。

三、美国：荒野体验和艺术表现

虽然并不是全部特征，荒野却是美国风景画的一个重要特征，本书从美国大自然、美国荒野体验、风景画的表现形式等方面对此进行了分析。可以说美国风景画的发生和美国人的荒野体验的转变是同时进行的，这恰恰体现了从荒野角度理解美国风景画的重要性。19世纪是这种荒野体验转变的重要时期。在这个时期，荒野从广泛的真实存在到迅速消退，文明的步伐在美国从农业国到工业国的发展中与荒野的缩减形成鲜明的对照，民族主义和超验神学也在对荒野的沉思中显现出意义，荒野从清教的恐怖转变成社会价值和审美价值的体现者，因此荒野在美国风景画中承担了复杂的象征意义。

当然，要想有效地承载这些意义，艺术家需要不懈地探索和创造有效的风景图像。本书讨论了美国风景画几种重要的表现类型：浪漫主义想象、近景、远景以及后期出现的光色倾向。科尔的图像是美国画家表现本国荒野第一次成功的尝试。虽然从整体上看，浪漫主义想象借用了欧洲浪漫主义美学和风景图像的一些原则和因素，但是科尔的荒野风景画却呈现出强烈的美国特征。他既重视对美国大自然的观察体验，又通过大胆想象创造了充满瑰丽色彩的手法和图像模式，生动传达了早期美国人恐怖和歌颂、神秘和神圣兼而有之的荒野体验和自然感觉。

以一种细致入微的特写描绘，近景实现了对美国荒野近距离的观察、体验和再现。近景不仅创造了亲密性的荒野图像，还实现了风景画家自然观念的转向：从神秘到亲密，从外在到内容，从虚幻到真实。从这个角度可以说，近景对美国画家创造本民族的荒野风景起到了重要的支持作用。相比之下，远景是对荒野体验的宏观表达。无论崇高大景还是透光风格小景，其兴趣都是了无人迹的荒野大自然；它们取消了欧洲理想风景或如画模式，代之而起的是具有全景特征的横向画幅和构图、一望无际的地平线、巨大空间。这种对"大空间"的表现和美国学者概括的美国景观的特征是十分吻合的。当然，大景和小景有着各种不同的审美追求和形式特征。尽管如此，它们在表现大空间方面却是一致的，而大空间得以实现的表现形式就是对"远景"的传达。

内战之后，美国风景画发生了重要的变化，一个倾向是荒野价值的衰退，另一个倾向则是光色倾向的扩展。两种倾向密切相关：荒野描绘要求客观的自然主义写实，而光色倾向是艺术从客观再现转向主观表现的体现，这样荒野描绘遭遇到艺术转型造成的危机。不过我们同时还发现，虽然荒野自然逐渐消隳，社会的审美趣味在从荒野向文明风景、中间景观转变，但那种已经凝结在美国人性格中的荒野观念却没有消失。文化具有持续性，荒野就是如此。

四、问题、启示、可能性

由于涉及对象的复杂性和本人能力、研究条件所限，这项研究存在不足也是难免的，随着一些问题的解决，一些新的问题也会凸显出来。比如，本书讨论的图像主要是风景画，注意力特别放到了具有荒野特征的风景中。那么，美国画家的其他类型风景画有怎样的表现？甚至，美国19世纪也一度流行风俗画，而风俗画也不乏对自然风景的描写，并生动体现了艺术家对人和自然关系的理解和处理方式，那么在这种绘画中有没有对荒野观念的表达？再如，内战后美国文化经历了迅速发展，20世纪美国成为世界上最大的发达国家，成为现代主义和后现代主义艺术中心，那么在这种新的态势下，美国人的荒野观念发生了什么新的改变？在艺术表现中又有什么新的迹象？当然，这些话题涉及了新的研究课题，显然不是本论文所能涵盖，但是解决这些新的问题对于加深本论文主题的理解却是十分重要的。

把荒野和风景画放到一块进行讨论具有某种启发性。本研究从三个层面理解荒野：自然、观念和艺术表现。风景画不一定以荒野为表现对象，荒野和风景画是两种不同的概念和领域，但却有某种交叉重叠的部分。西方学界的荒野研究跨越了生态学、景观学、艺术学等多种领域。本研究则一方面坚持了跨学科的视角，另一方面把研究限定在艺术史范畴，这样我们就获得了一种从绘画视角重新审视荒野的机会。笔者认识到，正是这种跨学科性和边缘性有助于艺术史研究的进一步发展。

　　除了关注欧美的风景画，荒野研究还推动我思考其他研究对象的可能性。荒野不仅仅被美国和欧洲关注。中国也有着悠久的以荒野为对象的山水画传统，并且中国目前也处于自然景观和社会文明的现代转型中，荒野在中国传统和现代艺术中也有各种各样的表现形式。那么，在中国艺术中，荒野图像从传统到现代发生了怎样的变化，并蕴含着怎样的内涵？之所以提出这样一个问题，是因为笔者意识到，作为中国学者我们应该也不可避免地具有本民族的文化立场，利用西方艺术研究的经验反观和解决我们自身艺术史和艺术发展的问题是自然而然的。总之，荒野问题是一个开放性的问题，也是一个未竟的话题。

附录一

参考文献

一、中文参考资料

南希·艾因瑞恩胡弗.金眉译.美国艺术博物馆.长沙：湖南美术出版社,2007年；

艾伦·布林克利.邵旭东译.美国史,1492-1997.海口：海南出版社2009年；

美国艺术三百年：适应与革新——教育项目之研讨会.中国美术馆,2007,3；

契格达耶夫.晨朋译.美国美术史.北京：文化艺术出版社,1985年；

沃伦·科恩.段勇译.东亚艺术与美国文化：从国际关系视角研究.北京：科学出版社,2007年；

让·保尔·克雷斯佩勒.杨洁等译.印象派画家的日常生活.上海：华东师范大学出版社,2007年；

大卫·卡里尔.丁宁译.博物馆怀疑论：公共美术馆中的艺术展览史.南京：江苏美术出版社,2009年；

刊杰弗里·迈耶斯.蒋虹译.印象派四重奏：马奈与莫里索，德加和卡萨特.桂林：广西师范大学出版社,2008年；

克莱门特·格林伯格.沈玉冰译.艺术与文化.桂林：广西师范大学出版社,2009年；

潘诺夫斯基.付志强译.视觉艺术的含义.沈阳：辽宁人民出版社,1987年；

温尼·海德·米奈.李建群译.艺术史的历史.上海：上海人民出版社,2007年；

海因里希·沃尔夫林.潘耀昌、陈平译.古典艺术：意大利文艺复兴艺术导论.北京：中国人民大学出版社，2004 年；

里奥耐罗·文杜里.西方艺术批评史.南京：江苏教育出版社，2005 年；

诺曼·布列逊.丁宁译.传统与欲望：从大卫到德拉克洛瓦.石家庄：河北美术出版社，1997 年；

朱良志.论中国画的荒寒境界.文艺研究，1997，4 ；

程虹.自然与心灵的交融——论美国自然文学的源起、发展与现状.社会科学院博士论文，2000 年；

戴晓蛮."如画"的观念与十九世纪英国水彩风景画.南京师范大学博士论文，2006 年；

丁则民.美国通史第三部：美国内战与镀金时代，1861-19 世纪末.北京：人民出版社，2002 年；

高蕾蕾.象征的风景——弗里德里希和 19 世纪德国浪漫主义风景画.中央美术学院博士论文，2003 年；

郭西萌.美国艺术.石家庄：河北教育出版社，2003 年；

黄佳.19 世纪西方风景画派观念与实践.湖南师范大学硕士论文，2006 年；

景晓萌.哈德逊河画派及其社会情境研究.中央美院硕士论文，2009 年；

李倍雷.中国山水画与欧洲风景画比较研究.东南大学博士论文，2004 年；

李建群.民族化进程和美国美术.北京文艺网，2009 年 10 月 24 日；

李剑鸣.改革开放以来的中国美国史研究.史学月刊，2009，1 ；

邵大箴.中国山水画和西方风景画的同和异.文艺研究，1999，4 ；

施袁喜编译.美国文化简史：19-20 世纪美国转折时期的巨变.北京：中央编译出版社，2006 年；

王瑞芸.美国美术史话.北京：人民美术出版社，1998 年；

王瑞芸.20 世纪美国美术.北京：文化艺术出版社，1997 年；

吴甲丰.美国美术与"传统".美国研究，1987 年，2 ；

杨永生.双星辉映——论两位浪漫主义大师风景画的用光.中央美术学院博士论文，2008 年；

张敢.绘画的胜利，美国的胜利？美国抽象表现主义研究.中央美术学院博士论文，1999 年；

张涛.美国学运动研究.北京：商务印书馆，2004 年。

二、英文著作

Adams, Henry et al. *John La Farge*. New York: Abbeville Press Publishers, 1987.

Alison, Archibald. *Essays on the Nature and Principles of Tastes*. Edinburgh: George Bamsay and Company, 1815.

Allston, Washington. *Lectures on Arts and Poems*. New York: Baker & Scribner, 1850.

Anderson, Nancy K. *Thomas Moran*. New Haven and London: National Gallery of Art, Washington, Yale University Press, 1997.

Avery, Kevin J. and Kelly, Franklin. *Hudson River School Visions: The Landscape of Sanford Gifford*. New York: The Metropolitan Museum of Art, Yale University Press, 2003.

Baigell, Matthew. *A Concise History of American Painting and Sculpture*. New York: Happer & Row, Publishers, 1984.

Baigell, Matthew. *Dictionary of American Art*. New York: Harper & Row, Publishers, 1979.

Bedell, Rebecca. *The Anatomy of Nature: Geography and American Landscape Painting, 1825-75*. Princeton: Princeton University Press, 2002.

Benjamin, Samuel Greene Wheeler. *Art in America: A Critical and Historical Sketch*. New York: Harper & Brothers, 1880.

Bermingham, Peter. *American Art in the Barbizon Mood*. Washington, D. C.: Smithsonian Institution Press, 1975.

Bernard Karpel. *Arts in America: Bibliography*. Washington, D. C.: Smithsonian Institution Press, 1979.

Binyon, Laurence. *Landscape in English Art and Poetry*. London: Cobden-Sanderson Publisher, 1931.

Bjelajac, David. *American Art: A Cultural History*. London: Laurence King Publishing, 2000.

Boime, Albert. *The Magisterial Gaze: Manifest Destiny and American Landscape Painting c. 1830-1865*. Washington D.C.: Smithsonian Institution Press, 1991.

Born, Wolfgang. *American Landscape Painting: An Interpretation*. New Haven: Yale University Press, 1948.

Boyle, Richard J. *American Impressionism*. New York: Graphic Society, 1974.

Bums, Sarah. *Inventing the Modern Artist: Art and Culture in Gilded Age America*. New Haven: Yale University Press, 1996.

Burns, Sarah. *Painting the Dark Side: Art and the Gothic Imagination in Nineteenth Century America*. Berkeley: University of California Press, 2005.

Burns, Sarah and Davis, John. *American Art to 1900: a Documentary History*. Berkeley: University of California Press, 2009.

Causland, Elizabeth Mc. *George Inness: An American Landscape Painter, 1825-1894*. New York: American Artists Group, inc., 1946

Charles Elderedge, *American Imagination and Symbolist Painting*. New York: Grey Art Gallery and Study Center, New York University, 1979.

Clark, Kenneth. *Landscape into Art*. Boston: Beacon Press, 1961.

Clarke, Graham. Ed. *The American Landscape : Sources and Documents*. New York: Routledge, 1993.

Cleveland, David A. *A History of American Tonalism: 1880-1920*. New York: Hudson Hills Press, LLC. 2010.

Coc, Elizabeth M. *The Influence of Photography on American Landscape Painting, 1839-1880*. New York: New York University, 1967.

Coe, Erin Budis; and Owens, Gwendolyn. *Painting Lake George, 1774-1900*. New York: The Hyde Collection, 2005.

Conrads, Margaret C. *Winslow Homer and the Critics: Forging a National Art in the 1870s*. Princeton: Princeton University Press, 2001.

Conzen, Michael P. *The Making of the American Landscape*. New York: Routledge. 2007.

Corn, Wanda M. *Color of Mood, American Tonalism, 1880-1910*. San Francisco: M. H. De Young Memorial Museum, 1972.

Craven, Wayne. *American Art: History and Culture*. New York: Harry N. Abrams, Inc., 1994.

Daniels, Stephen. *Fields of Vision: Landscape Imagery and National Identity in England and the United States*. Princeton: Princeton University Press, 1993

Danly, Susan, and Marx, Leo. *The Railroad in American Art: Representations of Technological Change*. Cambridge, Mass.: MIT Press, 1988.

David Sellin, *Americans in Brittany and Normandy, 1860-1910*. Phoenix: James K.

Ballinger Publisher, 1982.

Davidson, Abraham A. *The Story of American Painting*. New York: Harry N. Abrams, Inc., Publishers, 1974.

Davidson, Marshall B. *The American Heritage History of the Artists' America*. New York: American Heritage Publishing Company, 1973.

Davis, John. *The Landscape of Belief: Encountering the Holy Land in Nineteenth Century American Art and Culture*. Princeton: Princeton University Press, 1996

Deakin, Motley F. *The Home Book of the Picturesque: Or American Scenery, Art, and Literature*. Gainesville: Scholars' Facsimiles & Reprints, 1967.

Dearinger, David B. ed. *Rave Reviews: American Art and Its Critics, 1826-1925*. New York: National Academy of Design, 2000.

Dunlap, William. *A History of the Rise and Progress of the Arts of Design in the United States*. New York: George P. Scott and Co., Printers, 1834.

Earenfight, Philip; Siegel, Nancy. Ed. *Within the Landscape: Essays on Nineteenth-Century American Art and Culture*. Philadelphia: Pennsylvania University Press. 2005

Emerson, Ralph Waldo. *Nature and other Miscellanies*. London: Humphrey Milford Publisher to Oxford University, 1922.

Flexner, James Thomas. *That Wilder Image: The Painting of American Native School from Thomas Cole to Winslow Homer*. New York: Bonanza Books, 1962.

Flexner, James Thomas. *The World of Winslow Homer, 1836-1910*. New York: Time Inc. Publisher, 1966.

Foshay, Ella M. and Novak, Barbara. *Intimated Friends: Thomas Cole, Asher B. Durand, and William Cullen Bryant*. New York: New York Historical Society, 2000.

Gaehtgens, Thomas G. and Ickstadt, Heinz, eds. *American Icons: Transatlantic Perspectives of Eighteenth and Nineteenth Century American Art*. Santa Monica: The Getty Center, 1992.

Gage, John. *Color and Culture: Practice and Meaning from Antiquity to Abstraction*. Berkeley: University of California Press, 1999.

Gage, John. *Color and Meaning: Art, Science and Symbolism*. New York: Thames and Hudson Publisher, 1999.

Gerdts, William H. *Art across America: Two Centuries of Regional Painting, 1710-1920*.

New York: Abbeville Press, 1990.

Gerdts, William H. *American Impressionism*. New York: Abbeville Press, Inc., 1994.

Gerdts, William H. *Tonalism, an American Experience*. New York: Grand Central Art Galleries Art Education Association, 1982.

Gilbert, Josiah. *Landscape in Art before Claude & Salvator*. London: John Murray Publisher, 1885.

Gombrich, E. H. *Art and Illusion: A study in the Psychology of Pictorial Representation*. New York: W. W. Norton & Company, 1986

Goodrich, Lloyd. *Winslow Homer*. New York: Macmillan Company, 1945.

Griffin, Randall C. *Winslow Homer: An American Vision*. London: Phaidon Press, 2006.

Groseclose, Barbara. *Nineteenth-Century American Art*. London: Oxford University Press, 2000.

Grzesiak, Marion. *The Crayon and the American Landscape*. New Jersey: The Montclair Art Museum, 1993.

Hagen, Oskar. *The Birth of the American Tradition in Art*. New York: Charles Scribner's Sons, 1940.

Harman, P. M. *The Culture of Nature in Britain, 1680-1860*. New Haven: Yale University Press, 2009.

Harvey, Eleanor Jones. *The Painted Sketches: American Impressions from Nature, 1830-1880*. Texas: Dallas Museum of Art in association with H.N. Abrams, 1998

Hendricks, Gordon. *Albert Bierstadt: Painter of the American West*. New York: Harry Abrams, Inc., in associated with the Amon Carter Museum of Western Art, 1974.

Howat, John K. *Frederic Church*. New Haven: Yale University Press, 2005.

Howat, John K. *American Paradise: The World of the Hudson River School*. New York: Metropolitan Museum of Art and H.N. Abrams, 1987.

Hughes, Robert. *American Visions:The Epic History of Art in America*. New York: Alfred A. Knopf, Inc., 2006.

Humboldt, Alexander van. *Cosmos: A General Survey of the Physical Phenomena of the Universe*. London: Hippolyte Baillier, Publisher, 1845.

Huntington, David C. *the Landscape of Frederic Edwin Church: Vision of an American Era*. New York: Braziller, 1966.

Huth, Hans. *Nature and the American: Three Centuries of Changing Attitudes*. Berkeley and Los Angeles: University of California Press, 1957.

Inness, George, Jr. *Life, Art, and Letters of George Inness*. New York: The Century Co., 1917.

Janson, Anthony F. *Worthington Whittredge*. Cambridge University Press, 1989.

John H., Zhang, *The Landscape of Solitude: Encountering Images of Contemplation in Western Landscape Painting*. Beijing: Foreign Language Press, 2006.

Driscoll, John Paul; Howat, John K. *John Frederick Kensett: An American Master*. New York: Worcester Art Museum, in association with W. W. Norton & Company, 1985.

Johnson, Diane. *American Symbolist Art: Nineteenth-century Poets in Paint: Washington Allston, John La Farge, William Rimmer, George Inness, and Albert Pinkham Ryder*. New York: Edwin Mellen Press, 2004.

Johnson, Matthew. *Ideas of Landscape*. New Jersey: Blackwell Publishing Ltd, 2007

Kelly, Franklin. *Federic Dewin Church and the National Landscape*. Washington D. C.: Smithsonian Institute Press, 1988.

Lagerlof, Margaretha Rossholm. *Ideal Lanscape: Annibale Carracci, Nicolas Poussin and Claude Lorrain*. New Haven: Yale University Press, 1990.

Lambert, Ray. *John Constable and the Theory of Landscape Painting*. Cambridge University Press.

Langer, Sandra L. *A critical Study of Eastern American Landscape Painting from 1817 to 1860*. New York University, 1974.

Lassiter, Barbara Babcock. *American Wilderness: The Hudson River School of Painting*. New York: Doubleday Publisher, c1978.

Lawall, David B. *Asher B. Durand: His Art and Art Theory in Relation to His Time*. New York: Garland Press, 1977.

Marx, Leo, *The Machine in the Garden: Technology and the Pastoral Ideal in America*. London: Oxford University Press, 1964.

McCoubrey, John W. *American Tradition in Painting*. Philadelphia: University of Pennsylvania Press, 1963.

Mclanthan, Richard. *The American Tradition in the Arts*. San Diego: Harcourt, Brace & World, 1968.

McShine, Kynaston, ed. *The Natural Paradise: Painting in America. 1800-1950*. New York: The Museum of Modern Art, 1976.

McSpadden, J. Walber. *Famous Painters of America.* New York: Thomas D. Crowell & Co., 1907.

Miller, Angela. *American Encounters: Art, History, and Cultural Identity.* New Jersey: Pearson Education Inc., c2008.

Miller, Angela. *Empire of the Eye: Landscape Representation and American Cultural Politics 1825-75.* Ithaca: Cornell University Press, 1993.

Miller, David. *Dark Eden: The Swamp in Nineteenth Century American Culture.* Cambridge University Press, 1989.

Miller, Perry. *Errand into the Wilderness.* New York: Harpers & Row, 1964.

Mitchell, W.J.T., ed. *Landscape and Power.* Chicago: University of Chicago Press, 2002.

Morand, Anne. *Thomas Moran: The Field Sketches, 1856-1923.* Norman and London: University of Oklahoma Press, 1996.

Morgan, Ann Lee, *The Oxford Dictionary of American Art and Artists.* Oxford University Press, 2007.

Nash, Roderick. *Wilderness and the American Mind.* Yale University Press, 1967.

Nicolai Cikovsky, Jr, *George Inness.* New York: Harry N. Abrams, 1993.

Noble, Louis Legrand. *The Life and Works of Thomas Cole.* New York: Black Dome Press Corp., 1997.

Novak, Barbara. *American Painting in the Nineteenth Century: Realism, Idealism, and the American Experience.* New York: Harper& Row, 1979

Novak, Barbara. *Nature and Culture: American Landscape and Painting. 1825-1875.* Oxford University Press, 2007; first edition, 1980.

Nye, Russel Blaine. *The Cultural Life of the New Nation, 1776-1830.* New York: Harper & Row, 1978.

Nygren, Edward. *Views and Visions: American Landscape before 1830.* Washington D.C. Corcoran Gallery of Art, 1986.

O'Doherty, Brain. *American Masters: The Voice and the Myth.* New York: Universe Books, 1974.

O'Toole, Judith Hansen. *Different Views in Hudson River School Painting.* New York: Columbia University Press, 2008.

Parry, Ellwood. *The Art of Thomas Cole: Ambition and Imagination.* Newark: University of Delaware Press, 1988.

Peters, Lisa N. *John Henry Twachtman: An American Impressionist.* Atlanta: High Museum of Art, 1999.

Phillips, Lisa, et al. *The American Century: Art and Culture,* Part 2, 1950-2000. New York: Whitney Museum of American Art, in association with W. W. Norton & Co., 1999.

Prown, Jules D. *Winslow Homer in His Art.* Oxford University Press, 1988.

Quick, Michael. *American Expatriate Painters in Late Nineteenth Century.* Ohio: Dayton Art Institute, 1976.

Richards, T. Addison. *The Romance of American Landscape.* New York: Leavitt and Allen, 1855.

Roskill, Mark. *The Language of Landscape.* The Pennsylvania State University, 1997.

Ruskin, John. *Modern Painters.* 5 vols. New York: John Wiley & Son, 1868.

Saint-Gaudens, Homer. *The American Artist and His Times.* New York : Dodd, Mead & Company, 1941.

Salter, Emma Gurney. *Nature in Italian Art: A Study of Landscape Backgrounds from Giotto to Tintoretto.* London : Adam & Charles Black, 1912.

Sharp, Kevin. *Poetic Journey: American Paintings from the Grey Colleciton.* Connecticut: New Britain Museum of American Art, 2007.

Shaw, Philip. *The Sublime.* London: Routledge, 2006.

Sheldon, George William. *American Painters.* New York: Appleton Publisher, 1879.

Soby, James Thrall; Miller, Dorothy C. *Romantic Painting in America.* New York: The Museum of Modern Art, 1969.

Spickard, Paul. *Almost All Aliens: Immigration, Race, and Colonialism in American History and Identity.* Taylor& Francis Group, LLC, 2007.

Stebbins, Theodore E. *The Life and Works of Martin Johnson Heade.* New Heaven: Yale University Press, 1975.

Sweet, Frederick A. *The Hudson River School and the Early American Landscape Tradition.* The Art Institute of Chicago, 1945.

Trenton, Patricia, and Hassrick, Peter H, *The Rocky Mountains: A Vision for Artists in the Nineteenth Century.* Norman: University of Oklahoma Press, 1983.

Truettner, William H; Wallach Alan. *Thomas Cole: Landscape into History.* New Haven: Yale University Press, National Museum of American Art, 1994.

Tuckerman, Henry Theodore. *Book of the Artists: American Artist Life*. New York: G. P. Putnam & Son, 1867.

Valsecchi, Marco. *Landscape Painting of the 19th Century*. Connecticut: New York Graphic Society Ltd., 1969.

Weiskel, Thomas. *The Romantic Sublime: Studies in the Structure and Psychology of Transcendence*. Johns Hopkins University Press, 1976.

Wintermute, Alan, ed., *Claude to Corot: The Development of Landscape Painting in France*. University of Washington Press, 1991.

Wilkins, T. Thomas Moran: *Artist of the Mountains*. University of Oklahoma Press, 1966.

Williams, David R. *Wilderness Lost: The Religion Origins of the American Mind*. Selinsgrover: Susquehanna University Press, 1987.

Wilmerding, John, ed. *The Genius of American Painting*. New York: William Morrow & Company, Inc., 1973.

Wilmerding, John. *The Artists' Mount Desert: American Painters on the Maine Coast*. Princeton University Press, 1994.

Wilmerding, John. *American Light: The Luminist Movement, 1850-1875, Paintings, Drawings, Photographs*. New York: Harper, for the National Gallery of Art, 1980.

Wilmerding, John. *American Views: Essays on American Art*. Princeton University Press, 1991.

Wilmerding, John. *Fitz Hugh Lane*. New York: Praeger Publishers, 1971.

Wilmerding, John. *Winslow Homer*. New York: Praeger Publishers, 1972.

Wolf, Bryan Jay. *Romantic Revision: Cultural and Consciousness in Nineteenth Century American Painting and Literature*. The University of Chicago Press, 1983.

三、英文硕博士论文

Bermingham, Ann C. *The Ideology of Landscape: Gainsborough, Constable and the English rustic tradition*. PhD thesis, Harvard University, 1982.

Avery, Kevin Joseph. *The Panorama and ITS Manifestation in American Landscape Painting, 1795-1870*. Columbia University, 1995.

Becker, Jack. *A Taste for Landscape: Studies in American Tonalism*. University of Delaware, 2002.

Bock, Thorwald Methven. *An Investigation into the Influence of Photography on the Hudson River School of Painting*. University of Southern California, 1948

Bullington, Judy James Bellamy. *The Artist-as-Traveler and Expanding Horizons of American Cosmopolitanism in the Gilded Age*. Indiana University, 1997

Clancy, Jonathan. *Transcendentalism and the Crisis of Self in American Art and Culture, 1830-1930*. The City University of New York, 2008.

Conrads, Margaret C. *Winslow Homer and His Critics in the 1870s*. City University of New York, 1999.

Davis, Elliot Bostwick. *Training the Eye and the Hand: Drawing Books in the Nineteenth-century America*. Columbia University, 1992.

Dimond, Vernon Scott. *Eloquent Representatives: A Study of the Native American Figure in the Early Landscapes of Thomas Cole, 1825-1830*. University of Pennsylvania, 1998.

Erik Altenbernd. *Body and Soul: Landscape Aesthetics, the Market Revolution, and Nineteenth-Century American Wilderness*. California State University, 2006.

Hayward, Judith Anne. *Nature and Progress: Winslow Homer, His Critics and His Oils, 1880—1900*. Columbia University, 2003.

Hoene, Katherine Anne. *Tracing the Romantic Impulse in 19th-century Landscape Painting in the United States, Australia, and Canada*. The University of Arizona, 2000.

Kellner, Sydney. *The Early Hudson River School and the Beginning of Landscape Painting in America*. New York University, 1936.

Kinsey, Joni Louise. *Creating a Sense of Place: Thomas Moran and the Surveying of the American West*. Washington University, 1989.

Kurland, Sydney. *The Aesthetic Quest of Thomas Cole & Edgar Allan Poe: Correspondences in Their Thought & Practice in Relation to Their Time*. Ohio University, 1976.

LaBudde, Kenneth James. *The Mind of Thomas Cole*. University of Minnesota, 1955

Langer, Sandra L. *A Critical Study of Eastern American Landscape Painting from 1817 to 1860*. New York University, 1974.

荒野图景与美国文明

Maddox, Kenneth W. *Intruder into Eden: The Train in the Nineteenth-century American Landscape*. Columbia University, 1999.

Mancini, JoAnne Marie. *Enabling Modernism: American Art Criticism, 1865-1913*. The Johns Hopkins University, 1997.

Menefee, Ellen Avitts. *The Early Biblical Landscapes of Thomas Cole, 1825-1829*. Rice University, 1987.

Myers, Kenneth John. *Selling the Sublime: The Catskills and the Social Constitution of Landscape Experience in the United State, 1776-1876*. Yale University, 1990.

Novak, Barbara. *Cole and Durand, Criticism and Patronage: A Study of American Taste in Landscape, 1825-65*. Radcliffe College, Cambridge, Mass, 1957.

Parry, Ellwood C. *Thomas Cole's "The Course of Empire": A Study in Serial Imagery*. Yale University, 1970.

Purcell, Joseph Inness. *The Metamorphosis of George Inness*. California State University, Dominguez Hills, 1996.

Raab, Jennifer Caroline. *Frederic Church and the Culture of Detail*. Yale University, 2009.

Raben, Mary Kathleen. *American Luminism, 1830-1870*. New York University, 1966.

Riordan, John C. *Thomas Cole: A Case Study of the Painter-poet Theory of Art in American Painting from 1825-1850*. Syracuse University, 1970.

Robert Paul Schmick. *A Wilderness for All: The Transmuting and Transmitting of Wilderness Imagery by Print Media and Material Culture for Antebellum America*. New York University, 2007.

Ross Barrett. *Rendering Violence: Riots. Strikes, and Upheaval in Nineteenth-Century American Art and Visual Culture*. Boston University, 2009.

Samuel Song-Him Ho. *Visions of the Sublime in Chinese and American Landscape Painting: Dong Qichang, Shitao, Thomas Cole, and Frederic Church*. Graduate Theological Union, and Berkeley, California, 1997.

Sandra Kelberlau. *How One Landscape-painter Paints: The Technique of Sanford Robinson Gifford*. Fogg Art Museum. Center for Conservation and Technical Studies, 2006.

Simon, Janice. "The Crayon", *1855-1861: The Voice of Nature in Criticism, Poetry, and the Fine Arts.*（ Volumes I and II ）. University of Michigan, 1990.

Small, James Timothy. *The Symbolism of Winslow Homer*. California State University, Dominguez Hills, 1999.

Sullivan, Mark White. *John F. Kensett: American Landscape Painter*. Bryn Mawr College, 1981.

Wagner, Virginia Lee. *The Idea of Geology in American Landscape Painting, 1825-1875.* University of Delaware, 1987.

Wallach, Alan Peter. *The Ideal American Artist and the Dissenting Tradition: A Study of Thomas Cole's Popular Reputation*. Thesis for Columbia, 1973.

Walsh, Virginia. *An American Sense of Space: The Hudson River Valley*. State University of New York, 2004.

Weber, Lucy Rider. *George Inness and the Hudson River School: Polarizing the Middle Landscape*. Virginia Commonwealth University, 1997.

Ziady, DeLue, Rachael. *George Inness: Landscape, Representation, and the Struggle of Vision*. The Johns Hopkins University, 2001.

四、英文期刊文章

Burchfield, Louis H. "Paintings by Winslow Homer". *The Bulletin of Cleveland Museum of Art*, 1946, Vol. 33, No. 9, pp. 165-167.

Cikovsky, Nikolai. Jr. "George Inness and Hudson River School: The Lackawanna Valley". *American Art Journal*, 1970, Vol. 2, No. 2, pp. 36-57.

Clark, H. F. "Eighteenth Century Elysiums: The Role of Association in the Landscape Movement". *Journal of the Warburg and Courtauld Institutes*, Vol. 6, 1943, pp. 165-189.

Colbert, Charles. "Winslow Homer: Reluctant Modern". *Winterthur Portfolio*, 2003, Vol. 38, No. 1, pp.37-55.

Corn, Wanda M. "Coming of Age: Historical Scholarship in American Art". *The Art Bulletin*, Vol. 20, No. 2 (Autumn 1988), pp.188-207.

Corn, Wanda M. "Toward A Native Art". *The Wilson Quarterly*, Vol.5, No. 3, (Summer, 1981), pp.166-177.

Cox, Kenyon. "Winslow Homer". *The Metropolitan Museum of Art Bulletin*, 1910, Vol.

5, No. 11, pp. 254-256.

Craven, David. "Ruskin vs. Whistler: The Case against Capitalist Art". *Art Journal*, 1977, Vol. 37, No. 2.pp. 139-143.

Cummings, Abbott Lowell. "The Beginning of American Landscape Painting". *The Metropolitan Museum of Art Bulletin*, New Series, Vol. 11, No. 3.1952

Cuter, Emily Fourmy. "Visualizing Nineteenth-Century American Culture". *American Quarterly*, Vol. 51, No. 4,（Dec. 1999）, pp. 895-909.

Davis, Elliot Bostwick. "American Drawing Book and Their Impact on Winslow Homer", *Winterthur Portfolio*, 1996, Vol. 31, No. 2/3, pp. 141-163.

Davis, John. "Frederic Church's Sacred Geology". *Smithsonian Studies in American Art*, Vol. 1, No. 1, 1987, pp. 78-98.

Davis, John. "The End of the American Century: Current Scholarship on the Art of the United States". *The Art Bulletin*, 2003, Vol. 85, No. 3, pp. 544-580.

Denis, Cosgrove. "Prospect, Perspective and the Evolution of Landscape Idea". *Transactions of the Institute of British Geographers*, 1985, Vol. 10, No. 1, pp. 45-62.

Evans, Dorinda. "Albert Pinkham Ryder's Use of Visual Sources". *Winterthur Portforlio*, Vol. 21, No. 1,（Spring 1986）, pp. 21-40.

Fink, Louis Marie. "American Art at the 1889 Paris Exposition: The Paintings They Love to Hate". *American Art*, 1991, Vol. 5, No. 4.pp. 34-53.

Gardner, Albert Ten Eyck. "Scientific Source of the Full-Length Landscape". *The Metropolitan Museum of Art Bulletin,* 1850, Vol. 4, No. 2, pp. 59-65.

Gerdts, William H. "American Landscape Painting: Critical Judgments, 1730-1845". *American Art Journal*, Vol. 17, No. 1,（Winter 1985）, pp. 28-59.

Goodrich, Lloyd, "American Painting from Civil War to the Present", *College Art Journal*, Vol. 4, No. 4,（1945）, pp. 194-197.

Goodrich, Lloyd, "The Painting of American History, 1775-1900". *American Quarterly*, Vol. 3, No. 4,（Winter 1951）, pp. 283-294.

Goodrich, Lloyd, "Landscape Painting in America". *The North American Review*, Vol. 247, No. 1,（Spring, 1938）, pp. 96-117.

Groseclose, Barbara. "Changing Exchange: American Art History on and at An International Stage". *American Art*, Vol. 14, No. 1,（Spring, 2000）, pp.2-7.

Hood, Graham. "Thomas Cole's Lost Hagar". *American Art Journal*, Vol. 1, No. 2,

（Autumn 1969）, pp. 41-52.

Huth, Hans. "The America and Nature". *Journal of the Warburg and Courtauld Institutes*. Vol. 13, No 1/2, 1950, pp. 101-149.

Johns, Elizabeth. "American Landscape: Manifest What?" *Journal of Interdisciplinary History*, Vol. 23, No. 4,（Spring 1993）, pp. 751-754.

Kadir, Djelal. "Introduction: America and Its Studies". *PMLA*, 2003 Vol. 118, No. 1, Special Topics: America: The Idea, The Literature. pp. 9-24.

Ling, Roger. "Studies and Beginnings of Roman Landscape Painting". *The Journal of Roman Studies*, 1977 Vol. 67, pp. 1-16.

Mayer, Lance and Mayes, Gay. "Understanding the Techniques of the American Tonalist and Impressionist Painters". *Journal of the American Institute for Conversation*, 1993, Vol. 32, No. 2, pp. 129-139.

Merrill, Peter. "Review: Northern European Links to Nineteenth Century American Painting: The Study of American Artists in Dusseldorf by Linda Joy Sperling". *Germany Study Review*, Vol. 10, No. 2,（May, 1987）, pp. 352-353,

Merservey, Anne Farmer. "The Role of Art in American Life: Critics' Views on Native Art and Literature, 1830-1865". *American Art Journal*, 1978 Vo. 10, No. 1, pp. 72-89.

Meyer, Richard. "Mind the Gap: Americanists, Modernists, and the Boundaries of Twentieth-Century Art". *American Art*, 2004, Vol. 18, No. 3, pp. 2-7.

Millard, Charles W. "American Landscape Painting, 1850-1875". *The Hudson Review*, Vol. 34, No. 2,（Summer 1981）, pp. 269-276.

Miller, Angela. "Everywhere and Nowhere: The Making of the National Landscape". *The American Literature History*, 1992, Vol. 4, No. 2, pp. 207-229.

Miller, Angela. "Review: Magisterial Visions: Recent Anglo-American Scholarships on the Represented Landscape". *American Quarterly*. Vol. 47, No. 1,（Mar. 1995）, pp. 140-151.

Mitchell, Don. "Cultural Landscape: The Dialectical Landscape- Recent Landscape Research in Human Geology". *Progress in Human Geology*, 26, 3,（2002）, pp. 381-389.

Mitchell, Timothy. "Frederic Church's the Icebergs: Erratic Boulders and Time's Slow Change". *Smithsonian Studies in American Art*, 1989 Vol. 3, No. 4, pp. 2-23.

Morgan, H. Wayne. "Art-Culture in the Gilded Age" . *Reviews in American History*, Vol. 25, No. 4, (Dem. 1997) , pp. 589-593.

Murphy, Kevin M. "Painting for Money: Winslow Homer as an Entrepreneur" . *Winterthur Portfolio*, 2002, Vol. 37. No. 2/3. pp. 147-160.

Novak, Barbara. "Asher B. Durand and European Art" . *Art Journal*, Vol. 21, No.4, (Summer 1962) , pp. 150-254.

Pace, K. Claire. "Strong Contrasted...Happy Discord: Some Eighteenth-Century Discussions about Landscape" . *Journal of the History of Ideas*, 1979, Vol. 40, No. 1.pp. 141-155

Promey, Sallay M. "The Ribband of Faith: George Inness, Color Theory, and the Swedenborgian Church" . *American Art Journal*, 1994, Vol. 26, No.1/2, pp. 44-65.

Provost, Paul Raymond. "Drawn Toward Europe: Winslow Homer' s Works in Black and White" . *Master Drawing*, 1993, Vol. 31, No. 1, pp. 35-46.

Richardson, John Adkins. "Multiple Viewpoints Theory of Early Modern Art" . *The Journal of Aesthetics and Art Criticism*, Vol. 53, No. 2, (Spring 1995) , pp. 129-137.

Roque, Oswaldo Rodriguez. "The Oxbow by Thomas Cole: Iconography of an American Landscape Painting" . *Metropolitan Museum Journal*, Vol. 17, (1982) , pp. 63-73.

Schefold, Karl. "Origins of Roman Landscape Painting" . *The Art Bulletin*, 1960, Vol. 42, No. 2. pp. 87-93.

Shepard, Paul. Jr. "Paintings of the New England Landscape: A Scientist Looks at their Geomorphology" . *College Art Journal*, Vol. 17, No.1, (Autumn 1957) , pp. 30-43.

Soby, James Thrall. "Review: American Romantic Painting by E. P. Richardson" . *The Art Bulletin*, Vol. 27, No. 2 (Jan. 1945) , pp. 157-158.

Sweeney, J. Gray. "Endued with Rare Genius: Frederic Edwin Church' s To the Memorial of Cole" . *Smithsonian Studies in American Art*, 1988 Vol. 2, No. 1, pp. 44-71.

Sweeney, J. Gray. "The Nude of Landscape of Painting: Emblematic Personification in the Art of the Hudson River School" . *Smithsonian Studies in American Art*, Vol. 3, No. 4, Autumn, 1989. pp. 43-65.

Sweet, Frederic A. "The Hudson River School and the Early American Landscape Tradition". *Bulletin of the Art Institute of Chicago*, (1907-1951), Vol. 39, No. 2, (Feb.

1945）, pp. 18-24.

Talbot, William S. "American Visions of Wilderness". *The Bulletin of the Cleveland Museum of Art*, Vol. 56, No. 4,（Apr. 1969）, pp. 151-166.

Tatham, David. "Review: 19th-Century American Painting". *Art Journal*, Vol. 51, No. 4, Latin American Art,（Winter 1992）, pp. 95-97.

Taylor, Eugene. "The Interior Landscape: George Inness and William James on Art from Swedenborgian Point of View". *Archives of American Art Journal*, 1997, Vol. 37, No. 1/2, pp. 2-10.

Troyon, Carol. "Retreat to Arcadia: American Landscape and American Art-Union". *American Art Journal*, 1991 Vol. 23, No. 1, pp. 20-37.

Turner, Frederick Jackson, "The Significance of the Frontier in American History". *The American Landscape: Literary Source and Documents*, Vol. 1, Helm Information Ltd., 1993.

W. M. M. "Approaching Storm from the Alban Hills by George Inness". *The Bulletin of the Cleveland Museum of Art*, 1928, Vol. 15, No.2.Part 1, pp. 25-27.

Wagner, Virginia L. "Geological Times in Nineteenth-Century Landscape Painting". *Winterthur Portfolio*, Vol. 24, No. 2/3,（Summer-Autumn 1989）, pp. 153-163.

Wagner, Virginia L. "John Ruskin and Artistically Geology in America". *Winterthur Portfolio*, Vol. 23, No. 2/3,（Summer-Autumn, 1988）, pp. 151-167.

Wehle, Harry B. "An Early Landscape by Inness". *The Metropolitan Museum of Art Bulletin*, Vol. 28, 1933, No. 4.

Wilmerding, John. "The Landscape of Frederic Church". *The Massachusetts Review*, 1967 Vol. 8, No. 1, pp. 208-212.

Wilmerding, John. "Winslow Homer' s English Period". *American Art Journal*, 1975 Vo. 7, No. 2, pp. 60-69.

Wilson, Kristina. "The American Century: Art and Culture: 1900-2000, an Exhibition Review". *Winterthur Portfolio*, 2000, Vol. 35, No. 2/3. pp.175-187.

Wolf, Bryan. "All the World' s a Code: Art and Ideology in Nineteenth-Century American Painting". *Art Journal*, Vol. 44, No. 4, American Art,（Winter 1984）, pp. 328-337.

五、展览图录

Arkelian, Marjorie Dain; George W. Neubert. *George Inness Landscape: His Signature Years 1884-1894*. The Oakland Museum Art Department, 1978.

Baigell, Matthew. *Thomas Cole*. NY: Watson-Guptill Publications, 1981.

Barringer, Tim and Wilton, Andrew. *American Sublime: Landscape Painting in the United States 1820-1880*. London: Tate Publishing, 2002.

Blaugrund, Annette, and Novak, Barbara. *Next to Nature: Landscape Paintings from the National Academy of Design*. NY: National Academy of Design, 1980.

Blaugrund, Annette. *The Tenth Street Studio Building: Artists and Entrepreneurs from the Hudson River School to the American Impressionists*. Southampton: The Parrish Art Museum, 1997.

Dartmouth College. *A Sweet Foretaste of Heaven: Artists in the White Mountains 1830-1930*. Hood Museum of Art, 1988.

Fogg Museum. *Luminous Landscape: The American Study of Light, 1860-1875*. Organized by students of the Fogg Museum Course, 1966.

Foshay, Ella M. *Reflections of Nature: Flowers in American Art*. NY: Alfred A. Knopf, in association with the Whitney Museum of American Art, 1984. Exhibition Catalogue.

Gerdts, William. *American luminism*. Coe Kerr Gallery, NY. 1978.

Huntington, David. *The Landscape of Frederic Edwin Church*. NY: Braailler, 1996.

Ithaca College Museum of Art. *Drawn from Nature, Drawn from Life: Studies and Sketches by Frederic Church, Winslow Homer, and Daniel Huntington*.Exhibition, 1971.

Kelly, Franklin and Carr, Gerald L. *The Early Landscape of Fredric E. Church, 1845-1854*. exhibition catalogue, 1987.

Kelly, Franklin. *Fredric E. Church and the National Landscape*. 1988.

Maddox, Kenneth and Walthers, Susan Danly. *The Railroad in the American Landscape, 1850-1950*. Wellesley: Wellesley College Museum of Art, 1981.

Manthorne, Katherine, Fiske, Richard S. and Nielsen, Elizabeth. *Creation and Renewal: Views of Cotopaxi, by Fredric Edwin Church*. 1985.

McIntyre, Robert G. *Martin Johnson Heade*. NY: Pantheon Press, 1948

Merritt, Howard S. *Thomas Cole*. Memorial Art Gallery of the University of Rochester.

Exhibition, 1969

Murphy, Francis. *The Book of Nature: American Painters and the Natural Sublime*. An exhibition at The Hudson River Museum, October 30, 1983 through January 8, 1984.

Noble, Rev. Louis L. *The Course of Empire, Voyage of Life and Other Pictures of Thomas Cole*. Harvard University Press, 1964

Owens, Gwendolyn curator. *Golden Day, Silver Night: Perceptions of Nature in American Art 1850-1910*. Herbert F. Johnson Museum of Art, Cornell University, Ithaca, New York.

Parry, Ellwood. *The Art of Thomas Cole, Ambition and Imagination*. University of Delaware Press, 1989.

Seaver, Esther L. *Thomas Cole, 1801-1848*. One Hundred Years Later. Exhibition Catalougue, 1948,

Stebbins, Theodore E.*Martin Johnson Heade*. Contributions by Comey, Quinn, Wright. Boston: Museum of Fine Arts. Exhibition, 1999.

Stebbins, Theodore E. Jr. *The Life and Works of Martin Johnson Heade*. Yale University Press, 1975.

Stebbins, Theodore E., Jr. *Close Observations: Selected Oil Sketches by Frederic E. Church*. Smithsonian Institution, 1978.

Stebbins, Theodore E., Jr. *The Lure of Italy: American Artist and the Italian Experience 1760-1914*. Boston: Museum of Fine Arts, in association with Harry N. Abrams, 1992.

Truettner, William H. and Wallach, Alan.eds. *Thomas Cole: Landscape into History*. Yale University Press and The National Museum of American Art, 1994.

Truettner, William H. et al. *The West as America: Reinterpreting Images of the Frontier, 1820-1920*. National Museum of American Art. Washington, DC: Smithsonian Institution Press, 1991.

Weber, Bruce; Gerdts, William H.. *In Nature's Ways: American Landscape Painting of the Late Nineteenth Century*. Organized by The Norton Gallery of Art.

Wilmerding, John, *American Light: The Luminism Movement 1850-1875*. National Gallery of Art, Washington. Princeton University Press. 1989.

Wilmerding, John. *Portrait of A Place: Some American Landscape Painters in Gloucester*. A Publication of the Gloucseter 350th Anniversary Celebration, Inc.

附录二

图版目录

图 1.1《古犹太人的荒野漫游：西奈半岛》

图 1.2 拉斯金《片麻岩写生》（1853），钢笔，棕色墨水，47.7 cm×32.7 cm

图 1.3 克劳德·洛兰《有舞蹈者的风景》（1648），布上油画，148.6 cm×198.1 cm，意大利罗马多利亚潘菲利美术馆

图 1.4 阿尼巴尔·卡拉奇《有桥的罗马风景，局部》（1603—1604），80 cm×56.2 cm，柏林国家博物馆

图 1.5 尼古拉·普桑《有福基翁遗孀捡拾骨灰的风景》（1648），116.5 cm×178.5 cm，利物浦沃克美术馆

图 1.6 鲁本斯《有暴风雨、腓利门、波西斯的风景》（约 1630），146 cm×208.5 cm，奥地利艺术史博物馆（见彩图）

图 1.7 中世纪画师《罗马的维吉尔，牧人和牲畜》，（约 5 世纪），22 cm× 22.5 cm，羊皮纸，梵蒂冈图书馆

图 1.8 雅各布·雷斯达尔《本特海姆城堡》（约 1653），布面油画，110 cm×114 cm，都柏林爱尔兰国家美术馆

图 1.9 乔尔乔内/提香《田园合奏》（局部）（1510—1511），118 cm×138 cm，巴黎卢浮宫

图 1.10 乔尔乔内《暴风雨》（约 1508），83 cm×73 cm，威尼斯学院美术馆

图 1.11（希腊）锡拉岛阿克罗蒂尼（Akrotini, Thera）《舰队壁画》（约公元前1500），雅典国家考古博物馆

图 1.12（意）罗马埃斯奎琳山壁画《奥德赛风景奥德赛遭遇食人巨人》（Laestrygonians），约公元前 50 年

图 1.13 法国《贵妇人和独角兽—挂毯系列画之一》（1484—1500），巴黎中世纪博物馆

图 1.14 北尼德兰《狩猎者进入森林—狩猎独角兽系列壁挂》（1495—1505），368 cm×315 cm，羊毛金丝线丝绸，绿、红、蓝，现存于大都会博物馆修道院分馆

图 1.15 匹萨诺《圣·尤斯塔斯异像》（Vision of St Eustace）（约 1440），木板蛋彩画，55 cm×65 cm，伦敦国家美术馆

图 1.16 阿尔布里奇·阿尔特多夫《圣·乔治在森林中》（1510），椴木羊皮纸油画，22.5 cm×28.2 cm，慕尼黑美术馆，Alte Pinakothek,

图 1.17 老彼得·博鲁盖尔《死亡的胜利》（约 1562），117 cm×162 cm，马德里普拉多美术馆

图 1.18 杜乔·迪·博尼塞尼亚《"威严"祭坛画背面："不要动我"（Maestà: Noli me tangere）》（约 1308—1311），木板蛋彩画和贴金，锡耶纳大教堂戴尔歌剧博物馆

图 1.19 乔凡内·贝里尼《花园中的痛苦》（约 1459—1465），木板蛋彩画，81 cm×127 cm，伦敦国家美术馆（见彩图）

图 1.20 安德里亚·曼坦尼亚《花园中的痛苦》（1455），木板蛋彩画，63 cm×80 cm，圣·奇诺（San Zeno）祭坛画右首，伦敦国家美术馆

图 1.21 约阿希姆·帕提尼尔《圣杰罗姆和多岩石的风景，局部》（约 1515—1524），橡树木板油画，36.2 cm×34.3 cm，伦敦国家美术馆

图 1.22 丢勒《阿考景色》（1495），纸上水彩和水粉，22.1 cm×22.1 cm，巴黎卢浮宫

图 1.23 霍贝玛《沼泽树林》（约 1660），69 cm×90 cm，马德里泰森博内密斯扎博物馆

图 1.24 伦勃朗《风景》（约 1640），布面油画，51.3 cm×71.5 cm，赫尔佐格安东（Herzog-Anton, Brunschweig）博物馆

图 1.25 格列柯《托莱多风景》（约 1596–1600），画布油彩，47.75 cm×42.75 cm，纽约大都会美术馆

图 1.26 萨尔维特·洛萨《施洗者约翰在荒野》（约 1640），布面油画，176 cm×262 cm，馆藏地不详

图 1.27 约翰·罗伯特·考泽斯《意大利内米湖》（Lake Nemi）（1777），铅笔和

水彩，49.5 cm× 68 cm，伦敦汤姆·戈尔丁美术馆（Sammlung Tom Girtin）

图1.28 康斯泰布尔《有云雨的海景研究》（1827），22.2 cm×31.1 cm，纸上油彩，伦敦皇家艺术学院

图1.29 透纳《狂风中的荷兰船只》（1801），163 cm×221 cm，英国国家美术馆

图1.30 约翰·马丁《天诛之日》（约1853），197 cm×303 cm，泰特美术馆

图1.31 路易斯·古里特《莫恩岛岩礁》（1842），尺寸和馆藏地不详

图1.32 安德烈·阿肯巴赫《荒野激流》（时间不详），177.5 cm×93.5 cm ，私人收藏

图1.33 弗里德里希《雪中修道院墓地》（Cloister Cemetery in the Snow）（约1817—1819），布面油画，121 cm×170 cm，1945年毁坏，原在柏林国家美术馆图

图1.34 库尔贝《侏罗山溪流》（1872），布面油画，59.1 cm x 72.4 cm，檀香山艺术学院

图1.35 卢梭《阿普里蒙的橡树》（1852），63.5 cm× 99.5 cm，巴黎奥赛博物馆

图2.1 乔治·库克《从海军船坞看华盛顿景色》（1833），45.7 cm×63.5 cm，现藏于白宫（见彩图）

图2.2 丘奇《天空中我们的旗帜》（1861），19.5 cm×28.6 cm，奥莱纳国家历史遗址

图2.3 马丁·海德《暴风雨来临》（1859），71.1 cm×111.8 cm，欧文·沃尔夫基金会（Erving Wolf Foundation）（见彩图）

图2.4 施特拉乌斯《阿美利加·韦斯普奇唤醒正在睡觉的美洲》（1600），华盛顿D.C.，富尔杰（Folger）莎士比亚图书馆

图2.5 约翰·加斯特《美国进程》（1872），布面油画，45.1 cm×54.6 cm，洛杉矶美国西部博物馆

图2.6 1803年《路易斯安那购买案》对美国版图的影响

图2.7 托马斯·科尔《卡特斯基尔瀑布》（1826），109.2 cm×91.4 cm，塔斯卡卢萨海湾造纸公司华纳收藏

图2.8 托马斯·科尔《意大利风景》（1839），88.90 cm×34.62 cm，纽约卡兹基尔国家历史遗址博物馆

图2.9 托马斯·科尔《从北安普顿霍利约克山看到的风景—暴风雨过后—U形河》（1836），130.8 cm × 193 cm，大都会博物馆（见彩图）

图2.10 阿尔伯特·比尔斯泰特《塞拉内华达山脉之间》（1868），183 cm×305 cm，史密森美国艺术博物馆（见彩图）

图 2.11 特朗布尔《尼阿加拉瀑布》（1807—1808），61.9 cm×92.9 cm，康涅狄格哈特福德沃兹沃斯美术馆

图 2.12 科尔《卡特斯基尔瀑布》（1826），64.2 cm×90.8 cm，康涅狄格哈特福德沃兹沃斯美术馆（见彩图）

图 2.13 约翰·鲁本斯·史密斯《卡兹基尔山别墅：一所知名的夏日旅舍》（1830），着色腐蚀版画，纽约公共图书馆

图 2.14 俄尔《从丹尼山顶东望》（1800），116.2 cm×201.6 cm，马萨诸塞州沃斯特艺术博物馆

图 2.15 奥尔斯顿《月光下的风景》（1809），60.96 cm×88.9 cm，波士顿美术馆

图 2.16 杜兰德《森林内部的研究》（1850），43.2 cm×61 cm，马萨诸塞州安多弗，艾迪森美国艺术史博物馆

图 2.17 杜兰德《早晨阳光中的森林》（1855），60.7 cm×81.3 cm，美国国家艺术博物馆

图 2.18 丘奇《荒野中的十字架》（1857），41.3 cm×61.5 cm，西班牙马德里泰森波内米斯札美术馆（Museo Thyssen-Bornemisza）

图 2.19 肯赛特《灯塔岩》（beacon Rock）（1857），57.1 cm×91.5 cm，美国华盛顿国家美术馆

图 2.20 乔治·英尼斯《初秋，蒙特克莱》（1891），76.2 cm×114.3 cm，威尔明顿特拉华州美术馆

图 3.1 科尔《帝国的历程之一，野蛮状态》（1834），100 cm×160 cm，纽约历史协会

图 3.2 科尔《帝国的历程之二，田园状态》（1834），100 cm×160 cm，纽约历史协会

图 3.3 科尔《帝国的历程之三，圆满状态》（1836），100 cm×160 cm，纽约历史协会

图 3.4 科尔《帝国的历程之五，荒芜状态》（1836），100 cm×160 cm，纽约历史协会（见彩图）

图 3.5 托马斯·科尔，摄于 1844 年

图 3.6 透纳《狄多建立迦太基》（1815），156.6 cm×231.8l cm. 英国伦敦国家美术馆

图 3.7 透纳《迦太基的陷落》（1817），布面油画，170 cm×238.5 cm，英国伦敦泰特美术馆

图 3.8 克劳德《示巴（Sheba）女王登船起航》（1648），149 cm×194 cm，英国伦敦国家美术馆

图 3.9 科尔《风景》（1825），60 cm×80 cm，明尼阿波利斯艺术学会（见彩图）

图 3.10 科尔《意大利景色》（1833），41 cm× 61 cm，纽约历史学会（见彩图）

图 3.11 科尔《逐出乐园》（1828），100.96 cm×138.43 cm，波士顿美术馆（见彩图）

图 3.12 约翰·马丁《亚当和夏娃被驱逐，弥尔顿失乐园插图》（1827），耶鲁大学英国艺术中心，保罗·梅隆藏品（Paul Mellon Collection）

图 3.13 托马斯·科尔《从北安普顿霍利约克山看到的风景—暴风雨过后—U 形河》（1836），130.8 cm × 193 cm，大都会博物馆

图 3.14 科尔《施龙山，阿迪朗达克斯山脉》（1838），100 cm×160 cm，克利夫兰美术馆

图 3.15 科尔《人生的旅途之二，青年时代》（1842），133 cm×198 cm，美国尤提卡曼森 - 威廉姆斯普罗克特研究所艺术馆（见彩图）

图 3.16 科尔《人生的旅途之三：中年时代》（1842），133 cm×198 cm，美国尤提卡曼森 - 威廉姆斯普罗克特研究所艺术馆

图 3.17 奥尔斯顿《海上暴风雨升起》（ The Rising of a Thunderstorm at Sea ）（1804），60 cm × 90 cm，波士顿美术馆

图 3.18 奥尔斯顿《伊利亚在沙漠》（1818），125.09 cm×184.78 cm，波士顿美术馆

图 3.19 托马斯·博敕《费城冬天风景》（1847），62.2 cm×90.2 cm，木板油画，私人收藏

图 3.20 托马斯·道蒂《在自然仙境中》（1835），62.2 cm×76.2 cm，密西根底特律艺术协会

图 3.21 科尔《自然中的树》（1823），23 cm×18 cm，阿尔伯尼历史和艺术学会

图 3.22 科尔旅行哈德逊河一代区域地图：A- 阿迪朗达克，W- 怀特山，C- 卡特斯基尔山，N- 尼亚加拉，G- 绿山山脉，H- 哈德逊河高地

图 3.23 科尔《有死树的湖，卡兹基尔》（1825），68.6 cm×85.8 cm，艾伦纪念艺术博物馆

图 3.24 科尔《龙卷风》（1835），117 cm×164 cm，华盛顿国家美术馆

图 3.25 萨尔维特《有在约旦河中受洗的人的风景，局部》（17 世纪），31.9 cm× 45.4 cm，爱尔兰都柏林国家美术馆

图 3.26 科尔《哈德逊河阳光明媚的早上》（1827），130.8 cm×193 cm，波士顿美术博物馆（见彩图）

图 3.27 科尔《荒野之景》（1832），133 cm×198 cm，巴尔的摩美术馆

图 3.28 科尔《十字架和世界：旅程的结束》（1847），100 cm×160 cm，纽约历史学会

图 3.29 透纳《光与色：歌德理论——大洪水后的早晨——摩西写创世记》（1843），78.5 cm× 78.5 cm，泰特美术馆

图 3.30 科尔《杰纳西景色》（1847），129.5 cm×100 cm，罗德岛设计学院美术馆（见彩图）

图 4.1 杜兰德《密友》（1849），116.8 cm×91.4 cm，华盛顿国家美术馆（见彩图）

图 4.2（照片）阿舍·布朗·杜兰德，摄于 1845 年

图 4.3 杜兰德根据班尼特原作创作的版画《索吉尔瀑布》（1830），发表于《美国风景》（1830），纽约历史学会

图 4.4 杜兰德《人生的早晨》（1840），126 cm×213.7 cm，美国国家设计院美术馆

图 4.5 杜兰德《卡兹基尔山脉》，出版于《美国风景》（1830），纽约，11.43 cm×15.24 cm，纽约历史学会

图 4.6 杜兰德《榉树》（1845），153.4 cm×122.2 cm，法国卡尔松美术馆（Muse des Beaux Arts, Carcassonne）（见彩图）

图 4.7 杜兰德《有榉树的风景》（1844），10.54 cm×50.8 cm，纽约历史学会收藏

图 4.8 克劳德《田园风景》（1638），97.16 cm×130.18 cm，明尼阿波利斯艺术协会

图 4.9 杜兰德《杜兰德的孩子们》（1832 ），92.7 cm×73.7 cm，收藏地不详

图 4.10 杜兰德《金斯敦河边树林》（1847），77.8 cm× 66 cm，纽约历史学会

图 4.11 科尔《陶尔米纳的废墟》（1842），木板、油彩、铅笔，30 cm× 40 cm，纽约贝里·希尔画廊

图 4.12 杜兰德《有岩石和树林的风景，局部》（约 1845），30 cm×40 cm，美国国家学院博物馆

图 4.13 杜兰德《森林内部的研究》（1850），43.2 cm×61 cm，马萨诸塞州安多弗埃迪森美国艺术画廊

图 4.14 汉斯·古德《哈当厄尔风景》（1847），93 cm×130 cm，挪威国家图书馆

图 4.15 库库克《橡树下有农民在休息的风景》（1843），66 cm×83.5 cm，私人

收藏（见彩图）

图 4.16 杜兰德《卡兹基尔》（1859），158.1 cm×128.3 cm，巴尔的摩沃尔特斯美术馆（见彩图）

图 4.17 杜兰德《礼拜日的早晨》（1839），64.1 cm×92 cm，收藏地不详

图 4.18 杜兰德《乔治湖》（1862），36.2 cm×59.06 cm，纽约历史学会

图 4.19 丘奇《自然桥》（1852），71 cm×58 cm，弗吉尼亚大学美术馆

图 4.20 吉福德《卡特斯基尔瀑布》（1871），37.5 cm×31.8 cm，底特律艺术协会

图 4.21 杜兰德《森林中》（1855），154.3 cm×121.9 cm，大都会博物馆

图 4.22 库尔贝《森林中的溪流》（1862），154.3 cm×121.9 cm，波士顿美术馆

图 4.23 卢梭《森林内部》（1857），46.9 cm×59.8 cm，加拿大国家美术馆

图 4.24 尼夫斯和弗兰肯《安特卫普教堂内部》（1659），圣匹兹堡博物馆，洛杉矶巴顿收藏

图 4.25 克罗普西《吉娜塔瀑布》（1846），159 cm×123 cm，加州桑塔·芭芭拉美术馆

图 4.26 莫兰《森林是上帝的庙宇，或森林庙宇》（1867），154.9 cm×129.5 cm，加州哈根博物馆

图 4.27 惠特来支《河谷》（1862），61 cm×50.8 cm，纽约洛克菲勒中心

图 4.28 惠特来支《老狩猎场》（1864），83.3 cm ×136 cm，北卡罗莱纳雷诺达别墅

图 4.29 惠特来支《涉水的鹿》（1875），53 cm× 44.4 cm，美国野生动物艺术国家博物馆

图 4.30 杜兰德《岩石研究》（19 世纪 40 年代），42.5 cm×56 cm，纽黑文耶鲁大学美术馆

图 4.31 杜兰德《岩石绝壁》（1860），41.9 cm× 61 cm，北卡罗莱纳温斯顿·塞勒姆美国艺术博物馆

图 4.32 肯赛特《巴士比氏瀑布》（约 1860），45.7 cm× 56.4 cm，洛杉矶查尔斯·阿尔玛鞋店收藏

图 4.33 大卫·约翰逊《森林岩石》（1851），43.2 cm×53 cm，（反面写有：北康威研究，N. H.），克利夫兰美术馆

图 4.34 大卫·约翰逊《沃里克的溪流研究》（1873），65.7 cm×101.3 cm，纽约尤蒂卡美术馆

图 4.35 沙塔克《小瀑布，宾哈姆峡谷，华盛顿山》（1859），39.3 cm× 48.3 cm，

康涅狄格新不列颠美术馆

图 4.36 克劳德《有阿波罗和缪斯的风景》(1652), 185 cm×300 cm, 苏格兰国家美术馆

图 4.37 洛萨《有猎人和武士的岩石风景》(1670), 142 cm×192 cm, 卢浮宫

图 4.38 克洛普希《亚斯达卢卡高架铁路》(1865), 56.8 cm×92.4 cm, 收藏地不详

图 4.39 杜兰德《杰纳西河谷》(1853), 79 cm×51 cm, 收藏地不详

图 4.40 杜兰德《自然研究,福蒙特—斯特拉顿峡谷》(1853),45 cm× 60 cm, 纽约历史协会

图 4.41 惠特来支《克劳人的家园》(1848),101 cm×142.2 cm, 底特律艺术学会

图 4.42 科尔《野餐》(1846), 121.6 cm×137.2 cm, 纽约布鲁克林美术馆

图 5.1 克劳德《有女神埃杰里亚哀悼努玛的风景》(1669), 155 cm×199 cm, 那不勒斯卡波迪蒙特国家美术馆

图 5.2 科尔《斯科哈里河上的莱斯布朗斯景色》(1828), 62 cm×88.9 cm, 私人收藏

图 5.3 比尔斯泰特《落基山脉暴风雨》(1866), 210.8 cm×361.3 cm, 纽约布鲁克林博物馆(见彩图)

图 5.4 莱恩《布里斯的岩石,东点》(1864), 25.4 cm×38.1 cm, 华盛顿国家美术馆(见彩图)

图 5.5 该图描绘了 1823 年到 1839 年之间的卡兹基尔旅馆周围密布森林的山脉景色

图 5.6 摄影,《英国湖区山脉景色》,英国湖区英格兰的最高峰附近的景色

图 5.7 纽约哈德逊河流域地势:阿迪朗达克,卡兹基尔,阿勒格尼高原

图 5.8 19 世纪中期东北部写生地区:哈德逊地区和沿海地区

图 5.9 科尔对崇高风景的兴趣:《怀特山峡谷》(1839), 101.6 cm×156 cm, 华盛顿国家美术馆(见彩图)

图 5.10 杜兰德对远景大空间的兴趣:《怀特山》(1857), 122.6 cm×184.2 cm, 罗伯特·斯图尔特收藏

图 5.11 阿肯巴赫《西西里海岸暴风雨后落日》(1853), 83.2 cm×107.3 cm,大都会博物馆

图 5.12 科尔《山漠岛:法国人海湾》(1845)97.8 cm×157 cm, 俄亥俄辛辛那提艺术博物馆

森特史密斯艺术博物馆

图 5.32 安德文·丘奇《安第斯腹地》（1859），168 cm×330 cm，纽约大都会艺术博物馆（见彩图）

图 5.33 丘奇《荒野的黄昏》（1860），101.6 cm×162.6 cm，纽约大都会艺术博物馆

图 5.34 丘奇《科多帕西》（1862），121.9 cm×215.9 cm，底特律艺术协会（见彩图）

图 5.35 落基山脉分布图

图 5.36 比尔斯泰特西部旅行写生路线，1859 年和 1863 年

图 5.37 比尔斯泰特《落基山脉，兰德峰》（1863），186.7 cm×306.7 cm，纽约大都会艺术博物馆（见彩图）

图 5.38 苏打湖和兰德峰照片（Soda Lake and Lander Peak）

图 5.39 比尔斯泰特《约塞美蒂隆丘》（1867），294.6 cm×502.9 cm，佛蒙特圣约翰斯伯里图书馆（见彩图）

图 5.40 莫兰《科罗拉多大峡谷》（1873），214.3 cm×367.6 cm，华盛顿史密森美国艺术博物馆（见彩图）

图 5.41 肯赛特《乔治湖》（1869），112.1 cm×168.6 cm，纽约大都会艺术博物馆

图 5.42 肯赛特《什鲁斯伯里河，新泽西》（1859），47 cm×77.7 cm，纽约历史学会

图 5.43 哈塞尔廷《麻省纳罕特岩石》（1864），55.9 cm×100 cm，拉诺藏品

图 5.44 莱恩《纽约港》（1850），91.4 cm×153 cm，波士顿美术馆

图 5.45 莱恩《布拉斯礁石，布拉斯湾》（1864），26 cm×38 cm，拉诺藏品

图 5.46 海德《森英海滩，马萨诸塞州曼彻斯特》（1862），63.5 cm×127 cm，马德里蒂森博内密斯扎美术馆（见彩图）

图 5.47 海德《阳光和阴影，纽波利沼泽》（1871—1875）30.5 cm×67.3 cm，华盛顿国家美术馆

图 6.1 丘奇《晚霞余晖》（1867），79.3 cm×123.7 cm，纽约州公园事务处，奥拉那历史遗址

图 6.2 桑福德·吉福德《圣乔治奥》（1869），67 cm×133 cm，纽约私人收藏

图 6.3 丘奇《热带雨林的早晨》（1877），尺寸不详，华盛顿国家美术馆

图 6.4 约翰·加斯特（John Gast）《美国进程》（1872），布面油画，45.1 cm×54.6 cm，洛杉矶美国西部博物馆（另见图 2.5）

图 6.5 乔治·因尼斯《拉克万纳山谷》（1855），86 cm×128 cm，华盛顿国家美

术馆

图 6.6 温斯洛·霍默《蔑视：彼得斯堡诱敌射击》（1864），木板油画，30.5 cm×45.7 cm，底特律艺术学会

图 6.7 米莱斯《清冷十月》（1870），55.5 cm×73.5 cm，劳埃德·韦伯勋爵收藏（见彩图）

图 6.8 惠斯勒《夜曲：蓝色和银色—切尔西》（1871），50.2 cm×60.8 cm，泰特美术馆（见彩图）

图 6.9 柯里尔《有桥和房舍的风景（局部）》（1884），25 cm×45 cm，辛辛那提美术馆

图 6.10 吉福德《十月的卡茨基尔》（1880），60 cm×50 cm，洛杉矶县立艺术博物馆

图 6.11 乔治·因尼斯《和平与富饶》（1865），197.2 cm×285.4 cm，纽约大都会艺术博物馆（见彩图）

图 6.12 乔治·因尼斯《修士》（1873），97.5 cm×163 cm，马萨诸塞州菲利普学院爱迪生美国艺术画廊

图 6.13 乔治·因尼斯《苍鹰的家园》（1893），76.2 cm×115.2 cm，芝加哥艺术学会

图 6.14 温斯洛·霍默《缅因云崖》（1894），76.5 cm×97.2 cm，华盛顿美国国家艺术博物馆

图 6.15 温斯洛·霍默《观看浪花——巨浪》（1896），61 cm×97.2 cm，纽约州卡纳卓里（Canajohaie）图书馆和美术馆

年表（1825–1975）

1825　伊利运河开通，连接了密西西比河和东海岸；

　　　在美国艺术学院之外成立了纽约素描协会，有 30 余人参加；

　　　科尔到纽约寻求发展，受欧文《里普·万·温克尔》启发，在博瑞赞助下
　　　去卡兹基尔写生，画《有死树的湖》等三幅作品；

　　　卡兹基尔旅社已在上一年开业；

　　　因尼斯出生于哈德逊河谷乡下；

1826　素描协会与国家美术学院分裂，成立国家设计院，创立者有莫尔斯、杜
　　　兰德、顿拉普、科尔；

　　　科尔作品被特朗布尔发现，被引荐；到乔治湖写生；

　　　库柏《最后的莫西干人》出版；弥尔顿《失乐园》出版；

　　　弗里德里克·丘奇出生；

1827　杜兰德一女儿病故；

　　　科尔到怀特山写生，为吉尔默画《最后的莫西干人》，受到委婉批评；

　　　莫尔斯在年展中沿用雷诺兹传统划分绘画等级；

　　　约翰·马丁为《失乐园》做插图，同年出版；

1828　杰克逊当选总统，民主政治开始；

　　　科尔《亚当和夏娃驱逐出乐园》；到波士顿和怀特山写生；

1829　科尔去欧洲（1829—1832）：英国—法国—意大利；

　　　爱默生入哈佛大学神学院，以牧师身份崭露头角；

1830　《印第安人迁移法案》；首次马车跨越了落基山；

　　　　杜兰德为布莱恩特《美国风景》做版画；妻子病故；

　　　　法国七月革命，科尔滞留英国；

　　　　首次马车队跨越落基山；

　　　　比尔斯坦出生于德国索灵根（Solingen），两年后移民美国马萨诸塞州

　　　　新贝德福德（New Bedford）；

1831　科尔到意大利；

1832　欧文去大平原旅行，赞叹西部森林的宏大和神圣；

　　　　科尔在意大利画《荒野之景》；

　　　　爱默生游欧洲，结识华兹华斯、柯尔律治等人；

1833　乔治·库克《从海军船坞看华盛顿景色》，将首都描绘在荒野中；

　　　　爱默生第一次演讲《自然》，开始了演讲生涯；

1834　科尔《帝国历程：野蛮状态》、《帝国历程：田园状态》；到卡兹基尔雪松

　　　　林村定居；

1835　科尔在吕西昂协会演讲《关于美国风景的文章》；

　　　　爱默生及其同仁成立超验主义俱乐部；

1836　杰克逊第二届任期期间；

　　　　爱默生《自然》出版；

　　　　科尔创作《帝国历程：圆满状态》、《帝国历程：衰变状态》、《帝国历程：

　　　　荒芜状态》，该系列在国家设计院做了专门展览；《U型河》；

　　　　温斯洛·霍默出生；

1837　过度投机导致经济萧条和大恐慌；

　　　　杜兰德放弃版画和肖像，投身风景画，和科尔到施龙湖写生；

　　　　康斯泰布尔去世；

　　　　梭罗毕业于哈佛大学；

　　　　托马斯·莫兰出生于英国兰开夏；

1838　爱默生哈佛神学院作毕业演讲，震惊社会，被谴责为无神论者；

　　　　切诺基印第安迁移俄克拉荷马，血泪之路；

1839　美国艺术联盟建立；

　　　　科尔到怀特山杰纳西河谷写生；

1840　科尔《生命的旅程》；

　　　　杜兰德和肯赛特、卡西利尔、罗西特赴欧；

爱默生任超验主义刊物《日晷》主编，梭罗诗和散文发表于《日晷》；

1841　科尔发表诗《悲悼森林》；去欧洲旅行（1841—1842）；

爱默生论文集陆续发表，被冠以美国文艺复兴领袖；

因尼斯到纽约一家刻印工厂工作；

1842　圣路易斯巴拉德创作运动全景画，40 年代流行；

英国海景画家罗伯特·萨尔蒙到波士顿，影响到莱恩；

梭罗出版《马萨诸塞州自然史》；

1843　肯赛特到英格兰；

拉斯金《现代画家：第一册》出版；

梭罗担任艾默生子女家教；

1844　科尔收丘奇为徒；科尔到波士顿哈特夫特和缅因写生；

美国艺术联盟迅速扩张，吸引艺术家出售作品，向全国普及艺术；

梭罗到瓦尔登湖居住；

1845　"天定命运"观念出现，支持西扩运动。德克萨斯脱离墨西哥并入美国；

国家设计院莫尔斯辞职，杜兰德成为院长（1845—1861）；展出《榉树》；

肯赛特到法国、德国、瑞士、意大利旅行（1845—1847）；

1846　墨西哥战争（1846—1848）；史密森学会建立；

科尔到阿迪朗达克山、山普伦湖写生；

艺术联盟年度报告称："自然再现正在变得从属于科学"；

《现代画家：第二册》出版；

1847　科尔《十字架和世界》；到尼亚加拉旅行；

克洛普希担忧荒野被文明消灭；

1848　欧洲革命，纽约的欧洲特别是德国移民增多，德国艺术流入美国；

科尔去世；

杜兰德去尼亚加拉、卡兹基尔、麻省、佛蒙特；

威廉·霍尔曼·亨特、但丁·加百利·罗塞蒂建立拉斐尔前派；

1849　加州发现黄金，引发淘金热；加利福尼亚小路被开辟；

杜兰德《密友》；为一首献给波士顿神学家查宁的诗（作者为波士顿诗人

安妮·林奇·博塔）做了插图；

纽约杜塞尔多夫画廊建立（1849—1861）；

1850　丘奇开始在纽约居住创作；去佛蒙特、新罕布什尔、缅因、荒漠岛；

莱恩创作《纽约港》；

1851　因尼斯第一次欧洲旅行意大利法国（1851—1852）；

丘奇去弗吉尼亚、肯塔基、密西西比河、尼亚加拉、卡兹基尔；创作《新英格兰风景》，引发热议；以 500 美元卖给艺术联盟，第二年被 1300 美元拍卖（肯赛特作品只有 570 美元）；

艺术联盟被解散；

透纳去世；

1852　丘奇去缅因大马南岛、卡它丁山、卡兹基尔；

威廉·莫尔斯·亨特到法国学习巴比松风格；

1853　纽约世界博览会美国展出美洲动植物和矿物标本；

比尔斯泰特到杜塞多夫学习（1853—1857）；

丘奇去哥伦比亚、厄瓜多尔；

梭罗游缅因森林；

因尼斯第二次旅行欧洲，到 1855 年回纽约；

1854　梭罗《瓦尔登湖》出版；

丘奇去加拿大新斯科舍、荒漠岛；

因尼斯在法国（1854—1855），接触到巴比松风格；

1855　杜兰德在《蜡笔杂志》发表经典系列文章《关于风景画的信》；创作油画《森林中》；

丘奇《厄瓜多尔安第斯》；去荒漠岛；

詹姆森·斯蒂尔曼创立《蜡笔杂志》（1855—1861），宣称拉斐尔前派绘画和理念；

1856　惠特来支和吉福德在罗马相识；

丘奇去尼亚加拉、阿迪朗达克山脉、卡它丁山、荒漠岛；

《蜡笔杂志》记录了纽约展出全景画的情况；

道蒂去世；

1857　丘奇《尼亚加拉》，引起轰动，并到伦敦展出；和米格诺去厄瓜多尔（第二次去南美）；

霍默为波士顿和纽约的刊物作插图；

1858　梭罗游怀特山；

1859　丘奇创作展出《安第斯腹地》，引起轰动，后以 1 万美元售出；《尼亚加拉》在波士顿展出；去纽芬兰和拉布拉多；

比尔斯泰特跟兰德考察队西行；

肯赛特创作透光小景《什鲁斯伯里河》；

沙塔克创作岩石风景《卡兹基尔》；

霍默被《哈伯周刊》（Harper's Weekly）聘用，到内战前线写生；

1860　丘奇《荒野中的黄昏》；

国家设计院年展风景画有 247 幅，达到历史最高，也为展品中数量最多的类型；

1861　内战爆发；

印尼斯《特拉华河谷》；

斯蒂尔曼开始对拉斐尔前派失去信心，兴趣转向巴比松风格；

1862　丘奇创作《科多帕西》，具有内战分裂的象征性；

兰德上尉在内战死亡；

海德创作《森英海滩，麻省曼彻斯特》；

1863　比尔斯泰特第二次西行；《落基山脉：兰德峰》；

印尼斯在新泽西 Perth Amboy 遇见 William Page；

克拉伦斯·库克、克拉伦斯·金和约翰·威廉·希尔建立"艺术真理促进会"，创办刊物《新道路》；

1864　《落基山脉：兰德峰》展出，广受好评，在芝加哥以 2.5 万美元卖出；

惠特来支创作《老狩猎场》；

霍默创作《挑衅：在彼得堡城诱使射击》；

莱恩创作透光小景《布拉斯礁石，布拉斯湾》；

1865　内战结束，林肯遇刺；

丘奇去牙买加、佛蒙特；

1866　美国风景画家协会成立；

比尔斯泰特创作《落基山脉暴风雨》；

霍默到巴黎旅行，看法国国际博览会，接触印象派和东方绘画；

1867　《重建法案》；法国国际博览会；

比尔斯泰特创作官方订件《约塞美蒂隆丘》，达 5 米之巨；

塔克曼《艺术家之书》出版；

丘奇欧洲旅行（1867-1869）；

1868　丘奇在欧洲；

帕尔默发表版画《穿越大洲：帝国西部扩张历程》；

1869　杜兰德会新泽西老家安度晚年；

杜威奈克到慕尼黑学院学习；1878 年创立普灵村美国画家村；同年库尔贝
到慕尼黑访问，风格影响到威尔海姆·莱布尔；

1870　大都会博物馆成立；

因尼斯夫意大利和法国（1870-1875）；

1871　比尔斯泰特第三次西行到加州（1871-1873）

莫兰跟"海登地质探险队"第一次西行到黄石地区；

海德《阳光和阴影，纽波利沼泽》；

1872　黄石公园建立；

加斯特版画《天定命运》；

莫兰《黄石大峡谷》以 1 万美元卖给国会，促进了黄石公园建立
肯赛特去世；

1873　莫兰《科罗拉多大裂谷》以 1 万美元卖给国会；

印尼斯《修士》；

1875　国家设计院第 50 年纪念日；慕尼黑风格在年度展览中表现突出

次年为独立宣言 100 周年；费城国际博览会；再次年美国艺术家协会成立；

惠斯勒《夜曲》；后年和拉斯金对簿公堂；

色调主义 5 年之后（1880）兴起。

附录四

译名表（人名、地名、术语）

Achenbach, Andreas	安德里亚斯·阿肯巴赫
Adirondacks	阿迪朗达克斯
Aeneas	埃涅阿斯
Aeneid	埃涅阿斯纪
aerial perspective	空气透视之法
Akrotini	阿克罗蒂尼
Albany	阿尔巴尼
Alberti	阿尔贝蒂
Alison, Archibald	阿奇伯德·阿里森
allegorical	寓说体
Allston, Washington	华盛顿·奥尔森顿
Andrus, Lisa	丽莎·安德鲁斯
Ann Cape	安角
Arezzo	阿雷佐
Arminian	阿米乌斯
Arminianism	阿米纽斯（阿米尼乌斯）教派
Arminius, Jacobus	雅克布斯·阿米尼乌斯
Art-Union	艺术联盟
aspect ratio	高宽比

Church, Frederic Edwin	弗里德里希·埃德温·丘奇
Cikovsky, Nicolai	尼古拉·西考夫斯基
Clark, Kenneth	肯尼斯·克拉克
Cleve School	克里夫画派
Cleveland, David A	大卫·A. 克利夫兰
close-ups	特写 / 近景
Cole, Thomas	托马斯·科尔
Colombia,	哥伦比亚
Comment, Bernard	伯纳德·考门特
Constable	康斯泰布尔
Cooke, George	乔治·库克
Cooper, James Fenimore	詹姆斯·弗朗西斯·库柏
Copley, John Singleton	约翰·辛格莱顿·考普利
Corne, Michele Felice	米歇尔·菲利斯·科恩
coulisse	侧景
Coxsackie	柯萨奇（村）
Cozens, John Robert	约翰 罗伯特 考泽斯
Craven, Wayne	韦恩·克雷文
Crayon	蜡笔杂志
Cropsey, Jasper Francis	贾思博·弗朗西斯·克洛普希
Crow	克劳人
Curtis, George W.	乔治·W. 柯蒂斯
Cuyp	克伊普
Dalles	达尔斯山
Dana, Richard Henry	理查德·亨利·德纳
Danforth, Samuel	塞缪尔·丹弗斯
Dennis, John	约翰·丹尼斯
distant view	远景
domesticated wilderness	驯化的荒野
Doughty, Thomas	托马斯·道蒂
Drawing Association	素描协会
Driscoll, John Paul	约翰·保罗·得利斯科尔

Duccio di Buoninsegna	杜乔·迪·博尼塞尼亚
Durand, Asher Brown	阿舍·布朗·杜兰德
Duris	杜雷
Düsseldorf School	杜塞尔多夫画派
E. L. Magoon	马古恩
Earl, Palph	帕尔夫·俄尔
East Point	东点
Eckhart, Meister	麦斯特·艾克哈特
Eclogues	牧歌
Ecuador	厄瓜多尔
Edwards, Jonathan	乔纳森·爱德华兹
Egan, John	约翰·艾根
Elsheimer, Adam	亚当·埃尔斯海默
Erie canal	伊利运河
Erving Wolf Foundation	欧文·沃尔夫基金会
Eustace	尤斯塔斯
Felibien, Aandre	安德烈·费利拜恩
Flexner, James Thomas	詹姆斯·托马斯·弗莱克斯纳
foreground study	前景研究
Folger Library	富尔杰图书馆（华盛顿 D.C.）
Forest Interior	森林内景
Francken, Frans	弗兰斯·弗兰肯
Fulton, Robert	罗伯特·富尔顿
Gast, John	约翰·嘉士特
Geats	耶阿特人
Genesee Valley	杰纳西河谷
Gerdts, William H.	威廉·H. 格兹
Gerstenberg, Kurt	库尔特·葛斯汀伯格
Gethsemane	客西马尼
Gifford, Sanford Robinson	桑福德·罗宾森·吉福德
Gilbert, Josiah	约西亚·吉尔伯特
Gilmor, Robert	罗伯特·吉尔默（科尔赞助人）

Gilpin, William	威廉·吉尔平
Giorgione	乔尔乔内
Gloucester	格罗斯特
Goat Island	公羊岛
Coxsachie	柯萨奇村（哈德逊河附近）
Gramm, Joseph	约瑟夫·格拉姆
Grand Manan Island	大马南岛
Grand Tour	壮游 / 大旅游
Gray, Thomas	托马斯·格雷
Green Mountains	绿山山脉
Grendel	格伦德尔
Grunewald	格律内瓦尔德
Gude, Hans Fredrik	汉斯·弗里德里克·古德
Handlin, Oscar	奥斯卡·韩德林
Hardanger	哈当厄尔
Harold, Childe	恰尔德·哈洛尔德
Harper's Monthly	哈伯月刊
Hart, James McDougal	詹姆斯·麦克杜格尔·哈特
Haseltine, William Stanley	威廉·史丹利·哈斯尔廷
Hastings	（哈德逊河）哈斯丁斯
Hill, Thomas	托马斯·希尔
Hobbema	霍贝玛
Hood	胡德山
Hudson river	哈德逊河
Hunt ,William Morris	威廉·亨特
Huntington, David C.	大卫·C.亨廷顿
Idylls	田园诗集
il lontano	远景
interior scenes	内景
intimacy	亲密性
Iroquois	易洛魁
Irving, Washington	华盛顿·欧文

J. Callicott	J. 卡里克
Jamaica	牙买加
Johnson, David	大卫·约翰逊
Johnson, Eastman	伊斯曼·约翰逊
Kauterskill Falls	卡特斯基尔瀑布
Kensett, John Frederick	约翰·弗里德里克·肯赛特
Kindred Spirit	密友
Koekkoek, Barend Cornelis	巴伦德·科内利斯·库库克
Labrador	拉布拉多
Laestrygonians	莱斯特里格里安（吃人巨人）
Lake Champlain	山普伦湖
Leicester Square	莱斯特广场
Lenape	勒纳佩
Lessing, Karl Friedrich	卡尔·弗里德里克·莱辛
locus amoenus	安乐之地
Lorenzetti	劳伦泽蒂
Lovejoy, A.O.	A.O. 洛夫乔伊
Luminism	透光风格
Lyceum	莱西姆
Maestà	威严
Maine	缅因
Mancini, Giulio	朱里奥·曼奇尼
Manifest Destiny	天定命运
Marx, Leo	列奥·马克斯
McLanathan, Richard	理查德·麦克兰森
mental skills	心理技能
millefleur	万花齐放
Miller, Perry	佩里·米勒
Minneapolis Institute of Arts	明尼阿波利斯艺术学会
Moran, Thomas	托马斯·莫兰
Morison, Samuel	萨缪尔·莫里森
Morton	莫顿

Mount Desert Island	山漠岛
Mount Holyoke	霍利约克山
Mount Katahdin	卡它丁山（缅因）
Murrin, John M.	约翰·M. 莫林
Myers, Kenneth	肯尼斯·迈尔斯
Nash, Roderick	罗德里克·纳什
Nahant	纳罕特（岩石）
National Academy of Design	国家设计院
New Bedford	（马萨诸塞州）新贝德福德
Newfoundland	纽芬兰
Noble, Louis Legrand	路易斯·罗格朗·诺布尔
North Conway	北康威
Northampton	北安普顿（马萨诸塞州）
Nova Scotia	新斯科特（加拿大）
Novak, Barbara	芭芭拉·诺瓦克
NY Historical Society	纽约历史学会
Olana State Historic Site	奥莱纳国家历史遗址
Ontario	安大略
Osgood	奥斯古德
O'Sullivan, John L.	约翰·L. 奥苏利文
Otsego	奥奇格
Palmer, France	法郎士·帕尔默
panorama	全景
pathetic fallacy	感情误置
Patinir, Joachim	约阿希姆·帕提尼尔
Peale, Willson	威尔森·皮尔
Peeter, Neeffs	尼夫斯·皮特
Pendleton's	彭德尔顿印刷公司
Pequots	佩克特族
Pieter Neeffs the Elder	老彼得·尼弗斯
Piles, Roger de	罗杰·德·皮勒
Pilgrim's Progress	天路历程

Shattuck, Aaron Draper	亚伦·德雷柏·沙塔克
Sheba	示巴（女王）
Siena	锡耶纳
silhouette	剪影的效果
Soft Primitivism	温柔的尚古主义
Solingen	索灵根
Springfield	俄亥俄州斯普林菲尔德
staged pageant	有意安排的大场面
Starrucca-Viadukt	斯达卢卡高架铁路
steppe	大平原
Steubenville	斯托本维尔（俄亥俄）
still small voice	静谧之音
Study from nature	自然研究
Swedenborg, Emmanuel	伊曼纽尔·斯韦登伯格
the book of common prayer	公祷书
The Century	世纪协会
The Pilgrim of Glencoe	格兰克朝圣之旅
Theocritus	西奥克里特斯
Théophile Gautier	戈蒂埃
Thera	特拉
Thoreau, Henry David	亨利·大卫·梭罗
Tonalism	色调主义
topographical	地形学的
Transcript	文摘
Trumbull, John	约翰·特朗布尔
un-composed	未梳理过的
Utica	尤蒂卡（艺术协会）
Utrecht Psalter	乌特勒支诗集
Uvedale Price	普莱斯
Val d Arno	瓦尔达诺
Vanderlyn, John	约翰·范德林

后　记

　　这本著作是基于笔者在北京大学攻读博士学位期间的毕业论文而修改完成。顺利答辩后，在院里导师们的首肯和推荐下，论文有幸被评为北京大学优秀博士论文，不久前还被推选参加了北京市优秀博士论文评选。获得这些机会，一次次得到导师们认可，使我在体会无比幸福的同时也常有惴惴不安之感。无疑，我在学术道路上只是一个学生，研究过程虽然常常有发现和收获的喜悦，但更多的是对无限深邃的未知领域的惶惑。改编论文使我有机会反思写作得失，再次回忆求学生涯中与导师及朋友们相处的点点滴滴，于是更相信，荣誉和认可来自前辈对后学者的关爱和支持，也来自朋友们共同的砥砺和坚持。

　　研究能够顺利完成，有赖于导师——丁宁老师几年来的关心、督促和指导。从一开始懵懵懂懂，到逐渐确立研究方向，然后阅读文献，出国考察……每一个环节都是在导师严格要求和大力支持下实现的。研究风景画对我来说并不偶然：硕士期间我就做风景画研究，同时也从事风景油画创作。丁老师了解我的学术背景，因此也支持我沿着这个方向走下去。在拟定研究课题时，我清晰记得一次又一次修改研究计划，他总是不厌其烦地帮我分析计划的可行性，最终我依照导师建议把关注点放到了美国。阅读文献是进入学术研究的必经之路。丁老师为我提供了一批风景画研究书目，如肯尼斯·克拉克的《风景进入艺术》和马克·罗斯基尔的《风景的语言》，由此我才逐步进入西方风景画的学术语境。丁老师十分重视实地考察，要求我们到西方博物馆观摩原作、和西方学者直接交流、从西方获得第一手的研究文献。在他的建议和敦促下，我积极申请国际研究项目，终于有机会到德国参加国际学术研讨会、到美国洛杉矶做博士生短期研究项目，两次主题都是风景画。正是在两次出国中，我有机会到柏林、慕尼黑、巴黎、华盛顿、纽约以及波士顿等博物馆重镇观看绘画名作，特别是能够在亨廷顿图书馆收集到上百部关于美国风景画的研究专著和博士论文。没有这些经历，我的研究和论文是不可能完成的，而这都是和导师的支持分不开的。

还要特别感谢给予我们谆谆教诲的其他各位导师和无私帮助的院里各位老师。特别感谢李松老师，正是在李老师的《论文写作技术》《海外中国美术史研究》等课程中我开始学会艺术史研究方法。李老师的严格要求使我在短短一个学期内撰写了十多篇论文，几年里我有十余篇论文发表，其中多篇都来自他的课程作业。我对形式分析的兴趣是在李老师课堂上培养的。他对山水画细致入微的分析启发了我对《洛神赋图》的研究，为此我撰写了论文并发表，甚至德国国际会议论文稿也基于此。还要感谢朱青生老师的帮助。朱老师的"艺术考古学"是我来到北大后第一次做助教并选修的课程。正是在一个学期的学习中，朱老师教我们做线描图、搜寻和整理原始图像资料、做拓片、遵循学术规范，还有机会在朱老师组织的汉画研讨会上和巫鸿教授等学者交流。这门课使我对汉画产生兴趣，并有助于我从汉代起源理解中国风景（山水）画的性质和含义。另外还要感谢清华大学的张敢老师。几年来和张老师多有接触，他的温和与真诚常常令我心生暖意，他对美国抽象表现主义的系统研究是我所了解的国内最早的美国艺术研究论文，对我转向美国研究有很大启发。在预答辩中，张老师建议我关注美国艺术的民族性和美国学者透纳的研究，为我进一步修改论文提出了重要的建议。

还要向白薇老师表达我的感动和祝福。2009年十分有幸跟从白老师到台湾参加学术活动。正是这次经历，白老师的宽容、真诚、严格和无微不至的关爱成了我们心中不变的财富。她不仅在学术上给我建议，还关心我的生活和工作。我想，白老师教过的每个学生都会有一样的感触。无尽感谢送给院里诸位热情给予我帮助的老师们。感谢翁剑青老师，他对艺术和人生坦率而深刻的见解给了我很多宝贵启示。特别感谢研究生办公室郭晓红老师，几年来，她就像妈妈一样关心我们学业的每一项进展，提醒每一个有可能疏忽的细节。

要对四年里有缘相伴的同学、朋友表达内心的感谢和祝福。感谢汪瑞师姐，几年来，我的学习、论文、出行、处世无不得到她的多方建议和帮助。感谢许春阳，在我担任助教时亲自出马申请bbs版主，使西方美术史课从此群龙"有"首。感谢师弟邹建林，两年多的同宿、同膳、同浴的难兄难弟之情和无时不有的哲学与美学辩论，使得"没有意义的日常生活有了意义"。感谢师弟梁舒涵，他的热情、大度和才华让我常常感动，不止一次把盏畅叙让我常发"人生几何"之想。感谢戴璐，在亨廷顿一起读书、等公交车、炒中国菜的经历使我们能有一种

特别的默契。感谢罗杰，她的爽朗和率真、对我的信任和支持常常让我心生暖
意……感谢陈瑶、任慧、褚国娟、顾晓燕、任楷、张玲燕、吴燕武……特别感谢
我的家人。没有妻子支持，不要说博士论文，就连读这个博士学位也是不可能
的。儿子的优秀，为我在外地安心研究提供了精神保障。感谢父母和岳父岳母，
他们无微不至地关心着我的家，对我的追求和前景充满了信任。感谢全家……

另外，还要对北京启真馆叶敏女士表示感谢。她为论文修订提供了宝贵建
议，使我认识到研究的普及性对知识生产的价值，正是由于她给予的无私帮助和
所做的大量工作，这本书才得以顺利出版。

是为记。